新世纪高职高专
道路桥梁工程类课程规划教材

道路工程测量

新世纪高职高专教材编审委员会 组编
主　编　林长进
副主编　谢龙魁　罗　鹏

第二版

大连理工大学出版社

图书在版编目(CIP)数据

道路工程测量 / 林长进主编. -- 2版. -- 大连：大连理工大学出版社，2021.12
新世纪高职高专道路桥梁工程类课程规划教材
ISBN 978-7-5685-2877-1

Ⅰ. ①道… Ⅱ. ①林… Ⅲ. ①道路测量－高等职业教育－教材 Ⅳ. ①U412.24

中国版本图书馆CIP数据核字(2021)第000404号

大连理工大学出版社出版

地址：大连市软件园路80号 邮政编码：116023
发行：0411-84708842 邮购：0411-84708943 传真：0411-84701466
E-mail:dutp@dutp.cn URL:http://dutp.dlut.edu.cn
大连永发彩色广告印刷有限公司印刷 大连理工大学出版社发行

幅面尺寸：185mm×260mm 印张：17.5 字数：423千字
2011年10月第1版 2021年12月第2版
2021年12月第1次印刷

责任编辑：康云霞 责任校对：唐 爽
封面设计：张 莹

ISBN 978-7-5685-2877-1 定 价：56.80元

本书如有印装质量问题，请与我社发行部联系更换。

前言 Preface

《道路工程测量》(第二版)是新世纪高职高专教材编审委员会组编的道路桥梁工程类课程规划教材之一。

道路工程测量是测量学的一个组成部分,是研究各种线路工程建设和勘测设计、施工、竣工和运营中测量工作的基本理论和技术方法的学科。其不但在道路交通工程,而且在农林资源调查、城镇规划与建设、土地规划与利用、工业与民用建筑施工、水利工程、房地产管理等方面都发挥着重要作用。

本教材在介绍道路工程测量基本理论、基本知识的基础上,重点解决"怎么做"的问题,突出学生专业技能应用能力的培养。本教材在内容取舍上以"必需与够用"为标准,原理阐述简明扼要,配以较多实例(包括相应的记录计算表格),便于实践,同时强化与测量项目相适应的技能训练。

本教材共包括15章及附录,可以分为三大部分:第一部分(第1章～第6章)为测量学基础部分,阐述测量学基本知识及普通测量仪器的使用;第二部分(第7章～第8章)为测图与用图部分,介绍小地区控制测量、大比例尺地形图测绘;第三部分(第9章～15章)为专业测量部分,包括施工测量方法,线路工程测量,路线纵、横断面测量,道路施工测量,桥梁施工测量,隧道施工测量,管道工程测量。

与本教材配套出版的还有《工程测量技能实训》,包括测量技能训练与实习指导书。

本教材由漳州职业技术学院林长进担任主编；厦门安防科技职业学院谢龙魁，福建水利电力职业技术学院罗鹏担任副主编；漳州职业技术学院王斌、林志维担任参编。全书由林长进统稿。具体编写分工如下：林长进编写第 1～3 章；谢龙魁编写第 4～7 章；罗鹏编写第 8～10 章；王斌编写第 11～13 章；林志维编写第 14 和 15 章。

由于编者水平所限，教材中仍可能存在不妥之处，恳请广大读者批评指正。

编 者
2021 年 12 月

所有意见和建议请发往：dutpgz@163.com
欢迎访问职教数字化服务平台：http://sve.dutpbook.com
联系电话：0411-84707424 84706676

目 录

第 1 章 测量基础知识 ··· 1

1.1 概 述 ·· 1
1.2 地面点位的确定 ·· 3
1.3 用水平面代替水准面的限度 ······································· 7
1.4 测量工作的基本原则 ··· 9

第 2 章 水准测量 ··· 12

2.1 水准测量原理 ··· 12
2.2 水准测量的仪器与工具 ·· 13
2.3 DS3 型微倾式水准仪的使用 ······································ 16
2.4 水准测量的实施与成果整理 ······································· 18
2.5 水准测量的误差及注意事项 ······································· 24
2.6 微倾式水准仪的检验与校正 ······································· 26
2.7 自动安平水准仪和精密水准仪 ···································· 29
2.8 电子水准仪简介 ·· 31

第3章 经纬仪及角度测量 ·········· 35

3.1 角度测量的原理 ·········· 35
3.2 DJ6 型光学经纬仪的构造和读数 ·········· 36
3.3 DJ2 型光学经纬仪的构造和读数 ·········· 39
3.4 经纬仪的使用 ·········· 40
3.5 水平角观测 ·········· 43
3.6 竖直角观测 ·········· 46
3.7 经纬仪的检验与校正 ·········· 49
3.8 角度测量的误差及其消减方法 ·········· 53
3.9 电子经纬仪测角系统简介 ·········· 55

第4章 距离测量与直线定向 ·········· 61

4.1 钢尺量距 ·········· 61
4.2 普通视距测量 ·········· 65
4.3 光电测距 ·········· 67
4.4 直线定向 ·········· 70

第5章 测量误差的基本知识 ·········· 75

5.1 测量误差的概述 ·········· 75
5.2 衡量精度的标准 ·········· 77
5.3 误差传播定律 ·········· 80
5.4 观测值的算术平均值 ·········· 84

第6章 全站仪测量与GPS定位技术 ·········· 88

6.1 全站仪测量 ·········· 88
6.2 GPS定位技术及应用 ·········· 97

第 7 章　小地区控制测量 ·········· 107

7.1　控制测量概述 ·········· 107
7.2　导线测量 ·········· 110
7.3　导线测量的内业计算 ·········· 113
7.4　全站仪导线测量 ·········· 125
7.5　三、四等水准测量 ·········· 126
7.6　三角高程测量 ·········· 130

第 8 章　大比例尺地形图测绘 ·········· 134

8.1　地形图的基本知识 ·········· 134
8.2　地形图测图前的准备工作 ·········· 144
8.3　大比例尺地形图的测绘 ·········· 146
8.4　地形图的应用 ·········· 155

第 9 章　施工测量方法 ·········· 165

9.1　施工测量概述 ·········· 165
9.2　施工测量的基本工作 ·········· 166

第 10 章　线路工程测量 ·········· 175

10.1　概　　述 ·········· 175
10.2　线路测量的基本过程 ·········· 177
10.3　公路中线测量 ·········· 178
10.4　圆曲线主点测设 ·········· 185
10.5　圆曲线详细测设 ·········· 186
10.6　复曲线测设 ·········· 191
10.7　缓和曲线测设 ·········· 193
10.8　高速公路测量简介 ·········· 199

第 11 章　路线纵、横断面测量 …… 204

11.1　基平测量 …… 204
11.2　中平测量 …… 205
11.3　绘制纵断面图与施工量计算 …… 207
11.4　路线横断面测量 …… 209

第 12 章　道路施工测量 …… 215

第 13 章　桥梁施工测量 …… 221

13.1　桥梁和涵洞施工测量概述 …… 221
13.2　小型桥梁施工测量 …… 222
13.3　大中型桥梁施工测量 …… 223
13.4　桥梁竣工测量 …… 232
13.5　涵洞施工测量简介 …… 232

第 14 章　隧道施工测量 …… 234

14.1　隧道工程测量概述 …… 234
14.2　地面控制测量 …… 236
14.3　隧道洞内导线与洞内中线测量 …… 238
14.4　隧道洞内水准测量 …… 241
14.5　竖井联系测量 …… 243
14.6　隧道开挖断面测量 …… 245
14.7　隧道贯通误差测量 …… 248
14.8　隧道竣工测量 …… 249
14.9　竣工总平面图的绘制 …… 250

第15章 管道工程测量 ... 252

15.1 管道工程测量概述 ... 252
15.2 管道中线测量 ... 254
15.3 纵断面测量 ... 257
15.4 横断面测量 ... 260
15.5 管道施工测量 ... 261

参考文献 ... 267

附录 ... 268

附录一 测量常用的计量单位 ... 268
附录二 计算中数字的凑整规则 ... 269

第1章 测量基础知识

能力要求

了解测量学的研究对象和任务；了解测量学在道路工程建设中的应用；掌握确定地面点的坐标系统；掌握测量工作的基本原则。

1.1 概 述

1.1.1 测量学的研究对象和任务

测量学是一门研究地球表面的形状和大小，以及确定地球表面（包含空中、地下和海底）点位的科学。它的内容包括测定和测设两部分。

测定（测绘）——由地面到图形，指使用测量仪器，通过测量和计算，得到一系列测量数据，或把地球表面的地形缩绘成地形图，供科学研究、经济建设和国防建设使用。

测设（放样）——由图形到地面，指把图纸上规划设计好的建筑物、构筑物的位置在地面上标定出来，作为施工的依据。

测量学按照研究范围和对象的不同，产生了许多分支科学。如普通测量学、大地测量学、地形测量学、工程测量学、摄影测量学和地图制图学。

(1)普通测量学

普通测量学是研究地球表面局部区域的测绘工作，主要包括小区域的控制测量、地形图测绘和一般工程测设。

(2)大地测量学

大地测量学是研究和确定地球形状、大小、重力场、整体与局部运动和地面点的几何位置以及它们变化的理论和技术的学科。其基本任务是建立国家大地控制网，测定地球的形状、大小和重力场，为地形测图和各种工程测量提供基础起算数据；为空间科学、军事科学及研究地壳变形、地震预报等提供重要资料。按照测量手段的不同，大地测量学又分为常规大地测量学、卫星大地测量学及物理大地测量学。

（3）地形测量学

地形测量学是研究如何将地球表面局部区域内的地物、地貌及其他有关信息测绘成地形图的理论、方法和技术的学科。按成图方式的不同，地形测图可分为模拟化测图和数字化测图。

（4）工程测量学

工程测量学是研究各种工程建设和资源开发的勘测、设计、施工、竣工和运营中测量工作的基本理论和技术方法的学科。它主要以建筑工程、公路工程、机器和设备工程等为研究服务对象，具有应用广泛、实践性强、技术革新快、与工程结合紧密等特点。

（5）摄影测量学

摄影测量学是研究利用电磁波传感器获取目标的影像数据，从中提取语义和非语义信息，并用图形、图像和数字形式表达的学科。其基本任务是通过对图像进行处理、测量、解译，以测定物体的形状、大小和位置进而制作成图。根据获得影像的方式及遥感距离的不同，本学科又分为地面摄影测量学、航空摄影测量学和航天遥感测量学等。

（6）地图制图学

地图制图学是研究模拟地图和数字地图的基础理论、设计、编绘、复制的技术、方法以及应用的学科。它的基本任务是利用测量成果编制各类地图，其内容一般包括地图投影、地图编制、地图整饰和地图制印等。

本教材主要介绍普通测量学和道路工程测量的有关内容。

1.1.2 测量学在道路工程中的作用

在道路工程建设中，为获得一条经济、合理的路线，首先要进行路线勘测，根据测量得到的数据资料进行路线选线。

确定路线方案后，要进行路线的详细测量，即进行路线的中线测量、纵断面测量、横断面测量、地形测量和有关调查测量等，以便为路线设计提供准确、详细的外业资料。当路线跨越河流时，应测绘河流两岸的地形图，测定桥轴线的长度及桥位处的河床断面，为桥梁方案选择及结构设计提供必要的数据。当路线穿越高山，采取隧道工程时，应测绘隧址处地形图，测定隧道的轴线、洞口、竖井等的位置，为隧道设计提供必要的数据。

施工开始，要将设计好的路线、桥涵和隧道在图纸中的各项元素，按规定的精度准确无误地测设于实地，即进行施工放样测量。施工过程中，要经常通过测量手段来检查工程的进度和质量，在隧道施工时还要不断地进行贯通测量，以保证隧道的平面位置和高程正确贯通。工程竣工后，要进行竣工测量并编制竣工图，以满足工程验收、维护、加固及扩建的需要。

在营运阶段，还要应用测量进行一些常规检查和定期观测，以确保公路、桥梁和隧道等构筑物的安全使用。

可以说，公路、桥梁、隧道的勘测、设计、施工、竣工及营运的各个阶段都离不开测量工作。因此，作为一名道路工程建设人员，只有具备道路工程测量的基本理论、基本知识和基本技能，才能为我国的交通建设事业多做贡献。

1.2 地面点位的确定

1.2.1 地球的形状和大小

地球的自然表面高低起伏,有高山、丘陵、平原、江河、湖泊和海洋等,是一个凹凸不平的复杂曲面。其最高的珠穆朗玛峰高出海平面 8 848.86 m,最低的马里亚纳海沟低于海平面 11 034 m,但是这样的高低起伏,相对于地球半径 6 371 km 来说还是很小的,再顾及地球的表面,海洋面积约占 71%,陆地面积仅约占 29%。人们习惯把海水面所包围的地球形体看作地球的形状。

地球上的任何物体都受地球自转产生的离心力和地心引力的作用,这两个力的合力称为重力。重力的作用线常称为铅垂线。铅垂线是测量工作的基准线。

地球上自由静止的水面称为水准面,它是一个处处与重力方向垂直的连续曲面,并且是一个重力场的等位面,它们因重力的不同,不会相交。与水准面相切的平面称为该切点处的水平面。水准面因高度不同而有无数个,其中一个与平均海水面吻合并向大陆岛屿内延伸而形成的闭合曲面,称为大地水准面。大地水准面是测量工作的基准面,可作为地面点计算高程的起算面,高程起算面也叫作高程基准面。由大地水准面所包围的形体叫作大地体。

用大地体表示地球的形状是恰当的,由于地球内部质量分布不均匀,引起铅垂线的方向产生不规则的变化,致使大地水准面成为一个复杂的曲面,无法在这个曲面上进行测量数据的处理。为了计算方便,通常用一个非常接近大地水准面,并可用数学式表示的几何体代替地球的形状,作为测量计算工作的基准面,这就产生了"旋转椭球"的概念。旋转椭球是由一椭圆(长半轴 a,短半轴 b)绕其短半轴 b 旋转而成的形体。故地球椭球又称为"旋转椭球",如图 1-1 所示。旋转椭球的形状和大小是由长半轴 a、短半轴 b 和扁率 α 所决定的。我国目前采用的参考椭球的元素值为

长半径 $a=$ 6 378 140 m

短半径 $b=$ 6 356 752 m

扁率 $\alpha=(a-b)/a=1/298.211$

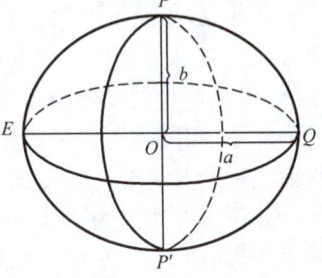

图 1-1 旋转椭球

选择陕西泾阳县永乐镇某点为大地原点,进行了大地定位。由此建立起来的全国统一坐标系,就是现在使用的"1980 年国家大地坐标系"。

由于地球的参考椭球的扁率很小,所以当测区面积不大时,可把这个参考椭球近似看作半径为 6 371 km 的圆球。

1.2.2 确定地面点位的坐标系

测量工作的基本任务是确定地面点位的空间位置。确定地面点位的空间位置需用三个量。一般用某点在基准面上的投影到平面上的二维平面坐标,及该点到大地水准面的铅垂

距离,也就是确定地面点位在投影面上的坐标和高程。

确定地面点位的坐标系,可根据具体情况,选用大地坐标系、独立平面直角坐标系和高斯平面直角坐标系。

1. 大地坐标系

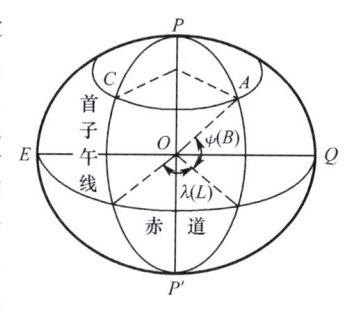

用大地经度和大地纬度来表示地面点在参考椭球面上投影位置的坐标系称为大地坐标系。如图 1-2 所示,O 为地心,PP' 为地球旋转轴,简称地轴;通过地轴的平面称为子午面;子午面与地球表面的交线称为子午线(经线);过地心 O 垂直于地轴的平面称为赤道面;赤道面与地球表面的交线称为赤道。确定地理坐标是用地面点的地理坐标,以赤道面和首子午面(过英国格林尼治天文台)作为基准面,它自首子午线向东或向西从 0°起算至 180°,在首子午线以东者为东经,以西者为西经。同一子午线上各点的经度相同。

图 1-2 地理坐标

地面上任意一点的纬度,即通过该点的铅垂线与赤道面的夹角。以赤道为基准,向北 0°~90°为北纬,向南 0°~90°为南纬。纬度相同的点的连线称为纬线,同一纬线上各点的纬度相同。

以法线为依据,以参考椭球面为基准面的地理坐标称为大地地理坐标,分别用 L、B 表示;经度——所在的子午面与首子午面(过英国格林尼治天文台)的夹角,纬度——所在点的铅垂线与赤道平面之间的夹角。以铅垂线为依据,以大地水准面为基准线的地理坐标称为天文地理坐标,分别用 λ、φ 表示。天文地理坐标是用天文测量的方法直接测定的;而大地地理坐标是根据起始的大地原点的坐标推算的。大地原点的天文地理坐标和大地地理坐标是一致的。

地面上每一点都有一对地理坐标,例如,北京某点 P 的地理坐标为东经 116°28′,北纬 39°54′。

2. 独立平面直角坐标系

在小区域范围内,将大地水准面看作水平面,由此产生的误差不大,便可以用平面直角坐标来代替球面坐标。根据研究分析,在以 10 km 为半径的范围内,可以用水平面代替水准面,由此产生的变形误差对一般测量工作而言,可以忽略不计。因此,在进行一般工程项目的测量工作时,可以采用平面直角坐标系,即将小块区域直接投影到平面上进行计算。在平面上进行计算要比在曲面上计算简单得多,而且不影响测量工作的精度。

如图 1-3 所示为测量上的平面直角坐标系。规定坐标纵轴为 x 轴,且表示南北方向,向北为正,向南为负;规定坐标横轴为 y 轴,且表示东西方向,向东为正,向西为负。为了避免测区内的坐标出现负值,可将坐标原点选择在测区的西南角上。坐标象限按顺时针方向编号如图 1-3 所示,其编号顺序与数学上的平面直角坐标系(图 1-4)的象限编号顺序相反,且 x、y 两轴线与数学上直角坐标系的 x、y 轴互换,这是为了使测量计算时可以将数学中的公式直接应用到测量中来,而无须做任何修改。

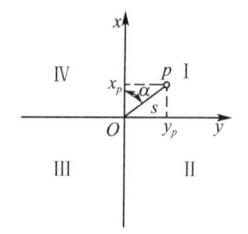

图 1-3 测量上的平面直角坐标系

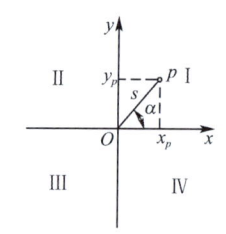

图 1-4 数学上的平面直角坐标系

3. 高斯平面直角坐标系

当测区范围较大时,若把水准面当作水平面来看待,把地球椭球面上的图形展绘到平面上,必然发生变形。为减小变形,需采用适当的方法来解决。测量上常采用的方法是高斯投影方法。

高斯投影方法是将地球沿经线划分成若干带,先将每个带投影到圆柱上,然后展成平面。投影带是自首子午线起每隔 6°为一带,自西向东依次编为第 1、2、…、60 带。位于每个带中央的子午线称为中央子午线,其经度相应为 3°、9°、…、180°。位于各带边上的子午线称为分带子午线。任意带的中央子午线,按下式计算:

$$\lambda = 6N - 3 \tag{1-1}$$

式中　λ——中央子午线经度;
　　　N——投影带的带号。

为了便于说明,将地球看作一个圆球。设想用一个空心横圆柱体套在地球外面,使横圆柱的中心轴位于赤道面内并通过球心 O,让圆柱面与地球球面上某一个子午线相切,该子午线称为中央子午线,将中央子午线东西两侧球面上的图形按一定的数学法则投影到圆柱面上,然后将圆柱面沿着通过南北两极的母线切开展平,即得到高斯投影的平面图形,如图 1-5 所示。高斯投影前后所有角度保持不变,故高斯投影也称为等角投影或正形投影。在投影后的高斯平面上,除中央子午线投影与赤道的投影构成两条相互垂直的直线外,其余子午线均为对称于中央子午线的曲线,而且距离中央子午线越远,长度变形越大,例如分带子午线的变形就大于带内其他子午线的变形。为了控制变形,满足大比例尺测图和精密测量的需要,也可采用 3°带,如图 1-6 所示。3°带是从东经 1.5°开始,自西向东每隔 3°为一带,带号依次编为 1~120。每带中央子午线的经度按下式计算:

$$\lambda = 3N \tag{1-2}$$

式中　λ——中央子午线经度;
　　　N——投影带的带号。

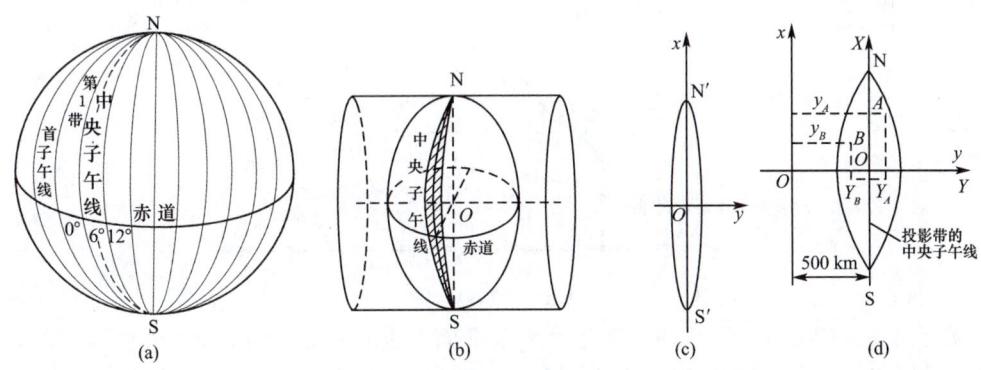

图 1-5　高斯投影和高斯平面直角坐标系

将每个投影带沿边界切开,展成平面,以中央子午线为纵轴,向北为正,向南为负;赤道为横轴,向东为正,向西为负;两轴的交点为坐标原点,这就组成了高斯平面直角坐标系,如图 1-5(d)所示。我国位于北半球,x 坐标为正值,y 坐标有正有负。为了避免横坐标出现负值,通常将每带的坐标原点向西移 500 km,这样无论横坐标的自然值是正还是负,加上 500 km 后均能保证每点的横坐标为正值。为表明地面点位于哪一个投影带内,在横坐标前加上投影带号。因此,高斯平面直角系的横坐标实际上是由带号、500 km 以及自然坐标值三部分

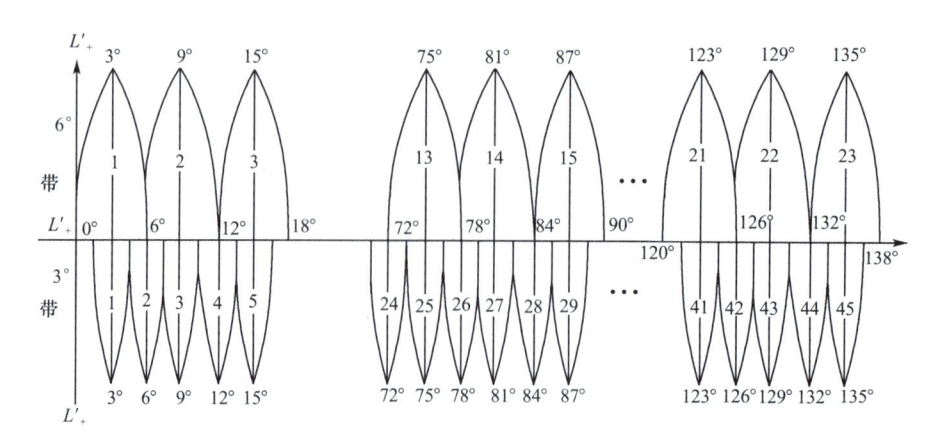

图 1-6 3°、6°带投影

组成,这样的横坐标称为国家统一坐标系横坐标通用值。

例 1-1 国家高斯平面点 P 坐标为(3 032 586.48,20 648 680.54),请指出其所在的带号及自然坐标。

解 (1)点 P 至赤道的距离:$x=3\ 032\ 586.48$ m

(2)其投影带的带号为 20、P 点离 20 带的纵轴 x 轴的实际距离:$y=648\ 680.54-500\ 000=148\ 680.54$ m

4. 地面点的高程系统

平面坐标仅表明了空间点在基准面上的投影位置。除此以外,还应确定该点沿投影方向到基准面的铅垂距离。

(1)绝对高程

地面上任意一点到大地水准面的铅垂距离,称为该点的绝对高程,简称高程,用字母 H 表示,如图 1-7 所示的 H_A、H_B,分别表示 A 点的高程和 B 点的高程。

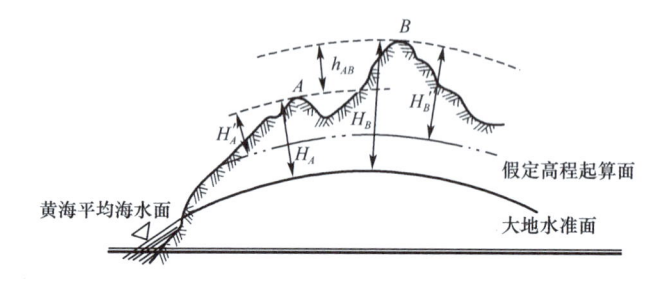

图 1-7 高程和高差

高程系是一维坐标系,它的基准是大地水准面。由于海水面受潮汐、风浪等影响,它的高低时刻在变化。通常是在海边设立验潮站,进行长期观测,求得海水面平均高度作为高程零点,以通过该点的大地水准面为高程基准面。

我国的高程是以青岛验潮站历年观测记录的黄海平均海水面为大地水准面的位置(其高程为零),并作为全国高程的起算面。为了建立全国统一的高程系统,在青岛验潮站附近的观象山建立原点,通过水准测量方法将验潮站确定的高程零点引测到水准原点,求出水准原点的高程。

1956 年,我国采用青岛大港验潮站根据连续 7 年(1950~1956 年)的潮汐水位观测资料推算出的大地水准面为基准,引测出的水准原点的高程为 72.289 m;以该大地水准面为高程基准建立的高程系,称为"1956年黄海高程系",简称"56黄海系"。

从1987年开始,我国采用新的高程基准,采用青岛验潮站1952~1979年潮汐观测资料推算出的大地水准面为基准,引测出的水准原点的高程为72.260 m;以这个大地水准面为高程基准建立的高程系,称为"1985年国家高程基准",简称"85国家高程基准"。由此可见,"85国家高程基准"比"56黄海系"的高程小0.029 m。

(2) 相对高程

局部地区采用绝对高程有困难或者为了应用方便,可采用假定高程系统,即假定某一水准面作为高程的起算面。地面点到假定高程起算面的铅垂距离称为该点的相对高程。如图1-7所示的H'_A、H'_B分别表示A点和B点的相对高程。

(3) 高差

地面两点之间的高程之差称为高差,常用h表示。

如图1-7所示,A、B两点的高差为

$$h_{AB} = H_B - H_A = H'_B - H'_A \tag{1-3}$$

B、A两点的高差为

$$h_{BA} = H_A - H_B = H'_A - H'_B$$

由此可见

$$h_{AB} = -h_{BA}$$

当B点比A点高时,高差h_{AB}为正,反之为负。例如,已知A点高程$H_A = 18.547$ m,B点高程$H_B = 27.236$ m。则B点相对于A点的高差$h_{AB} = 27.236 - 18.547 = +8.689$ m,B点高于A点;而A点相对于B点的高差应为$h_{BA} = 18.547 - 27.236 = -8.689$ m,A点低于B点。

1.3 用水平面代替水准面的限度

水准面是一个曲面,曲面上的图形投影到平面上,总会产生一定的变形。当变形不超过测量误差的容许范围时,可以用水平面代替水准面。但是以水平面代替水准面有一定的限度,那么多大面积范围内才容许这种代替,下面就来讨论这个限度。

1.3.1 用水平面代替水准面对水平距离的影响

如图1-8所示,A、B为地面上两点,它们在大地水准面上的投影为a、b,弧长为D。在水平面上的投影为a'、b',其距离为D',两者之差ΔD即用水平面代替水准面所产生的误差。

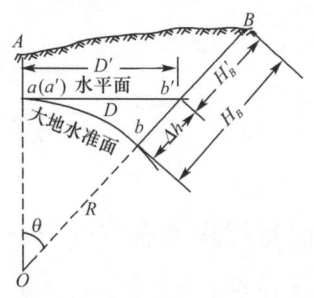

图1-8 水平面代替水准面对距离和高程的影响

设地球的半径为 R，AB 所对的圆心角为 θ，则
$$\Delta D = D' - D$$
因为
$$D' = R\tan\theta, D = R\theta$$
则有
$$\Delta D = R\tan\theta - R\theta = R(\tan\theta - \theta) \tag{1-4}$$

将 $\tan\theta$ 按级数展开，并略去高次项，取前两项得
$$\tan\theta = \theta + \frac{1}{3}\theta^3 \tag{1-5}$$

把式(1-5)代入式(1-4)得
$$\Delta D = \frac{1}{3}R\theta^3 \tag{1-6}$$

将 $\theta = \frac{D}{R}$ 代入上式得
$$\Delta D = \frac{D^3}{3R^2} \tag{1-7}$$

$$\frac{\Delta D}{D} = \frac{D^2}{3R^2} \tag{1-8}$$

取 $R = 6\,371$ km，并把不同的 D 值代入式(1-7)和式(1-8)，可求得用水平面代替水准面的距离误差和相对误差，见表 1-1。

表 1-1　　　　　　　　用水平面代替水准面对距离的影响

距离 D/km	距离误差 ΔD/cm	相对误差 $\Delta D/D$	距离 D/km	距离误差 ΔD/cm	相对误差 $\Delta D/D$
10	0.8	1∶1 220 000	50	102.7	1∶49 000
25	12.8	1∶200 000	100	821.2	1∶12 000

当距离为 10 km 时，用水平面代替水准面所产生的距离误差为 1∶1 220 000，这样小的误差，就是在地面上进行最精密的距离测量也是允许的。因此，在以 10 km 为半径的圆面积范围内，用水平面代替水准面所产生的距离误差可以忽略不计。对于精度要求较低的测量，还可以扩大到以 25 km 为半径的范围。

1.3.2　用水平面代替水准面对水平角的影响

从球面三角可知，球面上三角形内角之和比平面相应内角之和多出球面角 ε''，其值为
$$\varepsilon'' = \frac{P}{R^2}\rho'' \tag{1-9}$$

式中　P——球面三角的面积，km²；
　　　R——地球半径，$R = 6\,371$ km；
　　　$\rho'' = 206\,265''$。

计算结果表明，当测区范围在 100 km² 时，对角度的影响仅为 $0.51''$，在一般的测量中可以忽略不计。

1.3.3　用水平面代替水准面对高程的影响

如图 1-8 所示，$b'b$ 为用水平面代替水准面对高程产生的误差，或称为地球曲率的影响。令其为 Δh，则

$$(R+\Delta h)^2 = R^2 + D'^2 \qquad (1\text{-}10)$$

化简得

$$\Delta h = \frac{D'^2}{2R+\Delta h}$$

式(1-10)中,用 D 代替 D',同时 Δh 与 $2R$ 相比可略去不计,则

$$\Delta h = \frac{D^2}{2R} \qquad (1\text{-}11)$$

将不同的 D 代入式(1-11),高程误差见表 1-2。

表 1-2　　　　　　　　用水平面代替水准面对高程的影响

D/m	10	50	100	200	500	1 000
Δh/mm	0.0	0.2	0.8	3.1	19.6	78.5

由表 1-2 可知,用水平面代替水准面,当距离为 200 m 时,高程误差就有 3.1 mm,这对高程测量来说影响很大。因此,当进行高程测量时,即使距离很短也必须顾及地球曲率的影响。

1.4　测量工作的基本原则

地球表面复杂多样的形态,可分为地物、地貌两大类,地物是指人工或自然形成的构造物,如房屋、道路、湖泊、河流等。地貌是指地面高低起伏的形态,如山岭、谷地等。地物和地貌都是由无数地面点集合而成的。测量的目的就是确定地面点的平面位置和高程,以便根据这些数据绘制成图。

1.4.1　测量工作的组织原则

测量工作的组织原则概括为三句话:从整体到局部,从控制测量到碎部测量,从高级到低级。第一句话是对测量整体布局而言,对整个测区采用什么方案,局部地区应如何做。第二句话是对测量工作的程序而言,先做控制测量,后做碎部测量。第三句话是对测量精度来说的,先做高精度测量,后做低精度测量,由高精度控制低精度。

(1)控制测量

所谓控制测量,是在测区中选择有控制意义的点,用较精确的方法测定其位置,这些点称为控制点,测量控制点的工作称为控制测量。例如,如图 1-9 所示,选 A、B、C、D、E、F……各点为控制点,用仪器测量控制点之间的距离以及各边之间的高差,设 A 点的高程为已知,就可求出其他控制点的高程。

图 1-9　测量工作的组织原则——控制测量

(2)碎部测量

碎部测量就是测量地物、地貌特征点的位置。例如，如图1-10所示，测量房屋P，就必须测定房屋的特征点1、2等点，在A点测量水平夹角β_1与边长S_1即可确定1点，用极坐标把地面上各点描绘到图纸上。

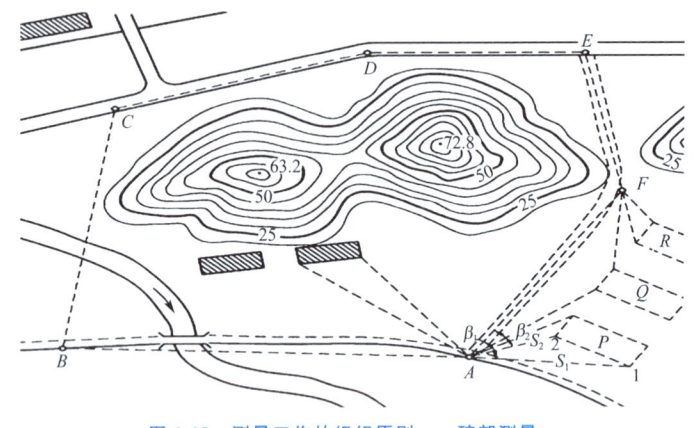

图1-10 测量工作的组织原则——碎部测量

1.4.2 测量工作的操作原则

控制测量测定控制点如有错误，以它为基础测量的碎点也就有错误，碎部点有错误，绘制的图就不正确。因此测量工作必须步步检核。前一步工作未检核绝不能进行下一步工作，这是测量操作必须严格遵循的重要原则。测量工作有大量的野外工作，"步步检核"这一原则尤为重要。

1.4.3 测量工作的三要素

无论是控制测量、碎部测量，还是工程施工测设，测量工作内容不外乎角度测量、距离测量和高差测量三项内容。确定地面点位主要是通过测量角度、距离及高差，计算点位的坐标。因此，测角、测距和测高差是测量工作的三要素。学习测量学就必须掌握这三项基本理论与技能。学会使用各种仪器进行测量；熟悉各种计算表格，掌握计算方法；会绘制平面图与地形图，即"测、算、绘"是测绘工作者的基本功。

本章小结

1. 定义

测量学是一门研究地球表面的形状和大小，以及确定地球表面（包含空中、地下和海底）点位的科学。

2. 工程测量的主要任务（表1-3）

表1-3 工程测量的主要任务

阶段	任务	内 容
勘测	测绘	地形图
设计	用图	地形图的综合应用
施工	放样	定位、放线

3. 基准面（表 1-4）

表 1-4　　　　　　　　　　　　　　　基准面

名　称	定　义	性　质	用　途
水准面	自由静止的水面	处处与重力方向线正交	作为假定高程的起算面
大地水准面	自由静止的平均海水面	处处与重力方向线正交	能代表地球形状和大小，作为高程基准面
高程基准面	地面点高程的起算面	随选择的面不同而异	作为高程计算的零点
参考椭球面	以椭圆绕其短轴旋转的球面	处处与法线正交	充当地球的数学模型，作为测量计算工作的基准面

4. 坐标系（表 1-5）

表 1-5　　　　　　　　　　　　　　　坐标系

名　称	定　义	方　式	用　途
地理坐标	用经度、纬度表示地面点位的球面坐标	首子午面向东、向西 0°～180°为东经、西经；由赤道面向北、向南 0°～90°为北纬、南纬	适用于全球性的球面坐标系；确定点的绝对位置
平面直角坐标	用平面上的长度值表示地面点位的直角坐标	以南北方向纵轴为 x 轴，自坐标原点向北为正，向南为负；以东西方向横轴为 y 轴，自坐标原点向东为正，向西为负。坐标象限按顺时针方向编号	适用于小范围的平面直角坐标系；确定点的相对位置

5. 高程

绝对高程：地面上任意一点到大地水准面的铅垂距离，称为该点的绝对高程，简称高程。

相对高程：地面点到假定水准面的铅垂距离，称为该点的相对高程。

建筑标高：建筑物各部位的高度以±0.00 作为高程起算面的相对高程，称为建筑标高。

高差：地面两点之间的高程之差，称为高差。

习　题

1-1　道路工程测量的任务是什么？

1-2　测量学中所用的平面直角坐标系与数学的平面直角坐标系有哪些不同？为什么要采用不同的平面直角坐标系？

1-3　独立平面直角坐标系和高斯平面直角坐标系有何不同？各适用于什么情况？

1-4　什么叫绝对高程与相对高程？"1956 年黄海高程系"与"1985 年国家高程基准"的区别是什么？

1-5　测量工作的组织原则是什么？测量工作的操作原则是什么？为什么要提出这些原则？

1-6　已知某点位于高斯投影 6°带第 20 号带，若该点在该投影带高斯平面直角坐标系中的横坐标 $y=-306\,579.210$ m，写出该点不包含负值且含有带号的横坐标 y 及该带的中央子午线经度 L_0。

第 2 章 水准测量

能力要求

熟悉水准测量原理,了解精密水准仪、自动安平水准仪、电子水准仪的测量原理和使用方法。熟练使用 DS3 型水准仪,并能检验与校正水准仪;掌握水准测量方法;能计算水准测量成果。了解水准仪测量误差来源及减小误差的方法。

2.1 水准测量原理

水准测量原理是利用水准仪提供的水平视线,测出地面两点之间的高差,然后由已知点的高程推算出另一个点的高程。

如图 2-1 所示,设已知地面上 A 点的高程为 H_A,欲测定 B 点的高程 H_B,需要先测出 A、B 两点间的高差 h_{AB},可在 A、B 之间安置一台水准仪,再在 A、B 两点上各竖一根水准尺。利用水准仪的水平视线,分别读取 A、B 尺上的读数 a、b,则 B 点对 A 点的高差为

$$h_{AB}=a-b \tag{2-1}$$

则 B 点的高程为

$$H_B=H_A+h_{AB}=H_A+(a-b) \tag{2-2}$$

如果水准测量是由 A 到 B 进行的,如图 2-1 中的箭头所示,A 点为已知高程点,则 A 点在水准尺上的读数 a 称为后视读数;B 点为待定高程点,B 点在水准尺上的读数 b 称为前视读数;两点间的高差等于后视读数减去前视读数。若 a 大于 b,则高差为正,B 点高于 A 点;反之,高差为负,则 B 点低于 A 点。

B 点的高程也可以通过仪器的视线高程 H_i(图 2-1)求得,即

$$H_i=H_A+a \tag{2-3}$$

$$H_B=H_i-b \tag{2-4}$$

由式(2-2),根据高差推算高程的方法叫作高差法。由式(2-4),利用视线高程推算高程的方法叫作视线高法。当安置一次仪器要求出若干个地面点的高程时,使用视线高法比高

第 2 章　水准测量

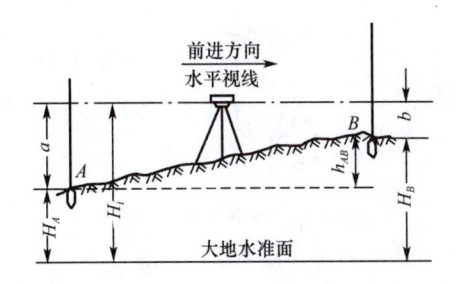

图 2-1　水准测量原理

差法方便,因而视线高法在道路工程施工中被广泛采用。

2.2　水准测量的仪器与工具

水准测量所使用的仪器为水准仪,工具有水准尺和尺垫。水准仪按其精度可分为 DS05、DS1、DS3 和 DS10 四个等级。道路工程测量广泛使用 DS3 型水准仪,D,S 分别为"大地测量"和"水准仪"的汉语拼音的第一个字母,数字 3 表示该仪器精度,即每千米往、返测高差中数的中误差为±3 mm。本章着重介绍 DS3 型水准仪。

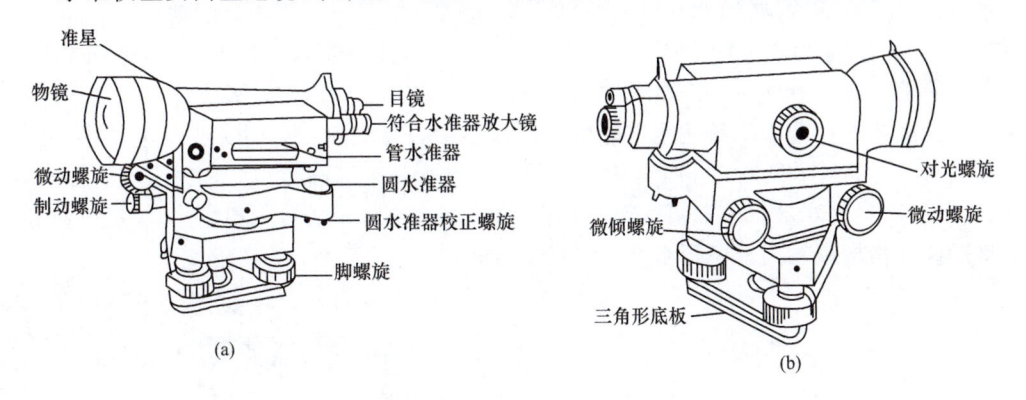

2.2.1　DS3 型水准仪的构造

水准仪主要由望远镜、水准器和基座三部分构成。DS3 型水准仪的构造如图 2-2 所示。

图 2-2　DS3 型水准仪的构造

1. 望远镜

望远镜是构成水平视线、瞄准目标和在水准尺上读数的主要部件。DS3 型水准仪望远镜如图 2-3 所示,它主要由物镜、目镜、调焦透镜和十字丝分划板等构成。

物镜装在望远镜筒的前面,其作用是和调焦透镜一起将远处的目标成像在十字丝分划板上,形成缩小面明亮的实像;目镜装在望远镜筒的后面,其作用是将物镜所成的像和十字丝一起放大成虚像。

十字丝分划板是一块刻有分划线的玻璃薄片,分划板上互相垂直的两条长丝称为十字丝,纵丝也称为竖丝,横丝也称为中丝,纵丝与横丝是用来照准目标和读数的。在横丝的上

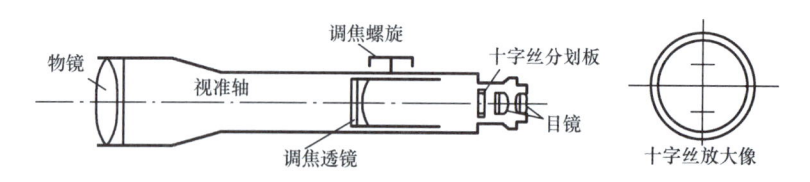

图 2-3　DS3 型水准仪望远镜

下各有一根短丝称为视距丝,可用来测定距离。

十字丝的交叉点和物镜光心的连线称为望远镜的视准轴。延长视准轴并使其水平,即得到水准测量中所需的水平视线。

2. 水准器

水准器是测量人员判断水准仪安置是否正确的重要装置。水准仪上通常装有圆水准器和管水准器两种。圆水准器用来指示竖轴是否竖直;管水准器用来指示视准轴是否水平。

(1)圆水准器

圆水准器装在仪器的基座上,用来对水准仪进行粗略整平。如图 2-4 所示,圆水准器内有一个气泡,它是将加热的酒精和乙醚的混合液注满后密封,液体冷却后收缩形成一空间,即形成了气泡。圆水准器顶面的内表面是一球面,其中央有一圆圈,圆圈的中心为圆水准器的零点,连接零点与球心的直线称为圆水准器轴,当圆水准器气泡中心与零点重合时,表示气泡居中,此时圆水准器轴处于铅垂位置。当气泡不居中时,气泡中心偏移零点 2 mm,轴线所倾斜的角度,称为圆水准器的分划值,一般为 $8'\sim10'$。由于它的精度较低,故圆水准器一般用于仪器的粗略整平。

(2)管水准器

管水准器又称为水准管,是一纵向内壁磨成圆弧形的玻璃管,管内装酒精和乙醚的混合液,加热融封冷却后留有一个气泡。由于气泡较轻,故恒处于管内的最高位置,如图 2-5 所示。水准管上一般刻有间隔为 2 mm 的分划线,分划线的中点 O,称为水准管零点。通过零点作水准管圆弧的切线 LL,称为水准管轴。当气泡中心与零点重合时称为气泡居中,此时水准管轴 LL 处于水平位置。水准管内壁弧长 2 mm 所对应的圆心角 τ 称为水准管的分划值,DS3 型水准仪的水准管分划值为 $20''$,记作 $20''/2\ mm$。水准管分划值越小,灵敏度越高,用来整平仪器精度也越高。由于水准管的精度较高,故适用于仪器的精确整平。

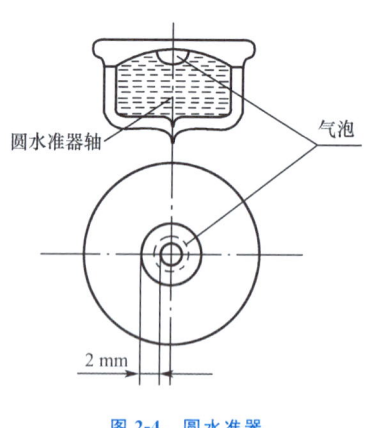

图 2-4　圆水准器

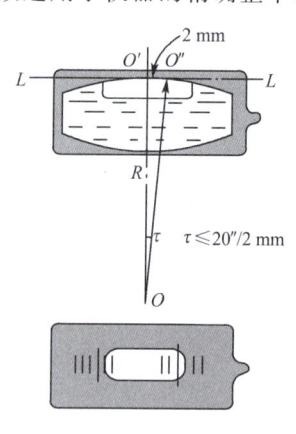

图 2-5　水准管

为了提高水准管气泡居中精度,DS3 型水准仪在水准管的上方安装了一组复合棱镜,如图 2-6(a)所示。通过复合棱镜的反射作用,使水准管气泡两端的半个气泡的影像反映在望远镜旁的符合气泡观察窗中。若气泡两端的半像吻合,则表示气泡居中,如图 2-6(c)所示;若气泡的半像错开,则表示气泡不居中,如图 2-6(b)所示。这时,应转动微倾螺旋,使气泡的半像吻合。

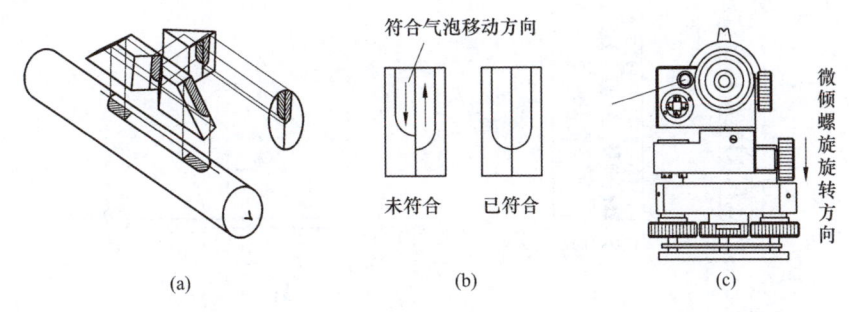

图 2-6 调节水准管的气泡

3. 基座

基座主要由轴座、脚螺旋、底板和三角压板构成,如图 2-2 所示。基座的作用是支撑仪器上部,即将仪器的竖轴插入轴座内旋转。基座上有三个脚螺旋,用来调节圆水准器气泡居中,从而使竖轴处于竖直位置,将仪器粗略整平。底板通过连接螺旋与下部三脚架连接。

2.2.2 水准尺、尺垫

1. 水准尺

水准尺是水准测量时使用的标尺,其质量好坏直接影响水准测量的精度。常用干燥的优质木材、玻璃钢、铝合金制作;且要求尺长稳定,分划准确。水准尺有塔尺和双面尺两种,如图 2-7 所示。

如图 2-7(a)所示,塔尺仅用于等外水准测量,通常制成 3 m 和 5 m 两种。塔尺可以伸缩,携带方便,但用旧后接头处容易损坏,影响尺的长度。尺的底部为零点,尺上黑白格相间,每格宽度为 1 cm,有的为 0.5 cm,每 1 米和分米处均有注记。因望远镜有正像和倒像两种,所以水准尺注记也有正写和倒写两种。

如图 2-7(b)所示,双面尺多用于三、四等水准测量。其长度为 3 m,且两根尺为一对。尺的两面都有刻划,一面为黑白相间,称为黑面尺(主尺),另一面为红白相间,称为红面尺(副尺)。两面的刻划均为 1 cm,并在分米处注字。两根尺的黑面底部起始数字均为零;而红面底部起始数字,一根为 4.687 m,另一根为 4.787 m。

2. 尺垫

尺垫如图 2-8 所示,一般由生铁铸成,下部有三个尖足点,可以踩入土中固定尺垫;中部有突出的半球体,作为临时转点的点位标志供竖立水准尺用。尺垫是水准测量的另一重要工具,在水准测量中,尺垫踩实后再将水准尺放在尺垫顶面的半球体上,可防止水准尺下沉。

(a)塔尺　(b)双面尺

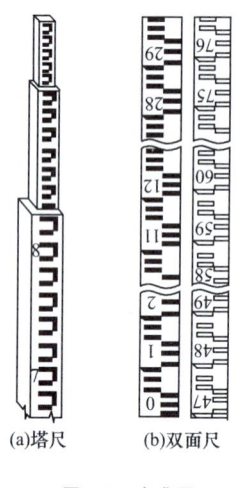

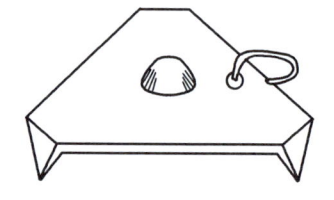

图 2-7　水准尺

图 2-8　尺垫

2.3　DS3 型微倾式水准仪的使用

DS3 型微倾式水准仪的使用包括安置水准仪、粗略整平、瞄准水准尺、精确整平和读数等操作步骤。

2.3.1　安置水准仪

打开三脚架并使高度适中，目估使三脚架头大致水平，检查三脚架腿是否安置稳固，三脚架伸缩螺旋是否拧紧，然后打开仪器箱取出水准仪，用连接螺旋将仪器固连在三脚架头上。

2.3.2　粗略整平

粗略整平是借助圆水准器的气泡居中，使仪器竖轴大致铅垂，从而视准轴粗略水平。利用脚螺旋使圆水准器气泡居中的操作步骤如图 2-9 所示，当气泡不在中心而偏在 a 处时，可先用双手按相同方向转动脚螺旋 1 和 2，使气泡移到 b 处，然后转动第 3 个螺旋使气泡从 b 处移动到圆圈的中心。粗略整平时气泡移动方向与左手大拇指移动的方向一致。

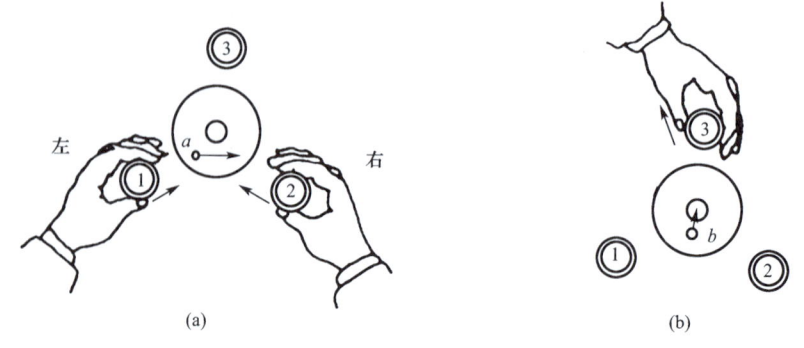

图 2-9　圆水准器粗略整平

2.3.3 瞄准水准尺

首先进行目镜对光,即把望远镜对着明亮的背景,转动目镜调焦螺旋,使十字丝清晰。再松开制动螺旋,转动望远镜,用望远镜筒上的照门和准星瞄准水准尺,拧紧制动螺旋。然后从望远镜中观察,转动物镜调焦螺旋进行对光,使目标清晰,再转动微动螺旋,使竖丝对准水准尺。

当眼睛在目镜端上下微微移动时,若发现十字丝与目标影像有相对运动,这种现象称为视差。产生视差的原因是目标成像的平面和十字丝平面不重合。由于视差的存在会影响读数的正确性,必须加以消除。消除视差的方法是重新仔细地进行物镜调焦,直至眼睛上下移动时读数不变。此时,从目镜端见到十字丝与目标的像都十分清晰。

2.3.4 精确整平

眼睛通过位于目镜左方的符合气泡观察窗看水准管气泡,用右手缓慢而均匀地转动微倾螺旋,使气泡两端的半像吻合,即表示水准仪的视准轴已精确整平,如图 2-10 所示。

2.3.5 读数

视准轴水平后,用十字丝中丝在水准尺上读数,即读出水准尺零点到十字丝中丝的高度。不论使用的水准仪是正像或是倒像,读数总是由注记小的一端向大的一端读出。通常读数应保持四位数字,米、分米、厘米可由尺上刻划直接读出,毫米数则由估计而读得。如图 2-11 所示,读数为 0.995,以米为单位。但习惯只读"0995"四位数而不读小数点,即以毫米为单位。读数后再检查一下气泡是否移动,否则需重新用微倾螺旋调整气泡,使之符合后再次读数。

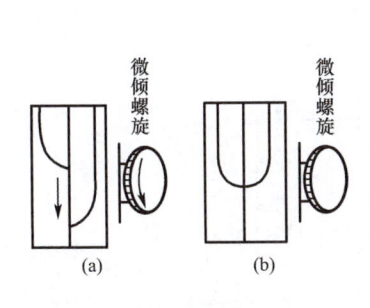

图 2-10 精确整平

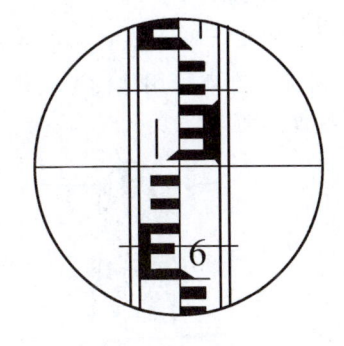

图 2-11 十字丝中丝在水准尺上读数

精确整平和读数虽是两项不同的操作步骤,但在水准测量的实施过程中,却把两项操作视为一个整体;即精确整平后再读数,读数后还要检查管水准气泡是否完全符合。只有这样,才能得到准确的读数。

2.4 水准测量的实施与成果整理

2.4.1 水准点

为了统一全国高程系统和满足科研、测图、国家建设的需要，测绘部门在全国各地埋设了许多固定的测量标志，并用水准测量的方法测定了它们的高程，这些标志称为水准点(Bench Mark,BM)。水准测量通常从水准点引测其他点的高程。水准点有永久性和临时性两种。国家等级水准点一般用石料或钢筋混凝土制成，深埋到地面冻结线以下。在标石的顶面设有用不锈钢或其他不易锈蚀材料制成的半球状标志，如图2-12所示。有些水准点也可设置在稳定的墙脚上，如图2-13所示，称为墙上水准点。

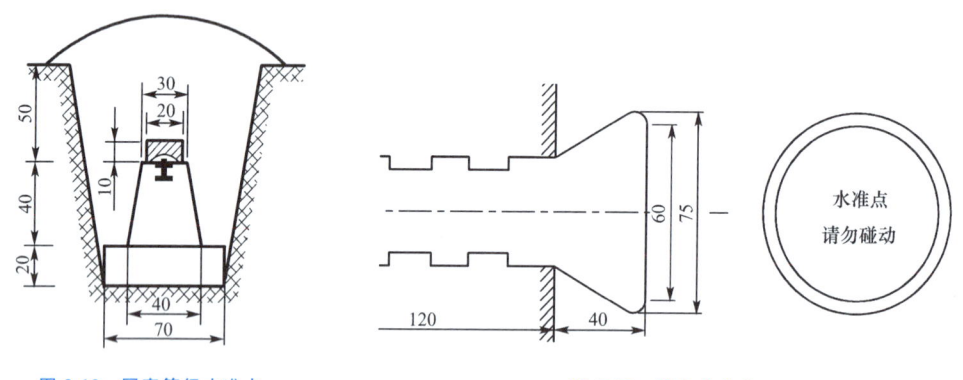

图 2-12　国家等级水准点　　　　图 2-13　墙上水准点

道路工程上的永久性水准点一般用混凝土制成，顶部嵌入半球状金属标志，如图2-14(a)所示。临时性水准点可用地面上突出的坚硬岩石或用大木桩打入地下，桩顶钉以半球形铁钉，如图2-14(b)所示。

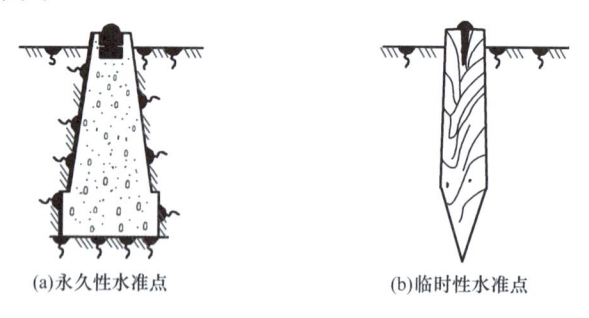

(a)永久性水准点　　(b)临时性水准点

图 2-14　永久性、临时性水准点

埋设水准点后，应绘出水准点与附近固定建筑物或其他地物的关系图，在图上还要注明水准点的编号和高程，称为"点之记"，便于日后寻找水准点位置。水准点编号前通常加 BM 字样，作为水准点的代号。

2.4.2 水准路线

在水准测量中,为了避免观测、记录和计算中发生人为粗差,并保证测量成果达到一定的精度要求,往往将已知水准点和待测水准点组成水准路线,利用一定的条件来检核所测成果的正确性。在一般的道路工程测量中,水准路线主要有如下三种形式:

1. 附合水准路线

如图 2-15 所示,附近有 BM_A、BM_B 两个已知水准点,现需求得 1、2、3 三个点的高程。水准路线从已知水准点 BM_A(起始点)出发,沿着待定点 1、2、3 进行水准测量,最后从 3 点测到已知水准点 BM_B(终点),这样的水准路线称为附合水准路线。

2. 闭合水准路线

如图 2-16 所示,由 BM_A 出发,沿待定高程点 1、2、3 环线进行水准测量,最后回到原水准点 BM_A 上,称为闭合水准路线。

3. 支水准路线

如图 2-17 所示的 1 和 2 两点,由水准点 BM_A 出发,既不附合到其他水准点上,也不自行闭合,称为支水准路线。支水准路线要进行往返观测,以便检核。

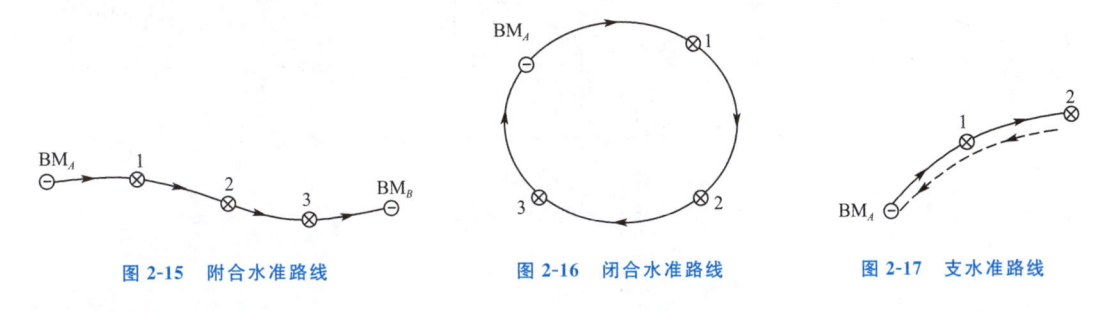

图 2-15　附合水准路线　　图 2-16　闭合水准路线　　图 2-17　支水准路线

2.4.3 水准测量实施

当高程待定点距离已知点较远或高差较大时,仅安置一次仪器、进行一个测站点的工作是不能测出两点的高差的。这时需要在两点之间加设若干个临时立尺点,分段连续多次安置仪器来求得两点的高差。这些临时加设的立尺点只作为传递高程用,称为转点,一般用符号 TP 表示。

如图 2-18 所示,水准点 A 的高程为 50.118 m,要测定 B 点的高程。观测时临时加设四个转点,共进行五个测站点的观测,每个测站点观测时的程序相同,其观测步骤、记录、计算说明如下:

作业时,先在水准点 BM_A 上立尺,作为后视尺,再沿着水准路线方向,选择第Ⅰ测站点安置仪器,同时选择适当位置踏实尺垫,作为转点 TP_1,然后在尺垫上立前视尺,接着进行观测。选择转点时应注意水准仪至前、后视尺的距离应尽可能相等。视线长度不应超过 100 m。

在测站点Ⅰ上的观测程序:
(1)安置仪器,使圆水准器气泡居中。
(2)照准后视(A 点)尺,并转动微倾螺旋使水准管气泡精确居中,用中丝读后视尺读数

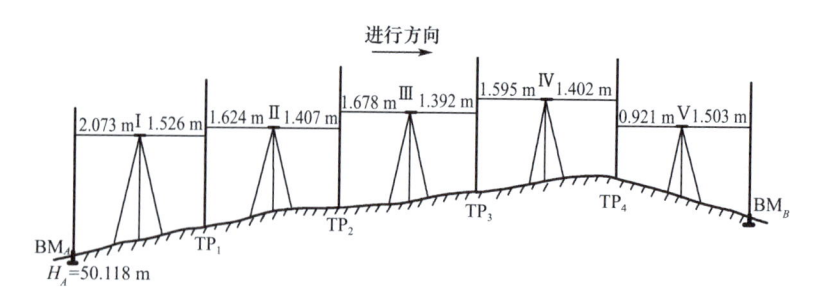

图 2-18 水准测量实施

2.073。记录员复诵后记入手簿,见表 2-1。

(3)照准前视(转点 TP₁)尺,精确整平,读前视尺读数 1.526。记录员复诵后记入手簿,并计算出 A 点与转点 TP₁ 之间的高差为

$$h_1 = a_1 - b_1 = 2.073 - 1.526 = +0.547$$

随即填入表 2-1 中高差栏。水准测量手簿见表 2-1。

表 2-1　　　　　　　　　　水准测量手簿　　　　　　　　　　　　　m

测站点	测点	后视读数 a	前视读数 b	高差 h +	高差 h −	高程 H	备注
Ⅰ	A TP₁	2.073	1.526	0.547		50.118	已知 A 点高程 $H_A = 50.118$
Ⅱ	TP₁ TP₂	1.624	1.407	0.217			
Ⅲ	TP₂ TP₃	1.678	1.392	0.286			
Ⅳ	TP₃ TP₄	1.595	1.402	0.193			
Ⅴ	TP₄ B	0.921	1.503		0.582	50.779	
∑		7.891	7.230	1.243	0.582		
计算检核		$\sum a - \sum b = +0.661$		$\sum h = +0.661$		$H_B - H_A = +0.661$	

测站点Ⅰ观测完后转点 TP₁ 处的尺垫和水准尺保持不动,将仪器移到Ⅱ处安置,选择转点 TP₂,将 A 点处水准尺转移到 TP₂ 尺垫上,继续进行测站点Ⅱ的观测、记录、计算,用同样的工作方法一直到达 B 点。显然,每安置一次仪器,就测得一个高差,即

$$h_2 = a_2 - b_2$$
$$h_3 = a_3 - b_3$$
$$h_4 = a_4 - b_4$$

将各式相加,得

$$\sum h = \sum a - \sum b \tag{2-5}$$

则 B 点的高程为

$$H_B = H_A + \sum h \tag{2-6}$$

为保证手簿中数据的正确,应对手簿中每一栏所计算的高差和高程进行计算检核;即后视读数总和 $\sum a$ 减前视读数总和 $\sum b$、高差总和 $\sum h$ 及 B 点高程与 A 点高程之差,这三个数据应相等。否则,计算有错。例如,表 2-1 中

$$\sum a - \sum b = 7.891 - 7.230 = +0.661$$

$$\sum h = 1.243 - 0.582 = +0.661$$

$$H_B - H_A = 50.779 - 50.118 = +0.661$$

说明手簿中整个计算是正确的。应该注意,计算检核只能检查计算是否正确,并不能发现观测、记录过程中有无差错。

2.4.4 水准测量的检核

1. 测站检核

由式(2-6)可以看出,待定点 B 的高程是根据 A 点和沿线各测站点所测的高差计算出来的。为了确保观测高差正确,须对各测站点的观测高差进行检核,这种检核称为测站检核。常用的检核方法有变仪器高法和双面尺法两种。

(1)变仪器高法

变仪器高法是在同一测站点上用两次不同的仪器高度,两次测定高差。即测得第一次高差后,改变仪器高度 10 cm 以上,再次测定高差。若两次测得的高差之差未超过 5 mm,则取其平均值作为该测站点的观测高差;否则,需要重测。

(2)双面尺法

双面尺法是在一测站点上,仪器高度不变,分别用双面水准尺的黑面和红面两次测定高差。若两次测得的高差之差未超过 5 mm,则取其平均值作为该测站点的高差;否则,需要重测。

2. 路线检核

虽然每一测站点都进行了检核,但对于一条水准路线来说,测站检核还不足以说明所求水准点的高程精度是否符合要求。例如,在前、后视某一转点时,水准尺未放在同一点上,利用该转点计算的相邻两站的高差虽然精度符合要求,但这一条水准路线却含有错误,因此必须进行整个水准路线的成果检核。水准路线检核方法一般有以下三种:

(1)附合水准路线

如图 2-15 所示,路线中各段高差的代数和,理论上应等于两个水准点之间的高差,即

$$\sum h_{理} = H_{终} - H_{始} \tag{2-7}$$

由于观测误差不可避免,实测的高差与已知高差一般不可能完全相等,其差值称为高差闭合差 f_h,即

$$f_h = \sum h_{测} - (H_{终} - H_{始}) \tag{2-8}$$

(2)闭合水准路线

如图 2-16 所示,显然,式(2-7)中的 $H_{终} = H_{始}$,即 $H_{终} - H_{始} = 0$,则路线上各点之间高差的代数和应等于零,即

$$\sum h_{理} = 0 \tag{2-9}$$

如果该值不等于零,则高差闭合差为

$$f_h = \sum h_{测} \tag{2-10}$$

(3) 支水准路线

如图 2-17 所示,支水准路线要进行往、返观测,往测高差与返测高差观测值的代数和 $\sum h_{往} + \sum h_{返}$ 理论上应为零。如果该值不等于零,则高差闭合差为

$$f_h = \sum h_{往} + \sum h_{返} \tag{2-11}$$

各种路线形式的水准测量,其高差闭合差均不应超过容许值,否则即认为观测结果不符合要求。

2.4.5 水准测量的成果计算

1. 附合水准路线成果计算

例 2-1 如图 2-19 所示为附合水准路线,BM_A、BM_B 为已知水准点,高程分别是 $H_A = 10.723$ m,$H_B = 11.730$ m,各测段的观测高差 h_i 及路线长度 L_i 如图 2-19 所示,计算各待定高程点 1、2、3 的高程。

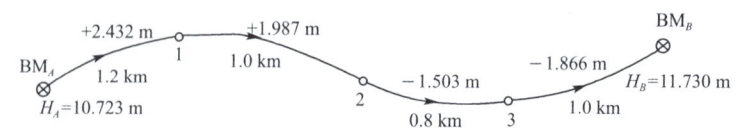

图 2-19 附合水准路线示例

解 (1) 计算附合水准路线的高差闭合差 f_h

$$\sum h_{测} = +2.432 + 1.987 - 1.503 - 1.866 = +1.050 \text{ m}$$

$$f_h = \sum h_{测} - (H_B - H_A) = +1.050 - (11.730 - 10.723) = +0.043 \text{ m} = +43 \text{ mm}$$

(2) 计算高差闭合差的容许值

普通水准测量的闭合差容许值为 $f_{h容} = \pm 40\sqrt{L}$。此例中

$$L = 1.2 + 1.0 + 0.8 + 1.0 = 4.0 \text{ km}$$

$$f_{h容} = \pm 40 \sqrt{4.0} = \pm 80 \text{ mm}$$

$|f_h| < |f_{h容}|$,说明观测成果的精度符合要求。若 $|f_h| > |f_{h容}|$,则必须返工外业,重新测量。

(3) 调整高差闭合差

根据测量误差理论,调整高差闭合差的方法是:将高差闭合差反号,按与各测段的路线长度成正比例地分配到各段高差中。

每千米的高差改正数为

$$\frac{-f_h}{L} = \frac{-(+43)}{4.0} = -10.75 \text{ mm}$$

各测段的改正数分别为

$$V_1 = -10.75 \times 1.2 = -12.90 \text{ mm}$$
$$V_2 = -10.75 \times 1.0 = -10.75 \text{ mm}$$
$$V_3 = -10.75 \times 0.8 = -8.60 \text{ mm}$$
$$V_4 = -10.75 \times 1.0 = -12.90 \text{ mm}$$

改正数计算检核

$$\sum V = -43 \text{ mm} = -f_h$$

(4)计算改正后的高差及各点高程

$$H_1 = H_A + h'_{A1} = H_A + h_{A1} + V_1 = 13.142 \text{ m}$$
$$H_2 = H_1 + h'_{12} = 15.118 \text{ m}$$
$$H_3 = H_2 + h'_{23} = 13.607 \text{ m}$$

高程计算检核：$H_B = H_3 + h'_{3B} = 11.730 \text{ m} = H_B$（已知）

上述计算过程可采用表 2-2 的形式完成。首先把已知高程和观测数据填入表中相应的列，然后从左到右，逐列计算。有关高差闭合差的计算部分填在辅助计算一栏。

表 2-2　　　　　　　　附合水准路线水准测量内业计算表

点号	距离 L/km	实测高差 h/m	改正数 V/m	改正后高差 h'/m	高程 H/m
A	1.2	+2.432	−0.013	+2.419	10.723
1	1.0	+1.987	−0.011	+1.976	13.142
2	0.8	−1.503	−0.008	−1.511	15.118
3	1.0	−1.866	−0.011	−1.877	13.607
B					11.730
∑	4.0	+1.050	−0.043	+1.007	(+1.007)
辅助计算	\multicolumn{5}{c}{$f_h = \sum h_{测} - (H_B - H_A) = +43 \text{ mm}$ $f_{h容} = \pm 40\sqrt{4.0} = \pm 80 \text{ mm}$}

2. 闭合水准路线成果计算

闭合水准路线各测段高差的代数和应为零。如果该值不等于零，其代数和即为闭合水准路线的闭合差 f_h，即

$$f_h = \sum h_{测}$$

闭合水准路线计算步骤与附合水准路线基本相同。

3. 支水准路线成果计算

例 2-2　如图 2-20 所示为支水准路线，支水准路线应进行往、返观测。已知水准点 A 的高程为 68.254 m，往、返测站共 16 站。

图 2-20　支水准路线示例

解　(1) 计算高差闭合差

$$f_h = \sum h_{往} + \sum h_{返} = -1.383 + 1.362 \text{ m} = -0.021 \text{ m} = -21 \text{ mm}$$

(2) 计算容许闭合差

$$f_{h容} = \pm 12\sqrt{n} = \pm 12\sqrt{16} = \pm 48 \text{ mm}$$

因为 $|f_h| \leqslant f_{h容}$，故其精度符合要求，可做下一步计算。

(3) 计算改正后高差

支水准路线往、返测高差的平均值即改正后高差，其符号以往测为准，即

$$h_{A1} = (h_{往} + h_{返})/2 = [-1.383 + (-1.362)]/2 = -1.373 \text{ m}$$

（4）计算 1 点高程

起点高程加改正后高差，即得 1 点高程，即

$$H_1 = H_A + h_{A1} = 68.254 - 1.373 = 66.881 \text{ m}$$

必须指出，若起始点的高程抄录错误，其计算出的高程也是错误的。因此，应用此法应注意检查。

2.5 水准测量的误差及注意事项

水准测量的误差包括仪器误差、观测误差和外界环境的影响三方面。在水准测量作业中，应根据产生误差的原因，采取相应措施，尽量减少或消除其影响。

2.5.1 仪器误差

1. 仪器校正后的残余误差

水准管轴与视准轴不平行，虽经校正但仍然存在残余误差。这种误差多属于系统性的，观测时使前、后视距离相等，便可消除或减弱此项误差的影响。

2. 水准尺误差

水准尺刻划不准确、尺长变化、尺身弯曲及底部零点磨损等，都会直接影响水准测量的精度。因此对水准尺要进行检定，凡刻划达不到精度要求及弯曲变形的水准尺，均不能使用。对于尺底的零点差，可采取在起、终点之间设置偶数站的方法消除其对高差的影响。

2.5.2 观测误差

1. 水准管气泡居中的误差

水准管气泡未能做到严格居中，会造成望远镜视准轴倾斜，产生读数误差。读数误差的大小与水准管的灵敏度的大小有关，主要是水准管分划值 τ 的大小。此外，读数误差与视线长度成正比，视线长度越长，读数误差越大。因此，观测时对水准管气泡都要认真仔细地进行居中，且对视线长度加以限制，以保证读数精度。

2. 视差影响

当存在视差时，尺像与十字丝平面不重合，观测时眼睛所在的位置不同，读出的数也不同，因此，产生读数误差。所以观测时要仔细进行物镜对光，严格消除视差。

3. 水准尺的倾斜误差

水准尺如果是向视线的左右倾斜，观测时通过望远镜十字丝很容易察觉而纠正。但是，如果水准尺的倾斜方向与视线方向一致，则不易察觉。水准尺倾斜总是使读数增大。水准尺的倾斜角越大，读数误差越大；水准尺上的读数（视线距地面的高度）越大，读数误差也越大。如水准尺倾斜 3°，在水准尺上 1.5 m 处读数时，将产生 2 mm 的读数误差。由此可以看出，此项影响是不可忽视的。为了减小这种误差，一定要认真立尺，使尺处于铅垂位置。水准尺上有圆水准器的应使气泡居中。当地面坡度较大时，应注意将水准尺扶直，并应限制水准尺的最大读数。

2.5.3 外界环境的影响

1. 仪器下沉

仪器下沉是指在一测站点上读的后视读数和前视读数之间仪器发生下沉,使得前视读数减小,算得的高差增大。为减弱其影响,可以采用"后、前、前、后"的观测程序。这样求得的两次高差的平均值即可消除或减弱仪器下沉的影响。

2. 转点下沉

水准尺下沉的误差是指仪器在迁站过程中,转点发生下沉,使迁站后的后视读数增大,算得的高差也增大。如果采取往、返测方法,取往、返高差的平均值,可以减弱水准尺下沉的影响。最有效的方法是应用尺垫,在转点的地方放置尺垫,并将其踩实,防止水准尺在观测过程中下沉。

3. 地球曲率及大气折射的影响

如图 2-21 所示,用水平视线代替大地水准面的平行曲线,对水准尺上读数产生的影响为 c,由式(1-11)可知

$$c = \frac{D^2}{2R} \tag{2-12}$$

式中 D——仪器到水准尺的距离;
　　　R——地球的平均半径 6 371 km。

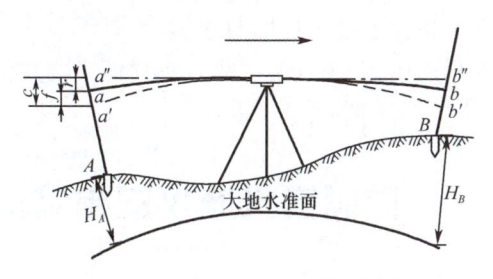

图 2-21 地球曲率对大气折射的影响

实际上,由于大气的折射,视线并非是水平的,而是一条曲线,曲线的半径大致为地球半径的 6~7 倍。其折射量的大小对水准尺读数产生的影响用 r 表示,则

$$r = \frac{D^2}{2 \times 7R} \tag{2-13}$$

折射影响与地球曲率影响之和为

$$f = c - r = \frac{D^2}{2R} - \frac{D^2}{14R} = 0.43 \frac{D^2}{R} \tag{2-14}$$

计算测站点的高差时,应从前、后视读数中分别减去 f,方能得出正确的高差,即

$$h = (a - f_a) - (b - f_b) \tag{2-15}$$

若前、后视距离相等,则 $f_a = f_b$,地球曲率与大气折射的影响在计算高差中被互相抵消。所以,在水准测量中,前、后视距离应尽量相等。同时,视线高出地面应有足够的高度,在坡度较大的地方观测应适当缩短视线。此外,还应该选择有利的时间进行观测,尽量避免在不利的气象条件下进行作业。

4. 温度的影响

温度的变化不仅引起大气折射的变化,而且当烈日照射水准管时,由于水准管本身和管

内液体温度升高,气泡向着温度高的方向移动,影响仪器的水平,产生气泡居中误差。观测时应注意撑伞遮阳,防止阳光直接照射仪器。

2.5.4 水准测量注意事项

由于测量误差是不可避免的,我们无法完全消除其影响。但是可采取一定的措施减弱其影响,以提高测量成果的精度。同时应绝对避免在测量成果中存在错误,因此在进行水准测量时,应注意以下各点:

(1)观测前对所用仪器和工具,必须认真进行检验和校正。

(2)在野外测量过程中,水准仪及水准尺应尽量安置在坚实的地面上。三脚架和尺垫要踩实,防止仪器和水准尺下沉。

(3)前、后视距离应尽量相等,以消除视准轴不平行水准管轴的误差和地球曲率与大气折射的影响。

(4)前、后视距离不宜太长,一般不要超过 100 m。视线高度应使上、中、下三丝都能在水准尺上读数,以减小大气折射影响。

(5)水准尺必须扶直,不得倾斜。使用过程中,要经常检查和清除尺底泥土。塔尺衔接处要卡住,防止第二、三节塔尺下滑。

(6)读数后应再次检查气泡是否仍然居中,否则应重读。

(7)记录员要复诵读数,以便核对。记录要整洁、清楚、端正。如果有错,不能用橡皮擦去而应在改正处画一横,在旁边注上改正后的数字。

(8)在烈日下作业要撑伞遮阳,避免气泡因受热不均而影响其稳定性。

2.6 微倾式水准仪的检验与校正

2.6.1 水准仪的轴线及其应满足的几何条件

为了保证仪器提供一条水平视线,水准仪的四条主要轴(图 2-22):望远镜视准轴 CC、水准管轴 LL、圆水准器轴 $L'L'$ 和仪器竖轴 VV,应满足以下几何条件:

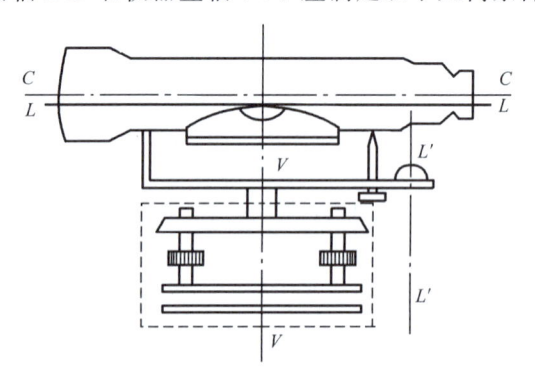

图 2-22 水准仪的主要轴

(1)圆水准器轴 $L'L'$ 应平行于仪器竖轴 VV。
(2)水准管轴 LL 应平行于望远镜视准轴 CC。
(3)十字丝横丝应垂直于仪器竖轴 VV。

这些条件在仪器出厂前都经过严格检查,都能满足要求,但经过长期使用或运输中的震动等原因,各轴间的关系会产生变化。因此,测量之前必须对仪器进行检验和校正。

2.6.2 水准仪的检验与校正

1. 圆水准器轴的检验与校正

(1)目的

满足条件 $L'L'/\!/VV$,使圆水准器气泡居中时,仪器竖轴基本铅直,视准轴粗平。

(2)检验

安置仪器后,用脚螺旋粗略整平使气泡居中,然后将望远镜绕仪器竖轴旋转 180°,若气泡仍居中,则表明条件满足;若气泡不居中,则表明圆水准器轴 $L'L'$ 不平行于仪器竖轴 VV,需要校正。

(3)校正

①转动脚螺旋使气泡退回偏离值的一半。

②松开圆水准器背面中心的固定螺丝,如图 2-23 所示,按照圆水准器粗略整平的方法,用校正针拨动相邻两个校正螺丝,再拨动另一个校正螺丝,使气泡居中。

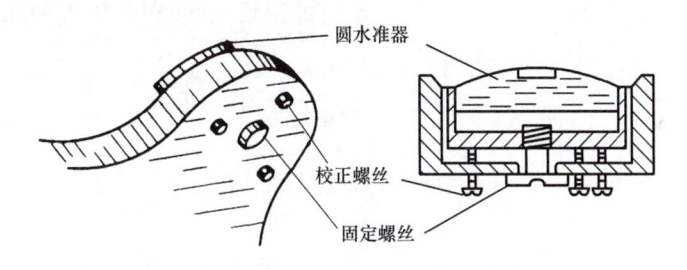

图 2-23　圆水准器轴的检验与校正

③按这种方法反复检验与校正,直至转到任何方向,气泡均居中,校正即可结束。最后,将固定螺丝拧紧。

2. 十字丝横丝的检验与校正

(1)目的

满足条件十字丝横丝垂直于十字丝竖轴 VV。当十字丝竖轴铅直时,十字丝横丝处于水平位置,十字丝横丝上任何位置读数均相同。

(2)检验

①用十字丝横丝一端对准远处一明显点状标志 M,如图 2-24(a)所示。拧紧制动螺旋。

②旋转微动螺旋,使望远镜视准轴绕十字丝竖轴转动,如果 M 点沿着横丝移动,如图 2-24(b)所示,则表示十字丝横丝与十字丝竖轴垂直,不需要校正。

③如果 M 点明显偏离十字丝横丝,如图 2-24(c)和图 2-24(d)所示,则表示十字丝横丝不垂直于十字丝竖轴,需要校正。

(3)校正

①松开十字丝分划板座的固定螺丝,如图 2-24(e)所示,转动整个目镜座,使十字丝横丝与 M 点轨迹一致,再将固定螺丝拧紧。

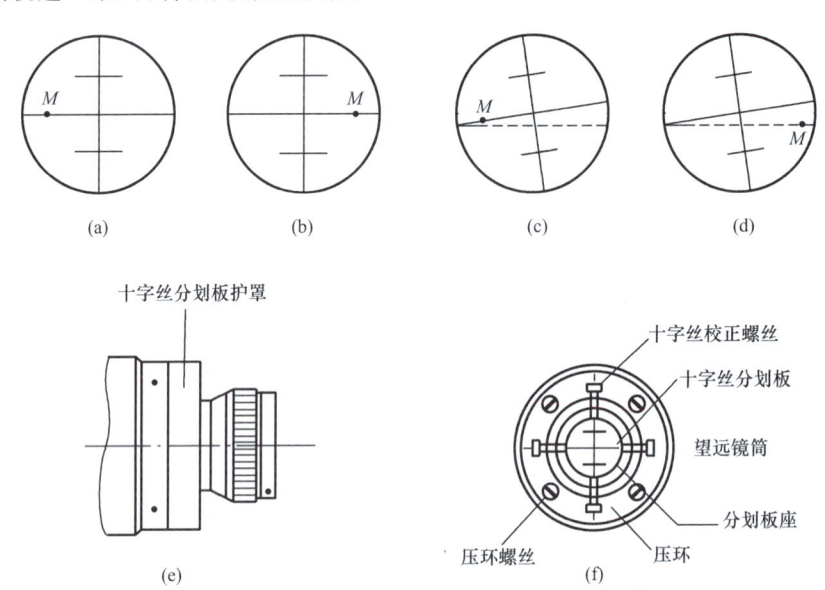

图 2-24 十字丝横丝的检验与校正

②当 M 点偏离十字丝横丝不明显时,一般不进行校正,在作业中可利用十字丝横丝的中央部分读数。

3. 水准管轴的检验与校正

(1)目的

满足条件 $LL /\!/ CC$,使水准管气泡居中时,望远镜十字丝视准轴处于水平位置。

(2)检验

设水准管轴不平行于望远镜视准轴,它们之间的交角为 i,如图 2-25 所示。当水准管气泡居中时,十字丝视准轴不水平而产生 i 角误差 Δ;当仪器至水准尺的前、后视距离相等时,则在两根水准尺上的 i 角误差 Δ 也相等,因此计算时将不会影响所求的高差。

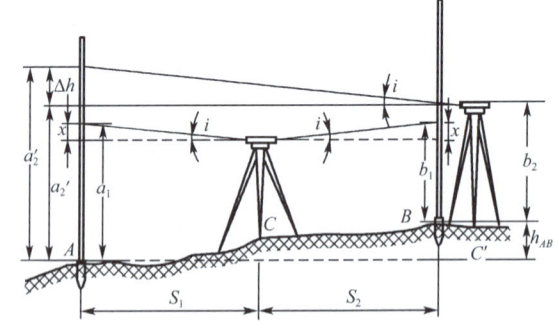

图 2-25 水准管平行于视准轴的检验

(3)检验步骤

①选择一平坦地面,相距 80 m 左右各打一木桩 A、B,将仪器置于中点 C,并使 AC=BC,如图 2-25 所示。

②将水准仪安置于中点 C 处,在 A、B 两点竖立水准尺,用两次仪器高法测定 A、B 两点的高差。当两次高差的较差不大于 3 mm 时,取两次高差的平均值 h_{AB} 作为两点高差的正确值。

③将仪器安置于 C' 处,即距 B 点 2~3 m 处,精确整平仪器后,读出 B 点水准尺上的读数 b_2。由于 i 角较小,仪器离 B 点近,引起读数 b_2 的误差可忽略不计,可视为水平视线的读数。于是,可根据已知高差 h_{AB} 反算求得视线水平时的后视应读数 a_2,即

$$a_2 = b_2 + h_{AB}$$

④将望远镜照准 A 点标尺,精确整平后读得的读数为 a'_2。若 $a'_2 = a_2$,说明两轴平行。否则,存在 i 角,其值为

$$i = (a'_2 - a_2)/D_{AB} \times \rho'' \tag{2-16}$$

式中,D_{AB} 为 AB 两点间的水平距离;$\rho'' = \dfrac{180°}{\pi} = 206\ 265''$。

规范规定:对于 DS3 型微倾式水准仪,当 $i > 20''$ 时,仪器必须校正。

(4)校正

①水准管的校正螺丝在观察镜旁的圆孔内,共有上、下、左、右四个,如图 2-26 所示。校正时,先调节望远镜微倾螺旋,使望远镜横丝对准 A 点水准尺的读数 a_2,此时视准轴处于水平位置,而水准管气泡却偏离了中心。

②用校正针拨动左、右两个校正螺丝,再一松一紧调节上、下两个校正螺丝,使水准管气泡居中(符合),最后旋紧左、右两个校正螺丝。

③此项检验、校正要反复进行,直至达到要求。

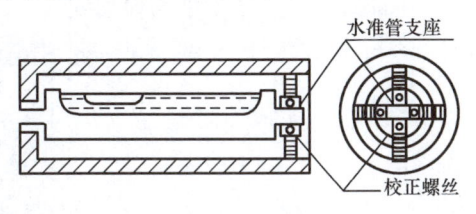

图 2-26 水准管轴的校正

2.7 自动安平水准仪和精密水准仪

2.7.1 自动安平水准仪

自动安平水准仪是一种不用水准管而能自动获得水平视线的水准仪。由于水准管水准仪在用微倾螺旋使气泡符合时要花一定的时间,水准管灵敏度越高,整平需要的时间越长。在松软的土地上安置水准仪时,还要随时注意气泡有无变动。而自动安平水准仪在用圆水准器使仪器粗略整平后,经过 1~2 s 即可直接读取水平视线读数。当仪器有微小的倾斜变化时,补偿器能随时调整,始终给出正确的水平视线读数。因此,它具有观测速度快、精度高的优点,被广泛应用在各种等级的水准测量中。

自动安平水准仪的补偿原理如图 2-27 所示。当视准轴倾斜 α 角时,直角棱镜在重力作用下并不产生倾斜而处于正确位置,水平光线进入补偿器后,经第一个直角棱镜反射到屋脊棱镜,在屋脊棱镜中经三次反射后到第二个直角棱镜,从第二个直角棱镜中反射出来后与水平视线呈 β 角,从而使水平光线最后恰好通过十字丝交点,达到补偿的目的。因此,当仪器粗略整平后,视线倾斜的范围较小时,仪器的视线就自动水平了。

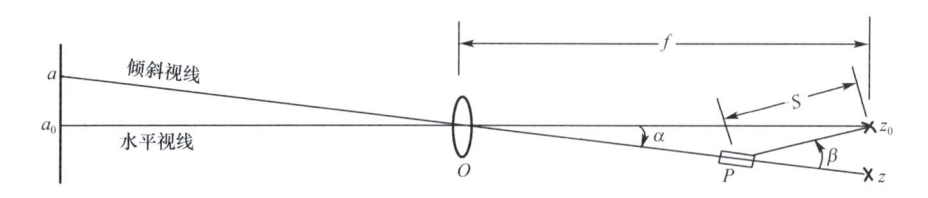

图 2-27　自动安平水准仪的补偿原理

2.7.2　精密水准仪

精密水准仪主要用于国家一、二等水准测量和高精度的工程测量中,如桥梁的变形观测、大型建筑物的施工及大型设备的安装等测量工作。

精密水准仪的构造与 DS3 型微倾式水准仪基本相同,也是由望远镜、水准器和基座三个主要部件组成的。精密水准仪的主要特征是望远镜光学性能好,即望远镜的照准精度高、亮度大,望远镜的放大率不小于 40 倍;附合水准器的灵敏度高,水准管分划值不大于 $10''/2$ mm;装有能直接读到 0.1 mm 的光学测微器,并配有一副温度膨胀系数很小的精密水准尺。此外,为了使三脚架坚固稳定,三脚架不采用伸缩式。

如图 2-28 所示是 WILD N3 精密水准仪,光学测微器最小读数为 0.05 mm。

如图 2-29 所示是与精密水准仪配套使用的精密水准尺。该尺全长 3 m,在木质尺身的槽内,引张一根膨胀系数极小的因瓦合金带,其下端固定,上端用弹簧拉紧,以保证带的平直和不受尺身长度变化的影响。因瓦合金带分左、右两排分划,每排的最小分划值均为 10 mm,彼此错开 5 mm,于是把两排的分划合在一起便成为左、右交替形式的分划,分划值为 5 mm。合金带的右边从 0~5 注记分米数,大三角形标志对

图 2-28　WILD N3 精密水准仪

准分米,小三角形标志对准 5 cm 分划线。注记的数值为实际长度的 2 倍,即水准尺上的实际长度等于尺面读数的 1/2。所以,用此水准尺进行测量作业时,须将观测高差除以 2 才是实际高差。

精密水准仪的操作方法与一般水准仪基本相同,不同之处是精密水准仪是采用光学测微器测出不足一个分格的数值。作业时,先转动微倾螺旋,使望远镜视场左侧的附合水准气泡两端的影像精确符合(图 2-30),这时视线水平。再转动测微轮,使十字丝上楔形丝精确地夹在整分划,读取该分划线读数,图中为 1.48 m,再从目镜右下方的测微尺读数窗内读取测微尺读数,图中为 6.55 mm。水准尺的全部读数等于楔形丝所夹分划线的读数与测微尺读数之和,即 1.486 55 m。实际读数为水准尺读数的一半,即 0.74 328 m。

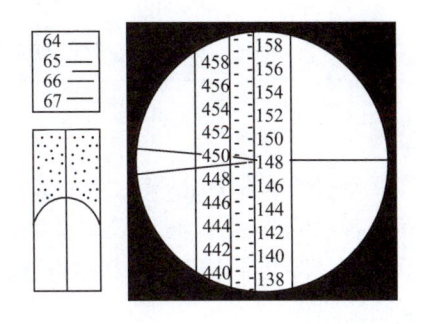

图 2-29　精密水准尺　　　　　　　图 2-30　精密水准仪的读数

2.8　电子水准仪简介

电子水准仪(图 2-31)又称数字水准仪,是集电子光学、图像处理、计算机技术于一体的的水准测量仪器。它具有速度快、精度高、使用方便、作业员劳动强度轻、便于用电子手簿记录、实现内外业一体化等优点,代表了当代水准仪的发展方向,具有光学水准仪无可比拟的优越性。

电子水准仪使用的条形码标尺(图 2-32)采用三种独立并互相嵌套在一起的编码尺。这三种独立信息为参考码 R、信息码 A 与信息码 B。参考码 R 为三道等宽的黑色码条,以中间码条的中线为准,每隔 3 cm 就有一组 R 码。信息码 A 与信息码 B 位于 R 码的上、下两边,下边 10 mm 处为 B 码,上边 10 mm 处为 A 码。A 码与 B 码宽度按正弦规律改变,其信号波长分别为 33 cm 和 30 cm,最窄的码条宽度不到 1 mm。上述三种信号的频率和相位可以通过快速傅里叶变换(FTT)获得。当标尺影像通过望远镜成像在十字丝平面上,经过处理器译释、对比、数字化后,在显示屏上显示中丝在标尺上的读数或视距。

图 2-31　电子水准仪　　　　　　　图 2-32　条形码标尺

电子水准仪的操作方法十分简便,只要将望远镜瞄准标尺并调焦后,按测量键数秒后,即显示中丝读数;再按测距键,即可显示视距;按存储键可把数据存入内存存储器,仪器自动进行检核和高差计算。观测时,不需要精确夹准标尺分划,也不用在测微器上读数,可直接由电子手簿记录。

本章小结

本章重点介绍了水准测量原理、水准仪的使用及其检验与校正、水准测量的施测方法及成果计算等内容,以及水准仪测量误差来源及减小误差的方法。此外,还介绍了精密水准仪、自动安平水准仪、电子水准仪的基本构造和使用方法。

1. 水准测量原理

水准测量原理是利用水准仪提供的一水平视线,测出地面两点之间的高差,然后由已知点的高程推算出另一个点的高程。

2. 本章要点(表2-3)

表2-3　　　　　　　　　　　　　　本章要点

内　容	要　点
水准测量的主要仪器	DS3型微倾式水准仪、精密水准仪、自动安平水准仪、电子水准仪
水准仪主要构成	望远镜、水准器和基座三部分
水准仪操作程序	安置水准仪、粗略整平、瞄准水准尺、精确整平、读数
水准路线形式	附合水准路线、闭合水准路线、支水准路线
测站检核	两次仪器高法、双面尺法
水准测量的成果计算	计算高差闭合差、计算高差闭合差容许值、计算高差改正数、计算改正后高差、计算高程

习　题

2-1　设 A 点为后视点,B 点为前视点,A 点高程为36.218 m。当后视读数为1.258 m,前视读数为1.862 m时,问 A、B 两点的高差是多少?B 点比 A 点高还是低?B 点高程是多少?并绘图说明。

2-2　什么是视准轴?什么是视差?产生视差的原因是什么?怎么消除视差?

2-3　水准仪上的圆水准器和管水准器作用有什么不同?

2-4　什么是转点?转点在水准测量中起什么作用?

2-5　水准测量时,注意前、后视距离相等可消除哪些误差?

2-6　将图2-33所示的水准测量观测数据填入表2-4中,计算出各点的高差及 B 点的高程,并进行计算检核。

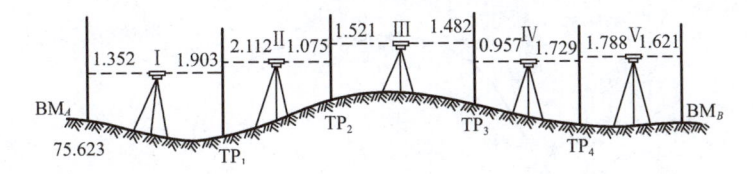

图 2-33 习题 2-6 图

表 2-4　　　　　　　　　　　　水准测量手簿

测站点	点号	后视读数/m	前视读数/m	高差/m +	高差/m −	高程/m	备注
Ⅰ	BM$_A$						
	TP$_1$						
Ⅱ	TP$_1$						
	TP$_2$						
Ⅲ	TP$_2$						
	TP$_3$						
Ⅳ	TP$_3$						
	TP$_4$						
Ⅴ	TP$_4$						
	BM$_B$						
计算检核							

2-7　调整表 2-5 中附合水准路线等外水准测量观测成果，并求各点高程。

表 2-5　　　　　　　　　附合水准路线等外水准测量观测成果计算表

测点	测站数	实测高差/m	改正数/mm	改正后高差/m	高程/m
BM$_A$					416.023
	12	+3.542			
1					
	8	−1.897			
2					
	17	+4.489			
3					
	11	−5.321			
BM$_B$					416.791
∑					
辅助计算					

2-8　调整图 2-34 所示的闭合水准路线的观测成果，并求出各点的高程。

2-9　已知一支水准路线的起始点为水准点 A，$H_A=423.658$ m，A 点的往测高差为 -3.256 m，返测高差为 $+3.278$ m，支线单程长度为 1.7 km，求终点 B 的高程。

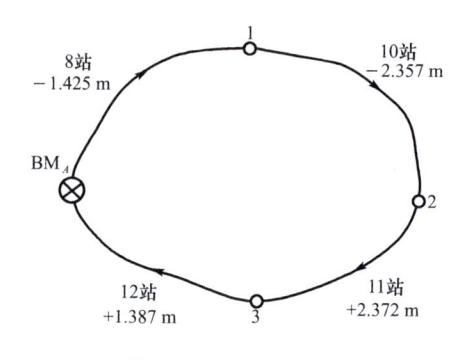

图 2-34 习题 2-8 图

2-10 DS3 型水准仪有哪几条轴线？各轴线之间应满足什么条件？其中哪些是主要条件？为什么？

2-11 设 A、B 两点相距 80 m，水准仪安置在中点 C，测得 A、B 两点的高差 $h_{AB}=+0.224$ m。仪器搬至 B 点附近，B 尺读 $b_2=1.446$ m，$a_2=1.695$ m。试问水准管轴是否平行于视准轴？如果不平行，应如何校正？

第3章 经纬仪及角度测量

能力要求

掌握水平角与竖直角的测量原理、测量方法及水平角与竖直角的计算；熟练掌握 DJ6 型光学经纬仪的使用方法，能够进行经纬仪的检验与校正；了解角度测量的误差来源及其消减方法；熟悉电子经纬仪。

3.1 角度测量的原理

角度测量是确定地面点位置的基本测量工作之一，包括水平角测量和竖直角测量。

3.1.1 水平角测量原理

空间两条直线之间的夹角在水平面上的投影称为水平角。如图 3-1 所示，设 A、B、C 为地面上任意三点，将此三点沿铅垂线投影到水平面 P 上，为 A_1、B_1、C_1 三点，直线 B_1A_1、B_1C_1 即空间直线 BA、BC 在水平面 P 上的投影，直线 B_1A_1、B_1C_1 之间的夹角 β 即地面点 B 上由 BA 与 BC 两方向线所构成的水平角。

为了测出水平角 β 的大小，可以设想在过 B_1 点上方的任一高度处水平地安置一个带有顺时针刻划、注记的度盘，通过 BA 和 BC 所作竖直面在度盘上截得的读数为 a 和 b，从而求得水平角为

$$\beta = b - a$$

3.1.2 竖直角测量原理

测站点到目标点的视线与水平线之间的夹角称为竖直角，用 α 表示，如图 3-2 所示。其角值从水平线算起，视线在水平线以上者为正，称为仰角，范围为 $0°\sim +90°$；视线在水平线以下者为负，称为俯角，其值为 $0°\sim -90°$。

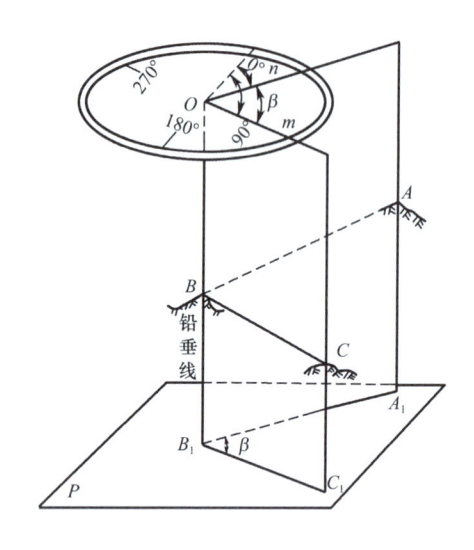

图 3-1 水平角测量原理

图 3-2 竖直角测量原理

视线与铅垂线之间的夹角称为天顶角,也称为天顶距,用 Z 表示,其角值范围为 $0°\sim180°$,均为正值。显然,同一目标方向的竖直角 α 和天顶距 Z 之间有如下关系

$$\alpha = 90° - Z$$

由此可见,进行水平角和竖直角测量的仪器,必须具备以下几个基本装置:

(1)一个圆心能安置在角顶铅垂线上的水平度盘。

(2)一个能随着望远镜上下转动的竖直度盘。

(3)在度盘上能读取读数的设备。

光学经纬仪就是根据上述测角原理设计且满足三个基本装置要求的测角仪器。

3.2 DJ6 型光学经纬仪的构造和读数

目前,我国将经纬仪按其精度的不同分为 DJ07,DJ1,DJ2,DJ6 等几种类型。其中,"D"和"J"分别是"大地测量"和"经纬仪"的汉语拼音的第一个字母,"07""1""2""6"表示该仪器的精度,即该仪器一测回方向观测中误差的秒数,数值越小,精度越高。

测量常用的光学经纬仪有 DJ2 型和 DJ6 型两种。各种类型的光学经纬仪由于生产厂家不同,其结构不完全一样,但其基本结构大致相同,本节只介绍 DJ6 型光学经纬仪的基本构造和读数方法。

3.2.1 DJ6 型光学经纬仪的基本构造

如图 3-3 所示为北京光学仪器厂生产的 DJ6 型光学经纬仪,它由照准部、水平度盘和基座三个主要部分组成,如图 3-4 所示。

1. 照准部部分

照准部是光学经纬仪的重要组成部分,主要由望远镜、横轴、竖直度盘(简称竖盘)、读数显微镜、支架、照准部水准管、照准部旋转轴及竖盘指标水准管组成。

（1）望远镜：固定在仪器横轴（又称为水平轴）上，可绕横轴俯仰转动而照准不同的目标，并由望远镜制动螺旋和微动螺旋控制。

（2）竖直度盘：用光学玻璃制成，可随望远镜一起转动，用来测量竖直角。

（3）照准部水准管：用来精确整平仪器。

（4）竖盘指标水准管：在竖直角测量中，利用竖盘指标水准管微动螺旋使气泡居中，保证竖盘读数指标线处于正确位置。

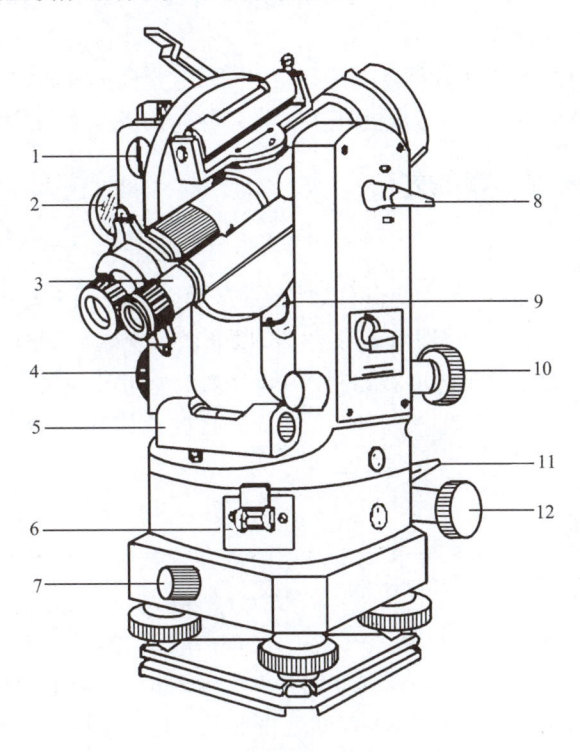

图 3-3　DJ6 型光学经纬仪

1—竖盘指标水准管；2—反光镜；3—读数显微镜；4—测微轮；5—照准部水准管；6—复测扳手；7—中心锁紧螺旋；8—望远镜制动螺旋；9—竖盘指标水准管微动螺旋；10—望远镜微动螺旋；11—水平制动螺旋；12—水平微动螺旋

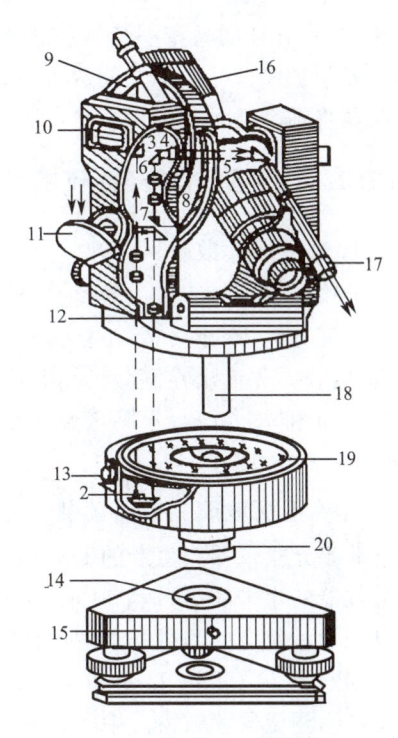

图 3-4　DJ6 型光学经纬仪的部件及光路

1,2,3,5,6,7,8—光学读数系统棱镜；4—分微尺指标镜；9—竖直度盘；10—竖盘指标水准管；11—反光镜；12—照准部水准管；13—度盘变换手轮；14—轴套；15—基座；16—望远镜；17—读数显微镜；18—内轴；19—水平度盘；20—外轴

2. 水平度盘部分

水平度盘部分主要由水平度盘、度盘旋转轴、复测盘及轴套组成。水平度盘是由光学玻璃制成的，装在仪器竖轴上，套在度盘轴套内，度盘边缘通常按顺时针方向刻有 $0°\sim360°$ 的等角距划线。度盘不随照准部转动。

对于方向经纬仪，装有度盘变换手轮，在水平角测量中，若需要改变度盘的位置，可利用度盘变换手轮将度盘转到所需要的位置上。为了避免作业中碰触此手轮，特设置一护盖，配好度盘后应及时盖好护盖。

对于复测经纬仪，水平度盘与照准部之间的连接由复测器控制。将复测器扳手往下扳，照准部转动时就带动水平度盘一起转动;将复测器扳手往上扳,水平度盘就不随照准部转动。

3. 基座部分

基座部分主要由基座、脚螺旋及连接板组成,基座是支撑仪器的底座。照准部连同水平度盘一起插入轴套后,必须用基座侧面的固定螺旋紧固。在基座下面,用中心螺旋把整个经纬仪与三脚架连接起来,中心螺旋下的挂钩可悬挂锤球,用来使仪器竖轴中心对准地面标志中心。基座上装有三个脚螺旋,用来整平仪器。有的经纬仪装有光学对准器,与悬挂锤球对中相比,具有精度高和不受风吹摆动影响的优点。

光学经纬仪三部分之间的关系是:照准部旋转轴插入空心轴套之中,上紧照准部连接螺旋后再将轴套插入基座的轴套座孔内,拧紧基座上的固定螺旋,三部分就连接成一个整体。

3.2.2 DJ6型光学经纬仪的读数装置与读数方法

1. 分微尺读数

分微尺长度等于放大后度盘上一个分划的长度。度盘分划值为1°,测微尺分为6大格,每大格又分为10小格,每小格为1′,可估读到0.1′,即6″。读数时,以分微尺上起始的分划为读数指标,先读出在测微尺间的一根度盘分划线的度数,再读出该分划线所指分微尺上的分数。如图3-5所示,水平度盘的读数为$215°+7.5′=215°07′30″$,竖直度盘读数为$78°+48.3′=78°48′18″$。

2. 单平板玻璃测微器读数

北京光学仪器厂生产的DJ6型光学经纬仪是采用单平板玻璃测微器读数装置的仪器,该类仪器的水平度盘每隔30′有一分划线,每隔1°注记,即度盘最小分划值为30′。与最小度盘分划相对应的测微器总宽度为30′,共刻有90小格,每5格一注记。显然,测微器上最小分划值为20″(不足20″的可估读)。从读数显微镜中看到如图3-6所示的影像,最上面的小窗口为测微器读数窗。中间和下面两个窗口内分别为竖直度盘和水平度盘的影像。瞄准目标读数时,须先转动测微轮,使其中一根度盘分划线准确地夹在双指标线中间,读出度和整30′数值,然后再读出单指标线在测微器读数窗中所指的分、秒值,两读数之和即应有读数。

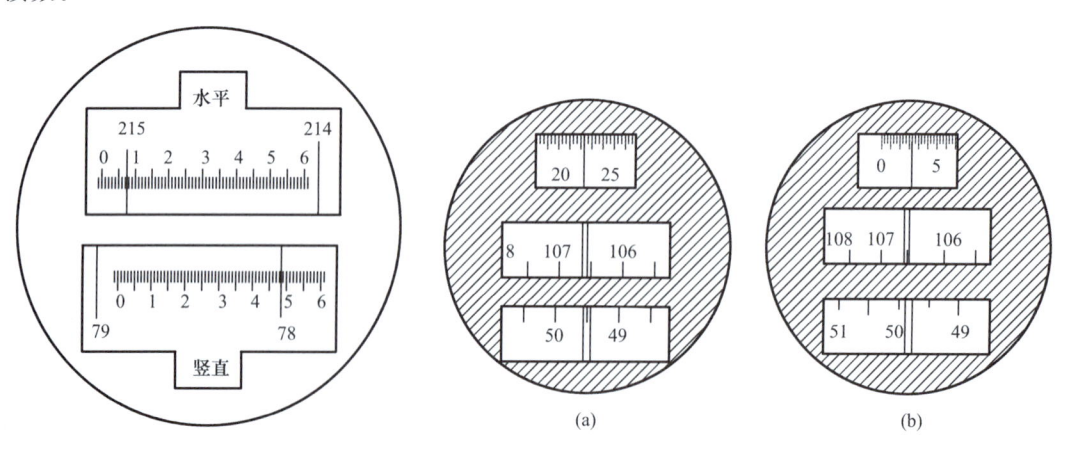

图3-5 分微尺读数窗

图3-6 单平板玻璃测微器的读数方法

如图 3-6(a)所示,双指标线所夹水平度盘数值为 49°30′,单指标线在最上面测微器读数窗中读数为 22′20″,故水平度盘读数为 49°30′+22′20″=49°52′20″。如图 3-6(b)所示竖直度盘读数为 107°00′+02′30″=107°02′30″。

3.3 DJ2 型光学经纬仪的构造和读数

3.3.1 DJ2 型光学经纬仪的基本构造

如图 3-7 所示是苏州第一光学仪器厂生产的 DJ2 型光学经纬仪。

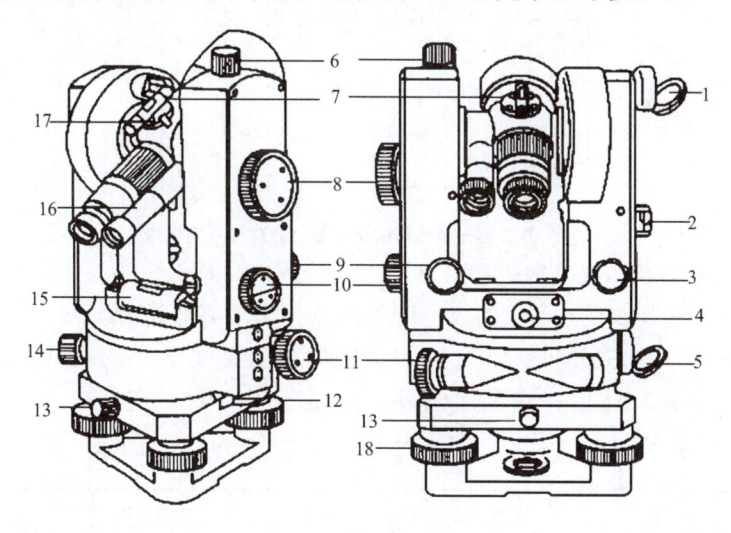

图 3-7 DJ2 型光学经纬仪

1—竖盘反光镜;2—竖盘指标水准管观察镜;3—竖盘指标水准管微动螺旋;4—光学对光器;5—水平度盘反光镜;6—望远镜制动螺旋;7—瞄准器;8—测微轮;9—望远镜微动螺旋;10—换像手轮;11—水平微动螺旋;12—水平度盘变换手轮;13—中心锁紧螺旋;14—水平制动螺旋;15—照准部水准管;16—读数显微镜;17—反光板手轮;18—脚螺旋

DJ2 型光学经纬仪的构造与 DJ6 型光学经纬仪基本相同,但读数装置与读数方法有所不同。与 DJ6 型光学经纬仪相比较,DJ3 型光学经纬仪的读数装置具有以下主要特点:

(1)DJ2 型光学经纬仪在读数显微镜中水平度盘与竖直度盘的像不能同时显现,为此,要用换像手轮和各自的反光镜进行像的转换。换像手轮的指标符号指向水平位置,显现水平度盘的影像;指向竖直位置,则显现竖直度盘的影像。

(2)DJ2 型光学经纬仪采用对径重合读数法,它是将度盘上相对 180°的分划线,经过一系列棱镜和透镜的反射和折射,显现在读数显微镜内,并用对径符合和光学测微器,读取对径相差 180°的读数,取平均值,以消除度盘偏心所产生的误差,提高测角精度。

(3)DJ2 型光学经纬仪的光学读数系统中设置了一个固定光楔组和一个活动光楔组,活动光楔组与测微尺相连,入射光线经过一系列的透镜与棱镜的折射,将度盘直径两端的分划线的影像同时显现在读数显微镜的上下或左右,使度盘对径位置分划线成像在同一平面上,并被一条横线隔开,分成正、倒两种影像。

3.3.2 DJ2型光学经纬仪的读数方法

读数前应首先运用换像手轮和相应的反光镜,使读数显微镜中显示需要读数的度盘像。如图3-8所示为读数显微镜中看到的DJ2型光学经纬仪水平度盘的对径分划影像。度盘分划值为20′,左侧小窗为测微尺的影像,其左侧注记为分值,右侧注记为整十倍秒值,每小格1″,可估读到0.1″。读数时首先转动测微轮,上、下两排分划线相对移动,两度盘分划线相对移动1格(20′),移动的范围是度盘分划值的一半(10′);当上、下两排分划线精确对齐时,首先读出上排中左边注记162°,然后在下排找出与之相差180°的分划线342°,数出上、下两分划之间相差的格数(4格),每个代表10′即40′,最后在左边的测微尺上读出不足10′的分秒值(6′20″),三者之和即该方向的方向值162°+40′+6′20″=162°46′20″。

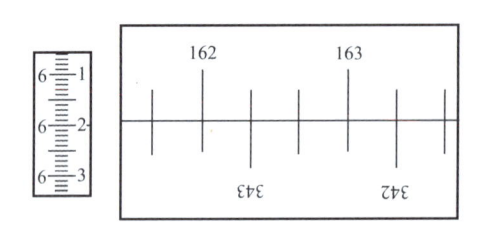

图3-8 DJ2型光学经纬仪水平度盘的对径分划影像

新型DJ2型光学经纬仪读数已数字化,其原理与上述相同,也是采用对径重合读数法。如图3-9所示为新型DJ2型光学经纬仪的度盘读数。未动测微轮时如图3-9(a)所示,对径度盘分划线不重合,转动测微轮后如图3-9(b)所示,分划线重合。在读数时,首先读出最左边读数(度数、整十分),然后在右侧测微尺上读出小于10′的分秒数,此时,该方向值为113°+50′+8′54.5″=113°58′54.5″。

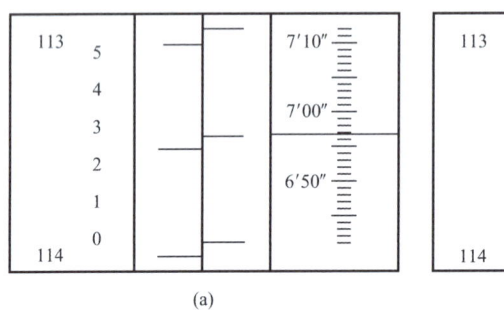

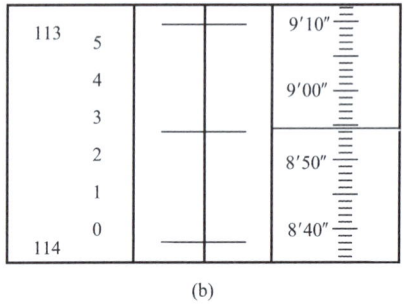

图3-9 新型DJ2型光学经纬仪的度盘读数

3.4 经纬仪的使用

经纬仪的使用包括对中、整平、瞄准和读数。对中的目的是使仪器中心与测站点的标志中心在同一铅垂线上,整平的目的是使仪器的水平度盘处于水平位置,竖轴竖直。对中的方式有垂球对中和光学对中两种，整平分粗略整平与精确整平。

粗略整平通过伸缩脚架腿或旋转脚螺旋使圆水准器气泡居中，其规律是圆水准器气泡向伸高脚架腿的一侧移动，或圆水准器气泡移动方向与左手大拇指和右手食指旋转脚螺旋的方向一致。

精确整平是通过旋转脚螺旋使管水准器在相互垂直的两个方向上气泡都居中。精确整平的方法如图 3-10 所示。

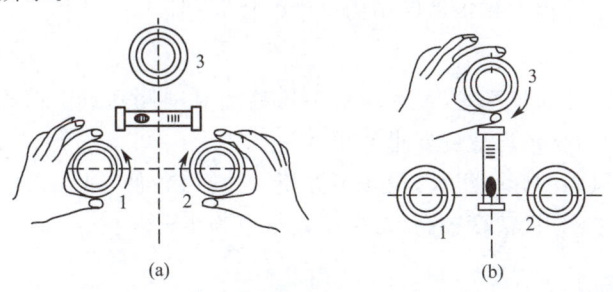

图 3-10　经纬仪的精确整平方法

使用锤球对中和使用光学对中的操作步骤是不一样的，分别介绍如下。

3.4.1　使用锤球对中法安置经纬仪

1. 初步对中整平

（1）将三脚架调整到合适高度，张开三脚架安置在测站点上方，在脚架的连接螺旋上挂上锤球，如果锤球尖离标志中心太远，可固定一脚移动另外两脚，或将三脚架整体平移，使锤球尖大致对准测站点标志中心，并注意使架头大致水平，然后将三脚架的脚尖踩入土中。

（2）将经纬仪从箱中取出，用连接螺旋将经纬仪安装在三脚架上。调整脚螺旋，使圆水准器气泡居中。

（3）此时，如果锤球尖偏离测站点标志中心，可旋松连接螺旋，在架头上移动经纬仪，使锤球尖精确对中测站点标志中心，然后旋紧连接螺旋。

2. 精确对中和精确整平

（1）精确对中　先旋松连接螺旋，在架头上轻轻移动经纬仪，使锤球尖精确对中测站点标志中心，然后旋紧连接螺旋。锤球对中误差一般可控制在 3 mm 以内。

（2）精确整平　先转动照准部，使水准管平行于任意一对脚螺旋的连线，如图 3-10(a)所示，两手同时向内或向外转动这两个脚螺旋，使气泡居中，注意气泡移动方向始终与左手大拇指移动方向一致；然后将照准部转动 90°，如图 3-10(b)所示，转动第三个脚螺旋，使照准部水准管气泡居中。再将照准部转回原位置，检查气泡是否居中，若不居中，按上述步骤反复进行，直到水准管在任何位置，气泡偏离零点不超过一格。

对中和整平，一般都需要经过几次"整平—对中—整平"的循环过程，直至整平和对中均符合要求。

3.4.2　使用光学对中法安置经纬仪

1. 初步对中

固定三脚架的一条腿于测站点旁适当位置，两手分别握住另外两条腿作前后移动或左右转动,同时从光学对中器中观察,使光学对中器对准测站点。若光学对中器分划和测站点成像不清晰,可分别进行光学对中器目镜和物镜调焦。

2. 初步整平

调节三脚架腿的伸缩连接处,利用圆水准器或水准管使经纬仪大致水平。

3. 精确整平

其操作方法与用锤球安置仪器的精确整平操作相同。

4. 精确对中

平移(不可旋转)经纬仪基座,使光学对中器精确对准测站点。精确整平和精确对中应反复进行,直到对中和整平均达到要求为止。

锤球对中法受风力的影响很大,操作不方便,且精度较低,对中误差一般为 3 mm,而光学对中法不受风力影响,且精度较高,对中误差一般为 1 mm。

3.4.3 瞄准目标

测角时的照准标志,一般是竖立于测点的标杆、测杆、垂球线或觇牌,如图 3-11 所示。测量水平角时,以望远镜的十字丝竖丝瞄准照准标志,并尽量瞄准标志底部;而测量竖直角时,一般以望远镜的十字丝横丝横切标志的顶部。

瞄准时,先松开望远镜制动螺旋和照准部制动螺旋,将望远镜对向明亮的天空,调节目镜调焦螺旋使十字丝清晰;然后利用望远镜上的瞄准器,使目标位于望远镜视场内,固定望远镜制动螺旋和照准部制动螺旋,调节物镜调焦螺旋使目标影像清晰;转动望远镜制动螺旋和照准部微动螺旋,当目标成像较大时,用十字丝竖丝单丝平分目标,当目标成像较小时,用双丝夹准目标,如图 3-11 所示。

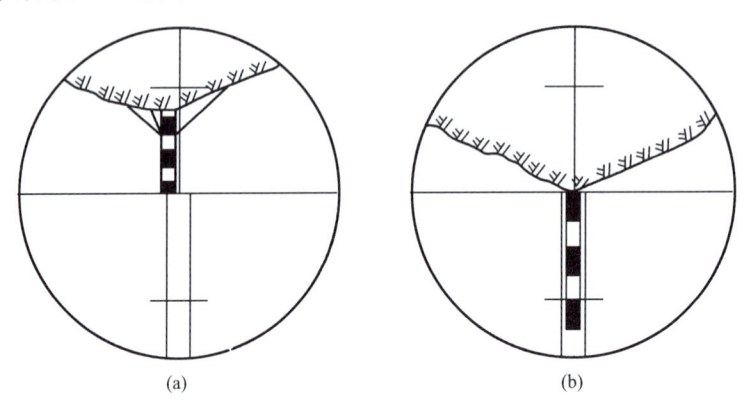

图 3-11 经纬仪的瞄准

3.4.4 读数

照准目标后,打开反光镜,调整其位置,使读数窗内进光明亮均匀。然后进行读数显微镜调焦,使读数窗内分划清晰,按 3.2.2 节所述方法读数。

3.5 水平角观测

水平角观测的方法有好几种,无论采用何种方法,为了消除仪器的某些误差,一般在盘左和盘右两个位置进行观测。所谓盘左,就是观测者对着望远镜的目镜时,竖盘在望远镜的左边;盘右,是观测者对着望远镜的目镜时,竖盘在望远镜的右边。盘左又称正镜,盘右又称倒镜。下面我们介绍两种常用的水平角观测方法。

3.5.1 测回法

测回法只适用于观测两个方向之间的单角。设要测的水平角为∠AOB,如图 3-12 所示。在 O 点安置经纬仪,分别照准 A、B 两点的目标并读数,两读数之差即要测的水平角值。具体操作步骤如下:

图 3-12 测回法观测示意图

(1)在测站点 O 点安置经纬仪,对中、整平。在测点 A,B 上分别竖立标杆或插测钎。

(2)盘左位置。松开水平制动螺旋和望远镜制动螺旋,使仪器处于盘左位置。瞄准左边目标 A,使标杆或测钎准确地夹在双竖丝中间(或用单丝去平分),旋紧水平制动螺旋,读取水平度盘读数 $a_左$,记入观测手簿。为了降低标杆或测钎竖立不直的影响,应尽量瞄准标杆或测钎的最下部。

(3)松开水平制动螺旋和望远镜制动螺旋,顺时针方向转动照准部,用同样方法瞄准右边的目标 B,读记水平度盘读数 $b_左$。

上述步骤(2)(3)叫作盘左半测回或上半测回,测得的角值为

$$\beta_左 = b_左 - a_左 \tag{3-1}$$

式中 $\beta_左$——上半测回角值。

(4)倒转望远镜成盘右位置,按上述方法先瞄准右边的目标 B,读记水平度盘的读数 $b_右$。

(5)沿逆时针方向转动照准部,瞄准左边的目标 A,读记水平度盘的读数 $a_右$。

上述步骤(4)(5)叫作盘右半测回或下半测回,测得的角值为

$$\beta_右 = b_右 - a_右 \tag{3-2}$$

式中 $\beta_右$——下半测回角值。

盘左和盘右两个半测回合在一起叫作一测回,可取两个半测回测角值的平均值作为一测回的角值,即

$$\beta=\frac{1}{2}(\beta_左+\beta_右) \tag{3-3}$$

式中 β——一测回的角值。

对于DJ6型光学经纬仪,各测回上、下半测回之差一般要求不大于±36″。

为了提高观测精度,常需观测多个测回。当水平角需要观测几个测回时,为了减少度盘分划误差的影响,在每一测回观测完毕后,应根据测回数n,将度盘读数改变$180°/n$,再开始下一测回的观测。例如,要测两个测回,第一测回开始时,度盘读数可配置在0°00′或稍大于0°的读数处,第二测回开始时,度盘读数应配置在90°00′或稍大于90°00′的读数处。

表3-1是测回法观测手簿的记录格式举例。

表 3-1　　　　　　　　　　测回法观测手簿

名称_____　　观测者_____　　记录者_____
___年___月___日　天气_____　　仪器_____

测站点	测回	竖盘位置	目标	水平度盘读数/(° ′ ″)	半测回角值/(° ′ ″)	一测回角值/(° ′ ″)	各测回平均角值/(° ′ ″)	备注
O	1	左	A	0 02 24	81 12 12	81 12 06	81 12 08	
			B	81 14 36				
		右	A	180 02 36	81 12 00			
			B	261 14 36				
O	2	左	A	90 03 06	81 12 06	81 12 09		
			B	171 15 12				
		右	A	270 03 00	81 12 12			
			B	351 15 12				

3.5.2 方向观测法

观测三个以上方向时,通常采用方向观测法(两个目标也可用此法)。设在如图3-13所示的测站点O上,观测O到A、B、C、D各方向之间的水平角,用方向观测法的操作步骤为:

(1)盘左。安置经纬仪于O点,盘左位置调整水平度盘的读数在0°00′或稍大于0°的读数处。先观测所选定的起始方向(又称零方向)A,再按顺时针方向依次观测B、C、D各方向,每观测一个方向均读取水平度盘读数,并记入观测手簿。最后再瞄准起始目标A,读取读数,称为归零,起始方向两次读数之差称为半测回归零差。"归零"的目的是检查水平度盘的位置在观测过程中是否发生变动。上述全部工作叫作"盘左半测回"或"上半测回"。

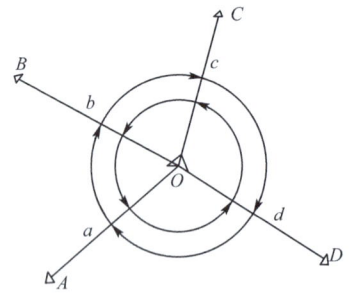

图 3-13　方向观测法

(2)倒转望远镜成盘右位置,按逆时针方向依次观测A、D、C、B、A,读数并记录。此为"盘右半测回"或"下半测回"。

第 3 章　经纬仪及角度测量

上、下半测回合起来为一测回,表 3-2 为两个测回的方向观测法手簿的记录和计算举例。

表 3-2　　　　　　　方向观测法手簿

名称_____　　　观测者_____　　　记录者_____
___年___月___日　　　天气_____　　　仪器_____

测站点	测回	目标	水平度盘读数 盘左(L) ° ′ ″	水平度盘读数 盘右(R) ° ′ ″	2C=L−(R±180°) ″	平均读数 [L+(R±180°)]/2 ° ′ ″	归零后的方向值 ° ′ ″	各测回归零后的平均方向值 ° ′ ″	水平角 ° ′ ″
O	1	A	0 01 09	180 01 18	−9	(0 01 15) 0 01 14	0 00 00	0 00 00	
		B	91 54 06	271 54 00	+6	91 54 03	91 52 48	91 52 50	91 52 50
		C	153 32 48	333 32 48	0	153 32 48	153 31 33	153 31 38	61 38 48
		D	214 06 12	34 06 06	+6	214 06 09	214 04 54	214 05 02	60 29 24
		A	0 01 14	180 01 18	−4	0 01 16			
	2	A	90 01 12	270 01 18	−6	(90 01 18) 90 01 15	0 00 00		
		B	181 54 06	01 54 18	−12	181 54 12	91 52 52		
		C	243 32 54	63 33 06	−12	243 33 00	153 31 42		
		D	304 06 36	124 06 18	+18	304 06 27	214 05 09		
		A	90 01 16	270 01 26	−10	90 01 21			

方向观测法的计算步骤为:

① 计算两倍照准误差 2C 值

$$2C = 盘左读数 - (盘右读数 \pm 180°)$$

2C 是观测成果中一个有限差规定的项目,但它不是以 2C 的绝对值的大小作为是否超限的标准,而是以各个方向的 2C 的变化值(最大值与最小值之差)作为是否超限的检查标准,见表 3-3 中规定。用 DJ6 型光学经纬仪进行观测时,可不考虑 2C 值。

② 计算各方向的平均读数

$$平均读数 = \frac{1}{2}[盘左读数 + (盘右读数 \pm 180°)]$$

起始方向的两个平均读数,其差数在容许范围内,取其平均值,填入第一个平均数上方的括号内。

③ 计算归零后的方向值

为了便于以后的计算和比较,要把起始方向值改化为 $0°00'00''$。归零后的方向值,即将计算出的各方向平均读数分别减去起始方向 OA "归零"后的平均读数。

④ 计算各测回归零后的平均方向值

各测回归零后的平均方向值作为该方向的最终结果。

⑤ 计算各水平角值

将相邻两方向相减即可求得各水平角值。

方向观测法通常有三项限差规定:一是半测回中两次瞄准起始方向的读数之差,称为半测回归零差;二是上、下半测回同一方向的方向值之差;三是各测回同一方向的方向值之差,称为各测回方向差。以上三项限差，根据不同精度的仪器有不同的规定。各项限差规定见表 3-3。

表 3-3　　　　　　　　水平角方向观测法的各项限差　　　　　　　　　　(″)

项　目	经纬仪型号		
	DJ1	DJ2	DJ6
光学测微器两次重合读数差	1	3	—
半测回归零差	6	8	18
一测回内 2C 互差	9	13	—
各测回方向差	6	9	24

3.5.3　水平角观测注意事项

（1）水平度盘刻划是按顺时针方向标注，因此计算水平角值时，总是用右边方向的读数减去左边方向的读数。若不够减，则在右边方向加 360°，再减左边方向的读数，切不可倒过来减。

（2）要精确对中，特别是短边测角，对中应更加严格。

（3）当观测目标间高低相差较大时，更需注意仪器整平。

（4）照准标志要竖直，尽量瞄准标志的底部。

（5）在水平角观测过程中，若水准管气泡偏离中央 2 格，需重新整平仪器，重新观测。

3.6　竖直角观测

3.6.1　竖直度盘的构造

经纬仪的竖盘垂直固定在望远镜旋转轴（横轴）的一端，随望远镜一起在竖直面内转动。如图 3-14 所示为 DJ6 型光学经纬仪的竖盘构造。竖盘的影像通过一系列棱镜和透镜所组成的光具组，成像于读数窗内；光具组的光轴和读数窗中分微尺的零分划线构成竖盘读数指标线，读数指标线相对于转动的度盘是固定不动的。因此，当转动望远镜照准高低不同的目标时，指标线便可在转动的度盘上读得不同的读数。光具组 10 又和竖盘指标水准管相连，并使指标水准管轴 1 和光具组光轴 4 相垂直，当转动指标水准管微动螺旋时，读数指标线做微小移动；当指标水准管气泡居中时，读数指标线处于正确位置。因此，在进行竖直角观测时，每次读取竖盘读数之前，必须先使指标水准管气泡居中。

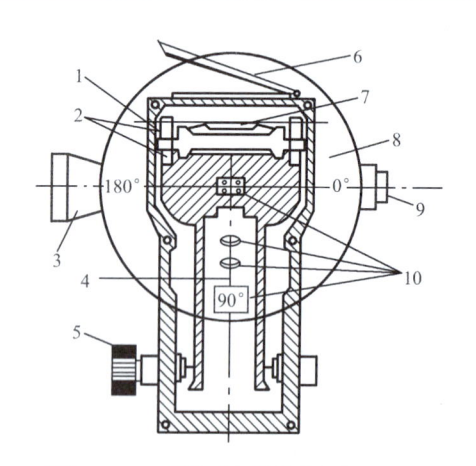

图 3-14　DJ6 型光学经纬仪的竖盘构造
1—指标水准管轴；2—水准管校正螺丝；3—望远镜；4—光具组光轴；5—指标水准管微动螺旋；6—指标水准管反光镜；7—指标水准管；8—竖盘；9—目镜；10—光具组（透镜和棱镜）

3.6.2 竖直角的计算

竖直角是测点到目标点的倾斜视线与水平视线之间的夹角,因此,与水平角的计算一样,竖直角是两个方向线的竖盘读数之差。由于视线水平时竖盘读数为一定值,称为始读数。所以,只要瞄准目标读取竖盘读数,即可计算出竖直角。

光学经纬仪竖盘的刻划注记有顺时针和逆时针两种类型。如图 3-15(a)所示为顺时针注记,如图 3-15(b)所示为逆时针注记。这两种注记,当指标水准管气泡居中,视线水平,盘左时竖盘读数均为 90°,盘右时竖盘读数均为 270°。由于竖盘的刻划方式不同,计算竖直角的公式也不同。

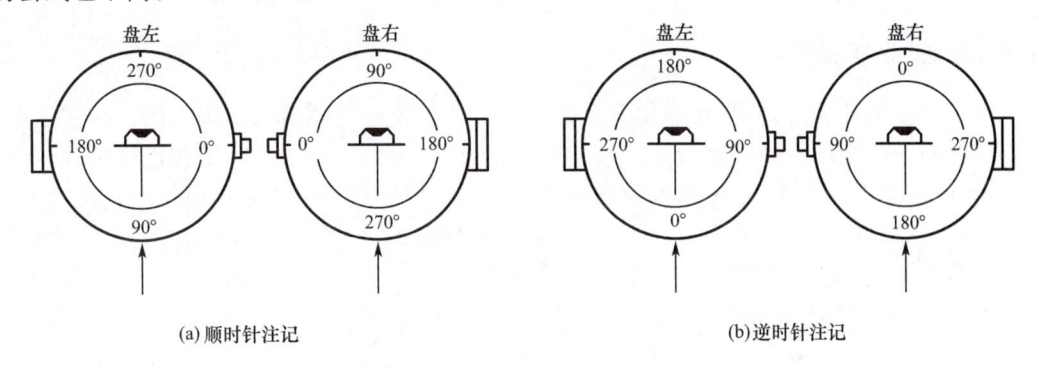

(a) 顺时针注记 (b) 逆时针注记

图 3-15 竖盘注记形式

在观测竖直角之前,将望远镜转到大致水平位置,确定竖盘始读数,然后将望远镜慢慢向上倾斜,观察其读数是增大还是减小。在盘左位置若读数增大,则瞄准目标时的读数减去视线水平时的读数,即竖直角;若读数减小,则视线水平时的读数减去瞄准目标时的读数,即竖直角,如图 3-16 所示。设盘左时的读数为 L,盘右时的读数为 R,对竖盘刻划为顺时针时竖直角的计算公式为

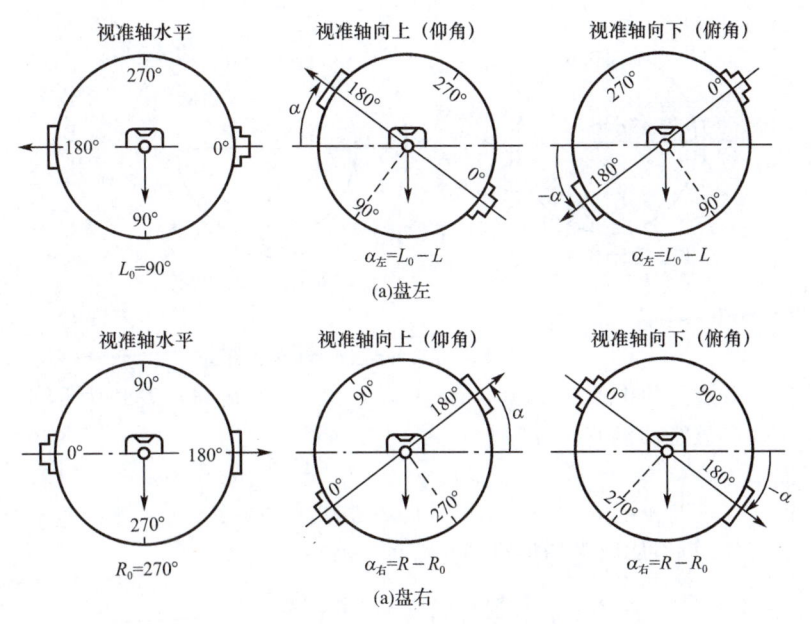

视准轴水平 $L_0=90°$ 视准轴向上(仰角) $\alpha_{左}=L_0-L$ 视准轴向下(俯角) $\alpha_{左}=L_0-L$
(a) 盘左

视准轴水平 $R_0=270°$ 视准轴向上(仰角) $\alpha_{右}=R-R_0$ 视准轴向下(俯角) $\alpha_{右}=R-R_0$
(a) 盘右

图 3-16 竖直角的计算

盘左位置 $\qquad \alpha_{左}=90°-L$
盘右位置 $\qquad \alpha_{右}=R-270°$

即 $\qquad \alpha=\dfrac{1}{2}(\alpha_{左}+\alpha_{右})=\dfrac{1}{2}[(R-L)-180°]$ (3-4)

同理,可得出竖盘刻划为逆时针时竖直角的计算公式为

盘左位置 $\qquad \alpha_{左}=L-90°$
盘右位置 $\qquad \alpha_{右}=270°-R$

即 $\qquad \alpha=\dfrac{1}{2}(\alpha_{左}+\alpha_{右})=\dfrac{1}{2}[(L-R)+180°]$ (3-5)

计算出的角值为"+"时,α 为仰角;计算出的角值为"-"时,α 为俯角。

3.6.3 竖盘指标差

上述竖直角计算公式,是在假定竖盘读数指标线位置正确的情况下得出的。在实际中,由于仪器的安装精度和搬动过程中的震动等因素影响,读数指标线不一定在正确位置,换句话说,当望远镜视线水平,指标水准管气泡居中时,竖盘读数不是始读数,而是一个比始读数大或小的一个角值。把这个角值与正确的读数之间的差值,称为竖盘指标差,用符号 x 表示,如图 3-17 所示。当指标偏移方向与竖盘注记方向一致时,竖盘读数就增大了一个 x 值,故 x 值为正;反之,指标偏移方向与竖盘注记方向相反时,则竖盘读数减少了一个 x 值,故 x 为负。

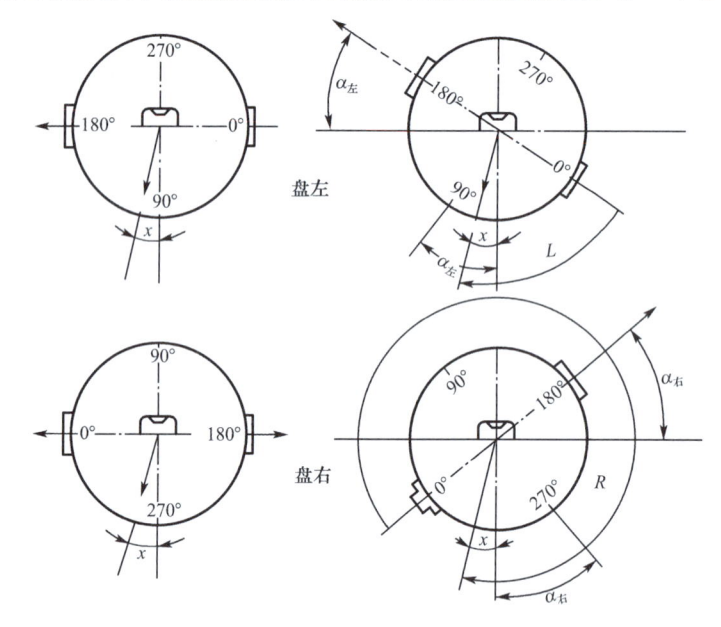

图 3-17 读数、竖直角和竖盘指标差关系

竖盘指标差对竖直角的影响从图 3-17 可以看出,设正确的竖直角为 α,由竖盘读取数据计算出的竖直角盘左和盘右位置时分别为 $\alpha_{左}$、$\alpha_{右}$,则

盘左位置 $\qquad \alpha=90°-(L-x)=(90°-L)+x=\alpha_{左}+x$ (3-6)
盘右位置 $\qquad \alpha=(R-x)-270°=(R-270°)-x=\alpha_{右}-x$ (3-7)

式(3-6)、式(3-7)相加取平均值可得正确的竖直角 α 为

$$\alpha=\dfrac{1}{2}[(R-L)-180°]=\dfrac{\alpha_{左}+\alpha_{右}}{2}$$ (3-8)

式(3-8)与式(3-4)完全相同,故用盘左、盘右竖直角的平均值,可以消除竖盘指标差的误差,得到正确的竖直角。

将式(3-6)、式(3-7)相减得

$$x=\frac{1}{2}[(R+L)-360°] \quad (3-9)$$

式(3-9)即竖盘指标差的计算公式。

3.6.4 竖直角观测、记录与计算

一个测回观测的操作步骤为:
(1)在测站上安置经纬仪,并对中、整平。
(2)使望远镜大致水平,确定竖盘的始读数。
(3)将望远镜逐渐抬高,观察竖盘读数增减情况,确定竖直角的计算公式。
(4)盘左位置瞄准目标,使十字丝中丝的中央部分切准目标的某一位置。调节指标水准管气泡居中,读取竖盘读数 L 并记入观测手簿。
(5)纵转望远镜,盘右位置瞄准目标,用同样方法读取并记录竖盘读数 R。

竖直角的记录和计算见竖直角观测手簿(表3-4)。

表 3-4 竖直角观测手簿

名称_____ 观测者_____ 记录者_____
___年___月___日 天 气_____ 仪 器_____

测站点	目标	竖盘位置	竖盘读数/(° ′ ″)	竖直角/(° ′ ″)	平均竖直角/(° ′ ″)	竖盘指标差/(″)	备注
A	B	左	81 47 36	+8 12 24	+8 11 57	−27	
		右	278 11 30	+8 11 30			
	C	左	96 26 42	−6 26 42	−6 26 18	+24	
		右	263 34 06	−6 25 54			

3.7 经纬仪的检验与校正

3.7.1 经纬仪的轴线及应满足的几何条件

如图3-18所示,经纬仪的主要轴线有:横轴(或水平轴)HH;竖轴(或垂直轴)VV;望远镜视准轴(或照准轴)CC;照准部水准管轴 LL。

根据角度的测量原理,在测量水平角度时,经纬仪各主要轴线应满足下列几何条件:
(1)照准部水准管轴垂直于竖轴($LL\perp VV$)。
(2)十字丝竖丝垂直于横轴。
(3)望远镜视准轴垂直于横轴($CC\perp HH$)。

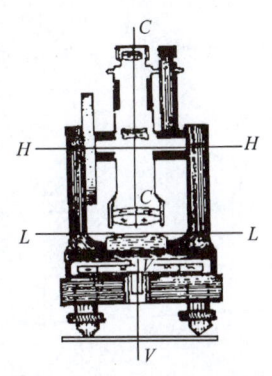

图 3-18 经纬仪的主要轴线

(4)横轴垂直于竖轴($HH \perp VV$)。

进行竖直角测量时,竖盘指标水准管轴应垂直于竖盘读数指标线。

3.7.2 经纬仪的检验与校正

经纬仪的检验校正方法步骤如下:

1. 照准部水准管轴垂直于竖轴的检验与校正

(1)检验

使仪器大致水平,转动照准部,使照准部水准管与任意两个脚螺旋的连线平行,并调节脚螺旋使气泡居中。然后将照准部旋转180°(可利用度盘读数),若气泡仍居中,则说明条件满足;若气泡偏离中央,则说明照准部水准管轴不垂直于竖轴,应进行校正。

(2)校正

校正的目的是使照准部水准管轴垂直于竖轴。方法是:用校正针拨动照准部水准管的校正螺丝,使气泡退回偏离的一半,再旋转脚螺旋,使气泡完全居中。此项检验校正要反复进行,直到照准部转到任何位置气泡偏离中央小于半格。

校正的原理可用图3-19来说明。若照准部水准管轴不垂直于竖轴,气泡虽然居中,但照准部水准管轴处于$L'L'$位置,经纬仪的竖轴却偏离铅垂线一个小角α,如图3-19(a)所示;当照准部旋转180°之后,仪器竖轴的位置不变,但照准部水准管轴处于新的位置$L''L''$,如图3-19(b)所示,$L'L'$与$L''L''$之间的夹角为2α,这时气泡不再居中,而从中央向一端走了一段弧长,这段弧长表示为2α的角度。由图3-19(a)可知,照准部水准管轴与水平度盘的夹角为α,因此,只要校正α角的弧长即可使照准部水准管轴LL平行于水平度盘。因为水平度盘与竖轴是正交的,所以此时水准管轴也就垂直于竖轴了,如图3-19(c)所示。调整脚螺旋使气泡居中,竖轴即处于铅垂位置,如图3-19(d)所示。

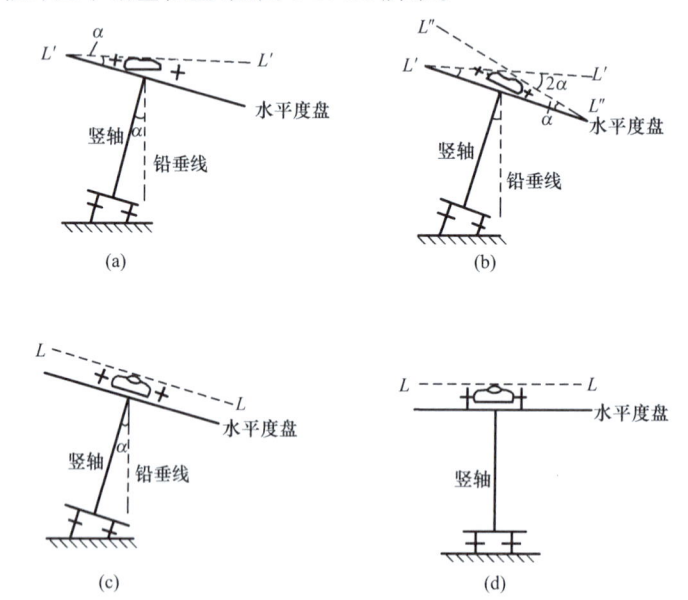

图3-19 照准部水准管轴的检验与校正

2. 十字丝竖丝垂直于横轴的检验与校正

(1)检验

整平仪器后,用十字丝的竖丝瞄准某一清晰的小点,固定照准部的制动螺旋及望远镜的制动螺旋,转动望远镜的微动螺旋使望远镜上下微动,如果小点始终在竖丝上移动,则表示条件满足,否则应进行校正。

(2)校正

由于各种仪器的结构不同,校正方法也不一样,现以一种通常的结构为例介绍校正方法。

如图3-20所示,旋下目镜处分划板护盖,用螺丝刀松开十字丝分划板的四个固定螺丝,转动十字丝环,使竖丝处于竖直位置,然后拧紧四个固定螺丝,盖上护盖。

有些光学经纬仪没有十字丝固定螺丝,而是利用十字丝校正螺丝把十字丝环与望远镜筒相连接,这时可旋松相邻两个十字丝校正螺丝,即可转动十字丝环直到竖丝处于竖直位置,再拧紧校正螺丝,盖上护盖。

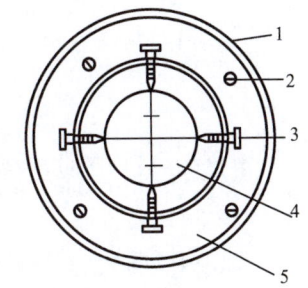

图 3-20　十字丝环结构

1—望远镜筒;2—压环螺钉;3—十字丝校正螺丝;4—十字丝分划板;5—压环

3. 望远镜视准轴垂直于横轴的检验与校正

望远镜视准轴不垂直于横轴,所偏离的角度 c,称为视准误差,它是由十字丝交点的位置不正确而产生的。有视准误差的经纬仪,当望远镜绕横轴旋转时,望远镜视准轴所扫过的面不是一个竖直平面,而是一个圆锥面。因而当观测同一竖直面上不同高度的点时,水平度盘读数各不相同,从而产生测角误差。

(1)检验

安置仪器后,使望远镜大致水平。如图3-21(a)所示用盘左位置瞄准与仪器大致同高的目标 P,当十字丝交点在正确位置 K 时度盘读数为 $M_左$,由于十字丝的交点偏离到 K',望远镜视准轴偏斜了一个角度 c(图上偏右),所以用它瞄准 P 时,望远镜必须向右转一个角度 c,此时指标所指度盘读数为 $m_左$,比正确的读数 $M_左$ 多了一个角度 c,即

$$m_左 = M_左 + c \tag{3-10}$$

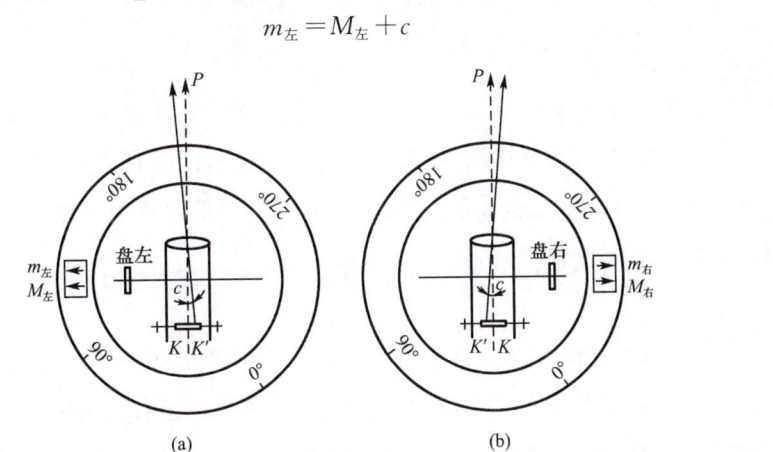

图 3-21　望远镜视准轴垂直于横轴的检验

从盘左位置换到盘右位置时,指标从左边位置转到右边,十字丝交点 K' 转至 K 的左边,如图 3-21(b)所示,用它瞄准 P 时,指标所指度盘读数为 $m_右$,望远镜必须向左转一角度 c,指标所指度盘读数比正确读数 $M_右$ 减少了一个角度 c,即

$$M_右 = M_左 \pm 180° = m_右 + c \tag{3-11}$$

式(3-10)与式(3-11)相加,得

$$M = \frac{1}{2}(m_左 + m_右 \pm 180°) \tag{3-12}$$

由式(3-12)可知,用盘左、盘右两个位置观测同一个目标,取其平均值,可消除视准误差 c 的影响。

式(3-10)与式(3-11)相减,得

$$c = \frac{1}{2}(m_左 - m_右 \pm 180°) \tag{3-13}$$

由式(3-13)可知,若盘左、盘右读数之差为 $\pm 180°$,即 $c=0$,则说明望远镜视准轴垂直于横轴;否则,望远镜视准轴不垂直于横轴,应进行校正。

(2)校正

用式(3-12)求得正确读数后,用盘右位置使水平度盘的读数恰为正确读数 $M \pm 180°$。这时,十字丝交点偏离目标点 P,拨动十字丝环左、右两个校正螺丝,采用一松一紧的方法,推动十字丝环左右移动,直至十字丝交点对准 P 点。这项检验和校正往往要反复进行,直至 c 小于 $30''$。

4. 横轴垂直于竖轴的检验与校正

如果横轴不垂直于竖轴,则望远镜绕横轴旋转所扫过的面将是一个倾斜面,而不是竖直面。因此,在瞄准同一竖直面内高度的目标时,也将得到不同的水平读数而影响测角的精度。

(1)检验

如图 3-22 所示,在距离墙壁 20~30 m 处安置仪器,整平后,用盘左位置瞄准墙上高处一点 P,固定照准部,然后放平望远镜,在墙上标出十字丝的交点 P_1;然后倒转望远镜,在盘右位置瞄准高点 P,再将望远镜放平,在墙上用同法标出另一点 P_2。若 P_1 与 P_2 两点重合在一起,表明条件满足,否则需要校正。

(2)校正

量出 P_1、P_2 之间的距离,取其中点 P',用十字丝的交点对准 P' 点,仰起望远镜到与 P 点同高处,此时,十字丝的交点必偏离 P 点。然后调整望远镜右支架的偏心环(图 3-23),升高或降低横轴的右端,使十字丝交点准确对准 P 点。此项检验和校正工作同样应反复进行,直至满足条件为止。随着仪器制造工艺水平的提高,现代多数光学经纬仪横轴是密封的,一般能保证此项条件。使用时只需进行检验,一般不需要校正。

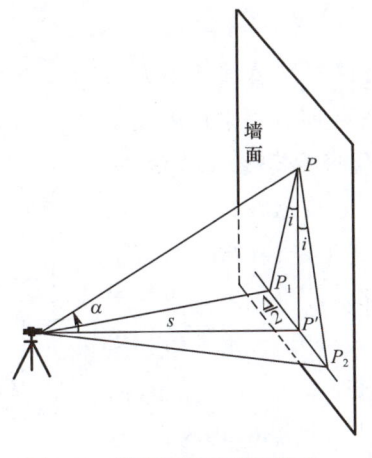

图 3-22　横轴垂直于竖轴的检验　　　　图 3-23　偏心环装置

5. 竖盘指标差的校验与校正

(1) 检验

安置仪器，整平后，用盘左、盘右两个位置观测同一高处目标 P，分别读取竖盘读数 L 和 R（读数时必须使竖盘水准管气泡严格居中），然后用式(3-9)计算 x 值，若超过限差则进行校正。

(2) 校正

校正一般是在盘右位置进行的，为此应先算出盘右时的正确读数 $R'=R-x$，然后转动指标水准管微动螺旋，使竖盘读数为正确读数 R'，此时气泡不居中，用校正针拨动水准管的两颗校正螺丝，采用先松后紧的方法，把水准管的一端升高或降低，直至气泡居中。此项检验校正应反复进行，直至竖盘指标差 x 的绝对值小于 $30''$。

6. 光学对中器的检验与校正

(1) 检验

安置仪器于平坦地面，仪器距离地面约 $1.3\sim 1.5$ m，整平后，在仪器下面安放一块小平板，用光学对中器中心在板上定出一点 A，如图 3-24 所示，然后使光学对中器绕竖轴旋转 $180°$，再定出一点 A'，若 A 与 A' 重合，则条件满足，否则应校正。

(2) 校正

求出 AA' 连线的中点 O，调整转向棱镜的位置，使刻划圈中心对准 O 点。

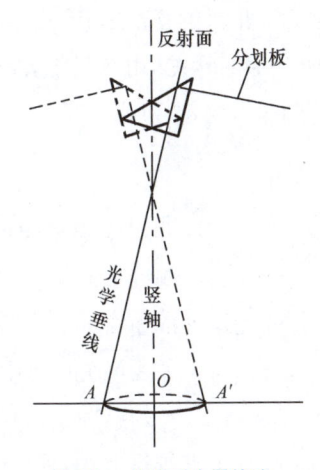

图 3-24　光学对中器检验

3.8　角度测量的误差及其消减方法

3.8.1　水平角测量误差

水平角测量误差可以归纳为三类：仪器误差、观测误差和外界条件的影响。

1. 仪器误差

仪器误差的来源可分为两方面。一是仪器制造加工不完善的误差，如度盘刻划的误差及度盘偏心差等。前者可采用度盘不同位置进行观测（按 $180°/n$ 计算各测回度盘起始读数）加以消减；后者采用盘左、盘右取平均值予以消除。二是仪器校正不完善的误差，其视准轴不垂直于横轴及横轴不垂直于竖轴的误差，可采用盘左、盘右取平均值予以消除。但照准部水准管轴不垂直于竖轴的误差不能用盘左、盘右的观测方法消除。因为，水准管气泡居中时，水准管轴虽水平，竖轴却与铅垂线间有一夹角 θ（图3-25），水平度盘不在水平位置面，而是倾斜一个 θ 角，用盘左、盘右来观测，水平度盘的倾角 θ 没有变动，俯仰望远镜产生的倾斜面也未变，而且瞄准目标的俯仰角越大，误差影响也越大，因此测量水平角时如果观测目标的高差较大，更应注意整平。

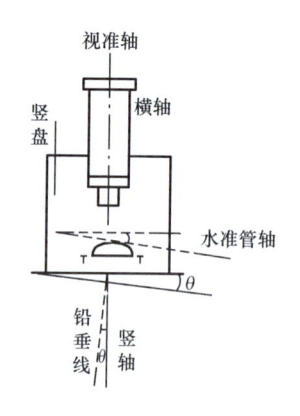

图3-25 竖轴倾斜误差

2. 观测误差

（1）对中误差

如图3-26所示，观测时若仪器对中不精确，致使度盘中心与测站中心 O 不重合而偏至 O'，OO' 的距离 e 称为测站偏心距，此时测得的角值 β' 与正确角值 β 之差 $\Delta\beta$ 即对中不良所产生的误差，由图可知，$\Delta\beta = \beta - \beta' = \delta_1 + \delta_2$。因偏心距 e 是一小值，故 δ_1 和 δ_2 应为一小角，于是把 e 近似地看作一段小圆弧，所以得

$$\Delta\beta = \delta_1 + \delta_2 = e\rho''\left(\frac{1}{d_1} + \frac{1}{d_2}\right) \tag{3-14}$$

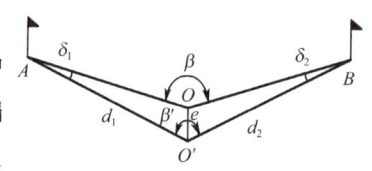

图3-26 对中误差

式中 d_1、d_2——水平角两边的边长；

e——测站偏心距；

$\rho'' = 206\,265''$。

由式（3-14）可知，对中误差与偏心距 e 成正比，与边长 d_1 和 d_2 成反比。例如，$e = 3$ mm，$d_1 = d_2 = 100$ m，则 $\Delta\beta = 12.4''$；如果 $d_1 = d_2 = 50$ m，则 $\Delta\beta = 24.8''$。故当边长较短时，应认真进行对中，使 e 值较小，减小对中误差的影响。

（2）整平误差

观测时仪器未严格整平，竖轴将处于倾斜位置，这种误差与上面分析的照准部水准管轴不垂直于竖轴的误差性质相同。由于这种误差不能采用适当的观测方法加以消除，观测目标的竖直角越大，其误差影响也越大，故观测目标的高差较大时，应特别注意仪器的整平，一般每测回观测完毕，应重新整平仪器后再进行下一个测回的观测。当有太阳时，必须打伞，避免阳光照射水准管，影响仪器的整平。

（3）目标偏心误差

如图3-27所示，若供瞄准的目标偏心，观测时不是瞄准 A 点而是瞄准 A' 点，偏心距

$AA' = e_1$，这时测得的角值 β' 与正确角值 β 之差 δ_1 为目标偏心所产生的误差，即

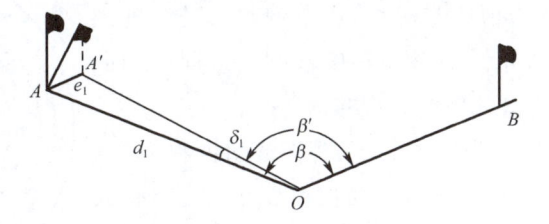

图 3-27　目标偏心误差

$$\delta_1 = \beta - \beta' = \frac{e_1}{d_1}\rho'' \tag{3-15}$$

由式(3-15)可知，这种误差与对中误差的性质相同，即与偏心距成正比，与边长成反比，故当边长较短时应特别注意减小目标的偏心，若观测目标有一定高度，应尽量瞄准目标的底部，以减小目标偏心的影响。

(4) 照准误差

照准误差与人眼的分辨能力及望远镜放大倍率有关。一般认为人眼的分辨率为 $60''$，用放大率为 V 的望远镜观测，则照准目标的误差为

$$m_V = \pm \frac{60''}{V} \tag{3-16}$$

如果 $V = 28$，则照准误差 $m_V = 2.1''$。但观测时应注意消除视差，否则照准误差将增大。

(5) 读数误差

读数误差与测微尺的精度、照明情况及观测者的经验有关，主要取决于测微尺的精度。使用光学经纬仪按测微器读数，一般可估读到分微尺最小格值的十分之一，若最小格值为 $1'$，则读数误差可认为是 $\pm 1'/10 = \pm 6''$。读数时应注意消除读数显微镜的视差。

3. 外界条件的影响

观测是在一定条件下进行的，外界条件对观测质量有直接影响。例如，松软的土壤和大风影响仪器的稳定；日晒和温度变化影响水准管气泡的运动；大气层受地面热辐射的影响会引起目标影像的跳动等，这些都会给观测水平角带来误差。因此，要选择目标成像清晰稳定的有利时间观测，设法克服或避开不利条件的影响，以提高观测成果的质量。

3.9 电子经纬仪测角系统简介

电子经纬仪测角系统有编码度盘测角系统、光栅度盘测角系统和动态测角系统三种，下面分别介绍。

3.9.1 编码度盘测角系统

利用编码度盘测角时光电读数设备的基本原理如下：

光电编码度盘是在光学度盘刻度圈全周设置等间隔的透光与不透光区域，称为白区与黑区，由它们组成的分度圈称为码道，如图 3-28 所示。一个编码度盘有很多同心的码道，码道越多，则编码度盘的角度分辨率越高。

电子计数采用二进制编码方法。最外圈码道的权为 1，相当于二进制的第一位数，以后各位的权按 2、2^2、2^3…增加；译码时，只需将每一码道的数乘以各自的权后再相加即可得到十进制数。例如，某一码区的二进制数为 1011，则其相应的十进制数必为 $1\times8+0\times4+1\times2+1\times1=11$。表 3-5 列出了四位二进制数对应的数值关系。

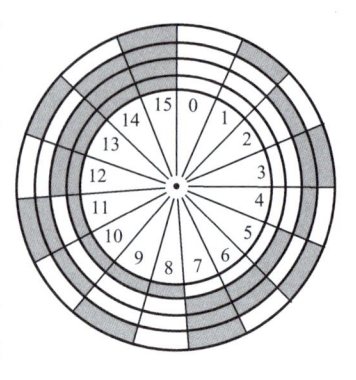

图 3-28　四位编码度盘

表 3-5　　　　　　　　四位二进制数对应的数值关系

十进制	二进制	十进制	二进制
0	0000	8	1000
1	0001	9	1001
2	0010	10	1010
3	0011	11	1011
4	0100	12	1100
5	0101	13	1101
6	0110	14	1110
7	0111	15	1111

利用编码度盘上的白区与黑区表示二进制代码"0"和"1"。若要在度盘上读出四位二进制数，则需在度盘上刻四道同心圆环，称为四条码道，表示四位二进制数码，在度盘最外圈刻的是透光和不透光相同的 16 格，如图 3-28 所示。对于二进制码，当码道为 n 时，码区数为 2^n 个。显然，码道越多，码区数就越多，每一码区所表示的角度范围也就越小。因此，编码度盘的角度分辨率可以表示为 $360°/2^n$。

为了读取各个分区的编码数，需在编码度盘的每个码道的一侧设置发光二极管，另一侧设置光敏二极管，它们严格地沿着度盘半径方向排成一直线。发光二极管发出的光通过编码度盘产生透光或不透光信号，被光敏二极管接收，由光电转换器件转换成"0"或"1"的电信号，再送到处理单元，经过处理后，以十进制数或 60 等分制自动显示读数角值。

3.9.2　光栅度盘测角系统

均匀地刻有许多等间隔狭缝的圆盘，称为光栅度盘。刻在圆盘上的由圆心辐射的等角距光栅称为径向光栅（圆光栅），如图 3-29 所示，栅距所对应的圆心角即栅距的分划值。电子经纬仪采用圆光栅，光栅的线条处为不透光区，缝隙处为透光区。在光栅度盘上下对应位置装上照明器和光电接收管，则可将光栅的透光与不透光信号转变为电信号。若照明器和光电接收管随照准部相对于光栅度盘移动，则可使计数器累计求得所移动的栅距数，从而得到转动的角度值。因为它是累计计数，因而也称这种系统为增量式读数系统。

一般光栅的栅距都很小,而分划值仍然较大。例如,在 80 mm 直径的度盘上刻有 12 500 条线(刻线密度为 50 线/mm),其栅距的分划值为 1′44″。为了提高测角精度,还必须对栅距进行细分,即将一个栅距用光电的方法细分成几十到上千等份。因为栅距太小,计数和细分都不易正确,所以在光栅度盘测角系统中都采用了莫尔条纹技术,将栅距放大,然后再进行细分和计数。产生莫尔条纹的方法是:取一小块与光栅度盘具有相同密度和栅距的光栅,称为指示光栅,若将指示光栅与光栅度盘以微小的间距重叠起来,并使其刻线互成一微小的夹角 θ,这时就会出现放大的明暗交替的条纹,这些条纹称为莫尔条纹(栅距由 d 放大到 W),如图 3-30 所示。

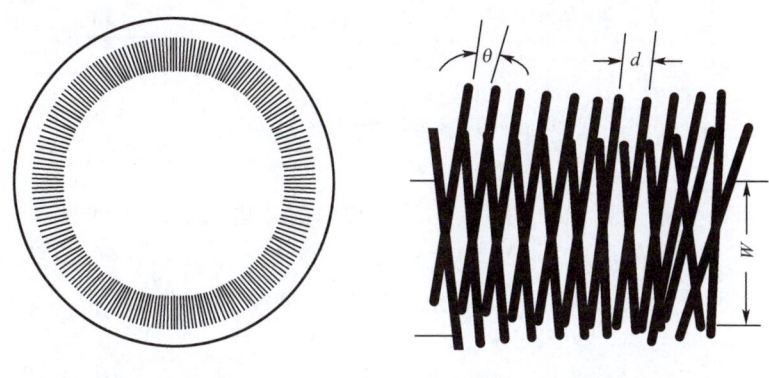

图 3-29　径向光栅　　　　图 3-30　光栅莫尔条纹

测角过程中,转动照准部时,同时带动指示光栅相对于度盘横向移动,所形成的莫尔条纹也随之移动。设栅距的分划值是 δ,则纹距的分划值亦为 δ,在照准部瞄准方向的过程中,可累计出移动条纹的个数 n 和计数不是整条纹距(不足一分划值)的小数 $\Delta\delta$,则角度值 φ 可写为

$$\varphi = n\delta + \Delta\delta$$

瑞士克恩(Kern)厂的 E_1 型和 E_2 型电子经纬仪,即采用光栅度盘。

3.9.3　动态测角系统

光电扫描动态测角系统如图 3-31 所示,度盘刻有 1 024 个分划,两条分划条纹的角距为 φ_0,则

$$\varphi_0 = \frac{360°}{1\ 024} = 21′5.625″$$

式中　φ_0——光栅度盘的单位角度。

在光栅度盘条纹圈外缘,按对径位置设置一对与基座相固连的固定检测光栅 L_S;在靠近内缘处设置一对与照准部相固连的活动检测光栅 L_R(图 3-31 中仅画出其中的一个)。对径设置的检测光栅可用来消除光栅度盘的偏心差。φ 表示望远镜照准某方向后 L_S 和 L_R 之间的角度。由图 3-31 可以看出

$$\varphi = N\varphi_0 + \Delta\varphi \tag{3-17}$$

式中　N——φ 角内所包含的条纹间隔数(单位角度数);
　　　$\Delta\varphi$——不足一个单位角度 φ_0 的零数。

仪器在测角时,光栅度盘由马达驱动绕中心轴做匀速旋转,计取通过两个指示光栅间的

分划信息,通过粗测与精测求得角值。

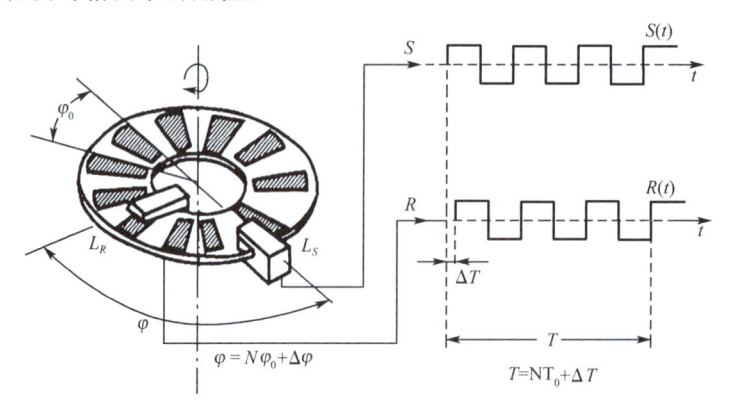

图 3-31　光电扫描动态测角系统

(1) 粗测

粗测是只求出 φ_0 的个数 N。在度盘的同一径向的外边缘上设有两个标记 a 和 b,度盘旋转时,从标记 a 通过 L_S 时起,计数器开始计数,记取整间隙 φ_0 的个数,当另一个标记 b 通过 L_R 时,计数器停止计数,此时计数器所得到的数值即 φ_0 的个数 N。

(2) 精测

精测是对 $\Delta\varphi$ 的测量。通过光栅 L_S 和 L_R 分别产生两个信号 S 和 R,$\Delta\varphi$ 可由 S 和 R 的相位差求得。精测开始后,当某一分划 1 通过 L_S 时开始精测计数,计取通过的计数脉冲的个数,一个脉冲代表一定的角度值(例如 2″),而另一个分划继而通过 L_R 时停止计数。由计数器所计的数值即可求得 $\Delta\varphi$,度盘一周有 1 024 个间隔,每一个间隔计一次 $\Delta\varphi$ 的数,则度盘转一周可测得 1 024 个 $\Delta\varphi$,然后取平均值,可求得最后的 $\Delta\varphi$。测角的精度完全取决于精测的精度。

粗测、精测数据由微处理器进行衔接,处理后即得角度值,并从显示器中自动显示所测结果。

本 章 小 结

本章重点介绍了 DJ6 型光学经纬仪的构造及其使用方法,水平角和竖直角的测量原理与观测方法,角度测量的误差来源及其消减方法;详细介绍了 DJ2 型光学经纬仪的构造和读数方法,经纬仪的检验与校正方法,并简单介绍了电子经纬仪的原理及使用方法。

角度观测要点见表 3-6。

表 3-6　　角度观测要点

内容	要点
经纬仪的使用	安置仪器、瞄准目标和读数三项内容,安置仪器又包括对中和整平两项内容
水平角	空间两条直线之间的夹角在水平面上的投影称为水平角
水平角观测方法	测回法、方向观测法
竖直角	竖直角是测点到目标点的倾斜视线与水平视线之间的夹角,是两个方向线的竖盘读数之差。只要瞄准目标读取竖盘读数,即可计算出竖直角

习 题

3-1　什么叫水平角、竖直角？它们的取值范围分别是多少？

3-2　经纬仪上有哪些制动螺旋与微动螺旋？它们各起什么作用？如何正确使用制动螺旋和微动螺旋？

3-3　简述测回法和方向观测法测量水平角的异同点。

3-4　用经纬仪瞄准同一个竖直面内不同高度的点时，在水平度盘上的读数是否一样？此时，在竖直度盘上的两读数差是否就是竖直角？为什么？

3-5　简述经纬仪测回法测水平角的方法和步骤。

3-6　影响角度测量误差的来源有哪些？

3-7　经纬仪有哪些主要轴线？各轴线间应满足什么条件？

3-8　经纬仪的检验主要有哪几项？

3-9　什么是竖盘指标差？如何检验与校正？

3-10　根据竖直角的观测手簿，填写表 3-7。

表 3-7　竖直角观测手簿

测站点	目标	竖盘位置	竖盘读数/ (° ′ ″)	竖直角/ (° ′ ″)	平均竖直角/ (° ′ ″)	竖盘指标差/ (″)	备注
A	B	左	87 23 42				盘左： $L_{始}=90°$ $\alpha_{左}=L_{始}-L_{读}$ 盘右： $R_{始}=270°$ $\alpha_{右}=R_{读}-R_{始}$
		右	272 36 54				
	C	左	100 16 30				
		右	259 43 18				

3-11　用 DJ6 型光学经纬仪以测回法观测水平角 β，其观测数据记在表 3-8 中，试计算水平角值，并说明盘左与盘右角值之差是否符合要求。

表 3-8　测回法观测手簿

测站点	测回	竖盘位置	目标	水平度盘读数/ (° ′ ″)	半测回角值/ (° ′ ″)	一测回角值/ (° ′ ″)	各测回平均角值/ (° ′ ″)	备注
O	1	左	A	00 01 06				
			B	78 49 54				
		右	A	180 01 36				
			B	258 50 06				
O	2	左	A	90 08 12				
			B	168 57 06				
		右	A	270 08 30				
			B	348 57 12				

3-12 根据表 3-9 中方向观测法的观测数据,完成所有计算工作。

表 3-9　　　　　　　　　　　　方向观测法手簿

测站点	测回	目标	水平度盘读数 盘左(L) ° ′ ″	水平度盘读数 盘右(R) ° ′ ″	$2C=L-(R\pm180°)$ ″	平均读数 $[L+(R\pm180°)]/2$ ° ′ ″	归零后的方向值 ° ′ ″	各测回归零后的平均方向值 ° ′ ″	水平角 ° ′ ″
O	1	A	00 02 36	180 02 30					
		B	70 23 36	250 23 36					
		C	228 19 24	48 19 36					
		D	254 17 54	74 17 54					
		A	00 02 30	180 02 36					
	2	A	90 03 12	270 03 18					
		B	160 24 06	340 23 54					
		C	318 20 00	138 19 54					
		D	344 18 30	164 18 24					
		A	90 03 18	270 03 12					

第4章 距离测量与直线定向

> **能力要求**
>
> 掌握直线定线方法；熟练掌握直线钢尺量距法、视距法、光电测距法测距和结果计算；了解距离测量误差来源及削减方法；熟练掌握全站仪的使用；掌握直线定向法及坐标方位角的推算。

4.1 钢尺量距

距离测量是确定地面点位时的基本测量工作之一。所谓距离,是指两点间的水平长度。如果测得的是倾斜长度,则必须改算为水平长度。常用的距离测量方法有钢尺量距法、视距法和光电测距法等。

4.1.1 钢尺量距的一般方法

1. 量距的工具

距离丈量常用的工具有:钢尺、标杆(花杆)、测钎及垂球等。

钢尺又称钢卷尺,是用钢制成的带状尺,尺的长度通常有 15 m、30 m、50 m 等。钢尺卷放在金属尺架上,如图 4-1 所示。钢尺的基本分划为毫米,每米、分米、厘米处都有数字注记。由于尺上零点位置的不同,有端点尺和刻线尺之分,如图 4-2 所示。

图 4-1 钢尺

钢尺量距的辅助工具有标杆、测钎和垂球。标杆又称花杆,多用木料制成,直径约为 3 cm,长度为 2~3 m,其上面每隔 20 cm 涂以红、白漆,如图 4-3(a)所示,用来标定直线的方向。测钎用于标定尺段的起点和终点位置,如图 4-3(b)所示。垂球用于不平坦地面丈量时投点定位。

图 4-2　端点尺和刻线尺

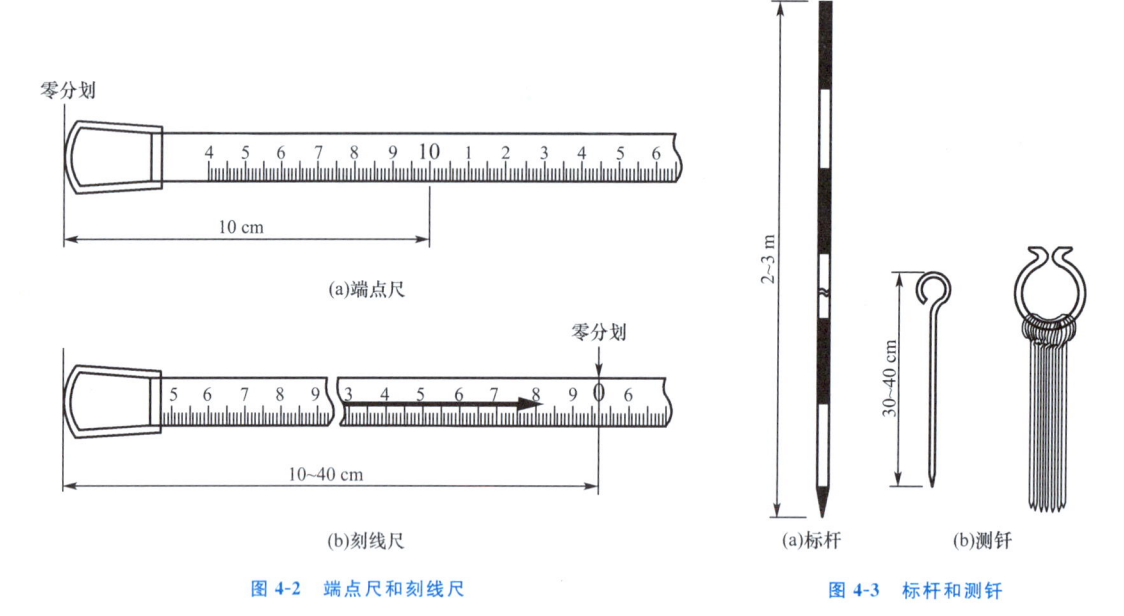

图 4-3　标杆和测钎

2. 直线定线

当地面上两点之间距离超过钢尺的全长时,用钢尺一次不能量完,量距前就需要在直线方向上标定若干个点,并竖立标杆或测钎以标明方位,这项工作称为直线定线。直线定线可以采用目估定线和经纬仪定线。一般情况下常用目估定线。当量距精度要求高时,用经纬仪定线。

采用目估定线时,如图 4-4 所示,A、B 为地面上待测距离的两个端点,可先在 A、B 两点分别竖立标杆,甲站在 A 点标杆后约 1 m 处,由 A 瞄向 B,同时指挥另一持标杆人乙左右移动标杆,直到与 A、B 标杆在同一条直线上为止,并在此位置上竖立标杆或插上测钎,作为定点标志。同法可定出直线上的其他点。定线时相邻点的间距要小于或等于一整尺长,定点一般按由远而近进行。

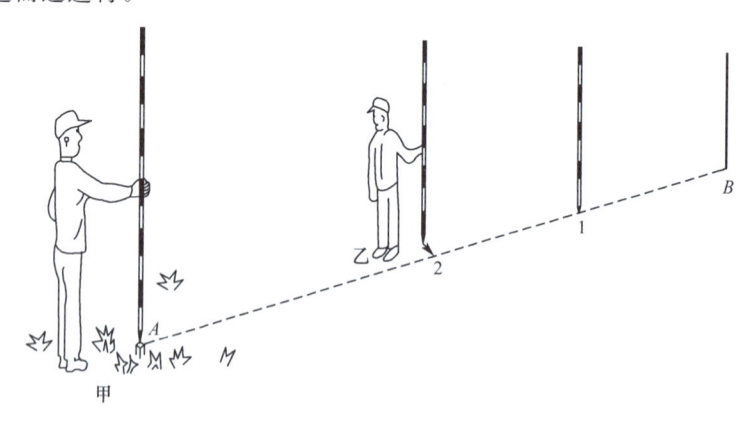

图 4-4　目估定线

采用经纬仪定线时,一人先在直线的一个端点安置经纬仪后,对中、整平,用望远镜十字丝竖丝瞄准另一个端点目标,固定照准部。然后指挥另一测量员持标杆前进至直线 AB 附近的某点左右移动标杆,至标杆与望远镜十字丝纵丝位置重合时定下此位置。同法由远及近得到直线上的其他点。

3. 钢尺量距的一般方法

(1) 平坦地面的距离丈量

如图 4-5 所示,丈量工作一般由两人进行。后尺手持一测钎并持尺的零点端位于 A 点,前尺手携带一束测钎,同时手持尺的末端沿 AB 方向前进,至一尺段长处停下。由后尺手指挥,使钢尺位于 AB 方向线上,这时后尺手将尺的零点对准 A 点,两人同时用力将钢尺拉平,前尺手在尺的末端刻划处插一测钎作为标记(在坚硬地面处,可用铅笔在地面画线做标记)。然后,后尺手持测钎与前尺手一起抬尺前进,依次丈量第二、第三、…、第 n 个整尺段,直到最后不足一整尺段时,后尺手在钢尺上读取余值 q,则 AB 两点之间的水平距离为

$$D = nl + q \tag{4-1}$$

式中　n——整尺段数(后尺手手中的测钎数);

　　　l——钢尺的整尺长度;

　　　q——不足一整尺段的余长。

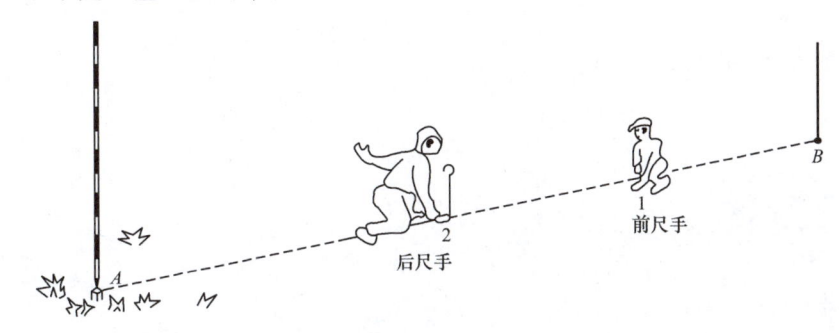

图 4-5　平坦地面的距离丈量

为了防止错误和提高丈量精度,需要往、返各丈量一次,取平均值为最后结果。量距精度用相对误差 K 表示,通常化成分子为 1 的分数表示。相对误差的计算公式为

$$K = \frac{|D_{往} - D_{返}|}{D_{平均}} = \frac{\Delta D}{D_{平均}} = \frac{1}{M} \tag{4-2}$$

$$D_{平均} = \frac{D_{往} + D_{返}}{2}$$

例 4-1　由 30 m 长的钢尺往、返丈量 A、B 两点间的距离,丈量结果往测为 136.76 m,返测为 136.80 m,则

AB 距离　　　$D_{平均} = \dfrac{D_{往} + D_{返}}{2} = \dfrac{136.76 + 136.80}{2} = 136.78$ m

相对误差　　　$K = \dfrac{|136.76 - 136.80|}{136.78} = \dfrac{0.04}{136.78} \approx \dfrac{1}{3\,420}$

相对误差的分母越大,则 K 越小,精度越高。在平坦地面,钢尺量距的相对误差一般不应大于 1/3 000,在量距较困难地区不应大于 1/1 000。

(2)倾斜地面的距离丈量

①平量法

在倾斜地面丈量距离,当尺段两端的高差不大且地面坡度变化不均匀时,一般将钢尺拉平丈量。如图 4-6 所示,丈量由 A 向 B 进行,后尺手立于 A 点,指挥前尺手将尺拉在 AB 方向线上,后尺手将尺的零点对准 A 点,前尺手将尺子抬高并目估使尺子水平,然后用垂球将尺的某一刻画投于地面上,插以测钎。用此法进行丈量,从山坡上部向下部丈量比较容易,因此,丈量时两次均由高到低进行。各测段丈量结果总和即 AB 水平距离(各测段丈量结果可取平均值)。

②斜量法

当倾斜地面的坡度比较均匀时,可以在斜坡丈量出 AB 的斜距 L,测出地面倾角 α,或 A、B 两点高差 h,如图 4-7 所示,按式(4-3)或式(4-4)或式(4-5)计算 AB 水平距离 D,即

$$D = L\cos\alpha \tag{4-3}$$

$$D = \sqrt{L^2 - h^2} \tag{4-4}$$

$$D = L + \Delta L_h = L - \frac{h^2}{2L} \tag{4-5}$$

式中,ΔL_h 为倾斜改正,$\Delta L_h = -\frac{h^2}{2L}$。

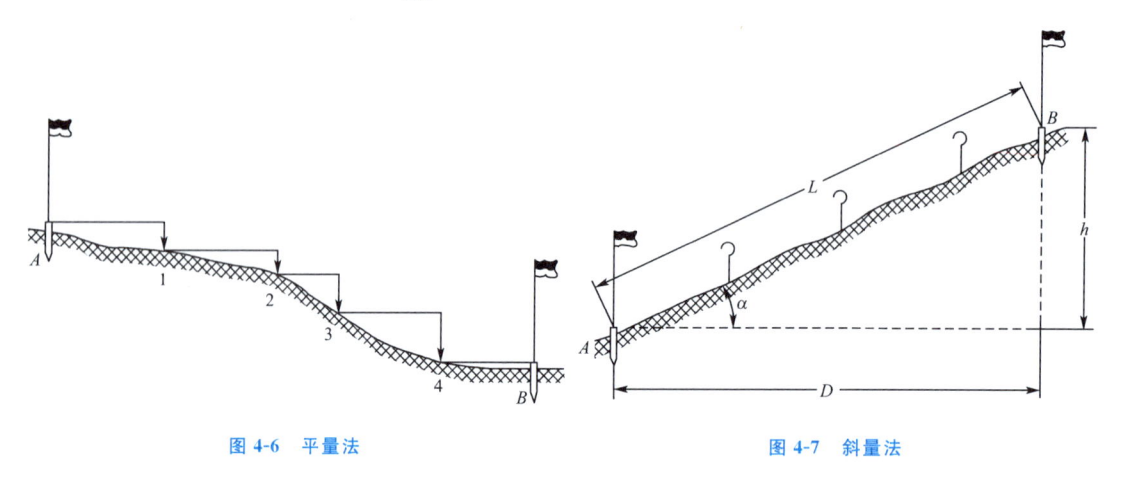

图 4-6　平量法　　　　　　　　　　图 4-7　斜量法

4.1.2　钢尺量距的注意事项

(1)应用经过检定的钢尺量距。

(2)前、后尺手动作要配合好,定线要直,尺身要水平,尺子要拉紧,用力要均匀,待尺子稳定时再读数或插测钎。

(3)用测钎标志点位,测钎要竖直插下。前、后尺所量测钎的部位应一致。

(4)读数要细心,要防止错把 9 读成 6,或将 16.041 读成 16.140 等。

(5)记录应清楚,记好后及时回读,互相校核。

(6)钢尺性脆易折断,防止打折、扭曲、拖拉,并严禁车辗、人踏,以免损坏。钢尺易锈,用完需擦净、涂油。

4.2　普通视距测量

视距测量是一种间接测距方法,利用望远镜内视距丝装置,根据几何光学原理同时测定距离和高差的一种方法。普通视距测量的测距精度虽仅有 1/300～1/200,低于钢尺量距,但由于操作方便,具有不受地面高低起伏限制等优点,被广泛应用于测距精度要求不高的地形测量中。

4.2.1　视距测量原理

经纬仪、水准仪等测量仪器的十字丝分划板上,都有与横丝平行、等距、对称的两根短丝,称为视距丝。利用视距丝配合标尺就可以进行视距测量。

1. 视准轴水平时的距离与高差计算公式

如图 4-8 所示,在 A 点安置仪器,并使视准轴水平,在 1 点或 2 点立标尺,视准轴与标尺垂直。对于倒像望远镜,下丝在标尺上读数为 a,上丝在标尺上读数为 b,下、上丝读数之差称为视距间隔或尺间隔 $l(l=a-b)$。由于上、下丝间距固定,两根丝引出的视线在竖直面内的夹角是一个固定角度(约为 $34'23''$)。因此,尺间隔 l 和立尺点到测站的水平距离 D 成正比,比例系数 K 称为视距乘常数,由上、下丝的间距来决定。制造仪器时,通常使 $K=100$。因而视准轴水平时的视距公式为

$$\frac{D_1}{l_1}=\frac{D_2}{l_2}=K \tag{4-6}$$

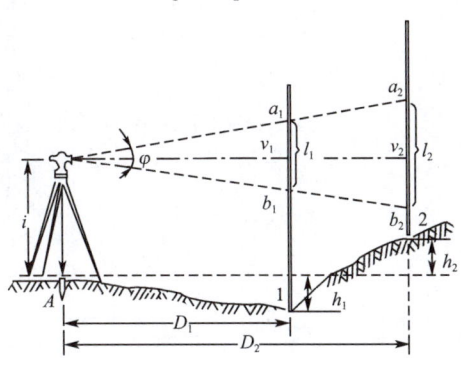

图 4-8　视准轴水平时的视距测量原理

$$D=Kl=100l \tag{4-7}$$

同时由图 4-8 可知,测站点到立尺点的高差为

$$h=i-v \tag{4-8}$$

式中　i——仪器高,是桩顶到仪器水平轴的高度;
　　　v——中丝在标尺上的读数。

2. 视准轴倾斜时的距离与高差计算公式

在地面起伏较大的地区测量时,必须使视准轴倾斜才能读取尺间隔,如图4-9所示。由于视准轴不垂直于标尺,不能用式(4-7)和式(4-8)。如果能将尺间隔 ab 转换成与视准轴垂直的尺间隔 $a'b'$,就可按式(4-7)计算倾斜距离 L,根据 L 和竖直角 α 算出水平距离 D 和高差 h。

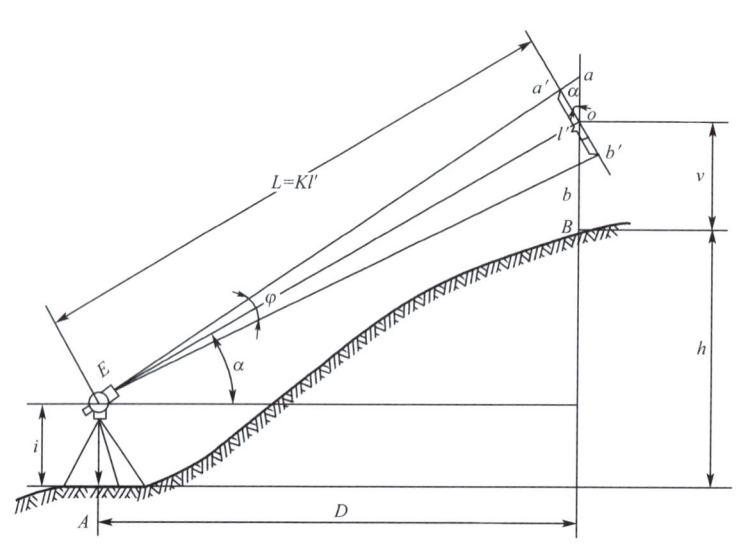

图 4-9 视准轴倾斜时的视距测量原理

图4-9中的 $\angle aoa' = \angle bob' = \alpha$,由于 φ 角很小,可近似认为 $\angle aa'o$ 和 $\angle bb'o$ 是直角,设 $l' = a'b'$,$l = ab$,则

$$l' = a'o + ob' = ao\cos\alpha + ob\cos\alpha = l\cos\alpha$$

根据式(4-7)得倾斜距离为

$$L = Kl' = Kl\cos\alpha$$

视准轴倾斜时的视距计算公式为

$$D = L\cos\alpha = Kl\cos^2\alpha \tag{4-9}$$

由图4-9可知,测站点到立尺点的高差为

$$h = D\tan\alpha + i - v \tag{4-10}$$

将式(4-9)代入式(4-10),得

$$h = \frac{1}{2}Kl\sin(2\alpha) + i - v \tag{4-11}$$

立尺点高程为

$$H = H_0 + h$$

式中 H_0——测站点高程。

4.2.2 视距测量的观测和计算

1. 观测

在 A 点安置经纬仪,量取仪器高度($i = 1.300$ m)。转动照准部和望远镜瞄准 B 点标

尺,分别读取中丝、上丝、下丝读数($v=1.300$ m、$b=1.143$ m、$a=1.457$ m)。调整竖盘使指标水准管气泡居中,读取竖盘读数(设在盘左位置,$L=92°48'$)。

2. 计算

假定所用经纬仪竖直角公式为 $\alpha=90°-L+x$,竖盘指标差 $x=+1'$。

尺间隔　　　　　$l=a-b=1.457-1.143=0.314$ m

竖直角　　　　　$\alpha=90°-L+x=90°-92°48'+1'=-2°47'$

水平距离　　　　$D=Kl\cos^2\alpha=100×0.314×\cos^2(-2°47')=31.33$ m

高差　　　　　　$h=D\tan\alpha+i-v=31.33×\tan(-2°47')+1.300-1.300=-1.52$ m

4.2.3 视距测量的误差及注意事项

1. 读数误差

读数误差直接影响尺间隔 l,当视距乘常数 $K=100$ 时,读数误差将扩大 100 倍地影响距离测定。如读数误差为 1 mm,则对距离的影响为 0.1 m。因此,读数时应注意消除视差。

2. 标尺不竖直误差

标尺立得不竖直对距离的影响与标尺倾斜度和竖直角有关。当标尺倾斜 1°,竖直角为 30°时,产生的视距相对误差可达 1/100。为减小标尺不竖直误差的影响,应选用安装圆水准器的标尺。

3. 外界条件

外界条件的影响主要有大气的竖直折光、空气对流使标尺成像不稳定、风力使尺子抖动等。因此,应尽可能使仪器视线高出地面 1 m,并且下丝读数尽量高于 0.3 m,并选择合适的天气作业。

上述三种误差对视距测量影响较大。此外,还有标尺分划误差、竖直角观测误差、视距常数误差等。

4.3　光电测距

与钢尺量距的烦琐和视距测量的低精度相比,电磁波测距具有测程长、精度高、操作简便、自动化程度高的特点。电磁波测距按精度可分为Ⅰ级($m_D \leqslant 5$ mm)、Ⅱ级(5 mm $< m_D \leqslant$ 10 mm)和Ⅲ级($m_D > 10$ mm)。按测程可分为短程(<3 km)、中程($3\sim15$ km)和远程(>15 km)。按采用的载波不同,可分为利用微波作为载波的微波测距仪和利用光波作为载波的光电测距仪。光电测距仪所使用的光源一般有激光和红外光。下面简要介绍光电测距的原理及测距成果整理等内容。

4.3.1 相位测距原理

光电测距是采用可见光或红外光作为载波,通过测定光线在测线两端点间往返的传

时间(t)算出距离(D),如图 4-10 所示,计算公式为

$$D=\frac{1}{2}ct$$

式中 c——光波在大气中的传播速度,它可以根据观测时的气象条件来确定。

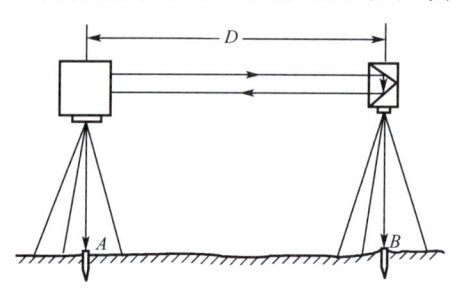

图 4-10 光电测距原理

光电测距仪按照测定时间方法的不同,可分成直接测定时间的脉冲式和间接测定时间的相位式两类。由于脉冲宽度和电子计数器时间分辨率的限制,脉冲式测距仪的精度较低。工程测量中使用的精密测距仪几乎都采用相位式。红外光电测距仪就是典型的相位式测距仪。

红外光电测距仪的红外光源是由砷化镓(GaAs)发光二极管产生的。若在发光二极管上注入恒定电流,则它发出的红外光光强恒定不变;若在其上注入频率为 f 的高变电流(高变电压),则发出的光强随着注入的高变电流呈正弦变化,这种光称为调制光。

测距仪在 A 点发射的调制光在待测距离上传播,被 B 点的反射棱镜反射后又回到 A 点而被接收机接收,然后由相位计将发射信号与接收信号进行相位比较,得到调制光在待测距离上往返传播所引起的相位移(相位差)φ,其相应的往返传播时间为 t。如果将调制光波形的往程和返程展开,则有如图 4-11 所示的波形。

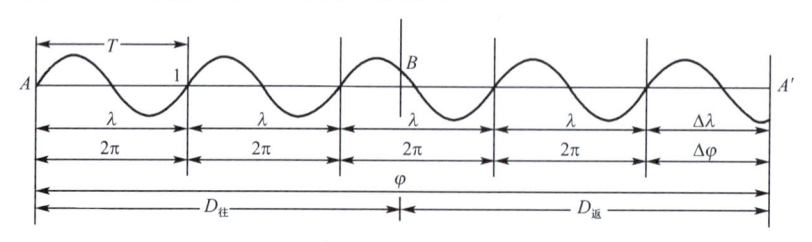

图 4-11 调制光的波形

设调制光的频率为 f(每秒振荡次数),其周期 $T=\frac{1}{f}$[每振荡一次的时间(s)],则调制光的波长为

$$\lambda = cT = \frac{c}{f} \tag{4-12}$$

从图 4-11 中可以看出,在调制光往返的时间 t 内,其相位变化了 N 个整周(2π)及不足一周的余数 $\Delta\varphi$,而对应 $\Delta\varphi$ 的时间为 Δt,距离为 $\Delta\lambda$,则

$$t = NT + \Delta t \tag{4-13}$$

由于变化一周的相位差为 2π,则不足一周的相位差 $\Delta\varphi$ 与时间 Δt 的对应关系为

$$\Delta t = \frac{\Delta\varphi}{2\pi} \cdot T \tag{4-14}$$

于是得到相位测距的基本计算公式为

$$D = \frac{1}{2}ct = \frac{1}{2}c\left(NT + \frac{\Delta\varphi}{2\pi}T\right)$$

$$= \frac{1}{2}cT\left(N + \frac{\Delta\varphi}{2\pi}\right) = \frac{\lambda}{2}(N + \Delta N) \tag{4-15}$$

式中 $\Delta N = \frac{\Delta\varphi}{2\pi}$ ——不足一整周的小数。

在式(4-15)中,常将 $\frac{\lambda}{2}$ 看作一把"光尺"的尺长,测距仪就是用这把"光尺"去丈量距离。N 则为整尺段数,ΔN 为不足一整尺段之余数。两点间的距离 D 就等于整尺段总长 $\frac{\lambda}{2}N$ 和余尺段长度 $\frac{\lambda}{2}\Delta N$ 之和。

测距仪的测相装置(相位计)只能测出不足整周(2π)的尾数 $\Delta\varphi$,而不能测定整周数 N,因此使式(4-15)产生多值解,只有当所测距离小于光尺长度时,才能有确定的数值。例如,"光尺"为 10 m,只能测出小于 10 m 的距离;"光尺"为 1 000 m,则可测出小于 1 000 m 的距离。又由于仪器测相装置的测相精度一般为 1/1 000,故测尺越长测距误差越大。为了解决扩大测程与提高精度的矛盾,目前的测距仪一般采用两个调制频率,即用两把"光尺"进行测距。用长测尺(称为粗尺)测定距离的大数,以满足测程的需要;用短测尺(称为精尺)测定距离的尾数,以保证测距的精度。将两者结果衔接组合起来,就是最后的距离值,并自动显示出来。例如

```
粗测尺结果  0324
精测尺结果     3.817
显示距离值  323.817 m
```

4.3.2 结果计算

在测距仪测得初始斜距值后,还需加上仪器常数改正、气象改正和倾斜改正等,最后求得水平距离。

1. 仪器常数改正

仪器常数有加常数 K 和乘常数 R 两项。

由于仪器的发射中心、接收中心与仪器旋转竖轴不一致而引起的测距偏差值,称为仪器加常数。实际上仪器加常数还包括由于反射棱镜的组装(制造)偏心或棱镜等效反射面与棱镜安置中心不一致引起的测距偏差,称为棱镜加常数。仪器的加常数改正值 δ_K 与距离无关,并可预置于机内自动改正。

仪器乘常数主要是由于测距频率偏移而产生的。乘常数改正值 δ_R 与所测距离成正比。在有些测距仪中可预置乘常数自动改正。

仪器常数改正的最终式可写成

$$\Delta S = \delta_K + \delta_R = K + RS \tag{4-16}$$

2. 气象改正

仪器的测尺长度是在一定的气象条件下推算出来的。野外实际测距时的气象条件不同

于制造仪器时确定仪器测尺频率所选取的基准(参考)气象条件,故测距时的实际测尺长度就不等于标称的测尺长度,使测距值产生与距离长度成正比的系统误差。所以在测距时应同时测定当时的气象元素:温度和气压,利用厂家提供的气象改正公式计算距离改正值。如某测距仪的气象改正公式为

$$\Delta S = \left(283.37 - \frac{106.2833P}{273.15+t}\right)S$$

式中　P——气压,kPa;
　　　t——温度,℃;
　　　S——距离测量值,km。

目前,所有的测距仪都可将气象参数预置于机内,在测距时自动进行气象改正。

3. 倾斜改正

距离的倾斜观测值经过仪器常数改正和气象改正得到改正后的斜距。当测得斜距的竖角 δ 后,其水平距离计算公式为

$$D = S\cos\delta \tag{4-17}$$

4.4　直线定向

确定地面上两点的相对位置时,仅知道两点之间的水平距离还不够,通常还必须确定此直线与标准方向之间的水平夹角。确定直线与标准方向之间的水平夹角称为直线定向。

4.4.1　标准方向的种类

1. 真子午线方向

包含地球南、北极的平面与地球表面的交线称为真子午线。通过地球表面某点的真子午线的切线方向,称为该点的真子午线方向。指向北方的一端称为真北方向,指向南方的一端称为真南方向。真子午线方向是用天文测量方法测定的。

2. 磁子午线方向

磁子午线方向是磁针在地球磁场的作用下,自由静止时磁针轴线所指的方向。指向北端的方向称为磁北方向,指向南端的方向称为磁南方向。磁子午线方向可用罗盘仪测定。

3. 坐标纵轴方向

高斯平面直角坐标系中,坐标纵轴方向就是地面点所在投影带的中央子午线方向。在同一投影带内,各点的坐标纵轴方向是彼此平行的。坐标纵轴方向也有北、南方向之分。

4.4.2　直线方向的表示方法

1. 方位角

由直线起点的标准方向北端起,沿顺时针方向量至直线的水平夹角,称为该直线的方位角,其取值范围是 0°～360°。方位角根据标准方向的不同分为三种:若标准方向为真北方向,则其方位角称为真方位角,用 A 表示;若标准方向为磁北方向,则其方位角称为磁方位角,用 A_m 表示;若标准方向是坐标北方向,则称其为坐标方位角,用 α 表示,如图 4-12 所示。

测量工作中,一般采用坐标方位角表示直线的方向,并将坐标方位角简称为方位角。

2. 象限角

从坐标纵轴的北端或南端沿顺时针或逆时针方向起转至直线的锐角称为坐标象限角，用 R 表示，其角值变化为 $0°\sim90°$，如图 4-13 所示。为了表示直线的方向，应分别注明北东、北西或南东、南西。如北东 $30°$、南西 $55°$ 等。显然，如果知道了直线的方位角，就可以换算出它的象限角；反之，知道了象限角也就可以推算出方位角。

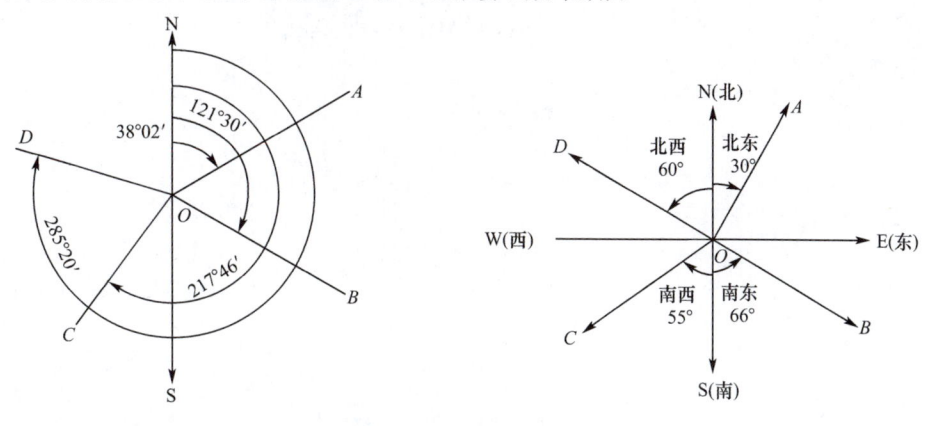

图 4-12　方位角

图 4-13　象限角

坐标方位角与象限角之间的换算关系，见表 4-1。

表 4-1　　　　　　　　坐标方位角与象限角之间的换算关系

直线方向	象限	象限角与方位角的关系
北东	Ⅰ	$\alpha = R$
南东	Ⅱ	$\alpha = 180° - R$
南西	Ⅲ	$\alpha = 180° + R$
北西	Ⅳ	$\alpha = 360° - R$

4.4.3　正、反坐标方位角

测量工作中的直线都是具有一定方向的，一条直线存在正、反两个方向，如图 4-14 所示。就直线 AB 而言，点 A 是起点，点 B 是终点。通过起点 A 的坐标纵轴北方向与直线 AB 所夹的坐标方位角 α_{AB}，称为直线 AB 的正坐标方位角；通过终点 B 的坐标纵轴北方向与直线 BA 所夹的坐标方位角 α_{BA}，称为直线 AB 的反坐标方位角（是直线 BA 的正坐标方位角）。正、反坐标方位角互差 $180°$，即

$$\alpha_{正} = \alpha_{反} + 180° \tag{4-18}$$

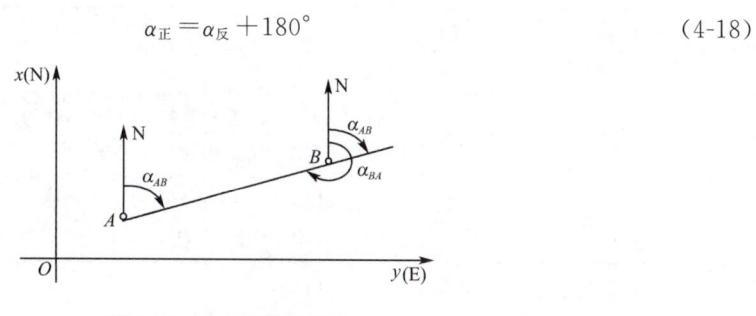

图 4-14　正、反坐标方位角

4.4.4 坐标方位角的推算

实际测量工作中,并不是直接确定各边的坐标方位角,而是通过与已知坐标方位角的直线连测,即测量出各边之间的水平角,然后根据已知直线的坐标方位角,推算出各边的坐标方位角。

如图 4-15 所示,1、2 两点连线为已知的起始边,它的坐标方位角已知为 α_{12},观测了水平角 β_2、β_3,则从图中可以看出

$$\alpha_{23} = \alpha_{21} - \beta_2 = \alpha_{12} + 180° - \beta_2$$
$$\alpha_{34} = \alpha_{32} + \beta_3 = \alpha_{23} + 180° + \beta_3$$

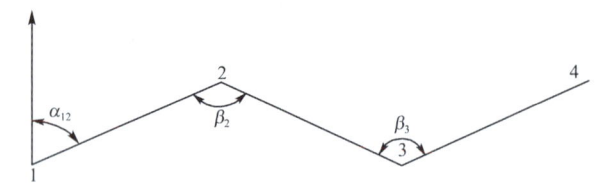

图 4-15 坐标方位角的推算

由于 β_2 在推算路线前进方向的右侧,因此称其为右角;β_3 在左侧,因此称其为左角。经过归纳,可得出坐标方位角推算的一般公式为

$$\alpha_{前} = \alpha_{后} + 180° + \beta_{左} \tag{4-19}$$
$$\alpha_{前} = \alpha_{后} + 180° - \beta_{右} \tag{4-20}$$

在计算中,如果 $\alpha_{前} > 360°$,则应减去 360°;如果 $\alpha_{后} + 180° < \beta_{右}$,则应加上 360°。

本章小结

本章重点介绍了钢尺量距的方法、钢尺量距的成果处理,视距测量原理、测量方法和成果计算;介绍光电测距原理,光电测距仪;详细讲述测量坐标的方向、方位角的概念及坐标方位角的推算。

1. 距离方法分类(表 4-2)

表 4-2　　　　　　　　　　　　距离方法分类

距离方法分类	内　　容
钢尺量距法	一般和精密方法
视距法	经纬仪、水准仪等测量仪器的十字丝分划板上,都有与横丝平行、等距、对称的两根短丝,称为视距丝。利用视距丝配合标尺就可以进行视距测量
光电测距法	光电测距法采用可见光或红外光作为载波,通过测定光线在测线两端点间往返的传播时间(t)计算出距离(D)

2. 直线定线

直线定线常用目估定线和经纬仪定线。

3. 直线定向

确定直线与标准方向之间的水平夹角称为直线定向。

4. 直线定向分类（表 4-3）

表 4-3 直线定向分类

直线定向分类	内　容
真子午线方向	包含地球南、北极的平面与地球表面的交线称为真子午线
磁子午线方向	是磁针在地球磁场的作用下，自由静止时磁针轴线所指的方向，指向北端的方向称为磁北方向，指向南端的方向称为磁南方向
坐标纵轴方向	高斯平面直角坐标系中，坐标纵轴方向就是地面点所在投影带的中央子午线方向

5. 直线方向的表示方法（表 4-4）

表 4-4 直线方向的表示方法

直线方向的表示方法	内容
方位角	由直线起点的标准方向北端起，沿顺时针方向量至直线的水平夹角，称为该直线的方位角
象限角	从坐标纵轴的北端或南端沿顺时针或逆时针方向起转至直线的锐角称为坐标象限角，用 R 表示，其角值变化为 $0°\sim 90°$

习　题

4-1　用钢尺丈量两段距离，第一段往测为 175.412 m，返测为 175.423 m；第二段往测为 428.168 m，返测为 468.190 m。问：哪一段距离丈量的精度高？丈量结果是否合格？

4-2　将一根 30 m 的钢尺与标准钢尺比较，发现其比标准钢尺长了 11 mm，已知标准钢尺的尺长方程式为 $l_t = 30 - 0.006 + 1.25 \times 10^{-5} \times 30 \times (t - 20)$（$l_t$ 的单位为 m，t 的单位为 ℃），钢尺比较时的温度为 25 ℃，求此钢尺的尺长方程。

4-3　用尺长方程为 $l_t = 30 - 0.0028 + 1.25 \times 10^{-5} \times 30 \times (t - 20)$（$l_t$ 的单位为 m，t 的单位为 ℃）的钢尺沿平坦地面丈量直线 AB 时，用了 5 个整尺和 1 个不足整尺段的余长，余长值为 6.856 m，丈量时的温度为 16.5 ℃，求 AB 的实际长度。

4-4　用尺长方程为 $l_t = 30 - 0.0018 + 1.25 \times 10^{-5} \times 30 \times (t - 20)$（$l_t$ 的单位为 m，t 的单位为 ℃）的钢尺沿倾斜地面丈量 AB 边的长度，丈量时用 100 N 的标准拉力，往测为 125.942 m，平均温度为 26.5 ℃，返测为 125.936 m，平均温度为 26.8 ℃，测得 AB 两点间高差为 1.26 m，试求 AB 边的水平距离。

4-5　用钢尺测距应注意哪些事项？

4-6　试述普通视距测量的基本原理及主要优、缺点。

4-7　进行普通视距测量时，上、下丝在尺上读数的尺间隔 $l = 0.72$ m，竖直角 $\alpha = 18°$，试求站点到立尺点的水平距离。

4-8　试述光电测距仪的基本原理。

4-9　影响光电测距仪精度的因素有哪些？其中主要的是哪几项？

4-10　什么叫作直线定向？为什么要进行直线定向？

4-11　如图 4-16 所示，已知 $\alpha_{12}=67°$，$\beta_2=134°54'$，$\beta_3=126°31'$。求直线 23、34 的坐标方位角和象限角。

4-12　如图 4-17 所示，四边形的各内角为 $\beta_1=105°11'$，$\beta_2=84°30'$，$\beta_3=82°49'$，$\beta_4=87°30'$，已知 $\alpha_{12}=149°12'$，求其余各边的坐标方位角。

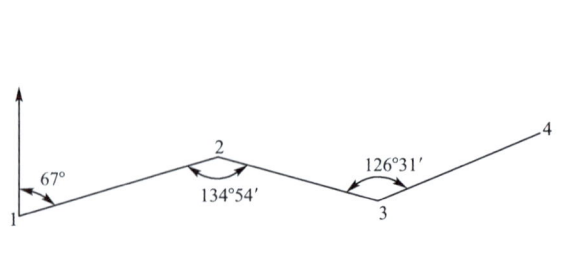

图 4-16　习题 4-11 图　　　　　图 4-17　习题 4-12 图

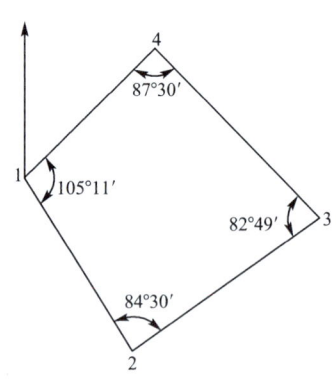

第 5 章 测量误差的基本知识

能力要求

通过学习本章能对测量数据进行处理和精度评定。

5.1 测量误差的概述

在测量工作中,无论使用的测量仪器多么精密,观测多么仔细,对同一个量进行多次的观测,其结果总存在着差异,这个差异称为误差。例如,对两点间的高差进行重复观测,测得的高差往往不相等而有差异;观测三角形三个内角,其和往往不等于理论值180°。这些现象之所以产生,是由于观测结果中存在着测量误差。

5.1.1 测量误差产生的原因

测量工作都是观测者使用测量仪器和工具在一定的外界条件下进行的,因此测量误差产生的原因主要有以下三个方面:

(1)仪器、工具的影响:由于仪器或工具制造不够精密,校正不可能十分完善,从而使观测结果产生误差。

(2)人的影响:观测人员的生理、习性,观测者感觉器官的鉴别能力有限、观测习惯各异,所以不论如何仔细地工作,在安置仪器、照准目标及读数等方面均会产生误差。

(3)外界环境的影响:测量过程中外界自然环境,如温度、湿度、风力、阳光照射、大气折射、磁场等因素会给观测结果带来影响,而且外界环境条件随时发生变化,由此对观测结果的影响也随之变化。这必然会使观测结果带有误差。

通常把仪器、工具,人本身和外界环境这三个因素综合起来,总称为"观测条件"。观测条件相同的各次观测,称为等精度观测。观测条件之中只要有一个不相同的,各次观测称为不等精度观测。

测量过程中,有时由于人为的疏忽或措施不周可能出现错误。例如,读数错误,记录时误听、误记,计算时弄错符号、点错小数点等。这些错误统称为粗差。误差与粗差有着本质的区别,粗差在观测结果中是不容许存在的,为了杜绝粗差。除了测量人员加强工作责任感,认真细致地工作外,通常还要采取各种校核措施,防止出现观测错误,以便及时发现并剔除粗差。

由上述可知,观测结果不可避免地含有测量误差。测量误差越小,则测量成果的精度越高。因此,在测量工作中,必须对测量误差进行研究,针对不同性质的误差采取不同的措施,以提高观测成果的质量,满足各类工程建设的需要。

5.1.2 测量误差的分类

按测量误差对观测结果影响性质的不同,可把测量误差分为系统误差和偶然误差两大类。

1. 系统误差

在相同的观测条件下,对某量进行一系列观测,如果观测误差的数值大小和正负号按一定的规律变化,或保持一个常数,这种误差称为系统误差。系统误差有下列特点:

(1)系统误差的大小(绝对值)为一常数或按一定规律变化。
(2)系统误差的符号(正、负)保持不变。
(3)系统误差具有累积性,即误差大小随单一观测值的倍数累积。

系统误差对测量结果的影响,可以通过分析找出规律,计算出某项系统误差的大小,然后对观测结果加以改正,或者用一定的观测程序和观测方法来消除系统误差的影响,把系统误差的影响尽量从观测结果中消除。

2. 偶然误差

在相同观测条件下,对某量进行一系列观测,其观测误差大小和符号都各不相同,且从表面上看没有一定的规律性,这种误差称为偶然误差。偶然误差具有一定的统计规律,主要有下列特点:

(1)有界性　在一定的观测条件下,偶然误差的绝对值不会超过一定的界限。
(2)集中性　绝对值大的误差比绝对值小的误差出现的可能性小。
(3)对称性　绝对值相等的正误差和负误差出现的可能性相等。
(4)抵偿性　偶然误差的算术平均值,随着观测次数的无限增加而趋向于零,数学期望等于零,即

$$\lim_{n \to \infty} \frac{[\Delta]}{n} = 0$$

式中　$[\Delta] = \Delta_1 + \Delta_2 + \cdots + \Delta_n$。

偶然误差特性:说明误差出现的范围;说明误差绝对值大小的规律;说明误差符号出现的规律;说明偶然误差具有抵偿性。

长期测量实践发现偶然误差的上述四个特性,且随着观测次数增加,特性表现越明显。偶然误差的这种特性,又称为偶然误差的统计规律。从统计学原理的角度来看,偶然误差是一随机变量,偶然误差服从数学期望等于零的正态分布规律。故偶然误差概率分布曲线呈正态分布,如图 5-1 所示。

第 5 章　测量误差的基本知识

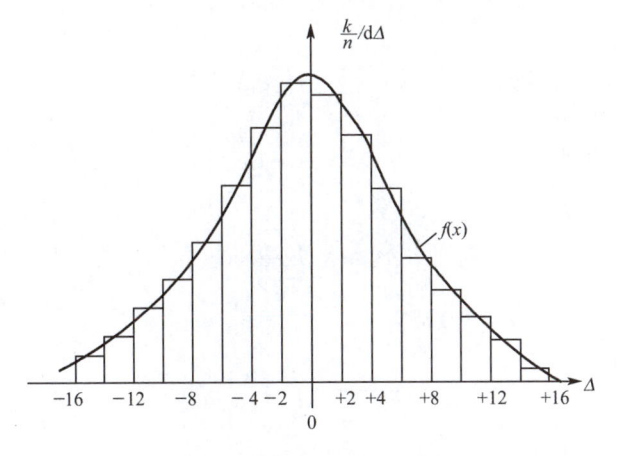

图 5-1　偶然误差概率分布曲线

$\dfrac{k}{n}$——误差出现频率；$d\Delta$——误差间隔；

n——真误差个数；k——真误差出现在各个区间个数

实践证明，偶然误差不能用计算改正或用一定的观测方法简单地加以消除，只能根据偶然误差的特性来改进观测方法并合理地处理数据，以减小偶然误差对测量结果的影响。

5.2　衡量精度的标准

在测量工作中，为了评定测量结果的精度，以便确定其是否符合要求，需要有衡量精度的标准。常用的标准有：中误差、相对误差和极限误差。

5.2.1　中误差

若对某量等精度进行了 n 次观测，按式(5-1)可计算出 n 个真误差 Δ_1、Δ_2、$\cdots$、Δ_n。将各真误差的平方和的均值再开方作为评定该组每一观测值精度的标准，称为中误差 m，即

$$m=\pm\sqrt{\dfrac{[\Delta\Delta]}{n}} \tag{5-1}$$

式中　$[\Delta\Delta]$——真误差的平方和，$[\ ]$为求和符号，Δ 为真误差，$[\Delta\Delta]=\Delta_1^2+\Delta_2^2+\cdots+\Delta_n^2$；

n——观测值个数；

m——中误差。

从式(5-1)中可以看出中误差 m 与真误差的关系，中误差 m 不等于真误差，它仅是一组真误差的代表值，中误差 m 的大小反映了这组观测值精度的高低，而且它能明显地反映出测量结果中较大误差的影响，因此一般都采用中误差作为评定观测质量的标准。在测量中计算中误差 m 的方法如下：

1. 用真误差来确定中误差——适用于观测量真值已知时

真误差（观测值与其真值之差）

$$\Delta_i=L_i-\widetilde{L}$$

标准差

$$\sigma = \lim_{n \to \infty} \sqrt{\frac{[\Delta\Delta]}{n}} \qquad (5-2)$$

中误差（标准差估值）

当 n 有限时

$$\hat{\sigma} = \pm \sqrt{\frac{[\Delta\Delta]}{n}}$$

在测量工作时，σ 常用 m 代替，则有

$$m = \pm \sqrt{\frac{[\Delta\Delta]}{n}}$$

式中　n——观测值个数。

例 5-1　对 10 个三角形的内角和进行了观测，根据观测值中的偶然误差（三角形的角度闭合差，即真误差），计算其中误差。

解　误差的计算见表 5-1。

表 5-1　　　　　　　　误差计算表

序号	三内角和的观测值			
	观测值 L	真误差 Δ		Δ^2
1	180°　00′　03″	3″		9
2	180°　00′　02″	2″		4
3	179°　59′　58″	−2″		4
4	179°　59′　56″	−4″		16
5	180°　00′　01″	1″		1
6	180°　00′　00″	0″		0
7	180°　00′　04″	4″		16
8	179°　59′　57″	−3″		9
9	179°　59′　58″	−2″		4
10	180°　00′　03″	3″		9
[Σ]		24		72
中误差		$m = \pm \sqrt{\frac{[\Delta\Delta]}{n}} \approx \pm 2.7$			

2. 用改正数来确定中误差（白塞尔公式）——适用于观测量真值未知时

在实际工作中，观测量的真值往往是不知道的，因而不能直接用式(5-1)求观测值的中误差。但待定量的算术平均值 x 与观测值 L_i 之差，即观测值改正数 V 是可以求得的，所以在实际工作中，常利用观测值改正数来计算中误差，即

$$m = \pm \sqrt{\frac{[VV]}{n-1}} \qquad (5-3)$$

式中　V——最或然值（又称为观测值改正数），一般为算术平均值与观测值之差，即

$$V_i = x - L_i \tag{5-4}$$

5.2.2 相对误差

对于衡量精度来说，在很多情况下仅知道中误差还不能完全反映观测精度的优劣。例如测量了两段距离，一段为 100 m，另一段为 200 m，观测值的中误差均为 ±20 mm。显然不能认为两段距离的精度相同，因为距离的观测精度与距离本身长度有关。为了客观地反映观测精度，必须引入一个评定精度的标准，即相对误差。相对误差 K 就是观测值的中误差绝对值与观测值之比，通常以分子为 1 的分式表示。相对误差能够确切描述观测量的精确度。相对误差用下式求得

$$K = \frac{|m|}{D} = \frac{1}{D/|m|} \tag{5-5}$$

上例中

$$K_1 = \frac{|m_1|}{D_1} = \frac{0.02}{100} = \frac{1}{5\,000}$$

$$K_2 = \frac{|m_2|}{D_2} = \frac{0.02}{200} = \frac{1}{10\,000}$$

$$K_2 < K_1$$

由此可见，用相对误差来衡量可直观看出后者比前者精度高。在距离测量中用往返测量结果较差率来进行检验。较差率为

$$K = \frac{|D_{往} - D_{返}|}{D_{平均}} = \frac{1}{D_{平均}/(|D_{往} - D_{返}|)} \tag{5-6}$$

式中　K——相对误差。

显然相对误差越小，观测结果的精度越好。还应该指出相对误差不能用来评定角度测量的精度，因为测角误差与角度无关。

5.2.3 极限误差（容许误差）

由偶然误差的第一个特性可知，在一定的观测条件下偶然误差绝对值不会超过一定的限度，这个限度称为极限误差。由前述可知，观测值的中误差只是衡量观测精度的一种指标，它不能代表某一个观测值真误差的大小，但是它和观测值的真误差之间存在着一定的统计关系。根据误差理论和实践的统计表明，在等精度观测的一组误差中，绝对值大于一倍中误差的偶然误差，其出现的概率为 32%，大于两倍中误差的偶然误差，其出现的概率只有 5%，大于三倍中误差的偶然误差，其出现的概率仅有 0.3%，即大约三百次观测中，才可能出现一次大于三倍中误差的偶然误差。因此，在观测次数不多的情况下，可认为大于三倍中误差的偶然误差，实际上是不可能出现的。故通常以三倍中误差为偶然误差的极限误差，即

$$\Delta_{容} = 3|m| \tag{5-7}$$

如果对精度要求较高，则取两倍中误差作为容许误差，即

$$\Delta_{容} = 2|m| \tag{5-8}$$

如果观测值超出上述限值的偶然误差，可视该观测值不可靠或出现了错误，应舍去不用。

5.3 误差传播定律

在实际测量工作中,某些量的大小往往是不能直接观测到的,未知量的值是由直接观测量通过一定的函数关系间接计算求得的。因此,观测值的误差必然使得其函数带有误差。例如,房屋的面积 S 由量长边 a 与量短边 b 相乘而得,a、b 丈量误差必使 S 产生误差。$S=ab$ 这是线性函数关系。又如,丈量两点斜距 L 及斜角 α,则水平距离 $D=L\cos\alpha$,这是非线性函数。

研究观测函数的中误差与观测值中误差之间关系的定律称为误差传播定律。

5.3.1 倍数函数中误差

设倍数函数为
$$y = kx \tag{5-9}$$

式中 k——常数(常数无误差);

x——直接观测值。

已知观测值中误差为 m_x,y 为 x 的倍数函数,求 y 的中误差 m_y。

设 x 有真误差为 Δ_x,则函数 y 产生真误差 Δ_y,由式(5-9)可知它们之间的关系为
$$\Delta_y = k\Delta_x \tag{5-10}$$

设对 x 观测了 n 次,按式(5-10)可写出 n 个真误差的关系式

$$\Delta_{y1} = k\Delta_{x1}$$
$$\Delta_{y2} = k\Delta_{x2}$$
$$\vdots$$
$$\Delta_{yn} = k\Delta_{xn}$$

将 n 个等式两端平方取和再除以 n,则得

$$(\Delta_{y1}^2 + \Delta_{y2}^2 + \cdots + \Delta_{yn}^2)/n = k^2(\Delta_{x1}^2 + \Delta_{x2}^2 + \cdots + \Delta_{xn}^2)/n$$

或
$$[\Delta_y^2]/n = k^2[\Delta_x^2]/n \tag{5-11}$$

根据中误差定义公式(5-1),得

$$[\Delta_y^2]/n = m_y^2,\quad [\Delta_x^2]/n = m_x^2$$

将上式代入式(5-11),则得

$$m_y^2 = k^2 m_x^2$$
$$m_y = km_x \tag{5-12}$$

即倍数函数中误差等于倍数与观测值中误差的乘积。

例 5-2 在 $1:500$ 的地形图上量得某两点间的距离 $d=234.5$ mm,其中误差 $m_d=\pm 0.2$ mm,求该两点的地面水平距离 D 及其中误差 m_D。

解
$$D = 500d = 500 \times 0.234\,5 = 117.25 \text{ m}$$
$$m_D = \pm 500 m_d = \pm 500 \times 0.000\,2 = \pm 0.10 \text{ m}$$

5.3.2 和、差函数中误差

设和差函数为
$$y = x_1 \pm x_2 \tag{5-13}$$

式中，x_1、x_2 是直接观测值，已知其中误差分别为 m_1、m_2，y 是 x_1、x_2 的和差函数，求 y 的中误差 m_y。

设 x_1、x_2 有真误差 Δ_1、Δ_2，则函数 y 产生真误差 Δ_y，其关系式为
$$\Delta_y = \Delta_1 \pm \Delta_2 \tag{5-14}$$

设对 x_1、x_2 各观测了 n 次，按式(5-14)可写出 n 个真误差的关系式
$$\Delta_{yi} = \Delta_{1i} \pm \Delta_{2i} (i=1,2,\cdots,n)$$

将各等式两端平方，得
$$\Delta_{yi}^2 = \Delta_{1i}^2 + \Delta_{2i}^2 \pm 2\Delta_{1i}\Delta_{2i} (i=1,2,\cdots,n)$$

将以上 n 个等式两端分别取和再除以 n，得
$$[\Delta_y^2]/n = [\Delta_1^2]/n + [\Delta_2^2]/n \pm 2[\Delta_1\Delta_2]/n$$

由于 Δ_1、Δ_2 都是偶然误差，它们的正负误差出现概率相等，所以它们的乘积的正负出现机会也相等，具有偶然误差的性质。根据偶然误差的第四个特征，上式中
$$\lim_{n\to\infty}\frac{[\Delta_1\Delta_2]}{n} = 0$$

所以
$$\frac{[\Delta_y^2]}{n} = \frac{[\Delta_1^2]}{n} + \frac{[\Delta_2^2]}{n} \tag{5-15}$$

根据中误差定义公式(5-1)，得
$$\frac{[\Delta_y^2]}{n} = m_y^2, \frac{[\Delta_1^2]}{n} = m_1^2, \frac{[\Delta_2^2]}{n} = m_2^2$$

将上式代入式(5-15)，得
$$m_y^2 = m_1^2 + m_2^2 \tag{5-16}$$

当和差函数为
$$y = x_1 \pm x_2 \pm \cdots \pm x_n$$

设 x_1、x_2、$\cdots$、x_n 的中误差分别为 m_1、m_2、$\cdots$、m_n，则
$$m_y^2 = m_1^2 + m_2^2 + \cdots + m_n^2 \tag{5-17}$$

即和差函数的中误差的平方等于各观测值中误差的平方和。

当 x_1、x_2、$\cdots$、x_n 为等精度观测值时，则
$$m_1 = m_2 = m_3 \cdots = m_n = m$$

此时式(5-17)变为
$$m_y = \pm m\sqrt{n} \tag{5-18}$$

例 5-3 在水准测量中，读数 a 与 b 的误差分别为 $m_a = \pm 3$ mm，$m_b = \pm 4$ mm，则高差 h 的中误差 m_h 等于多少？

解 高差计算公式为
$$h = a - b$$

由函数形式可知其属于和差函数，则根据误差传播定律可知
$$m = \pm\sqrt{m_a^2 + m_b^2} = \pm\sqrt{(\pm 3)^2 + (\pm 4)^2} = \pm 5 \text{ mm}$$

例 5-4 已知当水准仪标尺为 75 m 时，一次读数中误差为 $m_{读} = \pm 2$ mm(包括照准误差、估读误差等)，若以两倍中误差为容许误差，试求普通水准测量观测 n 站所得高差闭

合差的容许误差。

解 水准测量每一站高差 $h_i = a_i - b_i$

则每站高差中误差

$$m_{站} = \sqrt{m_{读}^2 + m_{读}^2} = \pm m_{读}\sqrt{2} = \pm 2\sqrt{2} = \pm 2.8 \text{ mm}$$

观测 n 站所得总高差 $h = h_1 + h_2 + \cdots + h_n$

则 n 站总高差 h 的总误差，根据式(5-18)可写出

$$m_{站} = \pm m_{站}\sqrt{n} = \pm 2.8\sqrt{n} \text{ mm}$$

若以两倍中误差为容许误差，则高差闭合差容许误差为

$$\Delta_{容} = 2 \times (\pm 2.8\sqrt{n}) = \pm 5.6\sqrt{n}$$

例 5-5 用 DJ6 型光学经纬仪观测角度 β，瞄准误差为 $m_{瞄}$，读数误差为 $m_{读}$，求：

(1) 观测一个方向的中误差 $m_{方}$；

(2) 半测回的测角中误差 $m_{半}$；

(3) 两个半测回较差容许值 $\Delta_{容}$。

解 (1) 观测一个方向的中误差 $m_{方}$

观测一个方向的误差包含瞄准误差 $m_{瞄}$ 与读数误差 $m_{读}$。

$$m_{瞄} = \pm \frac{60''}{v} = \pm \frac{60''}{28} = \pm 2.1''$$

DJ6 型光学经纬仪分微尺估读至 $0.1'$，因此 $m_{读} = \pm 6''$。

根据式(5-17)，得

$$m_{方} = \pm \sqrt{m_{瞄}^2 + m_{读}^2} = \pm \sqrt{2.1^2 + 6^2} = \pm 6.4''$$

(2) 半测回的测角中误差 $m_{半}$

半测回观测角由两个方向之差求得，即 $\beta = b - a$

$$m_{半} = \pm m_{方}\sqrt{2} = \pm 6.4\sqrt{2} = \pm 9.0''$$

(3) 两个半测回较差容许值 $\Delta_{容}$

$$\Delta\beta = \beta_{左} - \beta_{右}$$

所以

$$m_{\Delta\beta} = \pm m_{半}\sqrt{2} = \pm 6.4\sqrt{2} \times \sqrt{2} = \pm 12.8''$$

采用容许误差为中误差的三倍，则

$$\Delta_{容} = \pm 3 \times 12.8'' = \pm 38.4''$$

考虑到其他因素，测回法规定两个半测回较差的容许值为

$$\Delta_{容} = \pm 40''$$

5.3.3 线性函数中误差

设线性函数为 $y = k_1 x_1 + k_2 x_2 + \cdots + k_n x_n$

设 $x_1, x_2, \cdots, x_n$ 为独立观测值，其中误差分别为 $m_1, m_2, \cdots, m_n$，求函数 y 的中误差 m_y。按推导式(5-12)与式(5-16)的相同方法，得

$$m_y^2 = k_1^2 m_1^2 + k_2^2 m_2^2 + \cdots + k_n^2 m_n^2 \tag{5-19}$$

即线性函数中误差的平方，等于各常数与相应观测值中误差乘积的平方和。

例 5-6 对某量等精度观测 n 次，观测值为 $L_1, L_2, \cdots, L_n$，设已知各观测值的中误

差 $m_1=m_2=\cdots=m_n=m$,求等精度观测值算术平均值 $\overline{L}$ 及其中误差 m_L。

解 等精度观测值算术平均值 $\overline{L}$

$$\overline{L}=(L_1+L_2+\cdots+L_n)/n=[L]/n \tag{5-20}$$

式(5-22)可改写为 $\overline{L}=1/n \cdot L_1+1/n \cdot L_2+\cdots+1/n \cdot L_n$

根据式(5-18),算术平均值 $\overline{L}$ 的中误差 M 为

$$m_L^2=1/n^2 \cdot m_1^2+1/n^2 \cdot m_2^2+\cdots+1/n^2 \cdot m_n^2$$

$$m_L^2=n/n^2 \cdot m^2=1/n \cdot m^2$$

$$m_L^2=\pm m/n^{1/2} \tag{5-21}$$

上式表明,算术平均值的中误差比观测值中误差缩小了 $n^{1/2}$ 倍,即算术平均值的精度比观测值精度提高 $n^{1/2}$ 倍。测量工作中进行多次观测,取多次观测值的平均值作为最后的结果,就是这个道理。但是,当 n 增加到一定程度后(例如 $n=6$),m_L 值减小的速度变得十分缓慢,所以,为了达到提高观测成果精度的目的,不能单靠无限制地增加观测次数,应综合采用提高仪器精度等级、选用合理的观测方法及适当增加观测次数等措施,才是正确的途径。

5.3.4 一般函数中误差

设一般函数为 $y=f(x_1,x_2,\cdots,x_n)$

已知 x_1、x_2、$\cdots$、x_n 为相互独立的直接观测量,其中误差分别为 m_1、m_2、$\cdots$、m_n,求函数 y 的中误差 m_y。

对函数取全微分,则有

$$\mathrm{d}y=(\frac{\partial f}{\partial x_1})\mathrm{d}x_1+(\frac{\partial f}{\partial x_2})\mathrm{d}x_2+\cdots+(\frac{\partial f}{\partial x_n})\mathrm{d}x_n$$

由于测量中真误差值都很小,故可用真误差 Δ 代替上式中的微分量,即

$$\Delta_y=(\frac{\partial f}{\partial x_1})\Delta_1+(\frac{\partial f}{\partial x_2})\Delta_2+\cdots+(\frac{\partial f}{\partial x_n})\Delta_n$$

式中,$\frac{\partial f}{\partial x_1}$、$\frac{\partial f}{\partial x_2}$、$\cdots$、$\frac{\partial f}{\partial x_n}$ 分别是函数 y 对观测值 x_1、x_2、$\cdots$、x_n 求的偏导数。当函数式与观测值确定后,偏导数均为常数,故上式可视为线性函数的真误差关系式。由式(5-19)可得

$$m_y^2=(\frac{\partial f}{\partial x_1})^2 m_1^2+(\frac{\partial f}{\partial x_2})^2 m_2^2+\cdots+(\frac{\partial f}{\partial x_n})^2 m_n^2 \tag{5-22}$$

式(5-22)是误差传播定律的一般形式,前述的式(5-12)、式(5-17)和式(5-19)都可以看作是式(5-22)的特例。

5.3.5 误差传播定律应用总结

应用误差传播定律解决实际问题是十分重要的,解题一般可归纳为三个步骤,现举两个实例加以说明。

例 5-7 量得圆半径 $R=31.3$ mm 其中误差 $m_R=\pm 0.3$ mm,求圆面积 S 的中误差。

例 5-8 某长方形房屋,长边量得结果为 80 ± 0.02 m;短边量得结果为 40 ± 0.01 m。

求房屋面积 S 的中误差。

解 第一步：列出数学方程。

例 5-7 $$S = \pi R^2$$

例 5-8 $$S = ab$$

第二步：将方程进行微分，例 5-8 有两个变量，需全微分。

例 5-7 $$dS = 2\pi R dR$$

例 5-8 $$dS = adb + bda$$

第三步：将微分转为中误差。

例 5-7 $\quad m_S = 2\pi R \times m_R = 2 \times 3.14 \times 31.3 \times 0.3 = \pm 59.0$ mm

例 5-8 $\quad m_S = \pm \sqrt{a^2 m_b^2 + b^2 m_a^2} = \pm \sqrt{80^2 \times 0.01^2 + 40^2 \times 0.02^2} = \pm 1.13$ m

这里应特别注意：当一函数式中包含多个变量时，要求各变量必须是相互独立的，例如，改正后三角形内角 A 公式如下：

$$A = \alpha - w/3 \text{（}\alpha \text{ 为 } A \text{ 角的观测值，} w \text{ 为三角形闭合差）}$$

上式中变量 w 包含有变量 α，互相不独立，此时下式是错误的

$$m_A^2 = m_\alpha^2 + \frac{1}{9} m_w^2$$

应将上述第一式变为下式，然后再用误差传播定律，即

$$A = \alpha - \frac{1}{3}(\alpha + \beta + \gamma - 180°) = \frac{2}{3}\alpha - \frac{1}{3}\beta - \frac{1}{3}\gamma + 60°$$

微分得

$$dA = \frac{2}{3}d\alpha - \frac{1}{3}d\beta - \frac{1}{3}d\gamma$$

转为中误差得

$$m_A^2 = \left(\frac{2}{3}\right)^2 m^2 + \left(\frac{1}{3}\right)^2 m^2 + \left(\frac{1}{3}\right)^2 m^2 = \frac{2}{3} m^2$$

因此 $$m_A = \pm \sqrt{\frac{2}{3}} m$$

5.4 观测值的算术平均值

5.4.1 求未知量的最或然值

1. 原理

研究误差的目的之一，就是对带有误差的观测值进行科学的处理，以求得其最可靠值，即求未知量的最或然值，最简单的方法是取算术平均值。

设某量的真值为 X，在相同的观测条件下对其进行了 n 次观测，观测为 L_1、L_2、$\cdots$、L_n，相应的真误差为 Δ_1、Δ_2、$\cdots$、Δ_n，则

$$\Delta_1 = L_1 - X$$
$$\Delta_2 = L_2 - X$$
$$\vdots$$
$$\Delta_n = L_n - X$$

将上式中的真误差的各项相加可得

$$\Delta_1 + \Delta_2 + \cdots + \Delta_n = (L_1 + L_2 + \cdots + L_n) - nX$$

故有
$$X = \frac{[L]}{n} - \frac{[\Delta]}{n} \tag{5-23}$$

设观测值的算术平均值为 x，即

$$x = \frac{[L]}{n} \tag{5-24}$$

算术平均值的真误差为 Δ_x，则

$$\Delta_x = \frac{[\Delta]}{n} \tag{5-25}$$

将式(5-24)和式(5-25)代入式(5-23)，则可得

$$X = x - \Delta_x \tag{5-26}$$

根据偶然误差第四特性，当观测次数无限增多时，Δ_x 趋近于零，即

$$\lim_{n \to \infty} \frac{[\Delta]}{n} = 0$$

由此可得

$$\lim_{n \to \infty} x = X \tag{5-27}$$

由上式可以看出，当观测次数无限增加时，观测值的算术平均值就趋近于该量的真值。但在实际工作中观测次数总是有限的，算术平均值并不是真值，只是接近于真值，它与各观测值相比，是最接近真值的值，所以认为算术平均值是最可靠值，也称最或然值。

2. 观测值的改正数

算术平均值与观测值之差，称为观测值的改正数，用 v 表示，则有

$$\left.\begin{array}{l} v_1 = x - L_1 \\ v_2 = x - L_2 \\ \vdots \\ v_n = x - L_n \end{array}\right\} \tag{5-28}$$

将式(5-28)两端相加可得

$$[v] = nx - [L]$$

考虑到式(5-24)，则有

$$[v] = 0 \tag{5-29}$$

从式(5-29)中可以得出，观测值改正数的和为零。式(5-29)也可作为计算工作检核。

本章小结

1. 误差

在测量工作中,某量的观测值与该量的真值间存在着差异,这个差异称为误差。

2. 产生误差的原因

产生误差的原因有三个,即仪器、工具的影响,人的影响和外界环境的影响。

3. 误差分类及特点(表 5-2)

表 5-2　　误差分类及特点

误差分类	定　义	特　点
系统误差	在相同的观测条件下,对某量进行一系列观测,如果观测误差的数值大小和正负号按一定的规律变化,或保持一个常数,这种误差称为系统误差	1. 系统误差的大小(绝对值)为一常数或按一定规律变化; 2. 系统误差的符号(正、负)保持不变; 3. 系统误差具有累积性。即误差大小随单一观测值的倍数累积
偶然误差	在相同的观测条件下,对某量进行一系列的观测,其观测误差的大小和符号都各不相同,且从表面上看没有一定的规律性,这种误差称为偶然误差	1. 有界性:在一定的观测条件下,偶然误差的绝对值不会超过一定的界限; 2. 集中性:绝对值大的误差比绝对值小的误差出现的可能性小; 3. 对称性:绝对值相等的正误差和负误差出现的可能性相等; 4. 抵偿性:偶然误差的算术平均值,随着观测次数的无限增加而趋向于零,数学期望等于零。即 $\lim\limits_{n\to\infty}\dfrac{[\Delta]}{n}=0$

4. 衡量精度的标准(表 5-3)

表 5-3　　衡量精度的标准

衡量精度的标准	定　义
中误差	若对某量等精度进行了 n 次观测,可计算出 n 个真误差,将各真误差的平方和的均值再开方即中误差 m
相对误差	相对误差 K 就是观测值的中误差绝对值与观测值之比,通常以分子为 1 的分式表示
容许误差	容许误差也称极限误差,是《测量规范》规定的误差最大允许值

5. 研究观测值函数的中误差与观测值中误差之间关系的定律称为误差传播定律,包括倍数函数中误差、和差函数中误差、线性函数中误差和一般函数中误差;研究误差的目的之一,就是对带有误差的观测值进行科学的处理,以求得其最可靠值,即求未知量的最或然值,最简单的方法是取算术平均值。

习 题

5-1　什么叫系统误差？其特点是什么？通常采用哪几种措施消除或减弱系统误差对观测结果的影响。

5-2　什么叫偶然误差？它有哪些特性？

5-3　什么叫观测值的精度？精度与准确这两个概念有何区别？试举实例说明。什么是数字精度？在计算中应注意什么问题？

5-4　衡量观测值精度的标准是什么？衡量角度测量与距离测量精度的标准分别是什么？为什么？

5-5　设有九边形，每个角的观测中误差 $m=\pm10''$，求该九边形的内角和的中误差及其内角和闭合差的容许值。

5-6　用某经纬仪观测水平角，已知一测回测角中误差 $m_\beta=\pm14''$，欲使测角中误差 $m_\beta'\leqslant\pm8''$，需要观测几个测回？

5-7　在比例为 1∶2 000 的平面图上，量得一圆半径 $R=31.3$ mm，其中误差 m_R 为 ±0.3 mm，求实际圆的面积 S 及其中误差 m_S。

5-8　水准测量中，设每个测站高差中误差为 ±5 mm，若每千米设 16 个测站，求 1 km 高差中误差；若水准线长为 4 km，求其高差中误差。

5-9　对某直线丈量 6 次，观测结果分别是 246.535 m、246.548 m、246.520 m、246.549 m、246.550 m、246.537 m，试计算其算术平均值、算术平均值的中误差及其相对误差。

第6章 全站仪测量与GPS定位技术

> **能力要求**
>
> 能熟练利用全站仪进行角度测量、距离测量、坐标测量和放样测量；了解GPS的发展、特点，熟悉GPS的定位原理与方法，会GPS测量的设计、实施及数据处理。

6.1 全站仪测量

全站型电子速测仪简称全站仪。它由光电测距仪、电子经纬仪和数据处理系统组成。一台全站仪，除能自动测距、测角外，还能快速完成一个测站所需完成的工作，包括测量平距、高差、高程、坐标、数据采集以及施工放样等。

6.1.1 全站仪的认识与使用

1. 全站仪及辅助设备

(1)全站仪分类

全站仪分为分体式和整体式两类。分体式全站仪的测距头和电子经纬仪不是一个整体，进行作业时将测距头安装在电子经纬仪上，作业结束后卸下来分开装箱。整体式全站仪是分体式全站仪的进一步发展，测距头与电子经纬仪的望远镜结合在一起，形成一个整体，使用起来更为方便。

全站仪的生产厂家很多，国外主要品牌有瑞士徕卡公司生产的TC系列全站仪、日本托普康公司生产的GTS系列、索佳公司生产的SET系列、宾得公司生产的PCS系列、尼康公司生产的DMT系列等，国内主要品牌有南方测绘仪器公司的NTS系列、北京博飞仪器公司的BTS系列、苏州一光仪器公司的RTS系列等，如图6-1所示。下面以TOPCON GTS全站仪为例，介绍全站仪功能、测量模式和操作方法。

如图6-2所示为日本产TOPCON GTS-211D电子全站仪。其角度测量采用光栅增量法读数系统，角度显示最小读数为1″，测角精度为5″；距离测量测程在0.9～1 800 m，测量

(a)宾得全站
仪PTS-V2　　(b)尼康
C-100全站仪　　(c)智能全站
仪GTS-710　　(d)蔡司Elta R
系列工程型全站仪　　(e)南方NTS-330
系列全站仪

图 6-1　全站仪

精度达±(3 mm+2 ppm),最小读数 1 mm,测量时间 2.5 s。竖轴和水平轴的双轴倾斜自动补偿范围±3′,补偿精度 1 s。

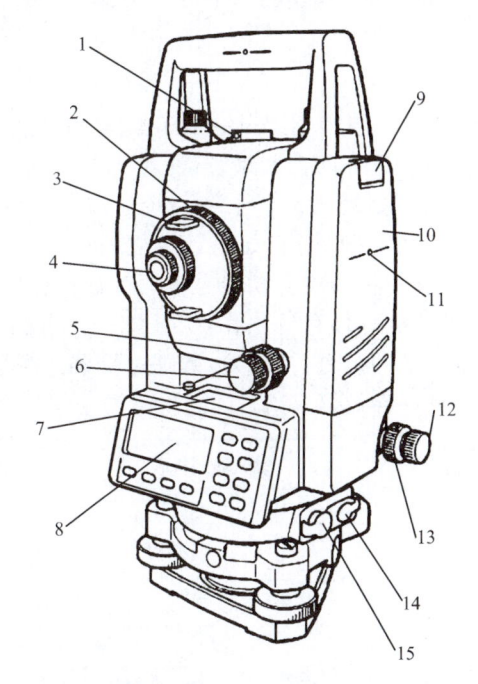

图 6-2　日本产 TOPCON GTS-2110 电子全站仪
1—粗瞄准器;2—望远镜调焦螺旋;3—望远镜把手;4—目镜;5—垂直制动螺旋;
6—垂直微动螺旋;7—管水准器;8—显示屏;9—电池锁紧杆;10—机载电池 BT-52QA;
11—仪器中心标志;12—水平微动螺旋;13—水平制动螺旋;14—外接电源接口;15—串行信号接口

使用该仪器时,在测站上安置好仪器,照准目标(光学棱镜中心)后,在测角模式下,即可显示水平角、竖直角;按动距离测量功能键后,即可显示出测量的距离。水平角、距离、斜距可同时显示在面板上。根据测量功能选择的不同,还可进行测量放样,显示出测量的距离与设计的距离之差;也可进行坐标测量,直接测定未知点的坐标。

(2)全站仪的辅助设备

①反射棱镜

在用全站仪进行除角度测量之外的所有测量工作时,反射棱镜是必不可少的。

构成反射棱镜的光学部件是直角玻璃锥体,无论光线从哪个方向入射透射面,棱镜必将入射光线反射回入射光线的发射方向,因此测量时,只要棱镜的透射面大致垂直于测线方向,仪器便会得到回光信号。

根据测程的不同,可以选用单棱镜、三棱镜、万向棱镜和反射片等。

②温度计和气压表

由于仪器作业时的大气条件一般与基准大气条件(通常称为气象参考点)不同,光尺长度会发生变化,使测距产生误差,因此必须进行气象改正(或称大气改正)。大气条件主要是指大气的温度和气压。精密测距还应考虑大气湿度。

测定气压通常使用空盒气压表。气压表所用的单位有毫巴(mbar,1 bar＝1×10^5 Pa)和毫米汞柱(mmHg,1 mmHg＝133.322 Pa)两种。两者的换算关系为

$$1 \text{ mbar} = 0.750\,061\,7 \text{ mmHg}$$
$$1 \text{ mmHg} = 1.333\,224 \text{ mbar}$$

测定气温通常使用通风干湿温度计。在测程较短(如数百米)或测距精度要求不太高的情况下,可使用普通温度计。测量时,只要输入当时的气温和气压,全站仪将自动对所测数据进行修正。

2. 全站仪测量原理

全站仪的结构如图 6-3 所示。图中上半部包含有测量的主要光电系统,即测角系统和测距系统。对于键盘指令时测量过程的控制系统,测量人员通过按键便可调用内部指令指挥仪器的测量工作过程和进行数据处理。以上各系统通过 I/O 接口接入总线与微处理机相联系。微处理机是全站仪的核心部件,它如同计算机的中央处理器(CPU),主要由寄存器、运算器和控制器组成。微处理机的主要功能是根据键盘指令启动仪器进行测量工作,执行测量过程的数据传输、处理、显示、储存等工作,保证整个光电测量工作有条不紊地进行。输入输出单元是与外部设备连接的装置(接口)。数据存储器是测量成果的数据库。在全站仪的数字计算机中还提供有程序存储器。

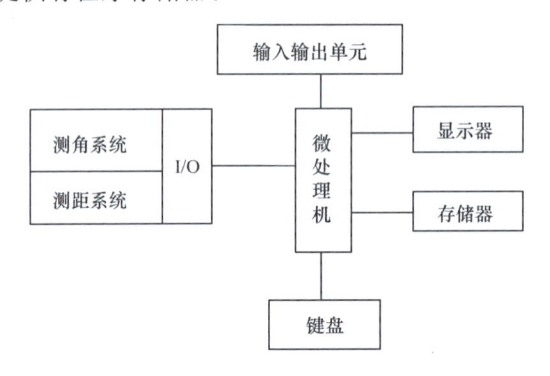

图 6-3 全站仪的结构

3. 全站仪的基本功能

(1)角度测量

①功能:可进行水平角、竖直角的测量。

②方法:与经纬仪相同,若要测出水平角∠AOB,则

当精度要求不高时,瞄准 A 点、置零(0 SET)、瞄准 B 点,记下水平度盘 HR 的大小。

当精度要求高时,可用测回法。操作步骤同用经纬仪操作,只是配置度盘时,按"置盘(H SET)"键。

(2)距离测量

①功能:可测量平距 HD、高差 VD 和斜距 SD(全站仪镜点至棱镜点间高差及斜距)。

②方法

a. 首先要进行 PRISM、PPM 的设置。

棱镜常数(PRISM)的设置,一般 PRISM=0 或 -30 mm(具体见说明书)。

大气改正数(PPM)(可理解为 1 km 的距离改正的毫米数)的设置,输入测量时的气温(TEMP)、气压(PRESS),或经计算后,输入 PPM 的值。

b. 照准棱镜点,按"测量(MEAS)"键。

(3)坐标测量

①功能:可测量目标点的三维坐标(X,Y,H)。

②坐标测量原理:如图 6-4 所示。

若输入方位角 α_{SB}、测站坐标(X_S,Y_S),测得水平角 β 和平距 D_{ST},则有

方位角 $\qquad \alpha_{ST}=\alpha_{SB}+\beta$

坐标 $\qquad X_T=X_S+D_{ST}\cos\alpha_{ST}, Y_T=Y_S+D_{ST}\sin\alpha_{ST}$

若输入测站 S 的高程 H_S,测得仪器高 i、棱镜高 v、平距 D_{ST}、竖直读数 Z_{ST},则有

高程 $\qquad H_T=H_S+i+D_{ST}\tan(90°-Z_{ST})-v$

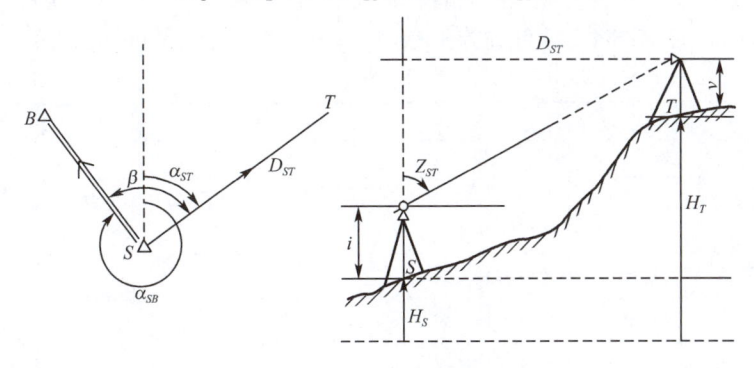

图 6-4 坐标测量原理

③方法:输入测站 $S(X,Y,H)$、仪器高 i、棱镜高 v、瞄准后视点 B,将水平度盘读数设置为测站至后视点的坐标方位角 α_{SB},瞄准目标棱镜点 T,按"测量"键,即可显示点 T 的三维坐标。

(4)点位放样

①功能:根据设计的待放样点 P 的坐标,在实地标出 P 点的平面位置及填挖高度。

②放样原理:如图 6-5 所示。

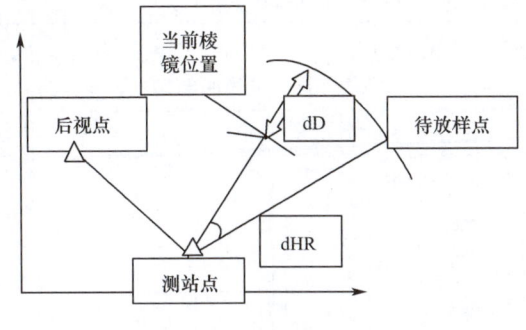

图 6-5 放样原理

③放样方法:

a. 在大致位置立棱镜,测出当前位置的坐标。

b. 将当前位置的坐标与待放样点的坐标相比较,得距离差值 dD 和角度差 dHR 或纵向差值 Δx 和横向差值 Δy。

c. 根据显示的 dD、dHR 或 Δx、Δy,逐渐找到放样点的位置。

(5)程序测量

①数据采集(DATA COLLECTING)。

②坐标放样(LAYOUT)。

③对边测量(MLM)、悬高测量(REM)、面积测量(AREA)、后方交会(RESECTION)等。

④数据存储管理。包括数据的传输、数据文件的操作(改名、删除、查阅)。

6.1.2 全站仪的基本操作

下面以 TOPCON GTS-312 全站仪为例,介绍全站仪的基本操作方法。

1. 仪器面板外观和功能说明

各种操作键的功能见表 6-1。按 POWER 键打开电源开关后,可直接进入角度测量。按 ⊿ 键可进行距离测量;按 ⌕ 键可进行坐标测量;按 MENU 键,将进入菜单测量模式。

表 6-1　　　　　　　　　　　　　操作键

键	名称	功　能
POWER	电源	电源开关
★	星键	1.显示屏对比度;2.十字丝照明;3.背景光;4.倾斜改正;5.设置大气改正数和棱镜常数
⌕	坐标测量键	坐标测量模式
⊿	距离测量键	距离测量模式
ANG	角度测量键	角度测量模式
MENU	菜单键	在菜单角度测量模式和距离测量模式之间切换,在菜单角度测量模式下可设置照明调节、仪器系统误差改正
ESC	退出键	1.返回测量或上一层模式; 2.从正常测量直接进入数据采集模式或放样模式; 3.也可用作正常测量模式下的记录键
ENT	确认输入键	在输入值末尾按此键
F1-F4	软键(功能键)	对应于显示的软键功能信息

显示屏上显示符号的含义见表 6-2。

表 6-2　　　　　　　　　　　　屏幕上显示符号的含义

显示	内容	显示	内容
V(V%)	垂直角(坡度显示)	N	北向坐标(X)
HR	水平角(右角)	E	东向坐标(Y)
HL	水平角(左角)	Z	高程(H)
HD	水平距离	*	EDM(电子测距)正在进行
VD	高差	m	以米为单位
SD	倾斜距离	f	以英尺/英寸为单位

在显示屏右边的各操作键与显示屏下方的软键(功能键)配合,将组合成各种各样的功能,并在显示屏上显示出各种信息。

2. 全站仪几种测量模式介绍

(1)角度测量模式

按"ANG"键进入,可进行水平角、竖直角测量,设置倾斜改正开关。角度测量模式下各软键的功能见表6-3。

表6-3　　　　　　　　　　　角度测量模式下各软键的功能

页　数	软　键	显示符号	功　能
P1(第1页)	F1	OSET	设置水平读数为0°00′00″
	F2	HOLD	锁定水平读数
	F3	HSET	设置任意大小的水平读数
	F4	P1↓	进入第2页
P2(第2页)	F1	TILT	设置倾斜改正开关
	F2	REP	复测法
	F3	V%	竖直角用百分数显示
	F4	P2↓	进入第3页
P3(第3页)	F1	H-BZ	仪器每转动水平角90°时,是否要蜂鸣声
	F2	R/L	右向水平读数HR与左向水平读数HL切换,一般用HR
	F3	CMPS	天顶距V与竖直角CMPS切换,一般取V
	F4	P3↓	进入第1页

(2)距离测量模式

按"◢"键进入,可进行斜距、平距、高差测量及棱镜常数、大气改正数、距离单位等设置。距离测量模式下各软键的功能见表6-4。

表6-4　　　　　　　　　　　距离测量模式下各软键的功能

页　数	软　键	显示符号	功　能
P1(第1页)	F1	MEAS	进行测量
	F2	MODE	设置测量模式(精测、粗测、跟踪)
	F3	S/A	设置棱镜常数改正值(PSM)、大气改正数(PPM)
	F4	P1↓	进入第2页
P2(第2页)	F1	OFSET	偏心测量方式
	F2	SO	距离放样测量方式
	F3	m/f/i	距离单位(米、英尺、英寸)的切换
	F4	P2↓	进入第3页

(3)坐标测量模式

按"⌐"键进入坐标测量模式,按"P1↓"键进入第2页,可进行坐标(N,E,H)、水平角、竖直角、斜距测量及PSM、PPM、距离单位等设置。坐标测量模式下各软键的功能见表6-5。

表 6-5　　　　　　　　　　坐标测量模式下各软键的功能

页　数	软　键	显示符号	功　能
P1（第 1 页）	F1 F2 F3 F4	MEAS MODE S/A P1↓	进行测量 设置测量模式（精测、粗测、跟踪） 设置棱镜常数（PRISM）、大气改正数（PPM） 进入第 2 页
P2（第 2 页）	F1 F2 F3 F4	R.HT INS.HT OCC P2↓	输入棱镜高 输入仪器高 输入测站坐标 进入第 3 页
P3（第 3 页）	F1 F2 F3 F4	OFSET — m/f/i P3↓	偏心测量方式 — 距离单位（米、英尺、英寸）的切换 进入第 1 页

（4）主菜单模式

按"MENU"键进入，可进行数据采集、坐标放样、程序执行、内存管理（数据文件编辑、传输及查询）和参数设置等。该模式下各软键的功能见表 6-6～表 6-9。

①LAY OUT（点的放样）

表 6-6　　　　　　　　LAY OUT（点的放样）各软键的功能

页　数	软　键	显示符号	功　能
P1（第 1 页）	F1 F2 F3 F4	LAY OUT MEMORY MGR. PROGRAM P1↓	点的放样 内存管理 程序 进入第 2 页
P2（第 2 页）	F1 F2 F3 F4	GRID FACTOR ILLUMINATION PARAMETRERS P2↓	坐标格网因子 照明 参数设置 进入第 3 页
P3（第 3 页）	F1 F2 F3 F4	CONTRAST ADJ. — — P3↓	显示屏对比度调整 — — 进入第 1 页

②MEMORY MGR.（存储管理）

表 6-7　　　　　　　　　MEMORY MGR.（存储管理）各软键的功能

页　数	软　键	显示符号	功　能
P1(第 1 页)	F1	FILE STATUS	显示测量数据、坐标数据文件总数
	F2	SEARCH.	查找测量数据、坐标数据、编码库
	F3	FILE MAINTAIN	文件更名、查找数据、删除文件
	F4	P1↓	进入第 2 页
P2(第 2 页)	F1	COORD. INPUT	坐标数据文件的数据输入
	F2	DELETE COORD	删除文件中的坐标数据
	F3	PCODE INPUT	编码数据输入
	F4	P2↓	进入第 3 页
P3(第 3 页)	F1	DATA TRANSFER	向微机发送数据、接收微机数据、设置通信参数
	F2	INITIALIZE	初始化数据文件
	F3	—	—
	F4	P3↓	进入第 1 页

③PROGRAM（程序）

表 6-8　　　　　　　　　PROGRAM（程序）各软键的功能

页　数	软　键	显示符号	功　能
P1(第 1 页)	F1	REM	悬高测量
	F2	MLM	对边测量
	F3	Z COORD.	设置测站点 Z 坐标
	F4	P1↓	进入第 2 页
P2(第 2 页)	F1	AREA	计算面积
	F2	POINT TO LINE	相对于直线的目标点测量
	F3	—	—
	F4	P2↓	进入第 1 页

④PARAMETRERS（参数设置）

表 6-9　　　　　　　　　PARAMETRERS（参数设置）各软键的功能

页　数	软　键	显示符号	功　能
P1(第 1 页)	F1	MINIMUM READING	最小读数
	F2	AUTO POWER OFF	自动关机
	F3	TILT ON/OFF	垂直角和水平角倾斜改正
	F4	P1↓	进入第 2 页
P2(第 2 页)	F1	ERROR CORRECTION	系统误差改正 （注：仪器检校后必须进行此项设置）
	F2	—	—
	F3	—	—
	F4	P2↓	进入第 1 页

3. 基本操作简介

测量前,要进行如下设置:按"◢"或"⚏"键,进入距离测量或坐标测量模式,再按第1页的 F3 (S/A)键。

棱镜常数 PSM 的设置:进口棱镜多为 0 mm,国产棱镜多为－30 mm(具体见说明书)。

大气改正数 PPM 的设置:按"T-P"键,分别在"TEMP"和"PRES"栏输入测量时的气温、气压(或者按照说明书中的公式计算出 PPM 值后,按"PPM"键直接输入)。

说明:PSM、PPM 设置后,在没有新设置前,仪器将保存现有设置。

(1)安置仪器:在站点上安置三脚架,装上全站仪,进行对中、整平,其操作方法与经纬仪基本相同。

(2)开机:在确认仪器已整平的情况下,打开电源开关(POWER)。

(3)检查电源使用情况:当显示屏上电池剩余显示闪烁时,说明电池已用完,应立即关机,并更换电池。

(4)垂直角与水平角倾斜改正:一般情况下,角度可进行自动补偿,因此通常倾斜传感器选择"开",只有当超出补偿范围时,才必须用人工整平,也可用软件设置倾斜改正。

(5)操作:通过观测和键盘的操作,进行相关的测量,并在显示屏上显示出各种数据(图 6-6)。

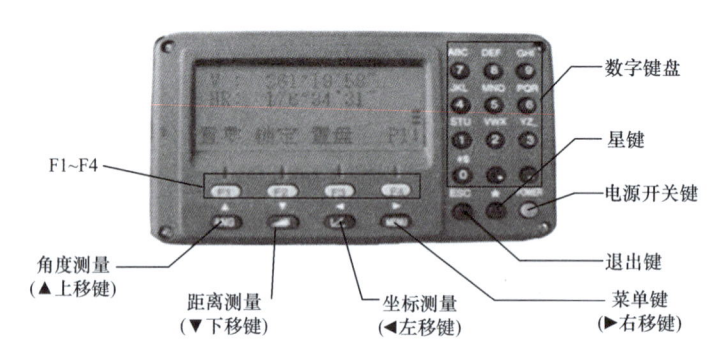

图 6-6 显示屏

①角度测量

按"ANG"键,进入角度测量模式(开机后默认的模式),其水平角、竖直角的测量方法与经纬仪操作方法基本相同。照准目标后,记录下仪器显示的水平度盘读数 HR 和竖直度盘读数 V。

②距离测量

按"◢"键,进入距离测量模式,瞄准棱镜后,按 F1 (MEAS)键,记录下仪器测站点至棱镜点间的平距 HD、镜头与镜间的斜距 SD 和镜头与镜间的高差 VD。

③坐标测量(图 6-7)

a. 按"ANG"键,进入角度测量模式,瞄准后视点 A。

b. 按"HSET"键,输入测站点 O 至后视点 A 的坐标方位角 α_{OA}。如输入 35.3030,即输入了 35°30′30″。

c. 按"⚏"键,进入坐标测量模式。按"P1↓"键,进入第 2 页。

图 6-7 坐标测量

d. 按"OCC"键,分别在"N""E""Z"栏输入测站点 O 的坐标(X_O,Y_O,H_O)。

e. 按"P1↓"键,进入第 2 页,在"INS. HT"栏输入仪器高。

f. 按"P1↓"键,进入第 2 页,在"R. HT"栏输入点 B 处的棱镜高。

g. 瞄准待测量点 B,按"MEAS"键,得点 B 的坐标(X_B,Y_B,H_B)。

④零星点的坐标放样(不使用文件)

a. 按"MENU"键,进入主菜单测量模式。

b. 按"LAY OUT"键,进入放样程序,再按"SKP"键,略过使用文件。

c. 按 $\boxed{F1}$(OCC. PT)键,再按"NEZ"键,输入测站点 O 的坐标(X_O,Y_O,H_O),并在"INS. HT"栏输入仪器高。

d. 按 $\boxed{F2}$(BACKSIGHT)键,再按"NE/AZ"键,输入后视点 A 的坐标(X_A,Y_A);若不知 A 点坐标而已知坐标方位角 α_{OA},则可再按"AZ"键,在"HR"栏输入 α_{OA} 的值。瞄准 A 点,按"YES"键。

e. 按 $\boxed{F3}$(LAY OUT)键,再按"NEZ"键,输入待放样点 B 的坐标(X_B,Y_B,H_B)及测杆单棱镜的镜高后,按 $\boxed{F1}$(ANGLE)键。使用水平制动和水平微动螺旋,使显示的"dHD"为 $0°0'0''$,即找到了 OB 方向,指挥持测杆单棱镜者移动位置,使棱镜位于 OB 方向上。

f. 按"DIST"键,进行测量,根据显示的"dHD"来指挥持棱镜者沿 OB 方向移动,若"dHD"为正,则向 O 点方向移动;反之,若"dHD"为负,则向远处移动,直至"dHD"=0,此时立棱镜点即 B 点的平面位置。

g. 其所显示的"dZ"值即立棱镜点处的填挖高度,正为挖,负为填。

h. 按"NEXT"键,反复 e、f 两步,放样下一个点 C。

6.1.2 全站仪测量误差分析

测距误差是由光速、测相、频率、大气折射率和仪器常数等误差引起的。测距误差可分为两类:一类是与距离远近无关的误差,即测相误差和仪器加常数误差,称为固定误差;另一类是与距离远近成比例的误差,即光速误差、频率误差和大气折射误差,称为比例误差。

全站仪使用注意事项见有关说明书。

6.2 GPS 定位技术及应用

6.2.1 GPS 概述

全球定位系统(GPS)是英文缩写 NAVSTAR/GPS 的简写,全名为 Navigation System Timing and Ranging/Global Positioning System,即"授时与测距导航系统/全球定位系统",简称 GPS。全球定位系统(Global Positioning System——GPS)是美国从 20 世纪 70 年代开始研制,历时 20 年,耗资 300 亿美元,于 1994 年全面建成的一种定时和测距的空间交会定点的导航系统,它可以向全球用户提供连续、实时、高精度的三维位置、三维速度和时间信息,为海、陆、空三军提供精密导航,向特殊用户进行授时,还可以用于情报收集、核爆监测、应急通讯和卫星定位等一些军事目的。

GPS 的广泛应用,使得 GPS 信号接收机成为一些电子仪器厂家竞相生产的高技术产品,20 世纪 80 年代初,我国有关单位已开始研究 GPS 技术。1987 年引进一批 GPS 接收机。至今我国已成为 GPS 接收机的特大用户国。

GPS 技术在大地测量、工程测量、航空摄影测量、地球动力学、海洋测量、水下地形测绘等各个领域得到广泛的应用。为了适应 GPS 技术的应用与发展,我国将发射自己的导航定位卫星(双星系统)。

6.2.2 GPS 的组成

GPS 包括三大部分:地面控制部分、空间部分和用户部分。GPS 的三个组成部分及其相互关系,如图 6-8 所示。

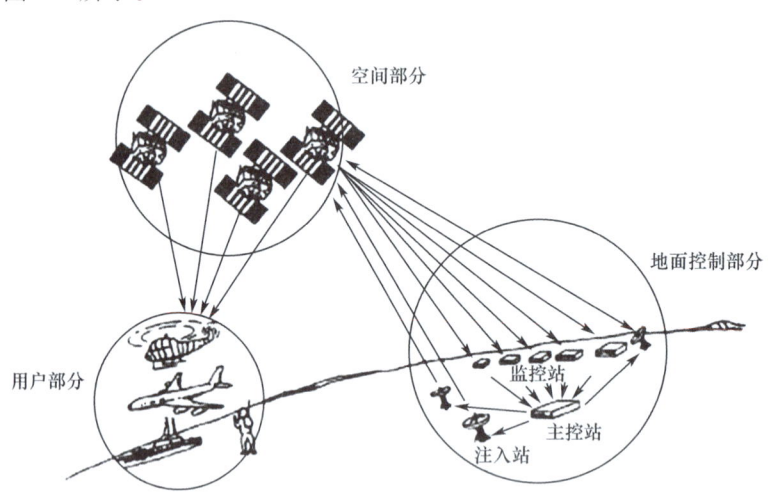

图 6-8 GPS 的三个组成部分及其相互关系

1. 地面控制部分

GPS 的地面控制部分分布在全球的由若干个跟踪站组成的监控系统所构成。根据其作用的不同,跟踪站分为主控站、监控站和注入站。主控站有一个,位于美国科罗拉多(Colorado)的法尔孔(Falcon)空军基地。它的作用是根据各监控站对 GPS 的观测数据,计算出卫星的星历和卫星时钟的改正参数等,并将这些数据通过注入站注入卫星中去;同时,它还对卫星进行控制,向卫星发布指令;当工作卫星出现故障时,调度备用卫星,替代失效的工作卫星工作;另外,主控站还具有监控站的功能。监控站有五个,除了主控站地点外,其他四个分别位于夏威夷(Hawaii)、阿松森群岛(Ascencion)、迭哥伽西亚(Diego Garcia)和卡瓦加兰(Kwajalein)。监控站的作用是接收卫星信号,监测卫星的工作状态。注入站有三个,它们分别位于阿松森群岛、迭哥伽西亚和卡瓦加兰。注入站的作用是将主控站计算的卫星星历和卫星时钟的改正参数等注入卫星中去。

地面监控系统提供每颗 GPS 卫星所播发的星历,并对每颗卫星工作情况进行监测和控制。地面监控系统另一重要作用是保持各颗卫星处于同一时间标准——GPS 时间系统(GPST)。

2. 空间部分

GPS 工作卫星及其星座由 21 颗工作卫星和 3 颗在轨备用卫星组成 GPS 卫星星座,记作(21+3)GPS 星座(图 6-9)。24 颗卫星均匀分布在 6 个轨道平面内,轨道倾角为 55°,各个轨道平面之间夹角为 60°,即轨道的升交点赤经各相差 60°。每个轨道平面内各颗卫星之间的升交角相差 90°。每颗卫星的正常运行周期为 11 h 58 min,若考虑地球自转等因素,将提前 4 min 进入下一周期。

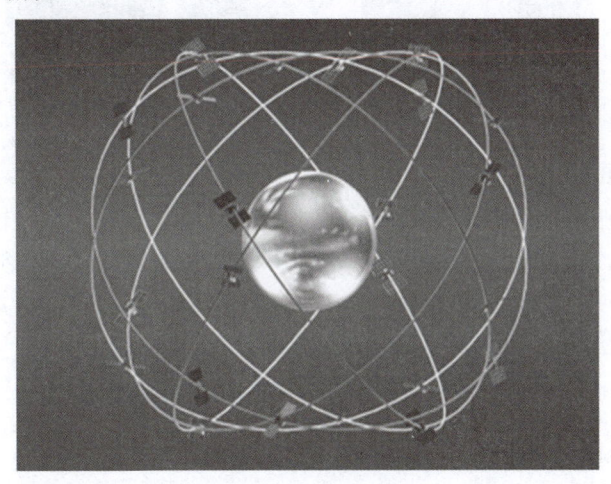

图 6-9　GPS 卫星星座

GPS 卫星信号:

载波:L 波段双频,L_1 为 1 575.42 MHz,L_2 为 1 227.60 MHz。

卫星识别:码分多址(CDMA)。

测距码:C/A 码(民用),P 码(美国军方及特殊授权用户)。

导航数据:卫星轨道坐标、卫星钟差方程式参数、电离层延迟修正。

3. 用户部分

用户部分主要指 GPS 接收机,此外还包括气象仪器、计算机、钢尺等仪器设备。

GPS 接收机主要由天线单元、信号处理部分、记录装置和电源组成。

天线单元由天线和前置放大器组成,灵敏度高,抗干扰性强。接收天线把卫星发射的十分微弱的信号通过前置放大器放大后进入接收机。GPS 天线分为单极天线、微带天线、锥型天线等。

信号处理部分是 GPS 接收机的核心部分,进行滤波和信号处理,由跟踪环路重建载波,解码得到导航电文,获得伪距定位结果。

记录装置主要有接收机的内存硬盘或记录卡(CF 卡)。

电源分为外接和内接电池(12 V),机内还有一个锂电池。

GPS 接收机的基本类型主要有大地型、导航型和授时型三种,如图 6-10 所示。其中,大地型接收机按接收载波信号的差异分为单频(L_1)型和双频(L_1、L_2)型。

6.2.3　GPS 的特点

GPS 的特点:高精度、全天候、高效率、多功能、操作简便、应用广泛等。

(a)大地型　　　　　　　　(b)导航型　　　　　　　　　　(c)授时型

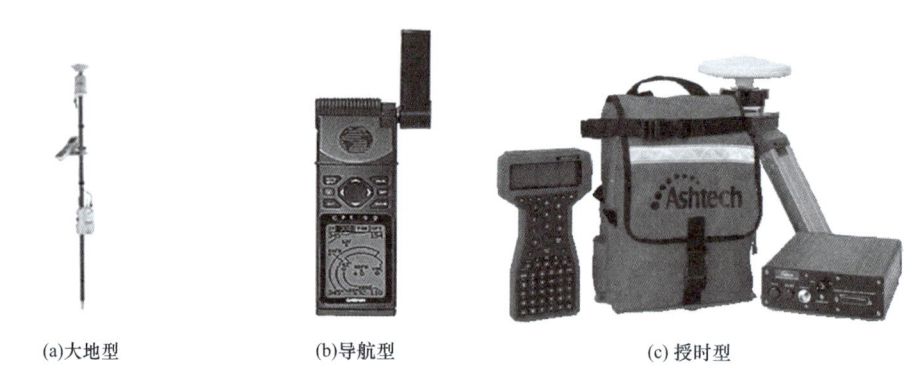

图 6-10　不同类型的接收机

(1)定位精度高

实践已经证明,GPS 相对定位精度在 50 km 以内可达 10^{-6},100～500 km 可达 10^{-7},1 000 km可达 10^{-9}。在 300～1 500 m 工程精密定位中,1 h 以上观测的解析平面,其平面位置误差小于 1 mm,与 ME-5 000 电磁波测距仪测定的边长比较,其边长校差最大为 0.5 mm,校差中误差为 0.3 mm。

(2)观测时间短

随着 GPS 的不断完善,软件的不断更新,目前 20 km 以内快速静态相对定位,仅需 15～20 min;RTK 测量时,当每个流动站与参考站相距在 15 km 以内时,流动站观测时间只需 1～2 min。

(3)测站间无须通视

GPS 测量不要求测站之间互相通视,只需测站上空开阔即可,因此可节省大量的造标费用。由于无须点间通视,点位位置可根据需要,可稀可密,使选点工作甚为灵活,也可省去经典大地网中的传算点、过渡点的测量工作。

(4)可提供三维坐标

经典大地测量将平面与高程采用不同方法分别施测。GPS 可同时精确测定测站点的三维坐标(平面+大地高)。目前通过局部大地水准面精化,GPS 水准可满足四等水准测量的精度。

(5)操作简便

随着 GPS 接收机的不断改进,自动化程度越来越高,有的已达"傻瓜化"的程度,接收机的体积越来越小,质量越来越轻,极大地减轻了测量工作者的工作紧张程度和劳动强度。

(6)全天候作业

目前 GPS 观测可在一天 24 h 内的任何时间进行,不受阴天黑夜、起雾刮风、下雨下雪等气候的影响。

(7)功能多、应用广

GPS 不仅用于测量、导航,精密工程的变形监测,还可用于测速、测时。测速的精度可达 0.1 m/s,测时的精度优于 0.2 ns,其应用领域在不断扩大。当初,设计 GPS 的主要目的是用于导航,收集情报等目的。但是,后来的应用开发表明,GPS 不仅能够达到上述目的,用 GPS 卫星发来的导航定位信号还能够进行厘米级甚至毫米级精度的静态相对定位,米级至亚米级精度的动态定位,亚米级至厘米级精度的速度测量和毫、微秒级精度的时间测量。因此,GPS 展现了极其广阔的应用前景。

6.2.4 GPS 坐标系统

GPS 卫星是绕地球运行的运动物体,卫星所在的位置与其选择的坐标系统和时间系统是分不开的。GPS 采用的是 WGS-84 世界大地坐标系,GPS 接收机所观测得到的成果正是基于 WGS-84 世界大地坐标系,而用户的测量成果往往得属于某一国家或某一地区的大地坐标系,这就需要将 WGS-84 世界大地坐标转换成国家(或地区)的大地坐标,进而转换成平面直角坐标。

WGS-84 世界大地坐标系是一种协议地球坐标系,其原点位于地球质量的中心,WGS-84 世界大地坐标系所采用的椭球体,称为 WGS-84 椭球体。椭球的主要参数为:长半轴 $a=6\ 378\ 137\pm 2$ m,扁率 $\alpha=1/298.257\ 223\ 563$。

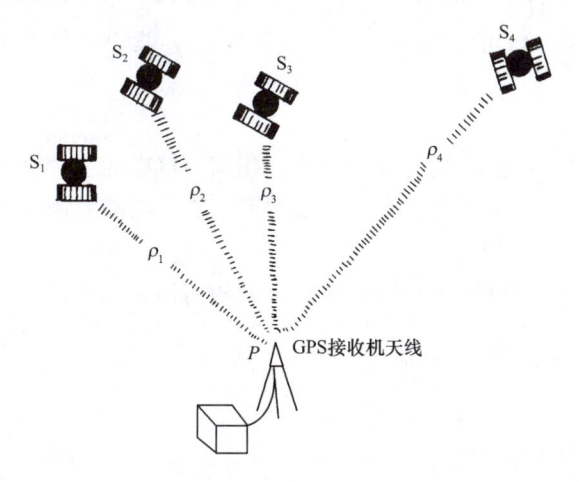

6.2.5 GPS 卫星定位原理

GPS 卫星定位原理如图 6-11 所示。

图 6-11 GPS 卫星定位原理

测量学中有测距交会确定点位的方法。与其相似,无线电导航定位系统、卫星激光测距定位系统,其定位原理也是利用测距交会的原理确定点位。

GPS 卫星发射测距信号和导航电文,导航电文中含有卫星的位置信息。用户用 GPS 接收机在某一时刻同时接收三颗以上的 GPS 卫星信号,测量出测站点(GPS 接收机天线中心) P 至三颗以上 GPS 卫星的距离,并解算出该时刻 GPS 卫星的空间坐标,利用距离交会法解算出测站点 P 的位置。

在 GPS 定位中,GPS 卫星是高速运动的卫星,其坐标随时间在快速变化着。需要实时地由 GPS 卫星信号测量出测站点至卫星之间的距离,并实时地由卫星的导航电文解算出卫星的坐标值,从而进行测站点的定位。依据测距的原理,其定位原理与方法主要有伪距定位、载波相位定位以及差分定位等。

1. 根据定位所采用的观测值

(1)伪距定位

伪距定位所采用的观测值为伪距观测值,所采用的伪距观测值既可以是 C/A 码伪距,也可以是 P 码伪距。伪距定位的优点是数据处理简单,对定位条件的要求低,不存在整周模糊度的问题,可以非常容易地实现实时定位;其缺点是观测值精度低,C/A 码伪距观测值的精度一般为 3 m,而 P 码伪距观测值的精度一般也为 30 cm 左右,从而导致定位成果精度低。

(2)载波相位定位

载波相位定位所采用的观测值为载波相位观测值,即 L_1、L_2 或它们的某种线性组合。载波相位定位的优点是观测值的精度高,一般优于 2 mm;其缺点是数据处理过程复杂,存在整周模糊度的问题。

2. 根据定位的模式

(1)绝对定位

绝对定位又称为单点定位,即利用 GPS 卫星和用户接收机之间的距离观测值直接确定用户接收机天线在 WGS-84 坐标系中相对于坐标系原点——地球质心的绝对位置。这是一种采用一台接收机进行定位的模式,它所确定的是接收机天线的绝对坐标。这种定位模式的特点是作业方式简单,可以单机作业。绝对定位一般用于导航和精度要求不高的应用中。

(2)相对定位

相对定位又称为差分定位,这种定位模式采用两台以上的接收机,同时对一组相同的卫星进行观测,以确定接收机天线间的相互位置关系。它是目前 GPS 定位中精度最高的一种定位方法。

定位的方法是多种多样的,用户可以根据不同的用途采用不同的定位方法。

6.2.6 GPS 测量的设计与实施

与常规测量相类似,GPS 测量外业可分为外业准备、外业实施和外业结束三个阶段。外业准备阶段的主要内容是根据测量任务的性质和技术要求,编写技术设计书,进行踏勘、选点,制订外业实施计划;外业实施阶段主要包括外业的观测和记录以及有关的后勤管理;外业结束阶段主要内容为观测数据和其他资料的检查、整理和上交,对不合格的数据或资料进行重测或淘汰。

1. GPS 控制网的技术设计

技术设计是根据测量任务书提出的任务范围、目的、精度和密度的要求以及完成任务的期限和经济指标,结合测区的自然地理条件,依据测量规范的有关技术条款,选择适宜的GPS 接收机,设计出最佳 GPS 卫星定位网形,提出观测纲要和实施计划,编写技术设计是建网的技术依据。

GPS 测量精度指标

由于精度指标将直接影响 GPS 网的布设方案及 GPS 作业模式,因此,在实际设计中应根据用户的实际需要及设备条件确定。控制网可以分级布设,也可以越级布设或布设同级全面网。国家 GPS 控制网精度指标见表 6-10,城市及工程 GPS 控制网精度指标见表 6-11。

表 6-10　　　　　　　　　国家 GPS 控制网精度指标

级别	主要用途	固定误差 a/mm	比例误差系数 b
A	地壳形变测量及国家高密度 GPS 网建立	≤5	≤0.1
B	国家基本控制测量	≤8	≤1

表 6-11　　　　　　　　城市及工程 GPS 控制网精度指标

等级	平均距离/km	a/mm	$b/10^{-6}D$	最弱边相对中误差
二等	9	≤10	≤2	1/13 万
三等	3	≤10	≤5	1/8 万
四等	2	≤10	≤10	1/4.5 万
一级	1	≤10	≤10	1/2 万
二级	≤1	≤15	≤20	1/1 万

2. 网形设计

常规测量中,控制网的图形设计是一项重要的工作。而在 GPS 测量时,由于不要求测站点间通视,因此其图形设计具有较大的灵活性。网的图形设计,主要取决于用户的要求,经费、时间和人力、物力的消耗以及所需设备的类型、数量和后勤保证条件等,也都与网的设计有关。根据用途不同,GPS 网的基本构网方式有点连式、边连式、网连式和边点混合连接四种。

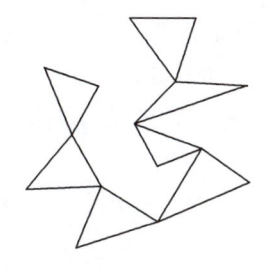

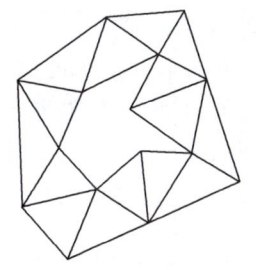

(a) 点连式(7个三角形)　　(b) 边连式(15个三角形)　　(c) 边点混合连接(10个三角形)

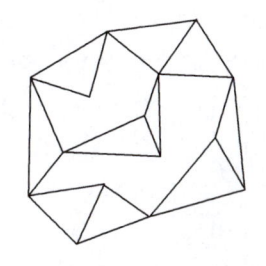

图 6-12　网形设计

(1) 点连式

点连式如图 6-12(a)所示,是相邻的同步图形(多台接收机同步观测卫星所获基线构成的闭合图形,又称同步环)之间仅用一个公共点连接。这种方式所构成的图形几何强度很弱,一般不单独使用。

(2) 边连式

边连式如图 6-12(b)所示,是指相邻同步图形之间由一条公共基线连接。这种布网方案中,复测的边数较多,网的几何强度较高。非同步图形的观测基线可以组成异步环,异步环常用于检查观测成果的质量。所以边连式的可靠性优于点连式。

(3) 网连式

网连式是指相邻同步图形之间有两个以上的公共点连接。这种方法要求四台以上的接收机同步观测。它的几何强度和可靠性更高,但所需的经费和时间也更多,一般仅用于较高精度的控制测量。

(4) 边点混合连接

边点混合连接是指将点连式和边连式有机地结合起来组成 GPS 网。如图 6-13(c)所示,它是在点连式基础上加测四个时段,把边连式与点连式结合起来得到的。这种方式既能保证网的几何强度,提高网的可靠性,又能减少外业工作量,降低成本,因而是一种较为理想的布设方法。

对于低等级的 GPS 测量或碎部测量,也可采用星状网,优点是观测中通常只需要两台GPS 接收机,作业简单。

进行网形设计时,需注意:

(1) GPS 网必须由同步独立观测边构成若干个闭合环或附合路线,以构成检核条件,提高网的可靠性。

(2) 尽管 GPS 测量不要求相邻测站点之间通视,但为了今后便于用常规测量方法连测或扩展,要求每个控制点应有一个以上的通视方向。

(3) 为了确定 GPS 网与原有地面控制网之间的坐标转换参数,要求至少有三个 GPS 控制网点与地面控制网点重合。

(4) GPS 网点应考虑与水准点相重合,非重合点一般进行等级水准连测,以便为研究大地水准面提供资料。

3. 选点与建立标志

因为 GPS 测量测站之间不要求通视,而且网的图形结构比较灵活,所以选点工作较常规测量简便。但 GPS 测量又有自身的特点,因此选取时需满足的要求是:GPS 网点应尽量选在视野内,不应有成片障碍物,以免阻挡来自卫星的信号;GPS 网点应避开高压输电线、变电站等设施,其最近处不得小于 200 m,同时距离强辐射电台、电视台、微波站等不得小于 400 m;GPS 网点应尽量选在交通方便的地方。

选定点位后,各级 GPS 网点上应埋设相应规格的标识或标志。在网中选若干点的坐标值,并加以固定。

4. 外业观测

(1) 天线安置

天线的相位中心是 GPS 测量的基准点,所以妥善安置天线是实现精密定位的重要条件之一。天线安置的内容包括对中、整平、定向和量测天线高。

(2) 观测作业

观测作业的主要任务是捕获 GPS 卫星信号并对其进行跟踪、接收和处理,以获取所需要的定位信息和观测数据。

事实上,GPS 接收机的自动化程度很高,一般仅需按动若干功能键,即可顺利地完成测量工作。

(3) 观测记录

观测记录的形式一般有两种:一种是接收机自动形成,并保存在接收机存储器中,供随时调用和处理;另一种是需要记录在测量手簿上。

5. 成果检核与数据处理

GPS 测量外业结束后,必须对采集的数据进行处理,以求得观测基线和观测点位的成果,同时进行质量检核,以获得可靠的最终定位成果。数据处理是用专业软件进行的,不同的接收机以及不同的作业模式配置各自的数据处理软件。

6.2.7　GPS测量数据处理软件应用

GPS数据处理就是应用专业数据处理软件,从原始观测数据出发得到最终的测量定位成果的过程。GPS数据处理过程大致可分为数据导入、基线解算、网平差和成果输出四个阶段。

1. 数据导入

数据导入通常包含两个部分,即数据下载及数据转换,就是将GPS接收机中采集的数据下载并转换成数据处理软件所需的格式,这个过程在数据处理软件中有相应的模块,用户可在软件向导下轻松完成。

2. 基线解算

基线解算是数据处理的关键,其操作过程大体分为以下四个步骤:

(1)设定基线解算的控制参数。控制参数主要包括数据采样间隔、截止角、参考卫星及其电离层和解算模型的选择等,是进行基线解算的前提。

(2)外业输入数据的检查与修改。在基线解算之前,需要对观测数据进行必要的检查。检查的项目包括测站名点号、测站坐标、天线高等。

(3)基线解算。基线解算的过程一般是由数据处理软件自动进行的,无须人工干预。包括基线解算自检、读入星历数据、读入观测数据、三差解算、周跳修复、进行双差浮点解算、整周模糊度分解及进行双差固定解算等步骤。

(4)基线质量的检验。基线解算完毕后,基线结果并不能马上用于后续的处理,还必须对基线的质量进行检验。只有质量合格的基线才能用于后续的处理。如果不合格,则需要对基线进行重新解算或重新测量。基线的质量检验需要通过RATIO(整周模糊度分解后,次最小RMS与最小RMS的比值)、RDOP(在基线解算时,待定参数的协因数阵的迹的平方根)、RMS(均方根误差)、同步环闭合差、异步环闭合差及重复基线较差来进行。

3. 网平差

网平差是指GPS基线向量网平差。数据处理软件进行网平差的基本步骤,实际上可以分为三个过程:

(1)前期的准备工作。即在网平差之前,需要进行坐标系的设置,并输入已知点的经纬度、平面坐标、高程等。

(2)网平差的运行。数据处理软件根据已知基线解算结果及网平差设置对观测站点坐标进行网平差,包括提取基线向量网、基线向量网的连通检验、自由网平差、二维约束平差、高程拟合等,这些都是由数据处理软件自动进行的。

(3)对处理结果的质量分析与控制,网平差的检验主要通过改正数、中误差以及相应的数理统计检验结果等项来评价。

4. 成果输出

成果输出包括成果报告的输出、网图的输出、闭合差文件的输出等,这些操作都可由数据处理软件的相应模块来完成。

本章小结

本章重点介绍了全站仪测量原理、全站仪操作与使用、全站仪数据采集与施工放样。介绍了 GPS 定位原理和组成部分及其功能；GPS 的定位技术和 GPS 测量的设计与实施。

习 题

6-1 简述全站仪的发展趋势，并列举当前先进全站仪的新型功能（至少列举三项）。
6-2 简述用全站仪采集数据的一般流程。
6-3 简述全站仪放样的一般步骤和具体实施过程，并作图说明。
6-4 GPS 由哪几个组成部分？简述每个部分的具体内容及其功能。
6-5 试举例说明 GPS 定位技术的具体应用（不少于七项）。
6-6 GPS 相对定位方法与绝对定位方法相比，哪个精度更高？试说明原因。

第 7 章 小地区控制测量

> **能力要求**
>
> 了解国家平面控制网和高程控制网的布设形式及等级;掌握闭合导线、附合导线、支导线的施测方法和内业计算;熟悉交会定点的原理和方法;掌握三、四等水准测量的施测方法和内业计算;会使用经纬仪、全站仪进行三角高程测量。

在测量工作中,为了限制误差的积累与传播,满足测图和施工的精度需要,就必须遵循测量工作的基本原则,即"从整体到局部,由高级到低级,先控制后碎部"。也就是说,控制测量工作就是整个测量工作的首要工作。

7.1 控制测量概述

7.1.1 控制网、控制测量及其分类

首先在测区内选择若干有控制作用的点(控制点),按一定的规律和要求组成网状几何图形,称其为控制网。

控制网分为平面控制网和高程控制网。测量并确定控制点平面位置(x,y)的工作,称为平面控制测量。测量并确定控制点高程(H)的工作称为高程控制测量。平面控制测量和高程控制测量统称为控制测量。

控制网有国家控制网、城市控制网和小地区控制网等。

国家控制网即在全国范围内建立的控制网,它是全国各种比例尺测图的基本控制,并为确定地球的形状和大小提供研究资料。国家控制网按精度从高到低分为一、二、三、四等。一等控制网精度最高,是国家控制网的骨干,二等控制网是在一等控制网下建立的国家控制网的全面基础,三、四等控制网是二等控制网的进一步加密。

国家平面控制网主要布设成三角网(锁),如图 7-1 所示,也可布设成三边网、边角网或导线网。国家高程控制网是布设成水准网,如图 7-2 所示,包括闭合环线和附合水准路线。建立国家控制网是用精密的测量仪器及方法进行的。

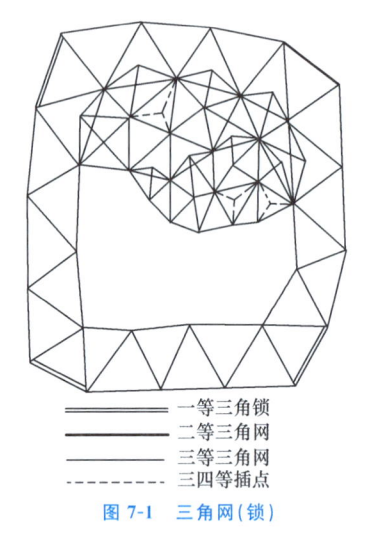

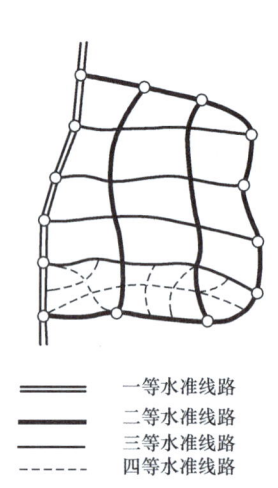

图 7-1　三角网(锁)
　　一等三角锁
　　二等三角网
　　三等三角网
------- 三四等插点

图 7-2　水准网
　　一等水准线路
　　二等水准线路
　　三等水准线路
------- 四等水准线路

　　城市控制网是为城市建设工程测量建立统一坐标系统而布设的控制网,它是城市规划、市政工程、城市建设(包括地下工程建设)以及施工放样的依据。它一般以国家控制网为基础,布设成不同等级的控制网。

　　需要说明的是,国家控制网和城市控制网的控制测量,是由专业的测绘部门来完成的,其成果可从有关的测绘部门索取。

7.1.2　小地区控制网

　　一般将面积在 15 km² 以内,为大比例尺测图和工程建设而建立的控制网称为小地区控制网。国家控制网其控制点的密度对于测绘地形图或进行工程建设来讲是远远不够的,必须在全国基本控制网的基础上,建立精度较低而又有足够密度的控制点来满足测图或工程建设的需要。

　　小地区控制网应尽可能与国家(或城市)高级控制网连测,将国家(或城市)控制点作为建立小地区控制网的基础,将国家(或城市)控制点的平面坐标和高程作为小地区控制网的起算和校核数据。

　　若测区内或附近无国家(或城市)控制点,或者附近虽然有,但不便连测时,可以建立测区内的独立控制网。目前,随着 GPS 和其他现代测量仪器的普及,实现小地区控制网与国家(或城市)控制网的连测已经不存在问题了。

　　道路工程平面控制网,常规上一般采用三角测量或导线测量等方法。当采用三角测量时,依次为二、三、四等和一、二级小三角;当采用导线测量时,依次为三、四等和一、二、三导线。平面控制测量等级见表 7-1。本章选用的规范和规定无特殊说明均选自《公路勘测规范》(JTG C10—2007)。

表 7-1　平面控制测量等级

测量等级	公路路线控制测量	桥梁桥位控制测量	隧道洞外控制测量
二等三角	—	>3 000 m 特大桥	>6 000 m 特长隧道
三等三角(导线)	—	2 000～3 000 m 特大桥	3 000～6 000 m 特长隧道
四等三角(导线)	—	1 000～2 000 m 特大桥	1 000～3 000 m 隧道
一级小三角(导线)	高速公路、一级公路	<1 000 m 大中桥	<1 000 m 隧道
二级小三角(导线)	二、三、四级公路	—	—

随着社会的发展和科技的进步,工程上逐渐采用了卫星定位测量(如 GPS 测量)。这种更加先进、方便且精度高、工作效率高的测量方法,其控制网精度等级的划分依次为二、三、四等和一、二级,主要技术指标应符合表 7-2 的规定。

表 7-2　　　　　　　　　　　GPS 测量精度分级

等级	平均连长/km	固定误差 a/mm	比例误差系数 b/(mm·km^{-1})	结束点间的边长相对中误差	约束平差后最弱边相对中误差
二等	9	≤5	≤1	≤1/250 000	≤1/120 000
三等	4.5	≤5	≤2	≤1/150 000	≤1/70 000
四等	2	≤5	≤3	≤1/100 000	≤1/40 000
一级	1	≤10	≤3	≤1/40 000	≤1/20 000
二级	0.5	≤10	≤5	≤1/20 000	≤1/10 000

直接用于测图的控制点,称为图根控制点。测定图根控制点位置的工作,称为图根控制测量。图根控制测量可直接在三角点或高级控制点的控制下,布设图根小三角或图根导线,此为一级图根点。若测区面积较大,可利用一级图根点再发展图根点,称为二级图根点。

7.1.3　高程控制测量

测量地面的高程也要遵循"由整体到局部"的原则,即先建立高程控制网,再根据高程控制点测定地面点的高程。

1. 国家高程控制网

国家高程控制网即在全国范围内建立的高程控制网。它与平面控制网一样分成一、二、三、四等四个等级,低一级的控制网是在高一级控制网的基础上建立的。由于这些高程控制点的高程是用水准测量的方法测定的,所以高程控制网一般称为水准网,高程控制点称为水准点。一、二等水准网是国家高程控制的基础。一、二等水准路线一般沿铁路、公路或河流布设成闭合或附合的形式,用精密水准测量的方法测定其高程。三、四等水准路线加密于一、二等水准网内,作为地形测量和工程测量的高程控制,可以布设成闭合和附合的形式。各等水准测量的技术指标见表 7-3。

表 7-3　　　　　　　　　各等水准测量的技术指标

等级	水准网环线周长/km	附合线路长度/km	每千米高差中数中误差/mm 偶然中误差	每千米高差中数中误差/mm 全中误差	线路闭合差/mm
一	1 000~2 000	—	±0.5	±1.0	±2$\sqrt{L}$
二	500~750	—	±1.0	±2.0	±4$\sqrt{L}$
三	200	150	±3.0	±6.0	±12$\sqrt{L}$
四	100	80	±5.0	±10.0	±20$\sqrt{L}$

注:L 为水准线路长度,以 km 为单位。

2. 小地区高程控制网的建立

小地区范围的高程控制是确定控制点的高程,作为测绘地形图中地貌点、地物点的高程依据。在小地区范围建立高程控制网,应根据测区的面积和工程技术要求,采用分级建立的方法。一般情况下,是以国家水准点为基础在整个测区建立三、四等水准路线或水准网,再以三、四等水准点为基础,测定图根水准点的高程。各级公路及构造物的水准测量等级应按表7-4选定。对于山区或困难地区,还可以采用三角高程测量的方法建立高程控制。

表 7-4　　　　　　　　各级公路及构造物的水准测量等级

测量项目	等级	水准路线最大长度/km
4 000 m 以上特长隧道、2 000 m 以上特大桥	三等	50
高速公路、一级公路、1 000～2 000 m 特大桥、2 000～4 000 m 特大桥	四等	16
二级及二级以下公路、1 000 m 以下桥梁、2 000 m 以下隧道	五等	10

7.2 导线测量

结合地形测绘、建筑工程与路桥工程施工等实际需要,下面着重介绍利用导线测量建立小地区平面控制网的方法,以及用三角高程测量建立小地区高程控制网的方法。

导线:相邻控制点用直线连接,总体所构成的折线形式,称为导线。

导线点:构成导线的控制点统称为导线点。

导线测量:对建立的导线而言,依次测定各导线边的边长和各转角,根据起算数据(高级控制点的平面坐标和高程),推算各边的坐标方位角,从而求出各导线点的坐标。

依据测量导线边长和测量转角的仪器、方法不同,可将导线分为两大类:一是经纬仪导线,即用经纬仪测量转角、用钢尺丈量导线边长的导线;二是光电测距导线,即用光电测距仪(或全站仪)测定导线边长的导线。

由于导线在布设上具有较强的机动性和灵活性,因此,导线测量是建立小地区平面控制网常用的方法之一。

7.2.1 导线布设形式

1. 闭合导线

如图 7-3 所示,由某一已知点出发,经过若干点的连续折线仍回到这一已知点,形成一个闭合多边形。

2. 附合导线

如图 7-4 所示,由一个已知的控制点出发,附合到另一个已知控制点。

3. 支导线

从一个已知的控制点出发,既不附合到另一个已知控制点,也不回到原来的起始点。如图 7-4 所示的 4—支$_1$—支$_2$,4 点对支$_1$、支$_2$ 来讲是高一级的控制点。支导线没有检核条件,不易发现错误,故一般只允许从高一级的控制点引测一点,对 1∶2 000、1∶5 000 比例尺测图可连续引测两点。

第 7 章　小地区控制测量

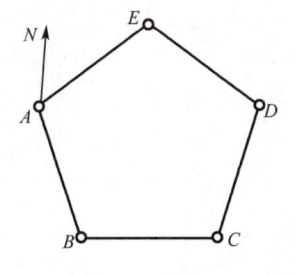

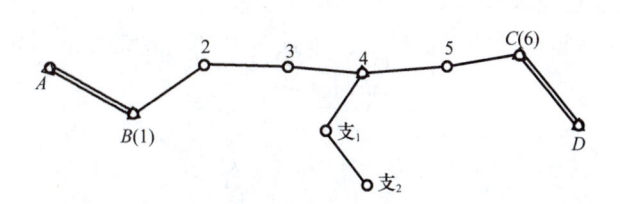

图 7-3　闭合导线

图 7-4　附合导线与支导线

7.2.2　导线测量的技术要求

导线测量的技术要求见表 7-5。

表 7-5　　　　　　　　　　　导线测量的技术要求

等级	测图比例尺	附合导线长度/m	平均边长/m	往返丈量较差相对误差	测角中误差/(″)	导线全长相对闭合差	测回数 DJ2	测回数 DJ6	方位角闭合差/(″)
一级		2 500	250	≤1/20 000	≤±5	≤1/10 000	2	4	≤±10$\sqrt{n}$
二级		1 800	180	≤1/15 000	≤±8	≤1/7 000	1	3	≤±16$\sqrt{n}$
三级		1 200	120	≤1/10 000	≤±12	≤1/5 000	1	2	≤±24$\sqrt{n}$
图根	1∶500	500	75			≤1/2 000		1	≤±60″$\sqrt{n}$
图根	1∶1 000	1 000	110			≤1/2 000		1	≤±60″$\sqrt{n}$
图根	1∶2 000	2 000	180			≤1/2 000		1	≤±60″$\sqrt{n}$

注：n 为测站数。

7.2.3　导线测量的外业工作

导线测量的外业工作包括：踏勘选点、边长测量、角度观测和方位角的测定。

1. 踏勘选点

踏勘选点的任务就是根据测图的目的和测区的情况，拟定导线的布设形式，实地选定导线点，并设立标志。

实地选点时，应注意以下事项：

(1) 导线点应选在土质坚实、不易被破坏的地方，便于安置仪器和保存标志。

(2) 相邻导线点间必须通视，便于观测角度和测量边长。

(3) 导线点应选在视野开阔的地方，便于碎部测量。

(4) 导线点应均匀分布在测区内，导线边的边长应大致相等，相邻导线边的长度不宜相差过大，以减少测角带来的误差。边长视测图比例尺而定，见表 7-6。

表 7-6　　　　　　　　　　　图根导线边长

测图比例尺	边长/m	平均边长/m
1∶500	40～150	75
1∶1 000	80～250	110
1∶2 000	100～300	180

导线点选定后,在每一点位上打一木桩,桩顶钉一小钉,作为临时性标志。一、二、三级导线点应埋设混凝土桩,如图 7-5(a)所示。每一桩上应按前进方向顺序编号,为了便于以后寻找,每一导线点还应绘一位置草图,称为"点之记",如图 7-5(b)所示。

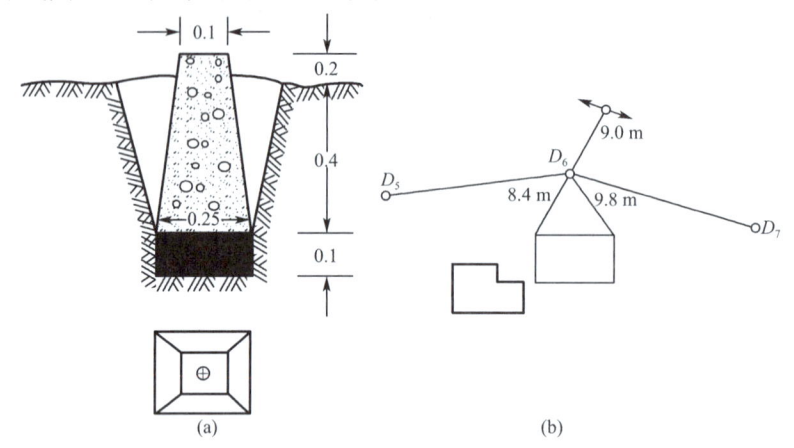

图 7-5 混凝土桩和导线点点之记

2. 边长测量

用经过检定的钢尺直接丈量每一导线边的水平距离,采用往、返各丈量一次,往返丈量的相对中误差一般不得超过 1/2 000,在比较困难的条件下,也不得超过 1/1 000。有条件的也可采用红外光测距仪测距,红外光测距采用单程一测回即可。

3. 角度观测

导线的转角即两导线边的夹角,分为左角和右角。在前进方向右侧的水平角称为右角,在前进方向左侧的水平角称为左角。一般规定观测左角。在闭合导线中,导线点若按逆时针方向编号,则多边形的内角即左角。导线等级不同,测角技术要求也不同。

4. 方位角的测定或导线的连接测量

导线与高一级控制点进行连测,以取得坐标和方位角的起始数据,称为连接测量。

附合导线的两端均为已知点,只要在已知点 B、C 上测出 β_1、β_6,就能获得起始数据,β_1、β_6 称为连接角,B(1)2、5C(6) 称为连接边,如图 7-6 所示。

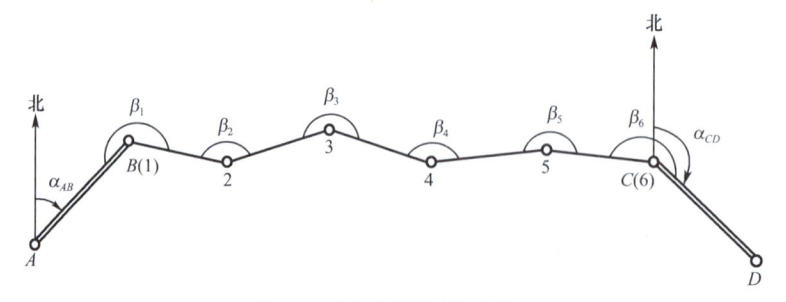

图 7-6 附合导线的连接测量

闭合导线的连接测量分两种情况:第一种情况是没有高一级控制点可以连接,或在测区内布设的是独立闭合导线,这时,需要在第一点上测出第一条边的磁方位角,并假定第一点的坐标,就具有了起始数据,如图 7-7(a)所示;第二种情况如图 7-7(b)所示,A、B 为高一级控制点,1、2、3、4、5 点组成闭合导线,则需要测出连接角 β' 和 β'',还要测出连接边长 D_0,才具有了起始数据。

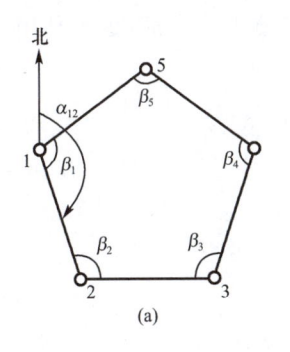

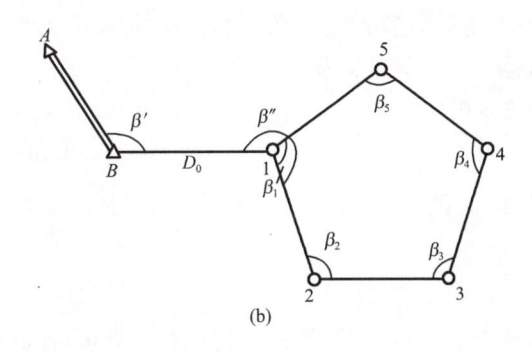

图 7-7 闭合导线的连接测量

控制测量成果的好坏,直接影响测图的质量。如果测角和测量边长达不到要求,则要分析研究,找出原因,进行局部返工或全部重测。

7.3 导线测量的内业计算

导线测量外业工作结束后,在全面检查、确定导线外业测量记录准确无误和成果符合精度要求的情况下,就可以进行内业计算。计算前应根据外业观测记录绘一导线略图,图上注明实测边长、转角、起始边方位角和起始点坐标等,以供内业计算使用。

7.3.1 坐标计算的原理

测量的平面直角坐标系,以该地的子午线为 x 轴,向北为正,y 轴垂直于 x 轴,与东西方向一致,向东为正。

如图 7-8 所示,设已知点 $A(x_A, y_A)$,测得 AB 间的距离 D_{AB} 及坐标方位角 α_{AB},求待定点 B 的坐标 (x_B, y_B)。

可用下列公式进行计算

$$\left.\begin{aligned}\Delta x &= D_{AB} \cos \alpha_{AB} \\ \Delta y &= D_{AB} \sin \alpha_{AB}\end{aligned}\right\} \quad (7\text{-}1)$$

式中 Δx——A、B 两点的纵坐标增量;
Δy——A、B 两点的横坐标增量。

Δx、Δy 的正负号根据 α_{AB} 确定。

待定点 B 的坐标为

$$\left.\begin{aligned}x_B &= x_A + \Delta x = x_A + D_{AB} \cos \alpha_{AB} \\ y_B &= y_A + \Delta y = y_A + D_{AB} \sin \alpha_{AB}\end{aligned}\right\} \quad (7\text{-}2)$$

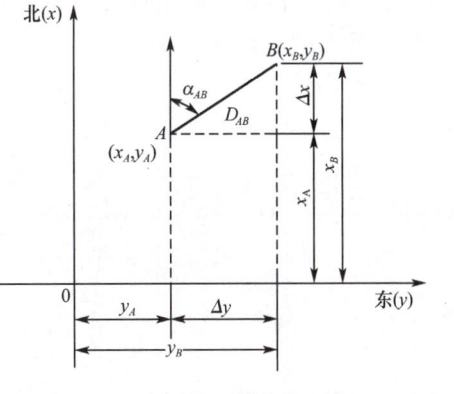

图 7-8 坐标计算

上述计算过程,称为坐标正算。

根据两点的坐标计算两点构成直线的距离及坐标方位角,称为坐标反算。当导线与高级控制点连接时,一般应利用高级控制点的坐标,反算出高级控制点构成直线的距离及坐标

方位角,作为导线计算的起算数据与检核的依据。此外,在施工放样前,也要利用坐标反算出放样数据。其计算公式如下:

由图 7-8 可知

$$\Delta x = D_{AB} \cos \alpha_{AB} \qquad ①$$

$$\Delta y = D_{AB} \sin \alpha_{AB} \qquad ②$$

式 ② 除以式 ① 得

$$\tan \alpha_{AB} = \frac{\Delta y}{\Delta x}$$

所以

$$\alpha_{AB} = \arctan \frac{y_B - y_A}{x_B - x_A} \tag{7-3}$$

用计算器按式(7-3)计算时,其值有正、有负,此时应根据 Δx、Δy 的正负号先确定 AB 直线所在的象限,之后按表 7-7 计算坐标方位角。

表 7-7　　　　　坐标增量正、负号与坐标方位角和象限的关系

象限	坐标方位角 α	Δx	Δy
Ⅰ	0°～90°	+	+
Ⅱ	90°～180°	−	+
Ⅲ	180°～270°	−	−
Ⅳ	270°～360°	+	−

AB 两点之间的距离可用式(7-4)进行计算。

$$D_{AB} = \sqrt{(x_B - x_A)^2 + (y_B - y_A)^2} \tag{7-4}$$

7.3.2　闭合导线的计算

如图 7-9 所示,闭合导线以闭合多边形作为检核条件,首先应满足内角和条件,其次应满足坐标条件,即由起始点的已知坐标,逐点推算导线点的坐标,最后又推算出起始点的坐标,推算出的起始点坐标应等于已知坐标。

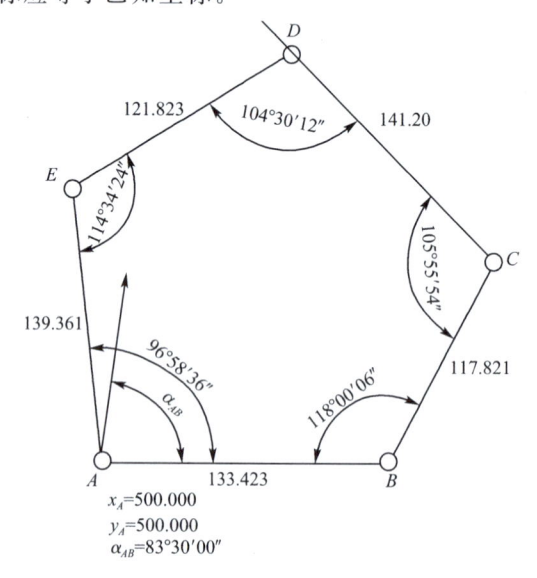

图 7-9　闭合导线方位角的推算

(1)角度闭合差的计算和调整

对具有 n 条边的闭合导线,其内角和的理论值为

$$\sum \beta_{\text{理}} = (n-2) \times 180° \tag{7-5}$$

设内角观测值的总和为 $\sum \beta_{\text{测}}$,$\sum \beta_{\text{测}}$ 应等于理论值 $\sum \beta_{\text{理}}$,但由于角度测量存在误差,两者常不相等,两者之差即角度闭合差。

$$f_\beta = \sum \beta_{\text{测}} - \sum \beta_{\text{理}} \tag{7-6}$$

图根导线角度闭合差的允许值为

$$f_{\beta允} = \pm 36'' \sqrt{n}$$

若角度闭合差在允许范围内,则可将角度闭合差按相反符号平均分配到各角中,每个角的改正数为

$$v = -\frac{f_\beta}{n} \tag{7-7}$$

图根导线计算改正数取至秒,如果有小数,以秒取整后,将剩余误差分配到边长较短的转角上或角度值较大的几个角上。调整后内角和应等于 $\sum \beta_{\text{理}}$。

若角度闭合差超过允许值,则应分析原因,有目的地局部或全部返工。

(2)导线方位角的推算

角度闭合差调整后,根据起始边坐标方位角和改正后的各内角(左角)计算各边的坐标方位角。

$$\alpha_{BC} = \alpha_{AB} + 180° + \beta_2$$
$$\alpha_{CD} = \alpha_{BC} + 180° + \beta_3$$

一般公式为

$$\alpha_{\text{前}} = \alpha_{\text{后}} + 180° + \beta_{\text{左}} \tag{7-8}$$

即前一边的坐标方位角等于后一边的坐标方位角加上 $180°$,再加上两边所夹的左角。

若观测的是右角,则坐标方位角的推算公式为

$$\alpha_{\text{前}} = \alpha_{\text{后}} + 180° - \beta_{\text{右}} \tag{7-9}$$

即前一边的坐标方位角等于后一边的坐标方位角加上 $180°$,再减去两边所夹的右角。

在计算中,若算得的坐标方位角大于 $360°$,则减去 $360°$;若算得的方位角为负值,则加上 $360°$。

(3)坐标增量计算及坐标增量闭合差的调整

根据各边的边长及坐标方位角,按坐标正算公式计算各边的坐标增量,即

$$\left.\begin{array}{l} \Delta x_{i(i+1)} = D_{i(i+1)} \cos \alpha_{i(i+1)} \\ \Delta y_{i(i+1)} = D_{i(i+1)} \sin \alpha_{i(i+1)} \\ i = 1, 2, \cdots, n \end{array}\right\}$$

计算结果取到 mm(或 cm)精度。

闭合导线坐标增量的代数和在理论上应等于零,即

$$\left.\begin{array}{l}\sum \Delta x_{理} = 0 \\ \sum \Delta y_{理} = 0\end{array}\right\} \quad (7\text{-}10)$$

实际中,由于测量角度和距离都存在误差,计算的坐标增量代数和并不等于零,而等于某一个数值。该数值称为坐标增量闭合差,用式(7-11)表示

$$\left.\begin{array}{l}f_x = \sum \Delta x_{测} \\ f_y = \sum \Delta y_{测}\end{array}\right\} \quad (7\text{-}11)$$

式中　f_x——纵坐标增量闭合差;

f_y——横坐标增量闭合差。

由于 f_x、f_y 的存在,使闭合导线不闭合,产生一个缺口 AA',用 f_D 表示,称为导线全长闭合差,可用式(7-12)计算

$$f_D = \sqrt{f_x^2 + f_y^2} \quad (7\text{-}12)$$

根据 f_D 的大小,可以判断出导线的精度,实际测量中常用相对闭合差来衡量导线测量的精度,即

$$K = \frac{f_D}{\sum D} = \frac{1}{\sum D/f_D} = \frac{1}{N} \quad (7\text{-}13)$$

式中　$\sum D$——导线全长;

K——导线全长相对闭合差,用 $1/N$ 形式表示。

在通常情况下,图根导线的 K 值应小于 1/2 000,困难地区也不应超过 1/1 000。若 K 值小于允许值,则将纵、横坐标增量闭合差反符号按边长成比例分配到各坐标增量中,使改正后的 $\sum \Delta x$、$\sum \Delta y$ 都等于零。各坐标增量的改正数为

$$\left.\begin{array}{l}\delta_{xi} = -\dfrac{f_x}{\sum D} \times D_i \\ \delta_{yi} = -\dfrac{f_y}{\sum D} \times D_i \\ i = 1,2,\cdots,n\end{array}\right\} \quad (7\text{-}14)$$

式中　δ_{xi}——第 i 条边纵坐标增量的改正数;

δ_{yi}——第 i 条边横坐标增量的改正数;

D_i——第 i 条边的边长。

若 K 值超过允许值,应先仔细检查外业记录,如确无问题,则着重检查导线的边长,分析量距情况,找出问题,有目的地进行返工。

(4)导线点坐标的计算

坐标增量经过调整后,可根据已知点的坐标和调整后的坐标增量,计算各点坐标为

$$\left.\begin{array}{l}x_i = x_{i-1} + \Delta x_i \\ y_i = y_{i-1} + \Delta y_i\end{array}\right\}$$

算完最后一点,还要推算起始点的坐标,以资校核。

闭合导线坐标计算的算例(图 7-9)见表 7-8。

表 7-8　　　　　　　　　　　闭合导线坐标计算表

计算者　　　　　　　　　　校核者

点号	观测角/° ′ ″	改正后的角值/° ′ ″	方位角/° ′ ″	边长 D/m	边长增量计算值/m δ_{xi} Δx	边长增量计算值/m δ_{yi} Δy	改正后的增量/m $\Delta x'$	改正后的增量/m $\Delta y'$	坐标/m x	坐标/m y	备注
A	+9 96 58 36	96 58 45							500.000	500.000	
			88 30 00	133.423	+14 3.493	−40 133.386	3.507	133.346			
B	+10 118 00 06	118 00 16							503.507	633.346	
			26 30 16	117.821	+12 105.438	−36 52.580	105.450	52.544			
C	+10 105 55 54	105 56 04							608.95	685.890	
			312 26 20	141.209	+14 95.288	−43 −104.212	95.302	−104.255			
D	+9 104 30 12	104 30 21							704.259	581.635	
			236 56 41	121.823	+13 −66.448	−37 −102.10	−66.435	−102.142			
E	+10 114 34 24	114 34 34							637.824	479.493	
			171 31 15	139.361	+14 −137.838	−42 20.549	−137.824	20.507			
A	+9 96 58 36	96 58 45							500.000	500.000	
			88 30 00								
B											
∑	539 59 12	540 00 00		653.637	−0.067	0.198	0	0			

辅助计算

$f_\beta = -48''$
$f_{\beta 允} = \pm 36''\sqrt{5} = \pm 80''$
$f_\beta < f_{\beta 允}$ 可以调整

$f_x = -0.067$
$f_y = 0.198$
$f_D = \sqrt{f_x^2 + f_y^2} = 0.209$
$K = \dfrac{f_D}{\sum D} = \dfrac{0.209}{653.637} = \dfrac{1}{3\ 127} < \dfrac{1}{2\ 000}$

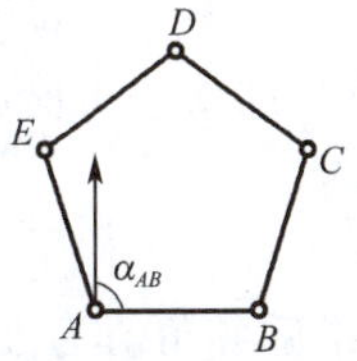

7.3.3　附合导线的计算

如图 7-10 所示，一两端与高级控制点相连接的附合导线，其中 A、B、C、D 均为已知点，按坐标反算公式可得起始边与终边的坐标方位角，即

$$\alpha_{AB} = \arctan\left(\dfrac{y_B - y_A}{x_B - x_A}\right) \qquad \alpha_{CD} = \arctan\left(\dfrac{y_D - y_C}{x_D - x_C}\right)$$

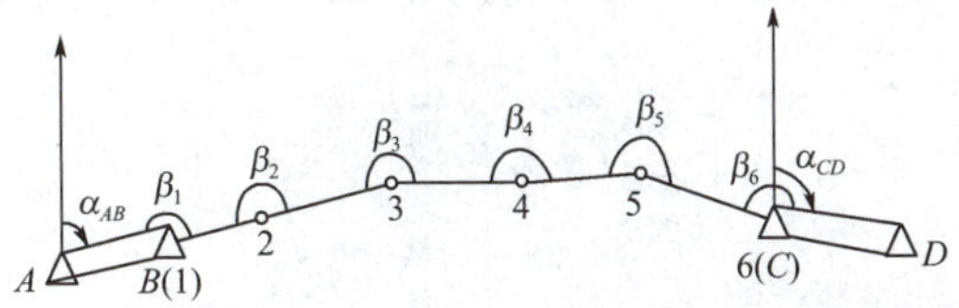

图 7-10　附合导线的计算

附合导线的计算与闭合导线基本相同，但由于几何条件不同，角度闭合差和坐标增量闭合差的计算就有所不同。

1. 角度闭合差的计算

如图 7-10 所示，对于该附合导线，终边 CD 有一已知方位角 α_{CD}。经过测量后，从起始边 AB 的坐标方位角 α_{AB} 又推算出 CD 边的坐标方位角 α'_{CD}，则角度闭合差

$$f_\beta = \alpha'_{CD} - \alpha_{CD} \tag{7-15}$$

下面推导 α'_{CD} 的计算公式

因为
$$\alpha_{12} = \alpha_{AB} + 180° + \beta_1$$
$$\alpha_{23} = \alpha_{12} + 180° + \beta_2$$
$$\alpha_{34} = \alpha_{23} + 180° + \beta_3$$
$$\alpha_{45} = \alpha_{34} + 180° + \beta_4$$
$$\alpha_{56} = \alpha_{45} + 180° + \beta_5$$
$$+)\alpha'_{CD} = \alpha_{56} + 180° + \beta_6$$
_____

所以
$$\alpha'_{CD} = \alpha_{AB} + 6 \times 180° + \sum \beta_{测}$$

由此可以给出附合导线角度闭合差的一般计算公式为

$$f_\beta = \alpha_{起} - \alpha_{终} \pm (n \times 180° - \sum \beta_{测}) \tag{7-16}$$

式中，n 为测站数或附合导线点的个数(包括起点、终点)。当 $\beta_{测}$ 为右角时用"$-$"；当 $\beta_{测}$ 为左角时用"$+$"。

图根导线 $f_{\beta 允} = \pm 36''\sqrt{n}$。若 $|f_\beta| \leqslant |f_{\beta 允}|$，则说明测角符合要求，否则应重测转角。若角度观测合格，则将角度闭合差 f_β 进行调整，调整原则为

(1) 若 β 为右角，则将 f_β 同号分配，即 $v_\beta = \dfrac{f_\beta}{n}$，余数分配给短边的邻角(因构成角的边长越短，量角的误差可能越大)，且 $\sum v_\beta = f_\beta$；

(2) 若 β 为左角，则将 f_β 反号分配，即 $v_\beta = -\dfrac{f_\beta}{n}$，余数分给短边的邻角，且 $\sum v_\beta = -f_\beta$。

改正后各角值为 $\beta'_i = \beta_i + v_\beta$

推算各边坐标方位角时，必须采用改正后的转折角，即

$$\alpha_{i(i+1)} = \alpha_{(i-1)i} \pm 180° \pm \beta'_i$$

注意：计算出各边方位角后，若超过 360°，则减去 360° 作为该边的方位角，若出现负值，则应加上 360° 后作为该边的方位角。

2. 坐标增量闭合差的计算

附合导线的两端均为高级控制点，它们的坐标值精度较高，误差可忽略不计，因此可以认为其理论值为

$$\sum \Delta x_{理} = x_C - x_B$$
$$\sum \Delta y_{理} = y_C - y_B$$

由于测角和量距存在误差，使得计算的 $\sum \Delta x_{测}$、$\sum \Delta y_{测}$ 与理论值不相等，两者之差即坐标增量闭合差，即

$$\left. \begin{aligned} f_x &= \sum \Delta x_{测} - \sum \Delta x_{理} = \sum \Delta x_{测} - (x_C - x_B) \\ f_y &= \sum \Delta y_{测} - \sum \Delta x_{理} = \sum \Delta x_{测} - (y_C - y_B) \end{aligned} \right\} \tag{7-17}$$

导线全长闭合差为

$$f_D = \sqrt{f_x^2 + f_y^2} \tag{7-18}$$

附合导线相对闭合差和调整以及其他计算与闭合导线相同。附合导线坐标计算的算例见表 7-9。

表 7-9　符合导线坐标计算表

点号	左角 β 观测值/(° ′ ″)	改正后的角值/(° ′ ″)	方位角/(° ′ ″)	边长 D/m	边长增量计算值 $\delta_x\Delta x$	边长增量计算值 $\delta_y\Delta y$	改正后的增量/m $\Delta x'$	改正后的增量/m $\Delta y'$	坐标 x	坐标 y	备注
A			58 25 16						4 117.746	7 228.675	已知
B(1)	+7 187 04 48	187 04 55	65 30 11	94.246	+8 39.079	−7 85.762	39.087	85.755	4 165.827	7 306.899	已知
2	+8 176 50 24	176 50 32	62 20 43	76.262	+7 35.396	−5 67.550	35.403	67.545	4 204.914	7 392.654	
3	+8 200 40 24	200 40 32	83 10 15	72.895	+7 8.857	−5 72.355	8.864	72.350	4 240.317	7 460.199	
4	+8 176 18 30	176 18 38	79 19 53	79.378	+7 14.695	−5 78.006	14.702	78.001	4 249.181	7 532.549	
5	+8 190 53 18	190 53 26	90 13 19	78.205	+7 −0.303	−7 78.204	−0.296	78.197	4 263.883	7 610.550	
C(6)	+7 186 06 18	186 06 25	96 19 44						4 263.587	7 688.747	已知
D									4 247.377	7 787.424	已知
Σ	1 117 53 42	1 117 54 28		400.986	97.724	381.877					

计算：
$\Sigma\beta_{测}=1\ 117°53'42''$
$\Sigma\beta_{理}=\alpha_{终}-\alpha_{起}+n\times 180°=96°19'44''-58°25'16''+6\times 180°=1\ 117°54'28''$
$f_\beta=\Sigma\beta_{测}-\Sigma\beta_{理}=-46''$
$f_{\beta允}=\pm 36''\sqrt{6}=\pm 88''$
$f_\beta<f_{\beta允}$，可以调整

$f_x=-0.036$　$f_y=0.029$
$f_D=\sqrt{f_x^2+f_y^2}=0.046$
$K_D=f_D/\Sigma D=1/8\ 717<1/3\ 000$
可以调整

7.3.4 支导线的计算

由于支导线是由一个已知点出发,既不回到原出发点,也不附合到另外已知点上。故这种导线无法检验。计算时,根据已知点的坐标、坐标方位角及测得的转角,利用坐标正算公式算得支点的坐标。如图 7-11 所示,起算数据为 $M(P_0) \sim A(P_1)$ 的坐标方位角 α_{01}, $A(P_1)$ 的坐标 (x_1, y_1)。观测数据为各转角 β_i、导线边长 $D_{i(i+1)}(i=1,2,\cdots,n-1)$, n 为导线点的最大编号,对于支导线,一般 $n \leqslant 3$。其计算步骤如下:

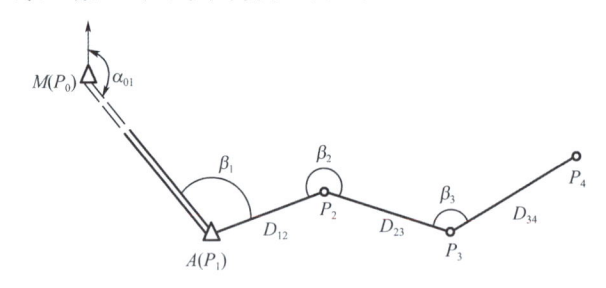

图 7-11 支导线的计算

(1) 推算坐标方位角

利用起算坐标方位角 α_{01} 和观测转角 β_i 计算各边的坐标方位角,即

$$\alpha_{i(i+1)} = \alpha_{(i-1)i} \pm \beta_i \pm 180° (i=1,2,\cdots,n-1) \tag{7-19}$$

β_i 前的符号:以 $i-1 \to i \to i+1$ 为前进方向,当 β_i 为左角时取"+",当 β_i 为右角时取"−",所谓"左加右减";180°前的符号:等式右边前两项之和小于 180°时取"+",反之取"−"。

(2) 计算坐标增量

利用上步计算的坐标方位角和观测得到的各边长 $D_{i(i+1)}$,计算相邻导线点的坐标增量为

$$\left. \begin{array}{l} \Delta x_{i(i+1)} = D_{i(i+1)} \cos \alpha_{i(i+1)} \\ \Delta y_{i(i+1)} = D_{i(i+1)} \sin \alpha_{i(i+1)} \\ i = 1, 2, \cdots, n-1 \end{array} \right\} \tag{7-20}$$

(3) 推算坐标

利用起算坐标 (x_1, y_1) 和坐标增量计算结果,依次推算各导线点的坐标为

$$\left. \begin{array}{l} x_{i+1} = x_i + \Delta x_{i(i+1)} \\ y_{i+1} = y_i + \Delta y_{i(i+1)} \end{array} \right\} \tag{7-21}$$

7.3.5 控制点的加密

当已知控制点的数量不能满足测图或施工测量的要求时,需要对控制点进行加密。常用的加密方法是交会法,交会法分为前方交会法、后方交会法和边长交会法。

1. 前方交会法

如图 7-12(a) 所示,由两个(或三个)已知点 A、B 来确定未知点 P 的坐标的方法称为前方交会法,即用经纬仪在已知点 A、B 上分别向新点 P 观测水平角 α 和 β,从而计算 P 点的坐标。计算步骤如下:

第 7 章　小地区控制测量

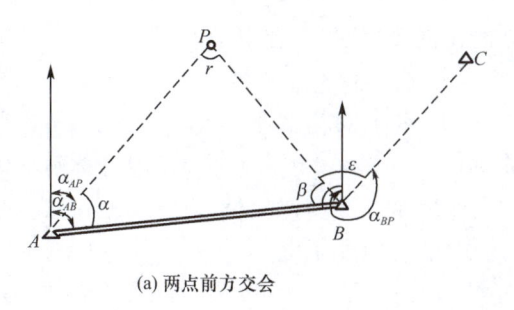

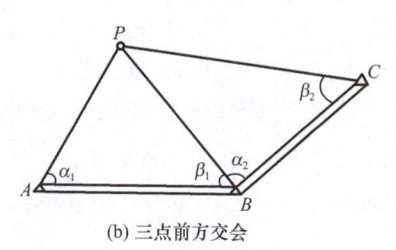

(a) 两点前方交会　　　　(b) 三点前方交会

图 7-12　前方交会法

(1) 按已知点坐标反算边长和坐标方位角

$$D_{AB} = \sqrt{(x_B - x_A)^2 + (y_B - y_A)^2}$$

$$\alpha_{AB} = \arctan\left(\frac{y_B - y_A}{x_B - x_A}\right)$$

(2) 计算待定边边长及坐标方位角

$$\left.\begin{aligned} D_{AP} &= \frac{D_{AB} \cdot \sin\beta}{\sin(180° - \alpha - \beta)} \\ D_{BP} &= \frac{D_{AB} \cdot \sin\alpha}{\sin(180° - \alpha - \beta)} \end{aligned}\right\} \tag{7-22}$$

$$\left.\begin{aligned} \alpha_{AP} &= \alpha_{AB} - \alpha \\ \alpha_{BP} &= \alpha_{AB} + \beta \end{aligned}\right\} \tag{7-23}$$

(3) 计算交会点坐标

由点 A 坐标计算点 P 坐标为

$$\left.\begin{aligned} x_P &= x_A + D_{AP} \cdot \cos\alpha_{AP} \\ y_P &= y_A + D_{AP} \cdot \sin\alpha_{AP} \end{aligned}\right\} \tag{7-24}$$

为了检核其正确性,再由点 B 坐标计算点 P 坐标为

$$\left.\begin{aligned} x_P &= x_B + D_{BP} \cdot \cos\alpha_{BP} \\ y_P &= y_B + D_{BP} \cdot \sin\alpha_{BP} \end{aligned}\right\} \tag{7-25}$$

确定点 P 的坐标为

$$\left.\begin{aligned} x_P &= \frac{x_A \cot\beta + x_B \cot\alpha + (y_B - y_A)}{\cot\alpha + \cot\beta} \\ y_P &= \frac{y_A \cot\beta + y_B \cot\alpha + (x_A - x_B)}{\cot\alpha + \cot\beta} \end{aligned}\right\} \tag{7-26}$$

为了提高精度,交会角 γ 最好在 90° 左右,一般不应小于 30° 或大于 120°。同时为了校核所定点位的正确性,要求由三个已知点进行交会。有两种方法:

(1) 如图 7-12(a) 所示,观测一组角度 α、β,计算点 P 的坐标,而以另一方向检查,即在点 B 观测检查角 $\varepsilon = \angle PBC$。计算出 $\varepsilon_算 = \alpha_{BC} - \alpha_{BP}$ 以及 $\Delta\varepsilon = \varepsilon_算 - \varepsilon_测$,一般规定

$$\Delta\varepsilon \leqslant \frac{0.15 m\rho''}{s}$$

式中　m——测图比例尺;
　　　s——检查方向的边长,即 BC 边长;
　　　ρ''——206 265″。

上式前者用于1∶5 000及1∶10 000的比例尺测图,后者用于1∶500~1∶2 000的比例尺测图。

(2)如图7-12(b)所示,分别在已知点 A、B、C 上观测水平角 α_1、β_1 及 α_2、β_2。分别在 △ABP 和 △BCP 中计算出 P 点的两组坐标 $P_1(x_{P_1}, y_{P_1})$ 和 $P_2(x_{P_2}, y_{P_2})$。若两组坐标的较差 $f = \pm\sqrt{(x_{P_1}-x_{P_2})^2 + (y_{P_1}-y_{P_2})^2} \leqslant 0.2M$ 或 $0.3M$,则取平均值。式中 M 为比例尺的分母,前者用于1∶5 000及1∶10 000的比例尺测图,后者用于1∶500~1∶2 000的比例尺测图。

前方交会计算见表7-10。已知点 A、B、C,求点 P。

表 7-10　　　　　　　　　　　前方交会计算

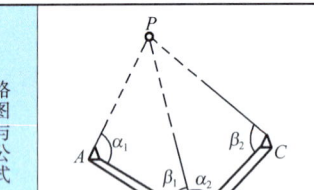

略图与公式	\multicolumn{5}{l	}{ $x_{P_1} = \dfrac{x_A \cot\beta_1 + x_B \cot\alpha_1 + (y_B - y_A)}{\cot\alpha_1 + \cot\beta_1}$　　$x_{P_2} = \dfrac{x_B \cot\beta_2 + x_C \cot\alpha_2 + (y_C - y_B)}{\cot\alpha_2 + \cot\beta_2}$ $y_{P_1} = \dfrac{y_A \cot\beta_1 + y_B \cot\alpha_1 + (x_A - x_B)}{\cot\alpha_1 + \cot\beta_1}$　　$y_{P_2} = \dfrac{y_B \cot\beta_2 + y_C \cot\alpha_2 + (x_B - x_C)}{\cot\alpha_2 + \cot\beta_2}$ $x_P = \dfrac{1}{2}(x_{P_1} + x_{P_2})$　　　　　　　$y_P = \dfrac{1}{2}(y_{P_1} + y_{P_2})$ }
已知数据	x_A	1 659.232	y_A	2 355.537	x_B	1 406.593	y_B	2 654.051
	x_B	1 406.593	y_B	2 654.051	x_C	1 589.736	y_C	2 987.304
观测值	α_1	69°11′04″	β_1	59°42′39″	α_2	51°15′22″	β_2	76°44′30″
计算与校核	x_{P_1}	1 869.200	y_{P_1}	2 735.228	x_{P_2}	1 869.208	y_{P_2}	2 735.226
	\multicolumn{8}{l	}{测图比例尺 1∶500　　　$f_允 = \pm 0.3 \times 500 = \pm 150$ mm $f = \sqrt{8^2 + 2^2} = \pm 8 < \pm 150$ mm　　$x_P = 1\ 869.204$　　$y_P = 2\ 735.227$ }

2. 后方交会法

如图7-13所示,A、B、C 是已知控制点,将经纬仪安置在待定点 P 上,观测点 P 到 A、B、C 各方向之间的夹角 α、β,从而计算 P 点的坐标,这种方法称为后方交会法。

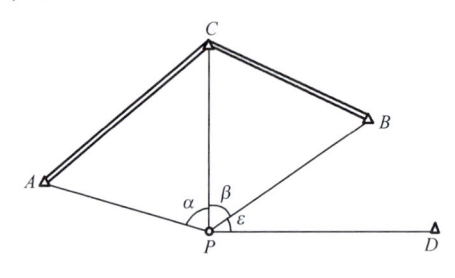

图 7-13　后方交会法

后方交会法的计算公式很多,这里只介绍一种方法。步骤如下:

(1)引入辅助量 a、b、c、d,其中

$$\left.\begin{aligned} a &= (x_A - x_C) + (y_A - y_C)\cot\alpha \\ b &= (y_A - y_C) - (x_A - x_C)\cot\alpha \\ c &= (x_B - x_C) - (y_B - y_C)\cot\beta \\ d &= (y_B - y_C) + (x_B - x_C)\cot\beta \end{aligned}\right\} \qquad (7\text{-}27)$$

令

$$k = \frac{c - a}{b - d}$$

第 7 章　小地区控制测量

(2)计算坐标增量

$$\Delta x_{CP} = \frac{a+kb}{1+k^2} \text{ 或 } \Delta x_{CP} = \frac{-c+kb}{1+k^2} \\ \Delta y_{CP} = -k\Delta x_{CP}$$　　(7-28)

(3)计算待定点坐标

$$x_P = x_B + \Delta x_{CP} \\ y_P = y_B + \Delta y_{CP}$$　　(7-29)

(4)检核交会点 P 的坐标

为了检核测量结果的准确性，必须在点 P 上对第四个已知点进行观测，即再观测 ε 角，如图 7-13 所示，根据 A、B、C 三点算得的点 P 坐标，再根据已知点 B 和 D 的坐标反算方位角 α_{PB} 和 α_{PD}，则有

$$\alpha_{PB} = \arctan \frac{y_B - y_P}{x_B - x_P}$$

$$\alpha_{PD} = \arctan \frac{y_D - y_P}{x_D - x_P}$$

$$\varepsilon' = \alpha_{PD} - \alpha_{PB}$$

将 ε′ 与观测角 ε 相比较，得

$$\Delta\varepsilon = \varepsilon' - \varepsilon$$

对于图根加密点，Δε 的允许值为 $\pm 40''\sqrt{2} = \pm 56''$。

(5)危险圆问题

如图 7-14 所示，当点 P 正好落在 A、B、C 三点所公共的圆周上时，则无解或有无穷多个解。因为点 P 在圆周任何位置，其 α、β 角均不变，此时，后方交会点就无法解。因此，把通过已知点 A、B、C 的圆称为危险圆。

当点 P 通过 A、B、C 三点所在圆周时，为不定解，下式为点 P 落在危险圆上的判别式，即

$$a = c \\ b = d \\ k = \frac{a-c}{b-d} = \frac{0}{0}$$　　(7-30)

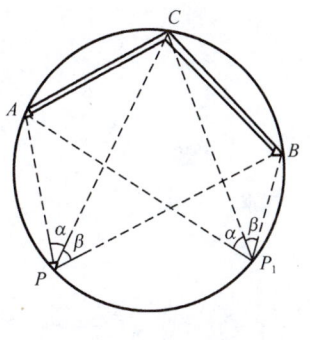

图 7-14　危险圆问题

后方交会计算见表 7-11。

表 7-11　　　　　　　　后方交会计算　　　　　　　　　　m

已知数据观测值	x_A	1 347.632	y_A	2 574.031
	x_C	1 432.237	y_C	2 264.383
	x_B	1 948.456	y_B	2 174.041
	α	62°31′18″	cot α	0.520 087
	β	41°27′36″	cot β	1.131 886

(续表)

$x_A - x_C$	−84.605	$y_A - y_C$	+309.648	$x_B - x_C$	+516.219	$y_B - y_C$	−90.342
a	+76.439	b	+353.649	c	+618.476	d	+493.959
$k = \dfrac{c-a}{b-d}$	−3.863 14	$a+kb$	−1 289.756	$c+kd$	−1 289.756	$1+k^2$	15.923 8
Δx_{CP}	−80.995	Δy_{CP}	−312.895	x_P	1 867.461	y_P	1 861.146

3. 边长交会法

随着红外光测距仪的普及,边长交会法定点也是经常使用的一种确定点位的方法。

如图 7-15 所示,A、B 为已知点,测量边长 D_{AP} 和 D_{BP},求待定点 P 的坐标。

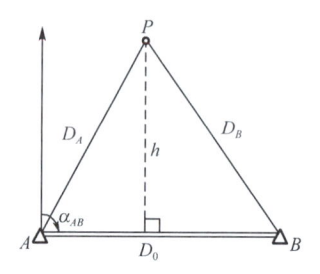

图 7-15 边长交会法

由已知数据根据坐标反算公式,得

$$D_0 = \sqrt{(x_B - x_A)^2 + (y_B - y_A)^2}$$

$$\sin \alpha_{AB} = \frac{y_B - y_A}{D_0} \qquad \cos \alpha_{AB} = \frac{x_B - x_A}{D_0}$$

由余弦定理得

$$\cos A = \frac{D_A^2 + D_0^2 - D_B^2}{2 D_0 D_A}$$

令

$$t = D_A \cos A = \frac{1}{2 D_0}(D_A^2 + D_0^2 - D_B^2)$$

$$h = -\sqrt{D_A^2 - t^2}$$

式中,h 取负号是顾及点 P 在 AB 线段左侧(A、B、C 为逆时针排序)。

点 P 坐标为

$$\left.\begin{aligned}
x_P &= x_A + t\cos \alpha_{AB} - h\sin \alpha_{AB} = x_A + \frac{1}{D_0}(t \cdot \Delta x_{AB} - h \cdot \Delta y_{AB}) \\
y_P &= y_A + t\sin \alpha_{AB} + h\cos \alpha_{AB} = y_A + \frac{1}{D_0}(t \cdot \Delta y_{AB} + h \cdot \Delta x_{AB})
\end{aligned}\right\} \quad (7\text{-}31)$$

边长交会计算见表 7-12。

表 7-12　　　　　　　　　　边长交会计算

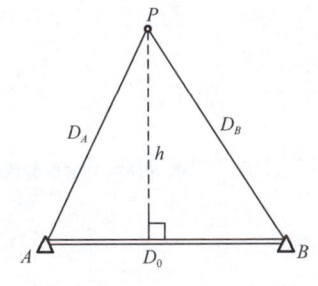

略图与计算公式	$t = (D_A^2 + D_0^2 - D_B^2)/2D_0$ $h = -\sqrt{D_A^2 - t^2}$ $\alpha = \alpha_{AB} = \arctan\dfrac{y_B - y_A}{x_B - x_A}$ $D_{AB} = \sqrt{(x_B - x_A)^2 + (y_B - y_A)^2} = D_0$ $x_P = x_A + t\cos\alpha - h\sin\alpha$ $y_P = y_A + t\sin\alpha + h\cos\alpha$

已知坐标	x_A	+8 701.089	y_A	+8 700.200	观测	D_A	1 082.431
	x_B	+8 503.125	y_B	+9 621.483		D_B	942.369
Δx_{AB}	−197.964	Δy_{AB}	+921.283	D_0	942.312	α_{AB}	102°07′38″
t	+621.636	h	−886.130	x_P	9 436.848	y_P	9 494.124

7.4　全站仪导线测量

全站仪是一种质量轻,操作简便,测角、测距精度高,并且能够存储大量数据的多功能数字化测图的重要工具之一。不同类型的全站仪不仅外形可能不同,功能也可能有一些差别。关于全站仪的结构和使用方法详见第 5 章。

7.4.1　全站仪导线测量外业

全站仪导线的布设形式与普通导线一样,其外业工作主要包括:

1. 踏勘选点

踏勘选点的技术要求与普通导线测量相同。

2. 坐标测量

在全站仪坐标测量模式下观测导线点的三维坐标(x,y,z),以此可获得各个导线点的坐标。然后再切换到距离、角度测量模式测得距离 D、水平角 β、高差 h,以备后用检核,并且记入记录簿。具体观测方法见第 5 章。

3. 导线起始数据确定

全站仪进行导线测量,必须知道两点的坐标,或是知道一个起始点的坐标和一条边的坐标方位角。起始点的坐标通常是已知的,在测区或测区附近一般可以找到。如果起始点未知,则可采用测角交会的方法求得,如前方交会法、边长交会法和后方交会法等。

7.4.2　全站仪导线测量内业

导线测量中的许多计算工作已由仪器内软件承担。由于全站仪可直接测定各点的坐标值,因此平差计算就不能像传统的导线测量那样,先进行角度闭合差和坐标增量闭合差的调整,再计算坐标。其实在这种情况下,直接按坐标平差计算,更为简便。此外,高程的计算也可同时进行。

如图 7-16 所示,由于存在测量误差,最后测得的 C 点坐标(包括高程,即 z 坐标)不等于 C 点的已知坐标。平面位置产生了一缺口 CC',即导线全长闭合差 f_L。f_L 在纵、横坐标轴上的投影为纵、横坐标闭合差 f_x、f_y,高程闭合差则为 f_z。显然

图 7-16 全站仪导线测量

$$\left.\begin{aligned} f_x &= x'_C - x_C \\ f_y &= y'_C - y_C \\ f_z &= z'_C - z_C \end{aligned}\right\} \tag{7-32}$$

式中 x'_C、y'_C、z'_C——C 点的三个坐标观测值;
x_C、y_C、z_C——C 点的已知坐标。

导线全长闭合差为

$$f_L = \pm \sqrt{f_x^2 + f_y^2} \tag{7-33}$$

导线全长相对闭合差为

$$k = \frac{f_L}{\sum D} = \frac{1}{\sum D / f_L} \tag{7-34}$$

式中 D——导线边长,在观测各点坐标时,利用全站仪调阅键即可得到。

当导线全长相对闭合差不大于规范规定的容许值时,可按下式计算各点坐标改正值,即

$$\left.\begin{aligned} \delta_{xi} &= -\frac{f_x}{\sum D}(D_{B2} + D_{23} + \cdots + D_{(i-1)i}) \\ \delta_{yi} &= -\frac{f_y}{\sum D}(D_{B2} + D_{23} + \cdots + D_{(i-1)i}) \\ \delta_{zi} &= -\frac{f_z}{\sum D}(D_{B2} + D_{23} + \cdots + D_{(i-1)i}) \end{aligned}\right\} \tag{7-35}$$

改正后各点坐标为

$$\left.\begin{aligned} x_i &= x'_i + \delta_{xi} \\ y_i &= y'_i + \delta_{yi} \\ z_i &= z'_i + \delta_{zi} \end{aligned}\right\} \tag{7-36}$$

式中 x'_i、y'_i、z'_i——i 点的坐标观测值。

7.5 三、四等水准测量

小地区高程控制测量包括三、四等水准测量,图根水准测量和三角高程测量,现分别介绍如下。

三、四等水准测量,除用于国家高程控制网的加密外,还常用于小地区的首级高程控制,

以及工程建设地区内工程测量和变形观测的基本控制。三、四等水准测量通常以测区附近的国家高级水准点为起算数据。在公路工程建设地区,三、四等水准点间距可根据实际需要决定,一般为 1~2 km。应埋设普通水准标志或临时水准点标志,也可利用埋石的平面控制点作为水准点。

三、四等水准测量所使用的水准仪,其精度应不低于 DS3 型水准仪的技术指标。水准仪望远镜放大倍率应大于 25 倍,符合水准管分划值为 $20''/2$ mm。三、四等水准测量的技术要求见表 7-13。

表 7-13　　　　　　　　　　　三、四等水准测量的技术要求

等级	使用仪器	高差闭合差限差/m		视线长度/m	视线高度	前、后视距差/m	前、后视距累计差	黑、红面读数差	黑、红面高差之差
		附合、闭合路线	往、返测						
三	DS3	$\pm 12\sqrt{L}$	$\pm 12\sqrt{K}$	≤75	三丝能读数	≤2	≤5	≤2	≤3
四	DS3	$\pm 20\sqrt{L}$	$\pm 12\sqrt{K}$	≤100	三丝能读数	≤3	≤10	≤3	≤5

7.5.1　观测方法与记录

三、四等水准测量主要采用双面尺观测法,二者观测程序基本相同,只是各种限差有所区别。现以三等水准测量为例进行说明。

在测站上安置仪器后,调整圆水准器使气泡居中。分别瞄准后、前视尺的黑面,利用视距法检查前、后视距离长度及前后视距离差。如超限,则需移动前视尺或水准仪的位置,以满足要求,然后按下列顺序进行观测,并将观测结果记入记录手簿中,见表 7-14。

(1)读取后视尺黑面读数:下丝(1)、上丝(2)、中丝(3);
(2)读取前视尺黑面读数:下丝(4)、上丝(5)、中丝(6);
(3)读取前视尺红面读数:中丝(7);
(4)读取后视尺红面读数:中丝(8)。

测得上述 8 个数据后,应立即进行测站校核计算,各项限差符合技术要求后,方可迁站继续测量,否则应重新观测。

以上观测程序简称为"后(黑)→前(黑)→前(红)→后(红)",三等水准测量就是依照这个程序进行的。四等水准测量可以按照"后(黑)→后(红)→前(黑)→前(红)"的观测程序进行。

7.5.2　计算与校核

测站校核计算包括视距、读数和高差三部分。

1. 视距部分

后距　　　　　　　　　　(9)=[(1)−(2)]×100

前距　　　　　　　　　　(10)=[(4)−(5)]×100

前、后视距差(11)=[(9)−(10)],绝对值不应超过 2 m。

前、后视距累计(12)＝本站的(11)＋前站的(12)，绝对值不应超过 5 m。

2. 读数部分

后视尺的黑、红面中丝读数差(13)＝K_1＋(3)－(8)，绝对值不应超过 2 mm。

前视尺的黑、红面中丝读数差(14)＝K_2＋(6)－(7)，绝对值不应超过 2 mm。

上面两式中的 K_1、K_2 分别为两水准尺的黑、红面尺起点差，也称为尺常数，表 7-14 中，K_1＝4.787，K_2＝4.687。

3. 高差部分

黑面尺高差　　　　　　　　(16)＝(3)－(6)

红面尺高差　　　　　　　　(17)＝(8)－(7)

黑、红面高差之差(15)＝(16)－(17)±0.100＝(13)－(14)，该值在三等水准测量绝对值不应超过 3 mm，四等水准测量绝对值不应超过 5 mm。

平均高差　　　　　　　　　(18)＝[(16)＋(17)±0.100]/2

由于两水准尺的红面起始读数相差 0.100 m，因此红面尺所测高差应为(17)±0.100 m，两水准尺交替前进，因此"加"或"减"。以黑面尺所测高差(16)为准来确定。

平均高差的计算，必须在前三项校核计算合格的前提下进行。

整个水准路线测量结束后，应逐页校核计算有无错误，检核计算的方法如下：

(1)视距计算检核

计算 $\sum(3)$、$\sum(6)$、$\sum(7)$、$\sum(8)$、$\sum(9)$、$\sum(10)$、$\sum(16)$、$\sum(17)$、$\sum(18)$，而后用下式校核：

$$\sum(9) - \sum(10) = 末站 12$$

如果等式成立，说明距离计算没有问题，水准路线的总长度 $L = \sum(9) + \sum(10)$，否则应检查视距计算部分。

(2)高差计算检核

红、黑面后视总和减红、黑面前视总和应等于红、黑面高差总和，还应等于平均高差总和的两倍。

当测站为奇数时　　$\sum(16) + \left[\sum(17) \pm 0.100\right] = 2\sum(18) \pm 0.100$

当测站为偶数时　　　　$\sum(16) + \sum(17) = 2\sum(18)$

水准点高程计算

外业成果经检核无误后，按第 2 章水准测量成果计算的方法，计算各水准点的高程。

图根水准测量用于测定测区首级平面控制点和图根点高程，其精度低于四等水准测量，故又称为等外水准测量。图根水准测量的水准路线形式可根据平面控制点和图根点在测区的分布情况布设。其观测方法及记录计算，参阅第 2 章，其技术要求见表 7-14。

表 7-14　　　　　　　　　　　　三(四)等水准测量手簿

测自 BM₂ 至 BM₇　　观测者_____　　记录者_____
仪器型号_____　　天　气_____　　呈　像_____
____年____月____日 开始____时____分 结束____时____分

测站编号	点号	后尺 上丝 后尺 下丝 后距/m 视距差/m	前尺 上丝 前尺 下丝 前距/m 累计差/m	方向及尺号	水准尺读数/m 黑面	水准尺读数/m 红面	K+黑−红/mm	高差中数/m	备注
		(1) (2) (9) (11)	(4) (5) (10) (12)	后 前 后−前	(3) (6) (16)	(8) (7) (17)	(13) (14) (15)	(18)	
1	BM₂ ～TP₁	1.571 1.197 37.4 −0.2	0.739 0.363 37.6 −0.2	后1 前2 后−前	1.684 0.551 +0.833	6.171 5.239 +0.932	0 −1 +1	0.8325	
2	TP₁～ TP₂	2.121 1.747 37.4 −0.1	2.196 1.821 37.5 −0.3	后2 前1 后−前	1.934 2.008 −0.074	6.621 6.796 −0.175	0 −1 +1	−0.0745	K₁=4.787 K₂=4.687
3	TP₂～ TP₃	1.914 1.539 37.5 −0.2	2.055 1.678 37.7 −0.5	后1 前2 后−前	1.726 1.866 −0.140	6.513 6.554 −0.041	0 −1 +1	−0.1405	
4	TP₃～ TP₄	1.965 1.700 26.5 −0.2	2.141 1.874 26.7 −0.7	后2 前1 后−前	1.832 2.007 −0.175	6.519 6.793 −0.274	0 −1 +1	−0.1745	
5	TP₄～ BM₇	0.565 0.127 43.8 +0.2	2.792 2.356 43.6 −0.5	后1 前2 后−前	0.356 2.574 −2.218	5.144 7.261 −2.117	−1 0 −1	−2.2175	
校核	$\sum(9)=182.6$ m, $\sum(10)=183.1$ m 末站(12)=−0.5 m 总视距=365.7 m			$\sum(3)=7.532$ m　$\sum(8)=30.968$ m $\sum(6)=9.006$ m　$\sum(7)=32.643$ m $\sum(16)=-1.774$ m　$\sum(17)=-1.675$ m $\sum(16)+\left[\sum(17)-0.100\right]=-3.549$ m $=2\sum(18)$				$\sum(18)=-1.7745$ m	

7.5.3　三、四等水准测量的成果整理

当一条水准路线的外业测量工作完成后,首先应将外业的记录、计算进行校核,计算出测段的观测高差和与之对应的测段长度,计算高差闭合差是否超限。确认合格无误后,方能进行高差闭合差的调整和高程的计算,否则要局部返工,甚至全部返工。

1. 单一水准路线高差闭合差的调整和高程计算

单一水准路线有附合水准路线、闭合水准路线和支水准路线,其高差闭合差的调整和高程计算的方法与第 2 章介绍的方法相同,不同的是三、四等水准路线高差闭合差的限差。

2. 具有一个结点的水准路线平差与高程计算

用求带权平均值的方法,求得终点的最或是值,并计算单位权中误差及结点高程的中误差。

3. 具有两个或两个以上结点的水准网平差

可用严密平差和间接平差的方法,求各待定点的高程,并评定精度,也可使用平差计算软件,在计算机上完成。

7.6 三角高程测量

当地面起伏较大时,进行水准测量往往比较困难,而且速度慢、精度低,在小地区布设平面控制网,图根控制点的高程必须观测。采用三角高程测量的方法,测定两点之间的高差,推算控制点的高程就较为方便,而且可以与平面控制测量同时进行。

7.6.1 三角高程测量原理

如图 7-16 所示,已知 A 点的高程为 H_A,欲测定 B 点的高程 H_B。在 A 点安置经纬仪或全站仪,B 点竖立标杆(或觇标),照准杆顶,测出竖直角 α_{AB},设 A、B 间的水平距离 D_{AB} 为已知,则 A、B 间的高差 h_{AB} 可用下式计算。

$$h_{AB} = D_{AB} \tan \alpha_{AB} + i - s \tag{7-37}$$

式中 i——A 点上经纬仪或全站仪的仪器高;

s——B 点上竖立的标杆的高度或棱镜高。

则 B 点的高程 H_B 为

$$H_B = H_A + D_{AB} \tan \alpha_{AB} + i - s \tag{7-38}$$

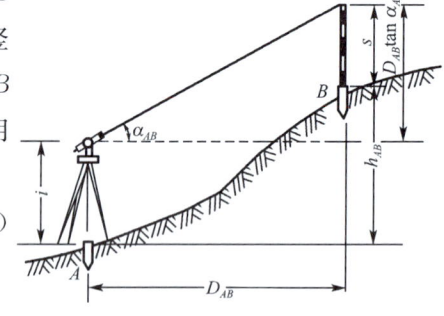

图 7-17 三角高程测量

上述三角高程测量原理公式,是把水准面当作水平面的条件下给出的,适用于地面上两点的距离小于 300 m 时的情况。当两点间距离较大时就必须考虑地球曲率和大气折射的影响。地球曲率的影响称为球差。观测视线受大气垂直折光的影响而成为一条向上凸起的弧线,对测量竖直角产生影响,称为大气折射差。对球差和大气折射差必须加以改正。这两项改正合称为球气差改正。两点间球气差的改正数为

$$f = 0.43 \frac{D^2}{R} \tag{7-39}$$

式中 D——两点间距离;

R——地球曲率半径,R=6 371 km。

表 7-15 为球气差改正数查用表,根据不同的 D 值即可查到相应的改正数 f 值。

表 7-15　　　　　　　　　　　球气差改正数查用表

D/m	$f(=0.43\dfrac{D^2}{R})$/cm	D/m	$f(=0.43\dfrac{D^2}{R})$/cm
100	0.1	600	2.4
200	0.3	700	3.3
300	0.6	800	4.3
400	1.1	900	5.5
500	1.7	1 000	6.8

三角高程测量一般要求往、返观测，既需要由 A 点向 B 点观测（称为直觇），也需由 B 点向 A 点观测（称为反觇），这样的观测方法称为对向观测法。对向观测法取其正、反高差绝对值的平均值，可以消除球气差的影响。

7.6.2　三角高程测量的观测和计算

三角高程测量的观测步骤如下：

(1) 在 A 点安置经纬仪或全站仪，对中整平，量取仪器高 i，目标高 s。同一高度一般用小钢尺测量两次，当两次测量差值小于 5 mm 时，取平均值。

(2) 照准 B 点觇标顶部，观测竖直角。一般需观测竖直角一至两个测回，测回间竖盘指标差互差应小于允许值，取其平均值。

(3) 在 B 点安置经纬仪或全站仪，重复以上步骤，测得反觇观测数据。

(4) 根据观测数据及 A、B 两点间的水平距离，计算 A、B 两点间的高差。

三角高程测量往、返测所得的高差之差 f_h（经两差改正后）不应大于 $0.1D_m$（D_m 为边长，以 km 为单位），即

$$f_{h允} = \pm 0.1 D_m \tag{7-40}$$

三角高程测量的高差计算过程见表 7-16。

表 7-16　　　　　　　　　　　三角高程测量的高差计算

起算点	A		C		…
欲求点	B		D		…
	往	返	往	返	…
水平距离 D/m	581.38	581.38	488.01	488.01	…
竖直角 α	$+11°38'30''$	$-11°24'00''$	$+6°52'15''$	$-6°34'30''$	…
仪器高 i/m	1.44	1.49	1.49	1.50	…
目标高 s/m	2.50	3.00	3.00	2.50	…
两差改正数 f/m	+0.02	+0.02	+0.02	+0.02	…
高差/m	+118.72	−118.74	+57.29	−57.25	…
平均高差/m	+118.73		+57.27		…

由对向观测所得的高差平均值计算闭合环路或附合路线的闭合差应不大于 $\pm 0.05\sqrt{\sum D_i^2}$（$D$ 以 km 为单位）。

本章小结

本章重点介绍了小地区平面控制测量中导线测量常用的布设形式、导线外业测量工作的内容和方法,以及导线的内业计算;三、四等水准测量的施测及计算;介绍了加密控制点的常用方法;全站仪导线测量的外业及内业;三角高程测量的施测及计算。

习　题

7-1　什么叫控制点?什么叫控制测量?

7-2　在导线计算中,角度闭合差的调整原则是什么?坐标增量闭合差的调整原则是什么?

7-3　导线的布设形式有哪几种?选择导线点应注意哪些事项?导线的外业工作包括哪些内容?

7-4　交会定点有哪几种交会方法?采取什么方法来检查交会成果正确与否?

7-5　简要说明附合导线和闭合导线在内业计算上的异同点。

7-6　如何整理三、四等水准测量成果?如何计算出待定点高程?

7-7　四等水准测量中,一个测站上的计算和校核工作包括哪几项?限差各为多少?

7-8　三、四等水准测量中,有时黑、红面尺高差会出现负号,是否是观测错误?举例说明。

7-9　闭合导线的观测数据如图 7-18 所示,计算点 2、3、4、5 的坐标。

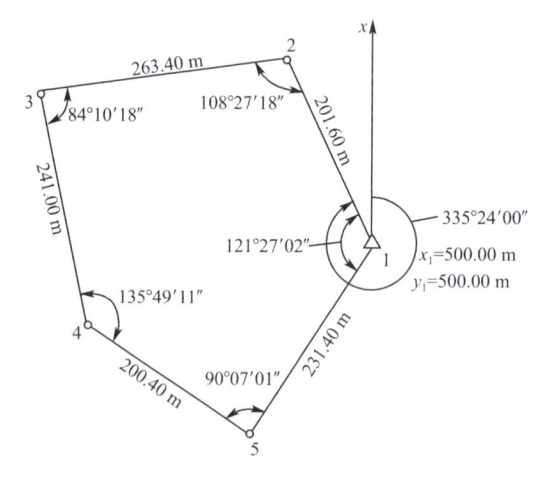

图 7-18　习题 7-9 图

7-10　附合导线的观测数据如图 7-19 所示,求点 2 和点 3 的坐标。

7-11　在三角高程测量中,已知 $H_A=78.29$ m,$D_{AB}=624.42$ m,$\alpha_{AB}=2°38'07''$,$i_A=1.42$ m,$s_B=3.50$ m,从 B 点向 A 点观测时,$\alpha_{AB}=2°23'15''$,$i_B=1.51$ m,$s_A=2.26$ m,试计

第 7 章　小地区控制测量　133

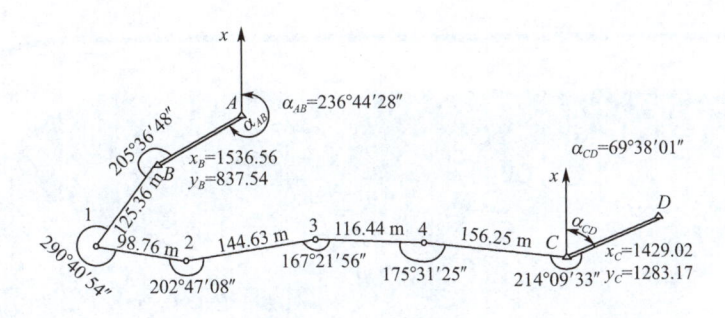

图 7-19　习题 7-10 图

算点 B 的坐标。

7-12　整理表 7-17 中的四等水准测量观测数据，并计算 BM_7 点的高程。

表 7-17　　　　　　　　　　　　四等水准测量手簿

测站编号	点号	后尺 下丝 上丝 后距/m 视距差/m	前尺 下丝 上丝 前距/m 累积差/m	方向及尺号	水准尺读数/m 黑面	水准尺读数/m 红面	K+黑-红/mm	高差中数/m	高程/m
		(1) (2) (9) (11)	(4) (5) (10) (12)	后 前 后-前	(3) (6) (16)	(8) (7) (17)	(13) (14) (15)	(18)	
1	$BM_2 \sim TP_1$	1.485 1.002	1.990 1.435	后1 前2 后-前	1.244 1.712	6.029 6.400			$H_{BM_2}=45.000$
2	$TP_1 \sim TP_2$	1.442 0.950	1.745 1.235	后2 前1 后-前	1.198 1.490	5.884 6.275			
3	$TP_2 \sim TP_3$	1.871 1.382	1.521 1.010	后1 前2 后-前	1.627 1.265	6.412 5.951			
4	$TP_3 \sim TP_4$	1.932 1.210	1.542 0.824	后2 前1 后-前	1.570 1.184	6.256 5.972			
5	$TP_4 \sim BM_7$	1.301 0.878	1.752 1.322	后1 前2 后-前	1.085 1.535	5.872 6.220			$H_{BM_7}=$
校核									

注：$K_1=4.787$，$K_2=4.687$。

第8章 大比例尺地形图测绘

能力要求

懂地形图的基本知识；能用常规方法和数字化测绘大比例尺地形图；应用地形图，能求图上某点的坐标和高程、图上两点间的距离、图上某直线的坐标方位角、图上某直线的坡度，会量测图形面积、按限制坡度选定最短路线、绘制一定方向的断面图、确定汇水范围、场地平整的土（石）方估算。

8.1 地形图的基本知识

按一定法则，有选择地在平面上表示地球表面各种自然现象和社会现象的图，通称地图。按内容，地图可分为普通地图及专题地图。普通地图是综合反映地面上物体和现象一般特征的地图，内容包括各种地理要素（例如水系、地貌、植被等）和社会经济要素（例如居民点、行政区划及交通线路等），但不突出表示其中的某一种要素。专题地图是着重表示自然现象或社会现象中的某一种或几种要素的地图，如地籍图、地质图和旅游图等。本章主要介绍地形图，它是普通地图的一种。地形图是按一定的比例尺，用规定的符号表示地物、地貌平面位置和高程的正射投影图。

8.1.1 地形图的比例尺

地形图上任意一线段的长度与地面上相应线段的实际水平长度之比，称为地形图的比例尺。按照地形图图式规定，比例尺书写在图幅下方正中处。

1. 比例尺的种类

（1）数字比例尺

数字比例尺一般用分子为1的分数形式表示。设图上某一直线的长度为 d，地面上相应线段的水平长度为 D，测图的比例尺为

$$\frac{d}{D} = \frac{1}{D/d} = \frac{1}{M} \tag{8-1}$$

式中　M——比例尺分母，$M=D/d$。

当图上 1 cm 代表地面上水平长度 10 m(1 000 cm)时比例尺就是 1∶1 000。由此可见，分母 1 000 就是将实地水平长度缩绘在图上的倍数。

比例尺的大小是以比例尺的比值来衡量的，分数值越大(分母 M 越小)，比例尺越大。通常称 1∶1 000 000、1∶500 000、1∶200 000 为小比例尺地形图；1∶100 000、1∶50 000 和 1∶25 000为中比例尺地形图；1∶10 000、1∶5 000、1∶2 000、1∶1 000 和 1∶500 为大比例尺地形图。土建类各专业通常使用大比例尺地形图。

(2)图示比例尺

为了用图方便，以及减弱由于图纸伸缩而引起的误差，在绘制地形图时，常在图上绘制图示比例尺。如图 8-1 所示为比例尺为 1∶500 的图示比例尺，绘制时先在图上绘两条平行线，再把它分成若干相等的线段，称为比例尺的基本单位，一般为 2 cm；将左端的一段基本单位又分成十等分，每等分的长度相当于实地 1 m。而每一基本单位所代表的实地长度为 2 cm×500＝10 m。

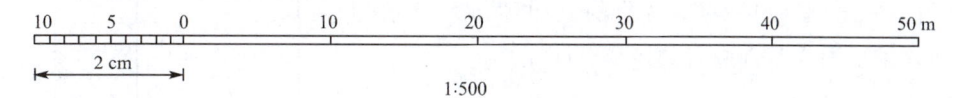

图 8-1　比例尺为 1∶500 的图示比例尺

2. 比例尺的精度

一般认为，人的肉眼能分辨的图上最小距离是 0.1 mm，因此通常把图上 0.1 mm 所表示的实地水平长度，称为比例尺的精度。根据比例尺的精度，可以确定在测图时量距应准确到什么程度。例如，测绘 1∶500 比例尺地形图时，其比例尺的精度为 0.05 m，故量距的精度只需 0.05 m，小于 0.05 m 在图上表示不出来。

表 8-1 为常用大比例尺地形图的比例尺精度。

表 8-1　　　　　　　常用大比例尺地形图的比例尺精度

比例尺	1∶10 000	1∶5 000	1∶2 000	1∶1 000	1∶500
比例尺精度/m	1.0	0.5	0.2	0.1	0.05

另外，当设计规定需在图上能量出的实地最短长度时，根据比例尺的精度，可以确定测图比例尺。比例尺越大，表示地物和地貌的情况越详细，精度越高。但是必须指出，同一测区，采用较大比例尺测图的工作量和投资往往比采用较小比例尺测图多数倍，因此，采用哪一种比例尺测图，应从工程规划、施工实际需要的精度出发，不应该盲目追求更大比例尺的地形图。

8.1.2　地形图的分幅与编号

1. 地形图的分幅

地形图的分幅有梯形分幅与矩形分幅两种，大比例尺地形图采用矩形分幅。矩形分幅按坐标格网划分图幅。常用大比例尺地形图图幅大小见表 8-2。

表 8-2　　　　　　　　　各种大比例尺地形图图幅大小

比例尺	图幅大小/cm×cm	每幅相应实地面积/km²	每平方千米幅数	一张 1∶5 000 图幅包括本图幅的数目
1∶5 000	40×40	4	1/4	1
1∶2 000	50×50	1	1	4
1∶1 000	50×50	0.25	4	16
1∶500	50×50	0.062 5	16	64

1∶500 地形图的图幅一般为 50 cm×50 cm，一幅图所含实地面积为 0.062 5 km²，1 km² 的测区至少要测 16 幅图纸。这样就需要将地形图分幅和编号，以便于测绘、使用和保管。大比例尺地形图常采用矩形分幅法，它是按照统一的直角坐标纵、横坐标格网线划分的。如图 8-2 所示为以 1∶5 000 地形图为基础进行的矩形分幅。

2. 地形图的编号

为了便于地形图的拼接、保管与使用，每幅地形图都要进行统一编号。地形图的编号可采用下列方法：

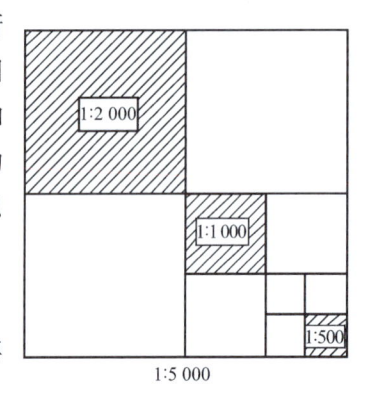

图 8-2　矩形分幅

（1）图幅西南角坐标千米数编号法

如图 8-3 所示，图幅西南角坐标 $x=32.00$ km，$y=14.00$ km，则该图幅的编号为 32.00-14.00。编号时，1∶2 000、1∶1 000 比例尺地形图取至 0.1 km，而 1∶500 比例尺地形图取至 0.01 km。

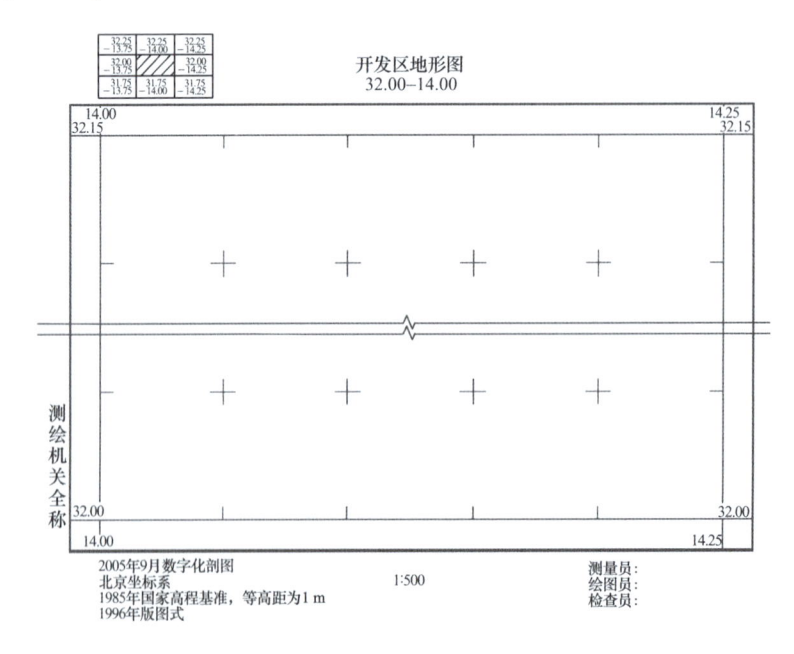

图 8-3　图幅西南角坐标千米数编号法

(2)数字顺序编号法

对于采用独立坐标系统的测区，如果图幅数量少，则可采用数字顺序编号法编号，如图 8-4 所示。

8.1.3 地形图的图廓外注记

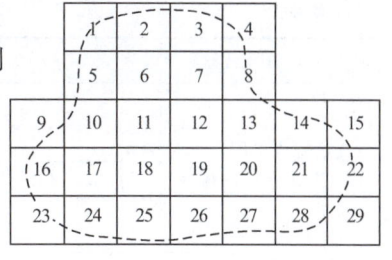

1. 图名和图号

图名即本幅图的名称，是以所在图幅内最著名的地

图 8-4 数字顺序编号法

名、厂矿企业和村庄的名称来命名的。为了区别各幅地形图所在的位置关系，每幅地形图上都编有图号。图号是根据地形图分幅和编号方法编定的，并把它标注在北图廓上方的中央。

2. 接合图表

接合图表说明本图幅与相邻图幅的关系，供索取相邻图幅时用。通常是中间一格画有斜线的代表本图幅，四邻分别注明相应的图号（或图名），并绘注在图廓的左上方(图 8-3)。在中比例尺地形图上，除了接合图表以外，还把相邻图幅的图号分别注在东、西、南、北图廓线中间，进一步表明与四邻图幅的相互关系。

3. 图廓

图廓是地形图的边界，矩形图幅只有内、外图廓之分。内图廓就是坐标格网线，也是图幅的边界线，线粗为 0.1 mm。在内图廓外四角处注有坐标值，并在内廓线内侧，每隔 10 cm 绘有 5 mm 的短线，表示坐标格网线的位置。在图幅内绘有每隔 10 cm 的坐标格网交叉点。外图廓是最外边的粗线，线粗为 0.5 mm，是修饰线。内、外图廓线相距 12 mm。

在道路工程、城市规划以及给排水线路等设计工作中，有时需用 1∶10 000 或 1∶25 000 的地形图。这种地形图的图廓有内图廓、分图廓和外图廓之分。内图廓是经线和纬线，也是该图幅的边界线。内、外图廓之间为分图廓，它绘成为若干段黑白相间的线条，每段黑线或白线的长度表示实地经差或纬差 1′。分图廓与内图廓之间，注记了以千米为单位的平面直角坐标值。

在地形图外还有一些其他注记。在外图廓左下角，应注记测图时间、坐标系统、高程系统、图式版本等；右下角应注明测量员、绘图员和检查员；在图幅左侧注明测绘机关全称。

8.1.4 地物符号

地形是地物和地貌的总称。地物是地面上天然或人工形成的物体，如湖泊、河流、房屋、道路等。地面上的地物和地貌，应按国家测绘地理信息局颁发的《国家基本比例尺地图图式》中规定的符号表示于图上。地物符号见表 8-3。

表 8-3　　　　　　　　　　　　　　　　　地物符号

编号	符号名称	图例	编号	符号名称	图例
1	坚固房屋 4—房屋层数	坚4　　1.5	10	旱地	1.0　2.0　10.0　10.0
2	普通房屋 2—房屋层数	2　　1.5	11	灌木林	0.5　1.0
3	窑洞 1—住人的 2—不住人的 3—地面下的	1　2.5　2 3	12	菜地	2.0　2.0　10.0　10.0
4	台阶	0.5　0.5　0.5	13	高压线	4.0
5	花圃	1.5　1.5　10.0　10.0	14	低压线	4.0
6	草地	1.5　0.8　10.0　10.0	15	电杆	1.0
7	经济作物地	0.8　3.0　蔗　10.0　10.0	16	电线架	
8	水生经济作物地	3.0　藕　0.5	17	砖、石及混凝土围墙	10.0　0.5　10.0　10.0　0.5
			18	土围墙	
9	水稻田	0.2　2.0　10.0　10.0	19	栅栏、栏杆	1.0　10.0
			20	篱笆	1.0　10.0

(续表)

编号	符号名称	图例	编号	符号名称	图例
21	活树篱笆	3.5 0.5 10.0 / 1.0 0.8	31	水塔	2.0 / 3.0 1.0 / 1.2
22	沟渠 1—有堤岸的 2——般的 3—有沟堑的	(图例) 0.3	32	烟囱	3.5 / 1.0
			33	气象站(台)	3.0 / 4.0 / 1.2
			34	消火栓	1.5 / 1.5 2.0
23	公路	0.3 沥 砾 0.3	35	阀门	3.5 2.0 / 1.2
24	简易公路	8.0 2.0	36	水龙头	3.5 2.0 / 1.2
25	大车路	0.15 碎石 0.3	37	钻孔	3.0 1.0
26	小路	4.0 1.0 / 0.3	38	路灯	1.5 / 1.0
27	三角点 凤凰山—点名 394.468—高程	凤凰山 394.468 / 3.0	39	独立树 1—阔叶 2—针叶	1 3.0 / 0.7 / 2 3.0 / 0.7
28	图根点 1—埋石的 2—不埋石的	1 2.0 N16/84.46 / 2 1.5 25/62.74 / 2.5	40	岗亭、岗楼	90° / 3.0 / 1.5
29	水准点	2.0 Ⅱ京石5/32.804	41	等高线 1—首曲线 2—计曲线 3—间曲线	0.15 87 1 / 0.3 85 2 / 0.15 6.0 3 / 1.0
30	旗杆	1.5 / 4.0 1.0 / 1.0			

(续表)

编号	符号名称	图例	编号	符号名称	图例
42	示坡线		45	陡崖 1—土质的 2—石质的	
43	高程点及其注记	0.5 163.2 75.4			
44	滑坡		46	冲沟	

1. 比例符号

有些地物的轮廓较大,如房屋、稻田和湖泊等,它们的形状和大小可以按测图比例尺缩小,并用规定的符号绘在图纸上,这种符号称为比例符号。

2. 非比例符号

有些地物,如三角点、水准点、独立树和里程碑等,轮廓较小,无法将其形状和大小按比例绘到图上,则不考虑其实际大小,而采用规定的符号表示,这种符号称为非比例符号。

非比例符号不仅其形状和大小不按比例绘出,而且符号的中心位置与该地物实地的中心位置关系,也随各种不同的地物而异,在测图和用图时应注意下列几点:

(1)规则的几何图形符号(圆形、正方形、三角形等),以图形几何中心点为实地地物的中心位置。

(2)底部为直角形的符号(独立树、路标等),以符号的直角顶点为实地地物的中心位置。

(3)宽底符号(烟囱、岗亭等),以符号底部中心为实地地物的中心位置。

(4)几种图形组合符号(路灯、消火栓等),以符号下方图形的几何中心为实地地物的中心位置。

(5)下方无底线的符号(山洞、窑洞等),以符号下方两端点连线的中心为实地地物的中心位置。各种符号均按直立方向描绘,即与南图廓垂直。

3. 半比例符号(线形符号)

对于一些带状延伸地物(如道路、通信线、管道、垣栅等),其长度可按比例尺缩绘,而宽度无法按比例尺表示的符号称为半比例符号。这种符号的中心线,一般表示其实地地物的中心位置,但是城墙和垣栅等,地物中心位置在其符号的底线上。

4. 地物注记

用文字、数字或特有符号对地物加以说明者,称为地物注记。例如:城镇、工厂、河流、道路的名称;桥梁的长、宽及载重量;江河的流向、流速及深度;道路的去向及森林、果树的类别;等等。它们都以文字或特定符号加以说明。但是,当等高距过小时,图上的等高线过于密集,将会影响图面的清晰、醒目。因此,在测绘地形图时,等高距是根据测图比例尺与测区地形情况来确定的。

8.1.5 地貌符号

地貌符号是指表示地表面的起伏状态的符号,它包括山地、丘陵和平原等的地貌符号。在图上表示地貌的方法很多,而测量工作中通常用等高线表示,因为用等高线表示地貌,不仅能表示地面的起伏状态,还能表示地面的坡度和地面点的高程。

1. 等高线的概念

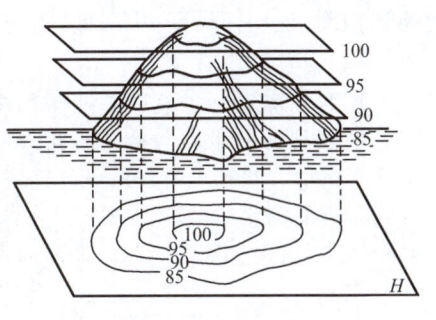

等高线是地面上高程相同的点所连接而成的连续闭合曲线。如图 8-5 所示,设有一座位于平静湖水中的小山头,山顶被湖水恰好淹没时的水面高程为 100 m。然后水位下降 5 m,露出山头,此时水面与山坡就有一条交线,而且是闭合曲线,曲线上各点的高程是相等的,这就是高程为 95 m 的等高线。随后水位又下降 5 m,山坡与水面又有一条交线,这就是高程为 90 m 的等高线。依次类推,水位每下降 5 m,水面就与地表面相交留下一条等高线,从而得到一组高差为 5 m 的等高线。设想把这组实地上的等高线沿铅垂线方向投影到水平面 H 上,并按规定的比例尺缩绘到图纸上,就得到用等高线表示该山头地貌的等高线图。

图 8-5 等高线的概念

2. 等高距和等高线平距

相邻等高线之间的高差称为等高距,常以 h 表示。在同一幅地形图上,等高距是相同的。相邻等高线之间的水平距离称为等高线平距,常以 d 表示。因为同一张地形图内等高距是相同的,所以等高线平距 d 的大小直接与地面坡度有关。等高线平距越小,地面坡度越陡;等高线平距越大,则地面坡度越缓;等高线平距相等,则地面坡度相等。因此,可以根据地形图上等高线的疏、密来判定地面坡度的缓、陡。同时还可以看出,等高距越小,显示地貌就越详细;等高距越大,显示地貌就越简略。还有某些特殊地貌,如冲沟、滑坡等,其表示方法参见地形图图式。

3. 典型地貌的等高线

地面上地貌的形态是多样的,对它进行仔细分析后,就会发现它们不外是几种典型地貌的综合。了解和熟悉用等高线表示典型地貌的特征,将有助于识读、应用和测绘地形图。典型地貌有:

(1) 山丘和洼地(盆地)

山丘和洼地的等高线都是一组闭合曲线。在地形图上区分山丘或洼地的方法是:凡是内圈等高线的高程注记大于外圈者为山丘,小于外圈者为洼地。如图 8-6 所示为山丘,如图 8-7 所示为洼地。

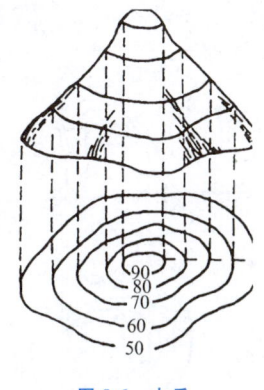

图 8-6 山丘 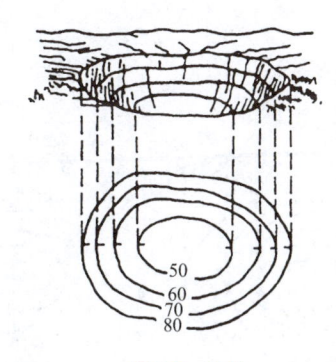   图 8-7 洼地

如果等高线上没有高程注记,则用示坡线来表示。示坡线是垂直于等高线的短线,用以指示坡度下降的方向。示坡线从内圈指向外圈,说明中间高,四周低,为山丘;示坡线从外圈

指向内圈,说明四周高,中间低,为洼地。

(2)山脊和山谷

山脊是沿着一个方向延伸的高地,如图 8-8 所示。山脊的最高棱线称为山脊线。山脊等高线表现为一组凸向低处的曲线。山谷是沿着一个方向延伸的洼地,位于两山脊之间,如图 8-9 所示。贯穿山谷最低点的连线称为山谷线。山谷等高线表现为一组凸向高处的曲线。山脊附近的雨水必然以山脊线为分界线,分别流向山脊的两侧,因此,山脊又称为分水线。而在山谷中,雨水必然由两侧山坡流向谷底,向山谷线汇集,因此,山谷线又称为集水线。

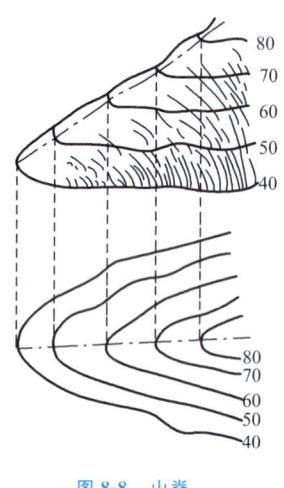

图 8-8 山脊

图 8-9 山谷

(3)鞍部

鞍部是相邻两山头之间呈马鞍形的低凹部位,如图 8-10 所示。鞍部往往是山区道路通过的地方,也是两个山脊与两个山谷会合的地方。鞍部等高线的特点是在一圈大的闭合曲线内,套有两组小的闭合曲线。

(4)陡崖和悬崖

陡崖是坡度在 70°以上的陡峭崖壁,有石质和土质之分,如图 8-11(a)和图 8-11(b)所示。悬崖是上部突出,下部凹进的陡崖,这种地貌的等高线出现相交,如图 8-11(c)所示。

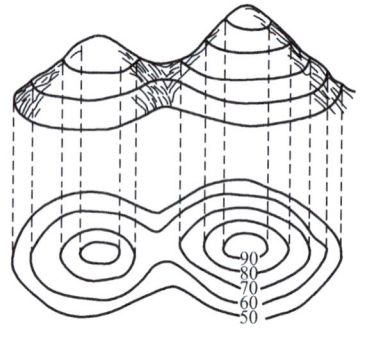

图 8-10 鞍部

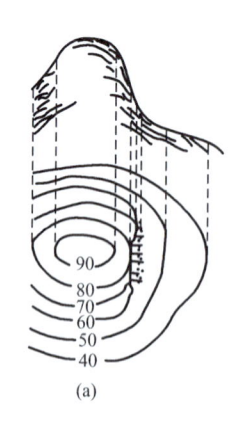

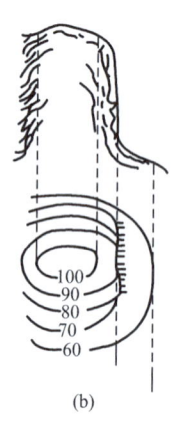

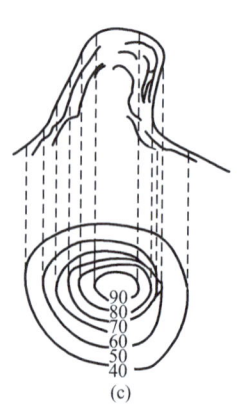

(a)　　(b)　　(c)

图 8-11 陡崖和悬崖

如图 8-12 所示为综合地貌及其等高线,可对照阅读。俯视时隐蔽的等高线用虚线表示。

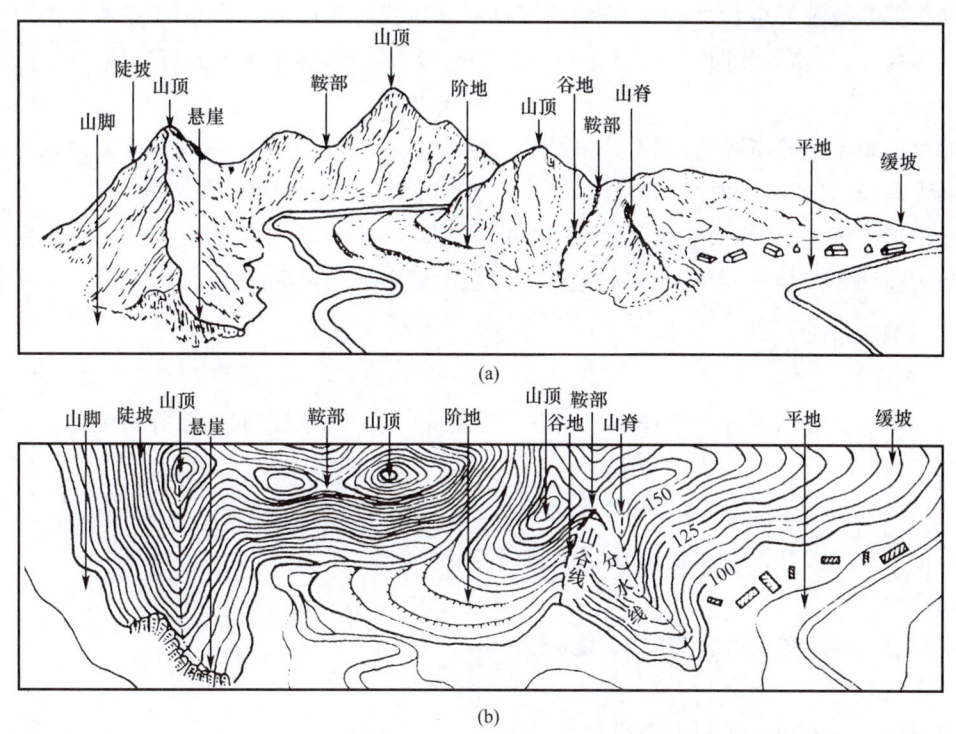

图 8-12 综合地貌及其等高线

4. 等高线的分类

(1) 首曲线

按规定等高距画出的等高线,称为基本等高线,也称为首曲线,用 0.15 mm 粗的实线绘制,如图 8-13 所示的 38 m、42 m 的等高线。

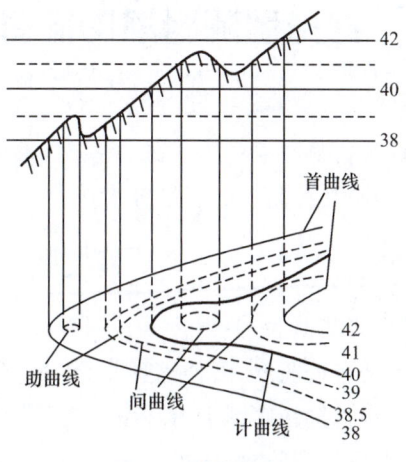

图 8-13 等高线类型

(2) 计曲线

为了阅读方便,每隔 4 根基本等高线应加粗一根,并用 0.25 mm 粗的实线绘制,称为加粗等高线,也称为计曲线。因此,两根加粗等高线的等高距为基本等高距的 5 倍。如图 8-13 所示的 40 m 的等高线。

(3) 间曲线

如果部分地貌复杂,为了能较好地反映这部分地貌的变化情况,可加绘基本等高距一半的半距等高线,也称为间曲线,如图 8-13 中 39 m、41 m 的长虚线所示的等高线。

(4) 助曲线

如果使用半距等高线后,尚有部分地貌未能表达清楚时,可再加用基本等高距四分之一的辅助等高线,又称为助曲线,如图 8-13 中 38.5 m 的短虚线所示的等高线。

在平坦地区,地貌起伏变化不大,只用基本等高线,图上仅能画出两三根。这时,也可使用半距或辅助等高线,以便能较完整地反映地貌的真实变化情况。

5. 等高线特征

(1) 等高性

同一条等高线上的各点高程相等。但高程相等的点不一定在同一条等高线上。

(2) 闭合性

等高线是闭合曲线,在本图幅内不能闭合,则在相邻图幅内闭合。绘制等高线时,除遇到建筑物、陡崖、图廓等中断外,一般不能中断。

(3) 非交性

除在悬崖或绝壁处外,等高线不能相交。

(4) 正交性

山脊和山谷处等高线与山脊线和山谷线正交。

(5) 密陡稀缓性

同一幅图内,等高线平距小,表示坡度陡,平距大表示坡度缓,平距相等则坡度相等。

8.2 地形图测图前的准备工作

测图前,除做好仪器、工具及资料的准备工作外,还应着重做好测图板的准备工作。它包括图纸的准备、坐标格网的绘制及控制点的展绘等工作。

8.2.1 图纸的准备

目前,各测绘部门大多采用聚酯薄膜,其厚度为 0.07~0.10 mm,表面经打毛后,便可代替图纸用来测图。聚酯薄膜具有透明度好、伸缩性小、不怕潮湿、牢固耐用等优点。如果表面不清洁,还可用水洗涤,并可直接在底图上着墨复晒蓝图。但聚酯薄膜有易燃、易折和易老化等缺点,故在使用过程中应注意防火、防折。

8.2.2 坐标格网的绘制

为了精确地将控制点展绘在测图纸上,首先要在图纸上精确地绘制 10 cm×10 cm 的直角坐标方格网。绘制坐标格网的方法有对角线法、坐标格网尺法及计算机绘制等。另外,目前有一种印有坐标方格网的聚酯薄膜图纸,使用更为方便。下面介绍用对角线法绘制坐标格网的方法。

1. 对角线法绘制坐标格网的绘制方法

如图 8-14 所示,按图纸的四角,用直尺画出两条对角线,以其交点 O 为圆心,适当长为半径画弧,在对角线上分别交出 A、B、C、D 四个点,并依此连接成正方形 ABCD。然后从 A、B 两点起分别沿 AD、BC 向上每隔 10 cm 截取一点,再从 A、D 两点起分别沿 AB、DC 向右每隔 10 cm 截取一点,用 1 mm 粗的线条连接相对边各对应的点,就构成了坐标格网。

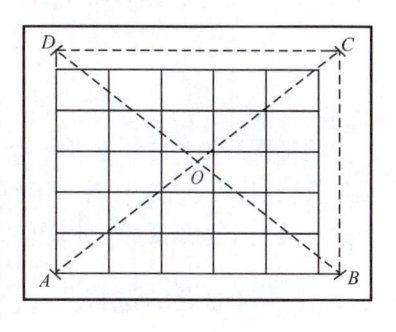

图 8-14 坐标格网

2. 坐标格网的检查及精度要求

为了保证坐标格网的精度,选用刻划精确的直尺,在坐标格网绘好以后,应立即进行检查,其检查项目和精度要求如下:

(1)坐标格网纵、横线应严格正交,对角线上各方格的交点应在一条直线上,偏离不应大于 0.2 mm。

(2)各个方格的对角线长度与理论值 14.14 mm 之差不超过 0.2 mm。

(3)图廓边长和对角线长与理论长度之差不超过 0.3 mm。如果超出限差,则应进行修改或重新绘制。

8.2.3 控制点的展绘

根据平面控制点坐标值,将其点位在图纸上标出,称为展绘控制点。

展绘控制点前,先按图的分幅位置,将坐标格网线的坐标值注在相应方格线的外侧,如图 8-15 所示。

展绘控制点时,先根据控制点的坐标,确定该点所在的方格。例如,17 号点的坐标为 $x_{17}=1\ 150$ m,$y_{17}=620$ m,17 号点位于 abcd 方格内。然后计算 a 点与 17 号点的坐标增量为

$\Delta x_{a17}=1\ 150-1\ 100=50$ m,$\Delta y_{a17}=620-600=20$ m

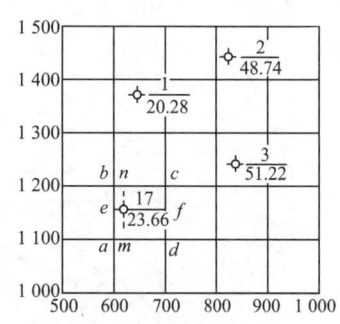

图 8-15 展绘控制点

从 a、d 两点按测图比例尺向上量取 50 m 得 e、f 两点;再从 a、b 两点分别向右量取 20 m 得 m、n 两点。连接 e 与 f、m 与 n,所得交点即 17 号点在图上的位置。按"地形图图式"规定的符号绘出,在点的右侧画一横线,其上部注明点号,下部注明该点的高程。同法,将其余控制点展绘在图上。控制点展绘后,应进行检核,用比例尺在图上量取相邻两点间的长度,和已知的距离相比较,其差值不得超过图上的 0.3 mm,否则应重新展绘。

上述内容适用于手工绘制地形图。

8.3　大比例尺地形图的测绘

地形图测绘的方法有多种：大平板仪测图、小平板仪配合经纬仪测图、经纬仪视距法测图、全站仪测图、数字化测图等。因经纬仪视距法测图既简便又快捷，故被广泛应用。下面重点介绍经纬仪视距法测图的基本操作方法，另对全站仪测图和数字化测图技术也做介绍。

8.3.1　碎部点的选择

地形测图是以控制点为基础，按一定的要求和规则，完成测区内各种地物和地貌的测绘。无论是纸质测图还是数字测图，地物和地貌的绘制是在其相应特征点基础上完成的，这些特征点又称为碎部点。因此，地形碎部的测绘就是地形测图的主要工作，而确定碎部点的原理与方法就是地形测图的基本原理和方法。

前已述及碎部点应选地物、地貌的特征点，对于地物来说，碎部点应选在地物轮廓线的方向变化处，如房角点、道路转折点、交叉点、河岸线转弯点以及独立地物的中心点等。连接这些特征点，便得到与实地相似的地物形状。由于地物形状极不规则，一般规定主要地物凸凹部分在图上大于 0.4 mm 均应表示出来，小于 0.4 mm 时，可用直线连接。对于地貌来说，碎部点应选在最能反映地貌特征的山脊线、山谷线等地性线上，如山顶、鞍部、山脊、山谷、山坡、山脚等坡度变化及方向变化处。根据这些特征点的高程勾绘等高线，即可将地貌在图上表示出来。碎部点的选择如图 8-16 所示。为了能真实地表示实地情况，在地面平坦或坡度无明显变化的地区，碎部点的最大间距和碎部点的最大视距，应符合表 8-4 的规定，城市建筑区的最大视距，见表 8-5。

图 8-16　碎部点的选择

表 8-4　　　　　　　　碎部点的最大间距和碎部点的最大视距

测图比例尺	碎部点的最大间距/m	碎部点的最大视距/m	
		主要地物点	次要地物点和地形点
1∶500	15	60	100
1∶1 000	30	100	150
1∶2 000	50	180	250
1∶5 000	100	300	350

表 8-5　　　　　　　　城市建筑区的最大视距

测图比例尺	最大视距/m	
	主要地物点	次要地物点和地形点
1∶500	50(量距)	70
1∶1 000	80	120
1∶2 000	120	200

8.3.2　经纬仪视距法测图

经纬仪视距法测图的实质是按极坐标定点进行测图,观测时先将经纬仪安置在测站上,绘图板安置于测站旁,用经纬仪测定碎部点的方向与已知方向之间的夹角、测站点至碎部点的距离和碎部点的高程,然后根据测定数据用量角器和比例尺把碎部点的位置展绘在图纸上,并在点的右侧注明其高程,再对照实地描绘地形。此法操作简单、灵活,适用于各类地区的地形图测绘。

1. 施测方法

经纬仪视距法测图(图 8-17)的具体操作步骤如下:

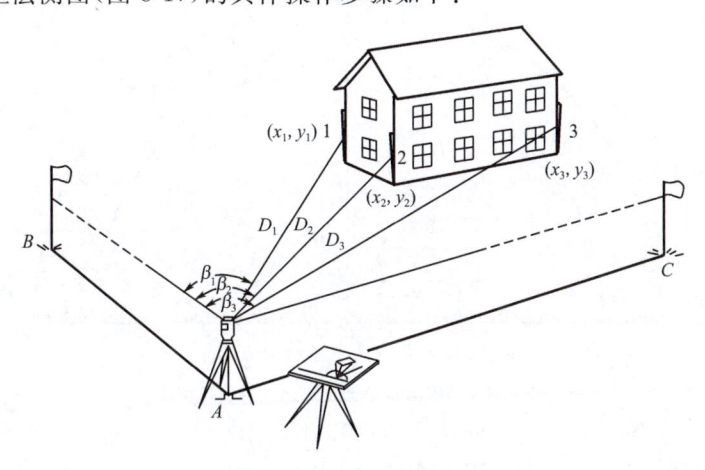

图 8-17　经纬仪视距法测图

(1)安置仪器

安置仪器于测站点 A(控制点)上,量取仪器高 i 填入手簿。

(2)定向

置水平度盘读数为 $0°00'00''$,后视另一控制点 B。

(3)立尺

立尺员依次将尺立在地物、地貌特征点上。立尺前,立尺员应弄清实测范围和实地情况,选定立尺点,并与观测员、绘图员共同商定跑尺路线。

(4)观测

转动照准部,瞄准标尺,读视距间隔、中丝读数、竖盘读数及水平角。

(5)记录

将测得的视距间隔、中丝读数、竖盘读数及水平角依次填入碎部测量手簿,见表8-6。对于有特殊作用的碎部点,如房角、山头、鞍部等,应在备注中加以说明。

(6)计算

根据视距间隔、竖盘读数或竖直角,用计算器计算出碎部点的平距和高程,见表8-6。

表8-6　　　　　　　　　　　碎部测量手簿

点号	视距间隔	中丝读数	竖盘读数	水平角	竖直角	高差	高程	平距	备注
1	0.384	0.47	87°07′	23°17′	+2°52′	+2.92	56.98	38.3	房角
2	0.473	1.47	90°58′	54°32′	−0°59′	−0.81	53.25	47.3	房角
3	0.590	1.47	87°36′	86°43′	+2°23′	+2.45	56.51	58.9	路边
4	0.200	2.47	92°18′	135°37′	−2°19′	−1.81	52.25	20.0	塘角

(7)展绘碎部点

如图8-18所示,用细针将量角器的圆心插在图上测站点 A 处,转动量角器,将量角器上等于水平角值的分划线对准起始方向线,此时量角器的零方向便是碎部点方向,然后用测图比例尺按测得的平距在该方向上定出点的位置,并在点的右侧注明其高程。

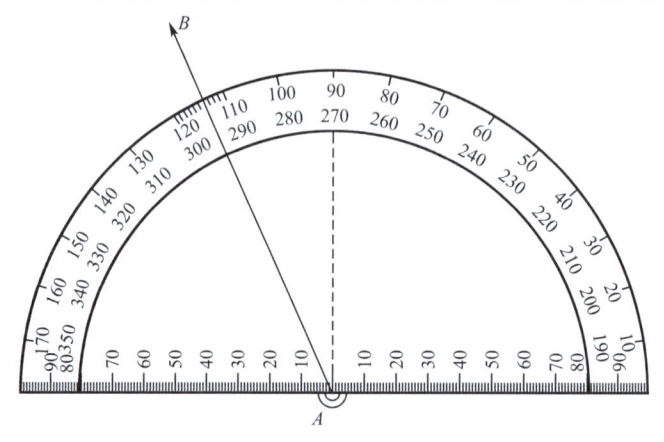

图8-18　半圆形量角器及碎部点展绘示意图

同法,测出其余各碎部点的平面位置与高程,绘于图上,并随测随绘等高线和地物。

为了检查测图质量,仪器搬到下一测站时,应先观测前站所测的某些明显碎部点,以检查由两个测站测得该点平面位置和高程是否相同,如相差较大,则应查明原因,纠正错误,再继续进行测绘。

若测区面积较大,可分成若干图幅,分别测绘,最后拼接成全区地形图。为了相邻图幅的拼接,每幅图应测出图廓外5 mm。

2. 地物、地貌的描绘

测图时,碎部点的展绘应做到随展点、随连线、随描绘成图。

(1) 地物的描绘

地物要按地形图图式规定的符号表示。一些能按比例表示的地物,如房屋、道路、河岸线等,按形状用直线或光滑曲线描绘出来;有些不能按比例描绘的地物,则按"地形图图式"所规定的非比例符号表示。

(2) 地貌的描绘

能用等高线表示的地段,应先轻轻地描绘出山脊线、山谷线等地性线,然后按所测碎部点的高程勾绘出等高线;不能用等高线表示的地段,如悬崖、峭壁、土坎、冲沟、雨裂等地貌,则按图式规定的符号画出。

地形图的基本等高距,见表 8-7。

表 8-7　　　　　　　　　　地形图的基本等高距　　　　　　　　　　　　　　m

地形类别	比例尺			
	1∶500	1∶1 000	1∶2 000	1∶5 000
平坦地	0.5	0.5	1	2
丘陵地	0.5	1	2	5
山地	—	1	2	5
高山地	1	2	2	5

8.3.3　全站仪测图

全站仪(或光电测距仪)测图与经纬仪视距法测图基本相同,所不同的是用全站仪(或光电测距仪)来代替经纬仪视距法。

用全站仪进行碎部测量的操作步骤如下:

(1) 在测站上安置仪器,对中,整平,量取仪器高。

(2) 用电缆将仪器与电子手簿连接起来,并将仪器设置为数据采集工作状态。

(3) 瞄准起始方向,由仪器的键盘将水平度盘读数配置为起始方向的方位角数据,并将测站的三维坐标由键盘输入(或用数据线导入)。

(4) 电子手簿初始化。

(5) 将棱镜立于待测点上。根据电子手簿菜单提示,输入地形点的相应信息,包括点号、点的属性、棱镜高等。

(6) 瞄准棱镜,按测距键。

(7) 重复(5)、(6)两步。

(8) 电子手簿测满后,就可将其带回室内与专用计算机及自动绘图机连接,实现自动绘图。

(9) 对于自带内存的全站仪,则无须电子手簿,直接由内存存储数据。

8.3.4　数字化测图

近几年随着社会经济的迅速发展,数字化测图以其测图精度高,数据采集快,产品的使用与维护方便、快捷,利用率高等特点,被广泛应用。数字化测图技术便于图件的更新,并可作为 GPS 的信息源,能及时准确地提供各类基础数据,更新 GPS 的数据库,保证地理信息的可靠性和现势性,为 GPS 的辅助决策和空间分析发挥作用,促进了测绘行业的自动化、现代化、智能化,逐步替代传统的白纸测图是大势所趋。

1. 作业方法

数字化测图的主要作业过程分为三个步骤:数据采集、数据处理及地形图的数据输出(打印图纸、提供数据光盘等)。

数字化作业流程图如图 8-19 所示。

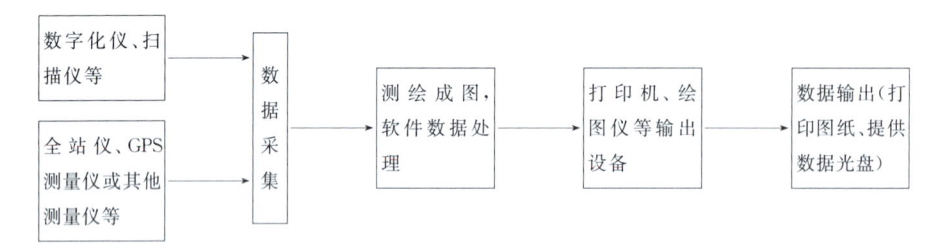

图 8-19　数字化作业流程图

目前在我国,获得数字地图的主要方法有三种:地图数字化成图、航测数字化成图、地面数字化测图(也称野外数字化测图)。

(1)地图数字化成图

地图数字化成图能够充分地利用现有的地形图,投入软硬件资源较少,仅需配备计算机、数字化仪、绘图仪,再配以一种数字化软件就可以开展工作,并且可以在很短的时间内获得数字的成果。它的工作方法主要有:手扶跟踪数字化及扫描矢量化后数字化,利用该方法所获得的数字地图其精度因受原图精度的影响,加上数字化过程中所产生的各种误差,它的精度就比原图的精度差,它仅能作为一种应急措施而非长久之计。

(2)航测数字化成图

当一个地区(或测区)很大时,又急需使用地形图,就可以利用航空摄影测量,通过外业对影像判读,再经过航测内业进行立体测图,直接获得数字地形图。随着测绘技术的发展,数字影像的直接获取在我国的某些地区取得了试验性的成功。该技术是在空中利用数字摄影机所获得的数字影像,内业通过专门的航测软件对数字影像进行像对匹配,建立地面的数字模型来获得数字地图。这也是我们今后数字测图的一个重要发展方向。该方法可大大地减少外业劳动强度,将大量的外业测量工作移到室内完成,而且成图速度快、精度高而均匀、成本低、不受气候和季节的限制。

(3)地面数字化测图

传统的平板测图方法,其地物点的平面位置误差主要受展绘误差和测定误差、测定地物点的视距误差和方向误差、地形图上地物点的刺点误差等影响。实际图上点位误差可达到 ±0.47 mm。地面数字化测图则不同,当距离在 300 m 以内时,测定地物点误差约为 ±15 mm,测定地形点高程误差约为 ±18 mm。全站仪的测量数据作为电子信息可以自动传输、记录、存储、处理和成图。在这全过程中原始测量数据的精度毫无损失,人为的出错(读错、记错、展错)的概率小,能自动提取坐标、距离、方位和面积等。绘制的地形图精确、规范、美观,从而获得高精度的测量成果。

地面数字化测图的缺陷就是耗费比较多的人力、物力与财力,作业时间较长。

2. 软件的选择

目前测绘绘图软件非常多,如南方测绘公司的地形地籍成图软件 CASS 9.0、广东国土厅 GTC2002 地形地籍测量系统、测绘 e 数字化成图系统 CHe 7.1、清华山维 EpsW2000、Xmap20000、SV300、广州开思 SCS、中南冶金勘测研究院的青山智绘、瑞得数字测图系统 5.0 等数字化成图软件。如果按操作平台来分有两种类型,一种是操作平台与测绘软件完全由自己来开发的,如清化山维 EpsW2000、中南冶金勘测研究院的青山智绘、测绘 e 数字化成图系统 CHe 7.1;另一种是在其他操作平台上进行二次开发的测绘软件,如南方测绘公司的地形地籍成图软件 CASS 9.0。

3. 地面测图数字化的作业方法

地面数字化测图是我国目前各测绘单位用得最多的数字化测图方法,在具体作业过程中,作业模式较多,主要有三种:

(1)全站仪自动跟踪测量模式

测站架设自动跟踪式全站仪(又称测量机器人),利用全站仪自动跟踪照准立在测点上的棱镜,通过无线数字通信将测量数据自动传输给棱镜站的电子平板,记录成图。

(2)GPS 测量模式

在 GPS 实时动态定位技术(RTK)作业模式下,能够实时提供测点在指定坐标系的三维坐标成果,测程可达到 10~30 km。通常先设置好基准站的 GPS 接收机,保证数字通信的畅通。通过数据链将基准站的观测值及站点坐标信息一起发给流动站的 GPS 接收机。此时流动站的 GPS 不仅接收来自基准站的数据,还要同时接收卫星发射的数据,这些数据组成相位差分观测值,经处理随时得到厘米级的定位结果。然后进行数据处理编辑成图。

(3)现场测记模式

人工实地绘制草图,野外用记录器将测量数据记录起来,再将测量数据传输到计算机,内业按人工草图编辑图形文件,用绘图机绘制数字地形图。通常使用的记录器是 PC-500S 电子手簿或者南方测绘的测图精灵 SPDA,也可以用全站仪记录。另一种就是利用编码操作,数据采集是记录成图所需的全部信息,不用人工画草图,利用智能绘图软件内业自动成图。

4. 地面测图数字化的注意事项

在进行野外数据采集时,经常会忽视一些小问题,以下几点值得注意:

(1)要使用的所有仪器设备,一定要经过具有资格鉴定部门的鉴定。

(2)建(构)筑物比较方正的可只需测出三点,第四点可由计算机来完成,南方的许多建(构)筑物看起来较方正,其实是不规则的多边形,则需要全部实测点位。

(3)测等高线时,除了测量特性线、点外,还应尽量多测一些加密的点,满足计算机建模需要,也能更加详尽地反映出实地地貌。尤其在测量一些微型地貌细小的变化时,计算机的模拟是难以比较真实地反映出这些实际地形的,最好手工来完成。

(4)测图单元尽量以自然分界来划分,如以河流、道路等划分,以便于地形图的施测,利于图幅的接边。

(5) 能够测量到的点尽量使用测量仪器来实测,实在无法测到的点位尽量在实地用皮尺(钢尺)量取。

(6) 实地数据采集时,配合要默契,若不在测站可视范围,则通过使用对讲机来传递信息,跑棱镜的人要将自己所要采集的地物、地貌数据点信息及时报告给测站人员,以确保数据记录的真实性。

(7) 尽量在测站的可视范围进行数据采集,在通视不良的地方或者需要通过举高支杆来观测的时候,则引点到附近设站进行数据采集,避免由于支杆偏离地物、地貌点位而带来的人为误差。

(8) 外业进行数据采集时,一定要注意实地的地物、地貌的变化,尽可能详细地记录,不要把疑问点带回到内业处理。

8.3.5 地形图的绘制

1. 描绘地物

除在施测过程中,尽可能将地物点连成各种地物,并与实地情况核对无误外,最后还需将各图幅中漏描的部分补描,按图式符号绘制完毕。

2. 勾绘等高线

实测时,地貌是在地形变化起伏之处选点立尺,因此,测出的碎部点常不位于欲测的等高线上,其高程也多是零星数字,而不是等高距的整倍数。故根据碎部点勾绘等高线时,认为两点间地面坡度是均匀变化的,然后按两相邻点的高程,用比例内插法勾绘等高线。

由于山脊线和山谷线,对描绘出的山地地貌是否真实影响较大,故勾绘等高线时,应将这一类地性线先行描出,然后再绘制其等高线。

勾绘等高线常用的方法有图解法、目估法及解析法三种。

(1) 图解法

用透明纸一张,画等距离的平行线 10 条,依次注明 0、1、2、…、9,如图 8-20 所示。例如,欲在两点间插绘等高距为 2 m 的等高线,设已测得两点高程,点 a 为 221.60 m,点 b 为 228.30 m,可将透明纸覆在底图上移动,使底图上 a 点位于 1.60 处,同时 b 点位于 8.30 处。则 a、b 连线与平行线 2、4、6、8 各线交点,即应为等高线 222.0、224.0、226.0、228.0 必经过之点。用针尖刺出各点,移去透明纸,底图上留下的针孔即上述各高程点,与相邻同高程的点相连即可描绘出需要的各等高线。

(2) 目估法

目估法是根据测点位置及高程,目估插绘等高线。如图 8-21 所示,a 点高程为 127.50 m,b 点高程为 126.70 m,欲在其间插绘高程为 127.00 m 的等高线。因两点高程差为 0.8 m,可将连线目估分为八等分。又 127.00 高程与 b 点高程之差为 0.3 m,故 127.00 m 等高线必经过图中距 b 点为三等分的 c 点。目估法较便捷,但精度不如图解法。实际工作中勾绘等高线的工作量很大,只要精细一些,用目估法勾出的等高线仍能满足要求,故测绘地形图时多采用此法。

图 8-20 图解法

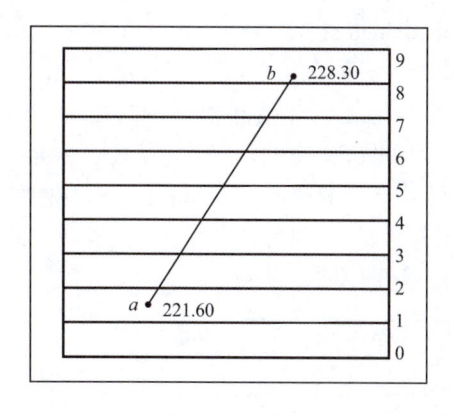

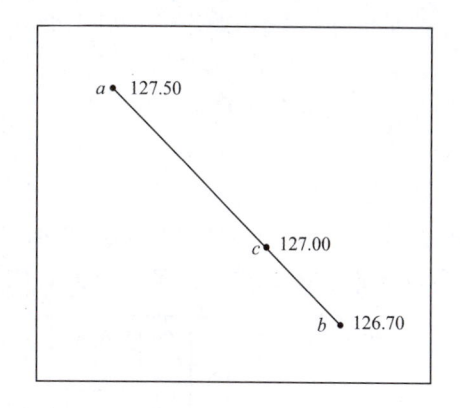

图 8-21 目估法

(3)解析法

等高线的勾绘是根据两个碎部点的高程,在两个碎部点间找出等高线通过的地方。如图 8-22(b)所示,A 点高程为 130.2 m,B 点高程为 138.4 m,若测图的基本等高距为 2 m,则 A、B 两点间有 132、134、136、138 四条等高线通过。由于两点间的地面坡度均匀,因此这些点在图上的位置可以用比例计算法求得。可绘出如图 8-22(a)所示的图形,图中 A、B 两点高差为 138.4－130.2＝8.2 m,由图上量得两点的平距为 33 mm,132 m 点与 A 点的高差为 132－130.2＝1.8 m,则点 A 到 132 m 等高线通过的点的平距 X_1 为

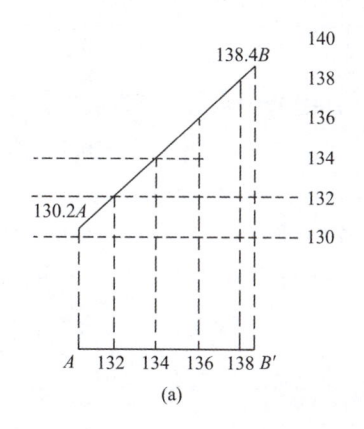

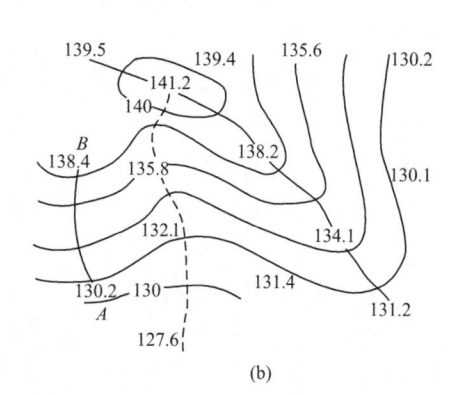

图 8-22 等高线的勾绘

$$X_1 = \frac{33}{8.2} \times 1.8 = 7.2 \text{ mm}$$

同理 B 点与 138 m 点的高差为 138.4－138＝0.4 m,则其平距 X_2 为

$$X_2 = \frac{33}{8.2} \times 0.4 = 1.6 \text{ mm}$$

从 A、B 两点分别量取 7.2 mm 和 1.6 mm,便得出 132 m 与 138 m 两等高线所通过的位置,这个方法称为取头定尾。然后将 132 m 和 138 m 两点间的平距分为三等分,即得出 134 m 和 136 m 两条等高线通过的位置,这称为中间等分。其他各点均用此法,即可把各点勾绘出来,如图 8-22(b)所示。

3. 地形图的拼接

测区面积较大时,整个测区必须划分为若干幅图进行施测。这样,在相邻图幅连接处,

由于测量误差和绘图误差的影响,无论是地物轮廓线还是等高线,往往不能完全吻合。相邻左、右两图幅相邻边的衔接情况,房屋、河流、等高线都可能会有偏差,如图 8-23 所示。拼接时用宽 5~6 cm 的透明纸蒙在左图幅的接图边上,用铅笔把坐标格网线、地物、地貌描绘在透明纸上,然后再把透明纸按坐标格网线位置蒙在右图幅衔接边上,同样用铅笔描绘地物和地貌;当用聚酯薄膜进行测图时,不必描绘图边,利用其自身的透明性,可将相邻两幅图的坐标格网线重叠;若相邻处的地物、地貌偏差不超过规定的要求,则可取其平均位置,并据此改正相邻图幅的地物、地貌位置。拼接地形图地物轮廓线允许偏差见表 8-8。

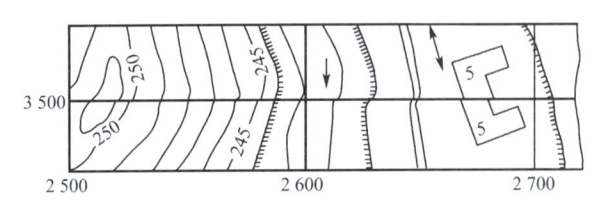

图 8-23 地形图的拼接

表 8-8 拼接地形图地物轮廓线允许偏差

地区情况	地物轮廓线允许偏差(图上)/mm	
	主要地物	次要地物
一般地区	±1.7	±2.3
城市建筑区	±1.1	±1.7

4. 地形图的检查

为确保地形图质量,除施测过程中加强检查外,在地形图测完后,必须对成图质量做一次全面检查。

(1)室内检查

室内检查的内容有:图上地物、地貌是否清晰易读;各种符号、注记是否正确;等高线与地貌特征点的高程是否相符;有无可疑、矛盾之处;图边拼接有无问题等。如发现错误或疑点,应到野外进行实地检查修改。

(2)外业检查

①巡视检查

巡视检查是根据室内检查的情况,有计划地确定巡视路线,进行实地对照查看。主要检查地物、地貌有无遗漏;等高线是否逼真合理;符号、注记是否正确等。

②仪器设站检查

仪器设站检查是根据室内检查和巡视检查发现的问题,到野外设站检查,除了对发现的问题进行修正和补测外,还应对本测站所测地形进行检查,看原测地形图能否符合要求。一般仪器检查量为每幅图的 10% 左右。

5. 地形图的整饰

原图经过拼接和检查后,还应清绘和整饰,使图面更加合理、清晰、美观。整饰的顺序是先图内后图外,先地物后地貌,先注记后符号。图上的注记、地物以及等高线均按规定的图式进行注记和绘制,但应注意等高线不能通过注记和地物。最后,应按图式要求写出图名、图号、比例尺、坐标系及高程系统、施测单位、测绘者及测绘日期等。如果是独立坐标系统，还需画出指北方向。经过整饰的地形图如图 8-24 所示。

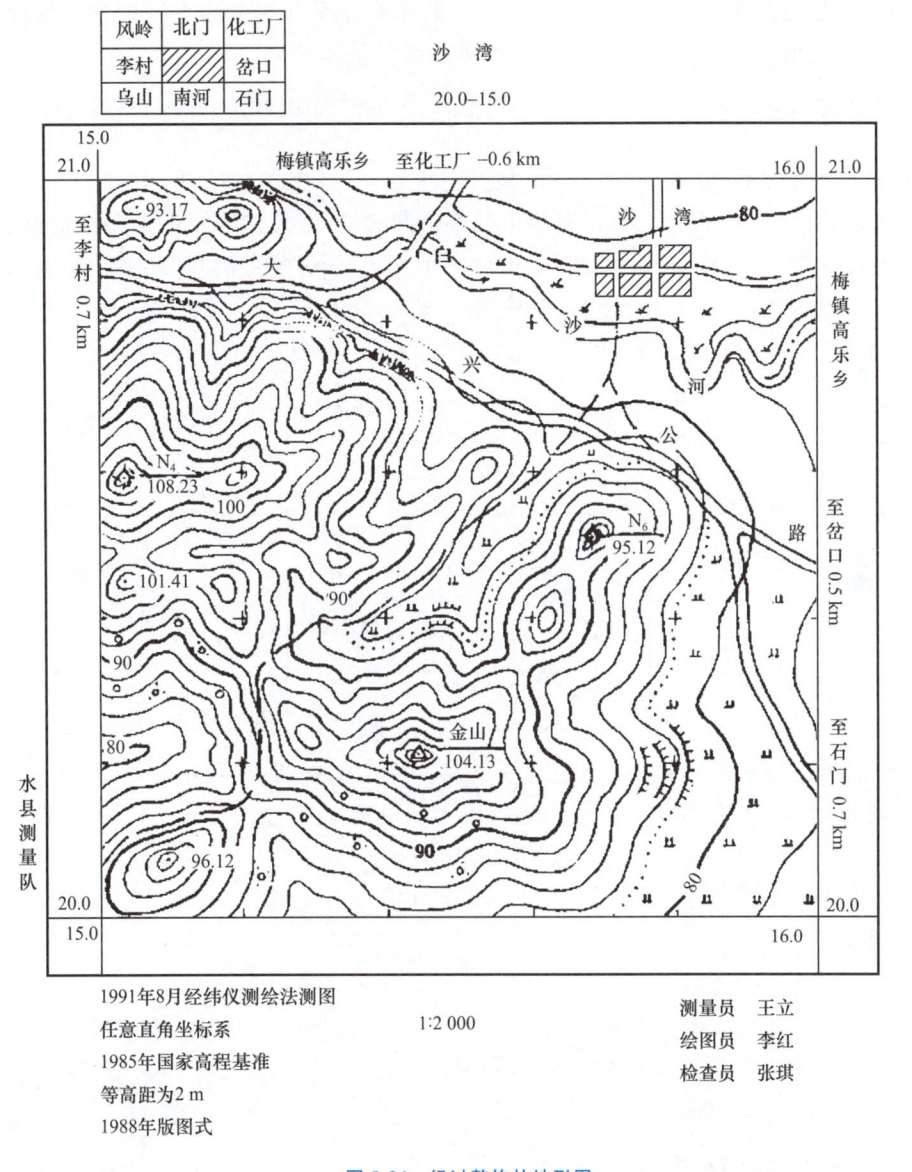

凤岭	北门	化工厂
李村	▨	岔口
乌山	南河	石门

沙　湾
20.0–15.0

1991年8月经纬仪测绘法测图
任意直角坐标系
1985年国家高程基准
等高距为2 m
1988年版图式

1:2 000

测量员　王立
绘图员　李红
检查员　张琪

图 8-24　经过整饰的地形图

8.4　地形图的应用

　　地形图的一个突出特点是具有可量性和可定向性。设计人员可在地形图上对地物、地貌做定量分析。例如，可以确定图上某点的平面坐标和高程，确定图上两点的距离和方位等。地形图的另一个特点是综合性和易读性。在地形图上提供的信息内容非常丰富，如居民地、交通网、境界线等各种社会经济要素，水系、地貌、土壤和植被等自然地理要素，还有控制点、坐标方格网、比例尺等数字要素,此外还有文字、数字和符号等各种注记,尤其是大比例尺地形图更是道路工程规划、设计、施工和竣工管理等不可缺少的重要资料。因此,正确地识读和应用地形图是道路工程技术人员必须具备的基本技能。

8.4.1　求图上某点的坐标

大比例尺地形图绘有 10 cm×10 cm 的坐标方格网,并在图廓的西、南边上注有方格的纵、横坐标值,如图 8-25 所示。根据图上坐标方格网的坐标,可以确定图上某点的坐标。例如,欲求图上 A 点的坐标,首先根据图上坐标注记和 A 点在图上的位置,找出 A 点所在的

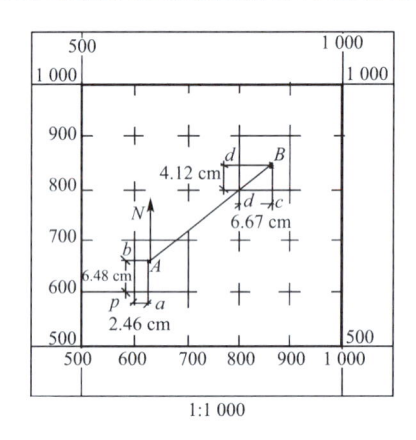

图 8-25　求图上某点的坐标

方格,过 A 点作坐标方格网的平行线与坐标方格相交于 a、b 两点,量出 pa=2.46 cm,pb=6.48 cm,再按地形图比例尺(1∶1 000)换算成实际距离

$$pb \times 1\ 000 \div 100 = 64.8 \text{ m}$$
$$pa \times 1\ 000 \div 100 = 24.6 \text{ m}$$

则 A 点的坐标为

$$\left.\begin{array}{l} x_A = x_p + pb \times 1\ 000 \div 100 = 600 + 64.8 = 664.8 \text{ m} \\ y_A = y_p + pa \times 1\ 000 \div 100 = 600 + 24.6 = 624.6 \text{ m} \end{array}\right\} \quad (8\text{-}2)$$

图解法求得的坐标精度受图解精度的限制,一般认为,图解精度为图上 0.1 mm,则坐标精度不会高于 0.1 m。

8.4.2　求图上某点的高程

地形图上点的高程可根据等高线的高程求得。如图 8-26 所示,若 A 点恰好在等高线上,则 A 点的高程与该等高线的高程相同,即 $H_A = 51.0$ m。若 B 点不在等高线上,而位于 54 m 和 55 m 两根等高线之间,这时可通过 B 点作一条垂直于相邻等高线的线段 mn,量取 mn 和 mB,如长度为 9.0 mm、5.4 mm,已知等高距 h=1 m,则可按内插法求得 B 点的高程为

$$H_B = H_m + \frac{mB}{mn} \times h = 54 + \frac{5.4}{9.0} \times 1 = 54.6 \text{ m} \quad (8\text{-}3)$$

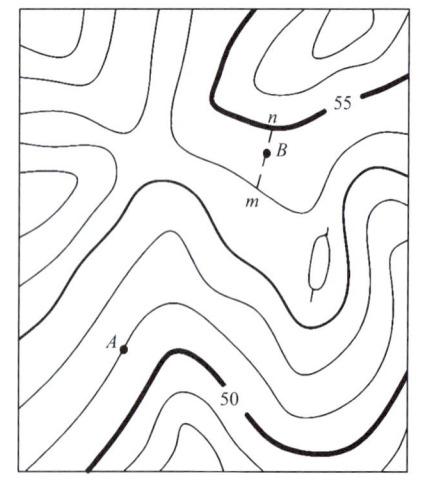

图 8-26　求图上某点的高程

求图上某点的高程,通常也可根据等高线用目估法按比例推算该点的高程。例如,mB 约为 mn 的十分之六,则

$$H_B = H_m + \frac{6}{10}h = 54.6 \text{ m}$$

8.4.3 求图上两点间的距离

求图上两点间的水平距离有下列两种方法:

1. 根据两点的坐标求水平距离——解析法

如图 8-25 所示,欲求 AB 的距离,可按式(8-2)先求出图上 A、B 两点的坐标值 x_A、y_A 和 x_B、y_B,然后按下式反算 AB 的水平距离为

$$D_{AB} = \sqrt{(x_B - x_A)^2 + (y_B - y_A)^2} \tag{8-4}$$

2. 在地形图上直接量距——图解法

用分规在图上直接卡出 A、B 两点的长度,再与地形图上的图示比例尺比较,即可得出 AB 的水平距离。当精度要求不高时,可用比例尺(三棱尺)直接在图上量取。

$$D_{AB} = d_{AB} M \tag{8-5}$$

式中　d_{AB}——图上 A、B 两点之间的距离;
　　　M——比例尺分母。

若图解法坐标的求得考虑了图纸伸缩变形的影响,则解析法求得距离的精度要高于图解法的精度。图纸上若绘有图示比例尺时,一般用图解法量取两点间的距离,这样既方便,又能保证精度。

8.4.4 求图上某直线的坐标方位角

如图 8-25 所示,欲求图上直线 AB 的坐标方位角,方法有下列两种:

1. 解析法

图上 A、B 两点的坐标可按式(8-2)求得,则按下式计算直线 AB 的坐标方位角为

$$\alpha_{AB} = \arctan \frac{y_B - y_A}{x_B - x_A} = \arctan \frac{\Delta y_{AB}}{\Delta x_{AB}} \tag{8-6}$$

当使用电子计算器或三角函数计算 α_{AB} 的角值时,要根据 Δx_{AB} 和 Δy_{AB} 的符号,确定其所在的象限,再确定其大小。

2. 图解法

当精度要求不高时,可用图解法,也就是用量角器在图上直接量取坐标方位角。如图 8-24 所示,通过 A、B 两点分别精确地作坐标纵轴的平行线,然后用量角器的中心分别对准 A、B 两点量出直线的坐标方位角 α'_{AB} 和直线 BA 的坐标方位角 α'_{BA},则直线 AB 的坐标方位角为

$$\alpha_{AB} = \frac{1}{2}[\alpha'_{AB} + (\alpha'_{BA} \pm 180°)] \tag{8-7}$$

由于坐标量算的精度比角度量测的精度高,因此,通常用解析法获得坐标方位角。

8.4.5　求图上某直线的坡度

在地形图上求得直线的长度以及两端点的高程后,则可按下式计算该直线的平均坡度

$$i=\frac{h}{dM}=\frac{h}{D} \tag{8-8}$$

式中　d——图上量得的长度;
　　　M——地形图比例尺分母;
　　　h——直线两端点间的高差;
　　　D——该直线对应的实地水平距离。

坡度通常用千分率(‰)或百分率(%)的形式表示,"+"为上坡,"−"为下坡。

说明:若直线两端位于等高线上,则求得坡度可认为符合实际坡度。假如直线较长,中间通过许多条等高线,且等高线的平距不等,则所求的坡度,只是该直线两端点间的平均坡度。

8.4.6　量测图形面积

在规划设计和工程建筑中,常需在地形图上量测一定轮廓范围内的面积。例如,平整土地的填、挖面积,规划设计城市某一区域的面积,厂矿用地面积,渠道和道路工程中的填、挖断面的面积、汇水面积等。量测图形面积的方法很多,下面介绍常用的三种量测图形面积的方法。

1. 几何图形法

若图形是由直线连接的多边形,则可将图形划分为若干种简单的几何图形,如图 8-27 所示的三角形、四边形、梯形等。然后用比例尺量取计算时所需的元素(长、宽、高),应用面积计算公式求出各个简单几何图形的面积,再汇总出多边形的面积。

图形面积如为曲线时,可近似地用直线连接成多边形,再按上述方法计算面积。

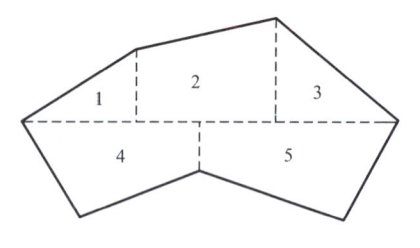

图 8-27　几何图形法

当用几何图形法量算线状物面积时,可将线状物均看做长方形,用分规量出其总长度,乘以实量宽度,即可得线状物面积。

将多边形划分为简单几何图形时,需要注意以下几点:

(1)将多边形划分为三角形,面积量算的精度最高,其次为梯形、长方形。

(2)划分为三角形以外的几何图形时,尽量使它的图形个数最少,线段最长,以减小误差。

(3)划分几何图形时,尽量使底与高之比接近 1:1(使梯形的中位线接近于高)。

(4)若图形的某些线段有实量数据,则首先选用实量数据。

(5)进行校核和提高面积量算的精度,要求对同一几何图形,量取另一组面积计算要素,量算两次面积,两次量算面积的较差在容许范围内(表 8-9),方可取其平均值。

表 8-9　　　　　　　　　两次量算面积的较差的容许范围

图上面积/mm²	相对误差
<100	<1/30
100～400	<1/50
400～1 000	<1/100
1 000～3 000	<1/150
3 000～5 000	<1/200
>5 000	<1/250

2. 透明格网法

如果曲线包围的是不规则图形，可用绘有边长为 1 mm 或 2 mm 的正方形格网的透明膜片，通过蒙图数格法量算图形的面积。此法操作简单，易于掌握，能保证一定精度，在量算图形面积中，被广泛采用。

量算面积时，将透明纸或膜片覆盖在欲量算的图形上，如图 8-28 所示，欲量算的图形被分割为一定数量的整方格，每一整方格代表一定面积值，再将边缘各分散格（也称为破格）目估凑成若干整方格（通常把破格，一律做半格计）。图形范围内所包含的方格数，乘以每方格所代表的面积值，即所量算图形的面积。如果知道一个方格所代表的实际面积，就可求得整个图形所代表的实际面积。例如，透明方格纸上每一方格为 1 mm²，地形图的比例尺为 1∶2 000，则每个方格相当于实地 4 m² 面积。

3. 平行线法

平行线法又称为积距法。为了减小边缘破格因目估产生的面积误差，可采用平行线法。

如图 8-29 所示，量算面积时，将绘有间距 $d=1$ mm 或 2 mm 的平行线组的透明纸（或透明膜片）覆盖在待算的图形上，使图形的上、下边缘线（a、p 两点）处于平行线的中央位置，固定透明纸，则整个图形被平行切割成若干等高（d）的梯形（图上平行的虚线为梯形上、下底的平均值，以 c 表示），则图形的总面积为

$$S = c_1 d + c_2 d + c_3 d + \cdots + c_n d = d(c_1 + c_2 + c_3 + \cdots + c_n) = d\sum c \quad (8\text{-}9)$$

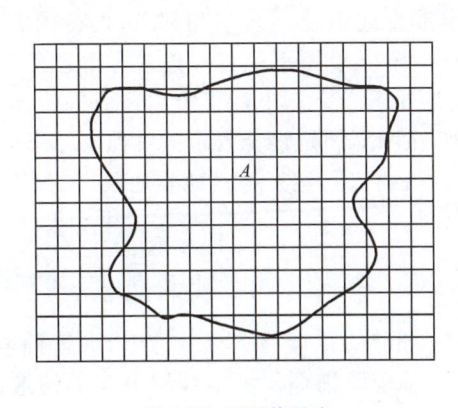

图 8-28　透明格网法　　　　　　　　图 8-29　平行线法

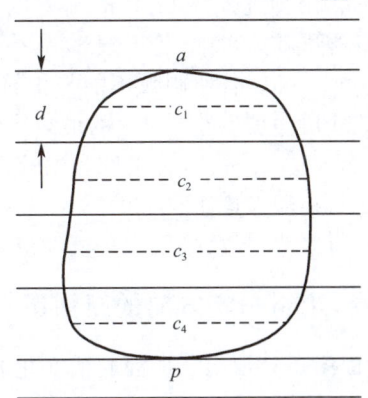

图形面积 S 等于平行线间距乘以中位线的总长。最后，再根据图的比例尺将其换算为实地面积，即

$$S = d\sum c \times M^2 \tag{8-10}$$

式中 M——测图比例尺分母。

例如,在 1∶2 000 比例尺的地形图上,量得各梯形上、下底平均值的总和 $\sum c = 876$ mm, $d = 2$ mm,则此图形的实地面积为

$$S = 2 \times 876 \times 2\,000^2 \div 1\,000^2 = 7\,008 \text{ m}^2$$

此外,量测图形面积还可用求积仪法,在这里不进行介绍,同学们可以参考其他书籍。

8.4.7 按限制坡度选定最短路线

在道路、管线等工程规划中,一般要求按限制坡度选定一条最短路线或等坡度线。其基本做法是:

如图 8-30 所示,设从公路旁 A 点到山头 B 点选定一条路线。限制坡度为 4%,地形图比例尺为 1∶2 000,等高距为 1 m。为了满足限制坡度的要求,可根据式(8-11)求出该线路通过相邻两等高线的最短平距,即求出相邻两等高线之间满足设计坡度的最短距离为

$$d = \frac{h}{iM} = \frac{1}{0.04 \times 2\,000} = 12.5 \text{ mm} \tag{8-11}$$

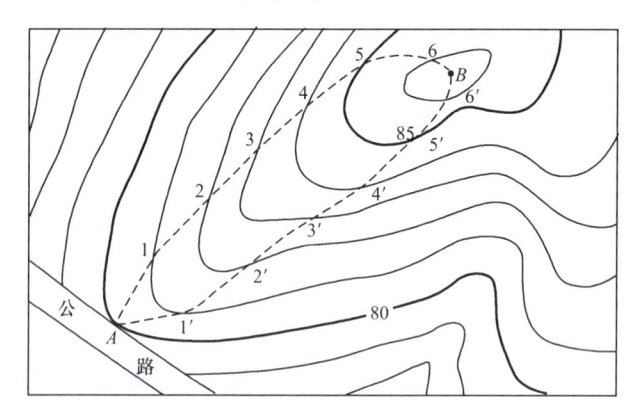

图 8-30 最短路线

于是,用脚规张开 12.5 mm,先以 A 点为圆心画圆弧交 81 m 等高线于 $1(1')$ 点;再以 $1(1')$ 点画圆弧交 82 m 等高线于 $2(2')$ 点;依此类推直到 B 点。连接相邻点,便得同坡度路线 $A-1-2\cdots B$。若所画弧不能与相邻等高线相交,则以最短平距直接连接相邻两等高线,这样,该线段为坡度小于 4% 的最短线路,符合设计要求。在图上尚可沿另一方向定出第二条路线 $A-1'-2'\cdots B$,可以作为比较方案。其实,在图上满足设计要求的线路有多条,在实际工作中,还需考虑工程上的其他因素(如少占或不占良田,避开不良地质地段,工程费用最少等)进行修改,最后确定一条既经济又合理的路线。

8.4.8 绘制一定方向的断面图

断面图是显示指定地面起伏变化的剖面图。在道路、管道等工程设计中,为进行填、挖土(石)方量的概算或合理地确定线路的纵坡等,均需较详细地了解沿线路方向上的地面起伏情况,为此常根据大比例尺地形图绘制沿线方向的断面图。

如图 8-31 所示,欲绘制地形图上 MN 方向的断面图,首先在图纸上绘出两条互相垂直的坐标轴线,横坐标轴 D 表示水平距离,纵坐标轴 H 表示高程;然后,用脚规在地形图上自

M 点起沿 MN 方向依次量取相邻等高线的平距 $M1$、12……，并以同一比例尺绘在横轴上，得 M'、$1'$、$2'$、$\cdots$、N'；再根据各点的高程按高程比例尺绘出各点，即得各点在断面图上的位置 M、1、2、3、$\cdots$、N；最后用圆滑的曲线连接 M、1、2、3、$\cdots$、N 点，即得直线 MN 的断面图。绘制断面图时，应特别注意 a、b、c 这三点的绘制，千万不能忽略。

为了明显地表示地面起伏变化情况，断面图上的高程比例尺一般比水平距离比例尺大 10 倍或 20 倍。

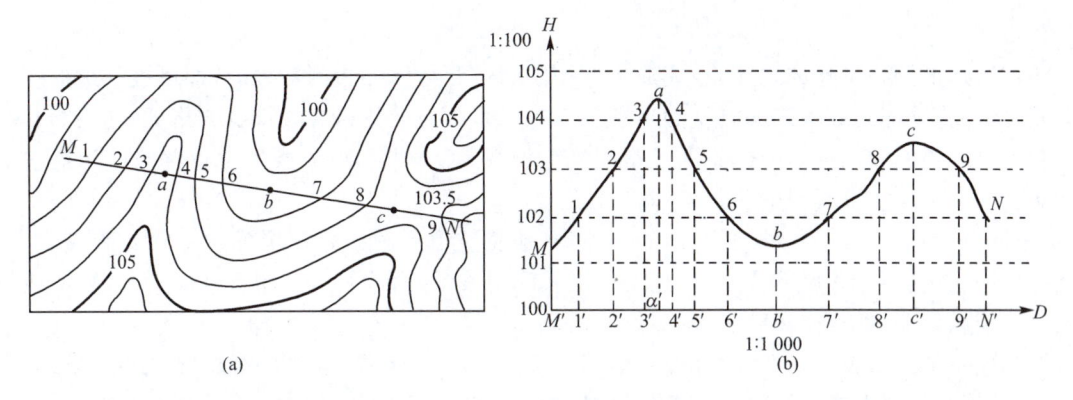

图 8-31　断面图

8.4.9　确定汇水范围

在修筑桥涵和水库大坝等工程中，桥梁、涵洞孔径的大小，大坝的设计位置、高度、水库的库容量大小等，都需要了解这个区域水流量的大小，而水流量是根据汇水面积确定的。汇集水流量的面积称为汇水面积。汇水面积由相邻分水线连接而成。

由于地面上的雨水是沿山脊线向两侧分流，因此汇水范围的确定，就是在地形图上自选定的断面起，沿山脊线或其他分水线而求得。如图 8-32 所示，线路在 M 处要修建桥梁或涵洞，则由山脊线 $bcdefga$ 所围成的闭合图形就是 M 上游的汇水范围的边界线。

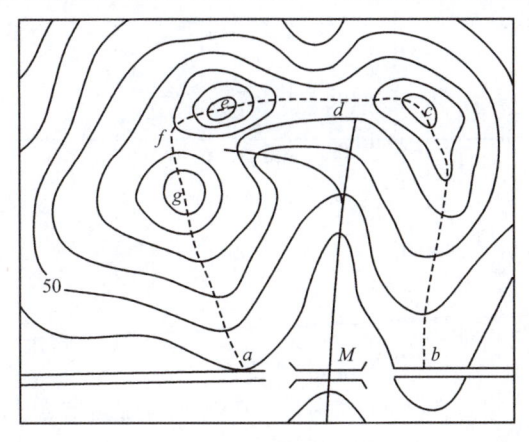

图 8-32　汇水范围

确定汇水范围时应该注意以下两点：
(1)边界线应与山脊线一致，且与等高线垂直。
(2)边界线是经过一系列山头和鞍部的曲线，并与河谷的指定断面如图 8-32 所示的 M

处的直线闭合。

图上汇水范围确定后,可用面积求算方法求得汇水面积,再根据当地的最大降雨量,来确定最大洪水流量,作为设计桥涵孔径及管径尺寸的参考。

本章小结

1. 按地形测量工作的程序,在完成平面控制测量和高程控制测量之后,即可进行地形图的测绘,又称碎部测量。碎部测量的准备工作包括图纸的准备、坐标格网(方格网)的绘制和控制点的展绘。测绘地形图的方法通常用经纬仪视距法,测绘碎部点的位置普遍应用极坐标法。

2. 地形图上要表示各种地物、地貌。地物、地貌按地形图图式规定的统一符号来表示。地物可用比例符号、非比例符号、半比例符号及注记表示,而地貌主要用等高线表示,复杂地貌也可辅以其他符号,如峭壁、冲沟等。

3. 地貌是地球表面高低起伏的总称,其形状是错综复杂的,但它是山丘、洼地、山脊、山谷、鞍部等几种基本形态的综合。要勾绘好等高线,除掌握这些基本形态的表示方法外,还必须掌握地性线和等高线的特性。地性线是山脊线和山谷线的总称。等高线的特性:等高性、闭合性、非交性、正交性、密陡稀缓性。应注意的是:每幅图上基本等高距只能有一种。

4. 经纬仪视距法是碎部测量的一种基本方法,其测量步骤如下:(1)安置仪器于测站;(2)定向——瞄准后视点,置水平度盘读数为 $0°00'00''$;(3)立尺——将尺立在地物、地貌特征点上;(4)观测;(5)记录;(6)计算;(7)展绘碎部点;(8)描绘地物、地貌和等高线,边测边绘,对照实地,检查是否有错。

5. 数字化测图的主要作业过程分为三个步骤:数据采集、数据处理及地形图的数据输出。野外数字化测图作业模式较多,主要有三种:(1)全站仪自动跟踪测量模式;(2)GPS 测量模式;(3)现场测记模式。

习 题

8-1 什么是地形图比例尺?什么是地形图比例尺精度?研究地形图比例尺精度的意义是什么?

8-2 什么是地物、地貌?

8-3 叙述经纬仪视距法测图的方法、步骤?

8-4 什么是等高线、等高线平距、等高距?等高线有哪些特性?

8-5 试勾绘如 8-33 所示地貌的等高线图。

8-6 如图 8-34 所示,完成如下作业:

(1)根据等高线按比例内插法求出 A、C 两点的高程。

(2)用图解法求 A、B 两点的坐标。

(3)求 A、B 两点间的水平距离。

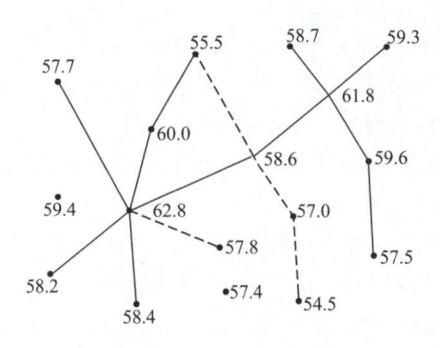

图 8-33　习题 8-5 图

(4) 求 AB 连线的坐标方位角。
(5) 求 A 点至 C 点的平均坡度。
(6) 从 A 点至 B 点选定一条坡度为 6.5% 的路线。

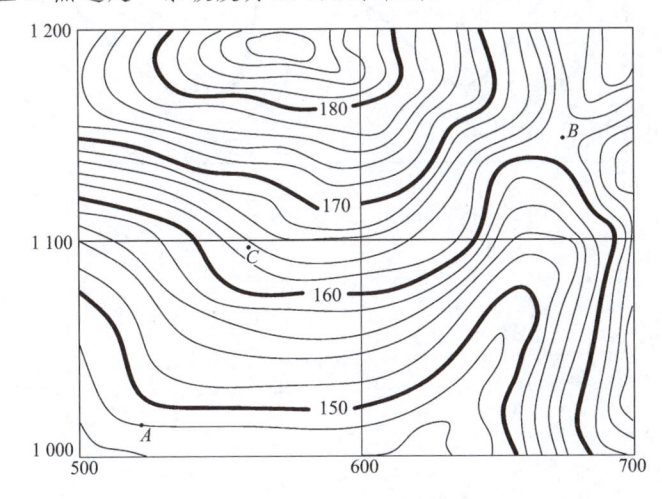

图 8-34　习题 8-6 图

8-7　试根据地形图(图 8-35)上所画的 AB 方向线,绘制出该方向线的断面图。

图 8-35　习题 8-7 图

8-8 试述用透明格网法和平行线法计算面积的步骤。

8-9 在地形图上确定汇水范围时,为什么边界线要与山脊线一致且与等高线垂直?边界线为什么又要通过山顶和鞍部?

8-10 在地形图上将高低起伏的地面设计为水平面或倾斜面时,如何计算场地设计高程?如何确定填、挖边界线?

8-11 如图 8-36 所示为 1∶2 000 的地形图,欲作通过设计高程为 52 m 的 a、b 两点向南设计坡度为 4% 的倾斜面,试绘出其填、挖边界线。

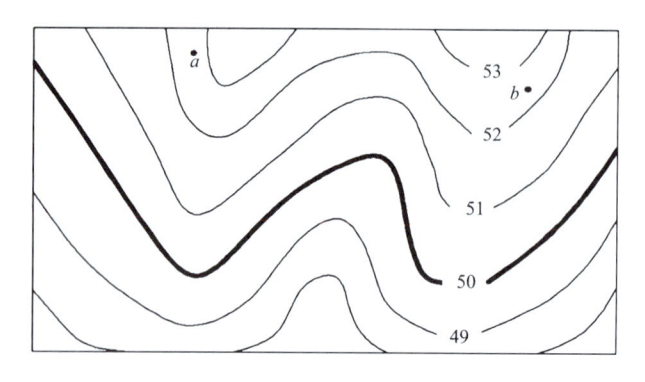

图 8-36 习题 8-11 图

第 9 章 施工测量方法

> **能力要求**
>
> 了解施工测量的基本任务和特点；能实施水平角、水平距离和高程的测设及点的平面位置的测设。

9.1 施工测量概述

9.1.1 施工测量的概念

各种工程在施工阶段所进行的测量工作称为施工测量。施工测量的任务是把图纸上设计的建（构）筑物的平面位置和高程，按设计和施工的要求在施工作业面上测设（放样）出来，作为施工的依据，并在施工过程中进行一系列测量工作，以指导和衔接各施工阶段和工种间的施工。

施工阶段的测量工作包括：建立施工控制网；建筑物定位和基础放线；工程施工中各道工序的细部测设，如基础模板的测设、工程砌筑、构件安装等；工程竣工后，为了便于管理、维修和扩建而进行的竣工测量；有些高大建筑在施工期间和管理期间所进行的变形观测。总之，施工测量贯穿于施工的全过程。

9.1.2 施工测量特点

施工测量的精度要高于地形图的测绘精度，而且根据建（构）筑物的重要性、结构材料及施工方法等不同，对施工测量精度要求也有所不同。例如，桥梁工程的测设精度高于道路工程，工业建筑的测设精度高于民用建筑的测设精度，钢结构建筑物的测设精度高于钢筋混凝土结构建筑物的测设精度，装配式建筑物的测设精度高于非装配式建筑物的测设精度。因为施工测量贯穿于施工的全过程，施工测量精度直接影响工程质量和施工进程，所以，测量人员必须了解施工的全过程，密切配合施工进度进行工作。另外，施工现场多为地面与高空各工种交叉作业,并有大量的土方填挖,地面情况变动很大,再加上动力机械及车辆频繁,因此,测量标志的埋设应特别稳固,并要妥善保护,经常检查,及时恢复。在高空或危险地段施测时,应采取安全措施,以防发生事故。

9.2 施工测量的基本工作

施工测量是指把图纸上设计好的建(构)筑物位置(包括平面和高程位置)在实地标定出来的工作,即按设计的要求将建(构)筑物各轴线的交点、道路中线、桥墩等点位标定在相应的地面上。这项工作又称为测设或放样。这些待测设的点位是根据控制点或已有建(构)筑物特征点与待测设点之间的角度、距离和高差等几何关系,应用测绘仪器和工具标定出来的。因此,测设已知水平距离、已知水平角和已知高程是施工测量的基本工作。

9.2.1 测设已知水平距离

测设已知水平距离是从地面一已知点开始,沿已知方向测设出给定的水平距离以定出第二个端点的工作。根据测设的精度要求不同,可分为一般方法和精确方法。

1. 用钢尺测设已知水平距离

(1)一般方法

在地面上,由已知点 A 开始,沿给定方向,用钢尺量出已知水平距离 D 定出点 B。为了校核与提高测设精度,在起点 A 处改变读数,按同法量已知距离 D 定出点 B'。由于量距有误差,B 与 B' 两点一般不重合,其相对误差在允许范围内时,则取两点的中点作为最终位置。

(2)精确方法

当水平距离的测设精度要求较高时,按照上面一般方法在地面测设出的水平距离,还应再加上尺长、温度和高差三项改正数,但改正数的符号与精确量距时的符号相反。即

$$S = D - \Delta_l - \Delta_t - \Delta_h$$

式中　S——实地测设的水平距离;

　　　D——待测设的水平距离;

　　　Δ_l——尺长改正数,$\Delta_l = \dfrac{\Delta l}{l_0} \cdot D$,$l_0$ 和 Δl 分别是所用钢尺的名义长度和尺长改正数;

　　　Δ_t——温度改正数,$\Delta_t = \alpha D(t - t_0)$,$\alpha = 1.25 \times 10^{-5}$,为钢尺的线膨胀系数,$t$ 为测设时的温度,t_0 为钢尺的标准温度,一般为 20 ℃;

　　　Δ_h——倾斜改正数,$\Delta_h = -\dfrac{h^2}{2D}$,$h$ 为线段两端点的高差。

例 9-1　如图 9-1 所示,欲测设水平距离 AB,所使用钢尺的尺长方程为 $l_t = 30.000 \text{ m} + 1.25 \times 10^{-5} \times 30 \times (t - 20 \text{ ℃}) \text{ m}$,测设时的温度为 5 ℃,$A$、$B$ 两点之间的高差为 1.2 m,试求用钢尺测设时在实地应量出的水平距离是多少?

解　根据精确量距公式算出三项改正数:

尺长改正数　　　　　$\Delta_l = \dfrac{\Delta l}{l_0} \cdot D = \dfrac{0.003}{30} \times 60 = 0.006 \text{ m}$

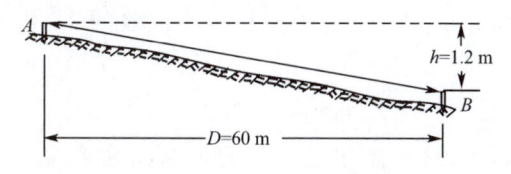

图 9-1 用钢尺测设已知水平距离

温度改正数　　　　$\Delta_t = \alpha D(t-t_0) = 1.25 \times 10^{-5} \times 60 \times (5-20) = -0.011 \text{ m}$

倾斜改正数　　　　$\Delta_h = -\dfrac{h^2}{2D} = -\dfrac{1.2^2}{2 \times 60} = -0.012 \text{ m}$

则实地测设水平距离为
$$S = D - \Delta_l - \Delta_t - \Delta_h = 60 - 0.006 + 0.011 + 0.012 = 60.017 \text{ m}$$

测设时,自线段的起点 A 沿给定的 AB 方向量出 S,定出终点 B,即得设计的水平距离 D。为了检核,通常再放样一次,若两次放样之差在允许范围内,则取平均位置作为终点 B 的最后位置。

2. 用光电测距仪测设已知水平距离

用光电测距仪测设已知水平距离与用钢尺测设方法大致相同。如图 9-2 所示,将光电测距仪安置于 A 点,反光镜沿已知方向 AB 移动,使仪器显示的距离大致等于待测设距离 D,定出 B' 点,测出 B' 点反光镜的竖直角及斜距,计算出水平距离 D';再计算出 D' 与需要测设的水平距离 D 之间的改正数 $\Delta D = D - D'$。根据 ΔD 的符号在实地沿已知方向用钢尺由 B' 点量 ΔD 定出 B 点,AB 即测设的水平距离 D。

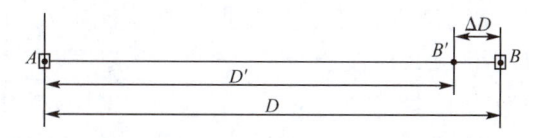

图 9-2 用光电测距仪测设已知水平距离

利用全站仪瞄准位于 B 点附近的棱镜后,能够直接显示出全站仪与棱镜之间的水平距离 D',因此,可以通过前后移动棱镜使其水平距离 D' 等于待测设的已知水平距离 D 时,即可定出 B 点。

为了检核,将反光镜安置在 B 点,测量 AB 的水平距离,若不符合要求,则再次改正,直至在允许范围之内。

9.2.2 测设已知水平角

测设已知水平角就是根据一已知方向测设出另一方向,使它们的夹角等于给定的设计角值。按测设精度要求不同,分为一般方法和精确方法。

1. 一般方法

当测设水平角精度要求不高时,可采用此法,即用盘左、盘右取平均值的方法。如图 9-3 所示,设 OA 为地面上已有方向,欲测设水平角 β,在 O 点安置经纬仪,以盘左位置瞄准 A 点,配置水平度盘读数为 0。转动照准部使水平度盘读数恰好为 β 值,在视线方向定出 B_1 点。然后用盘右位置,重复

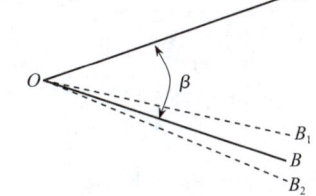

图 9-3 一般方法测设已知水平角

上述步骤定出 B_2 点,取 B_1 和 B_2 中点 B,则 $\angle AOB$ 即测设的 β。该方法也称为盘左盘右分中法。

2. 精确方法

当测设精度要求较高时,可采用精确方法测设已知水平角。如图 9-4 所示,安置经纬仪于 O 点,按照上述一般方法测设出已知水平角 $\angle AOB'$,定出 B' 点。然后较精确地测量 $\angle AOB'$ 的角值,一般采用多个测回取平均值的方法,设平均角值为 β',测量 OB' 的距离。按下式计算 B' 点处 OB' 线段的垂距 $B'B$,即

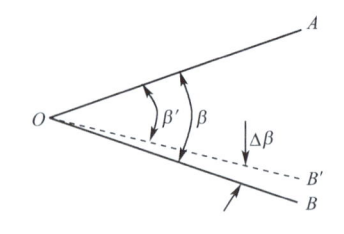

$$B'B = OB'\tan \Delta\beta \approx OB' \cdot \frac{\Delta\beta}{\rho}$$

图 9-4 精确方法测设已知水平角

然后,从 B' 点沿 OB' 的垂直方向调整垂距 $B'B$,$\angle AOB$ 即 β。如图 9-4 所示,若 $\Delta\beta>0$,则从 B' 点往内调整 $B'B$ 至 B 点;若 $\Delta\beta<0$,则从 B' 点往外调整 $B'B$ 至 B 点。

9.2.3 测设已知高程

测设已知高程就是根据已知点的高程,通过引测,把设计高程标定在固定的位置上。如图 9-5 所示,已知高程点 A,其高程为 H_A,需要在 B 点标定出设计高程 H_B 的位置。方法是:在 A 点和 B 点中间安置水准仪,精平后读取 A 点的水准尺读数为 a,则仪器的视线高程为 $H_i = H_A + a$,由图 9-5 可知测设已知高程为 H_B 的 B 点水准尺读数应为 $b = H_i - H_B$。

将水准尺紧靠 B 点木桩的侧面上下移动,直到水准尺上读数为 b 时,沿尺底画一横线,此线即设计高程 H_B 的位置。测设时应始终保持水准管气泡居中。

在建筑设计和施工中,为了计算方便,通常把建筑物的室内设计地坪高程用 ±0 标高表示,建筑物的基础、门窗等高程都是以 ±0 为依据进行测设的。因此,首先要在施工现场利用测设已知高程的方法测设出室内地坪高程的位置。

在地下坑道施工中,高程点位通常设置在坑道顶部。通常规定当高程点位于坑道顶部时,在进行水准测量时水准尺均应倒立在高程点上。如图 9-6 所示,A 为已知高程 H_A 的水准点,B 为待测设高程为 H_B 的位置,由于 $H_B = H_A + a + b$,则在 B 点应有的水准尺读数 $b = H_B - (H_A + a)$。因此,将水准尺倒立并紧靠 B 点木桩上下移动,直到水准尺上读数为 b 时,在尺底划出设计高程 H_B 的位置。同样,对于多个测站的情况,也可以采用类似分析和解决方法。如图 9-7 所示,A 为已知高程 H_A 的水准点,C 为待测设高程为 H_C 的点位,由于 $H_C = H_A - a - b_1 + b_2 + c$,则在 C 点应有的水准标尺读数为 $c = H_C - (H_A - a - b_1 + b_2)$。

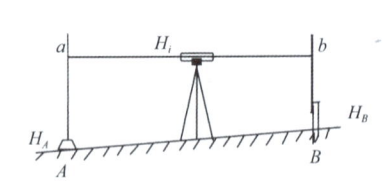

图 9-5 测设已知高程 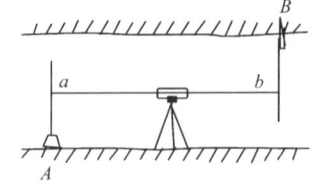　　图 9-6 高程点在顶部的测设 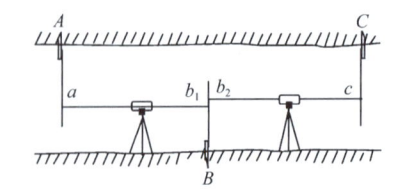　　图 9-7 多个测站高程点的测设

当待测设点与已知水准点的高差较大时,则可以采用悬挂钢尺的方法进行测设。如图 9-8 所示,钢尺悬挂在支架上,零端向下并挂一重物,A 为已知高程为 H_A 的水准点,B 为

待测设高程为 H_B 的点位。在地面和待测设点位附近安置水准仪,分别在水准尺和钢尺上读数 a_1、a_2 和 b_1。由于 $H_B=H_A+a_1-(b_1-a_2)-b_2$,则可以计算出 B 点水准尺的读数 $b_2=H_A+a_1-(b_1-a_2)-H_B$。同样,如图 9-9 所示的情形也可以采用类似方法进行测水准设,即计算出前视读数 $b_2=H_A+a_1+(a_2-b_1)-H_B$,再画出已知高程位置 H_B 的标志线。

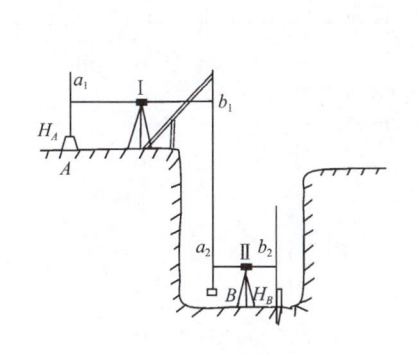

图 9-8 测设建筑基底高程

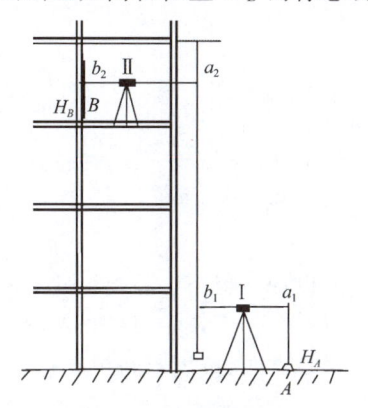

图 9-9 测设建筑楼层高程

9.2.4 测设水平面

测设水平面又称为抄平。如图 9-10 所示,设待测设水平面的高程为 $H_设$。测设时,可先在地面按一定的边长测设方格网,用木桩标定各方格网点(进行室内楼地面找平时,常在对应点上做灰饼)。然后在场地与已知点 A 之间安置水准仪,读取 A 点水准尺的读数 a,计算出仪器的视线高为

$$H_i = H_A + a \tag{9-1}$$

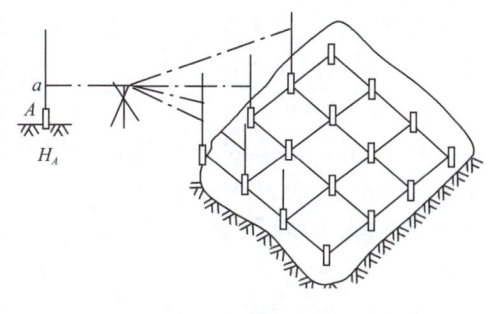

图 9-10 测设水平面

依次在各木桩上立水准尺,使各木桩顶的水准尺读数都等于

$$b_应 = H_i - H_设 \tag{9-2}$$

此时,各桩顶就构成一个测设的水平面。

9.2.5 测设已知坡度线

测设已知坡度线就是根据附近水准点的高程、设计坡度和坡度线端点的设计高程,用高程测设方法将坡度线上各点设计高程标定在地面上的测量工作。它常用于管线、道路等线路工程的施工放样中。测设方法有水平视线法和倾斜视线法两种。

(1)水平视线法

如图 9-11 所示,A、B 为设计坡度线的两端点,A 点设计高程为 H_A。为了施工方便,每隔一定的距离 d 打入一木桩,要求在木桩上标出设计坡度为 i 的坡度线。施测步骤如下:

①按照公式

$$H_设 = H_应 + id \tag{9-3}$$

计算各桩点的设计高程:

第 1 点的设计高程为
$$H_1 = H_A + id$$

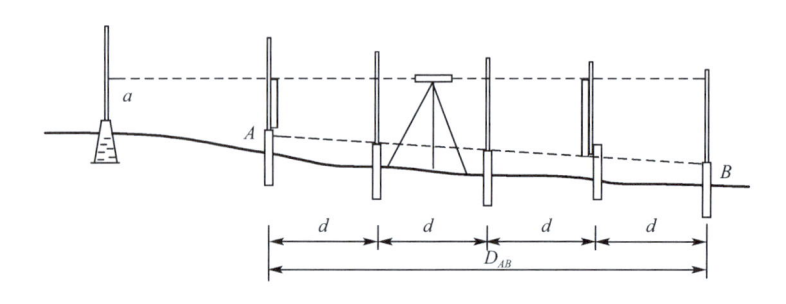

图 9-11　水平视线法测设已知坡度线

第 2 点的设计高程为
$$H_2 = H_1 + id$$
......

B 点的设计高程为
$$H_B = H_n + id \text{ 或 } H_B = H_A + iD_{AB}（用于计算检核） \tag{9-4}$$

②沿 AB 方向，按规定间距 d 标定出中间 1、2、3、…、n 各点；

③安置水准仪于水准点 5 附近，读后视读数 a，并计算视线高程 H_i，即
$$H_i = H_{水5} + a$$

④根据各桩的设计高程，分别计算出各桩点上水准尺的应读前视数
$$b_应 = H_i - H_设$$

⑤在各桩处立水准尺，上下移动水准尺，当水准仪对准应读前视数时，水准尺零端对应位置即测设出的高程标志线。

(2)倾斜视线法

如图 9-12 所示，设 A 点的高程为 H_A，A、B 两点间的水平距离为 D_{AB}，今欲从 A 点沿 AB 方向测设出坡度为 i 的直线。

测设时，先根据 i 和 D_{AB} 计算 B 点的设计高程为
$$H_B = H_A + iD_{AB}$$

再按 9.2.3 节的方法测设出 B 点，此时 AB 直线即构成坡度为 i 的坡度线。然后在 A 点安置水准仪，使一个脚螺旋在 AB 方向线上，另两个脚螺旋的连线大致与 AB 方向垂直，量取仪器高 $i_仪$，用望远镜瞄准 B 点的水准尺，转动在 AB 方向上的脚螺旋或微倾螺旋，使 B 点桩上水准尺的读数为仪器高 $i_仪$，这时仪器的视线即平行于设计坡度的直线。最后在 AB 方向线上测设中间各点，分别在 1、2、3、…、n 处打下木桩，使各木桩上水准尺的读数均为仪器高 $i_仪$，这样各桩的桩顶连线即所需测设的坡度线。若设计坡度较大，测设时超出水准仪脚螺旋所能调节的范围，则可以用经纬仪进行测设。

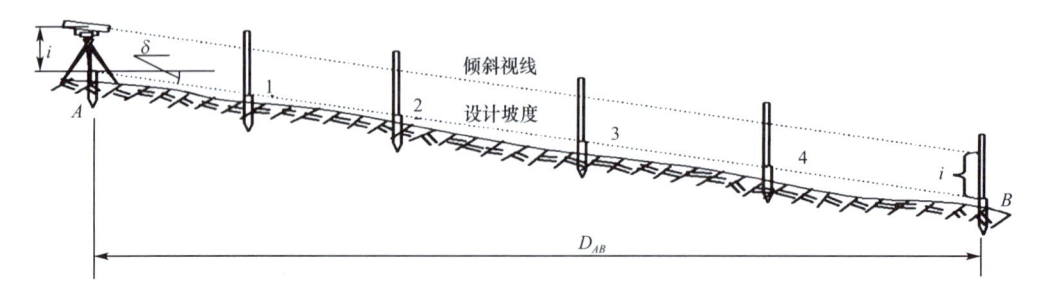

图 9-12　倾斜视线法测设已知坡度线

9.2.6 测设点的平面位置

测设点的平面位置是根据已布设好的控制点的坐标和待测设点的坐标,反算出测设数据,即控制点和待测设点之间的水平距离和水平角,再利用上述测设方法标定出设计点位。根据所用的仪器设备、控制点的分布情况、测设场地地形条件及测设点精度要求等条件,可以采用以下几种方法进行测设工作。

1. 直角坐标法

直角坐标法是建立在直角坐标原理基础上测设点位的一种方法。当建筑场地已建立有相互垂直的主轴线或建筑方格网时,一般采用此法。

如图 9-13 所示,A、B、C、D 为建筑方格网或建筑基线控制点,1、2、3、4 为待测设建筑物轴线的交点,建筑方格网或建筑基线分别平行或垂直待测设建筑物的轴线。根据控制点的坐标和待测设点的坐标可以计算出两者之间的坐标增量。下面以测设 1、2 点为例,说明测设方法。

首先计算出 A 点与 1、2 点之间的坐标增量,即

$$\Delta x_{A1} = x_1 - x_A, \Delta y_{A1} = y_1 - y_A$$

测设 1、2 点平面位置时,在 A 点安置经纬仪,照准 D 点,沿此视线方向在 A 点测设水平距离 Δy_{A1} 定出 $1'$ 点。再安置经纬仪于 $1'$ 点,盘左照准 D 点(或 A 点),转 90°给出视线方向,沿此方向分别测设出水平距离 Δx_{A1} 和 Δx_{12} 定出 1、2 两点。同法以盘右位置再定出 1、2 两点,取 1、2 两点盘左和盘右的中点即所求点位置。采用同样的方法可以测设 3、4 点的位置。检查时,可以在已测设的点上架设经纬仪,检测各个角度是否符合设计要求,并丈量各条边长。如果待测设点位的精度要求较高,可以利用精确方法测设水平距离和水平角。

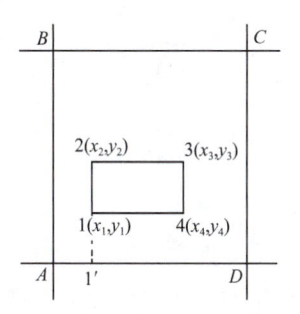

图 9-13 直角坐标法测设点位

2. 极坐标法

极坐标法是根据水平角和水平距离测设地面点平面位置的方法。如图 9-14 所示,P 为欲测设的待定点,A、B 为已知点。为将 P 点测设于地面,首先按坐标反算公式计算测设用的水平距离 D_{AP} 和坐标方位角 α_{AB}、α_{AP}。

$$D_{AP} = \sqrt{(x_P - x_A)^2 + (y_P - y_A)^2} \tag{9-5}$$

$$\alpha_{AB} = \arctan \frac{y_B - y_A}{x_B - x_A} \tag{9-6}$$

$$\alpha_{AP} = \arctan \frac{y_P - y_A}{x_P - x_A} \tag{9-7}$$

测设用的水平角为

$$\beta = \alpha_{AP} - \alpha_{AB} \tag{9-8}$$

测设 P 点时,将经纬仪安置在 A 点,瞄准 B 点,沿顺时针方向测设 β,得一方向线,然后在该方向线上测设水平距离 D_{AP},则可得 P 点。

如果用全站仪按极坐标法测设点的平面位置,则更为方便(图 9-15)。要测设 P 点的平面位置,其施测方法如下:把全站仪安置在 A 点,瞄准 B 点,将水平度盘设置为 0°00′00″,然后将控制点 A、B 的已知坐标及 P 点的设计坐标输入全站仪,即可自动算出测设数据:水平

角 β 及水平距离 D_{AP}。测设水平角 β，并在视线方向上把反光棱镜安置在 P 点附近的 P' 点。设 AP' 的距离为 $D_{AP'}$，实测 $D_{AP'}$ 后再根据 $D_{AP'}$ 与 D_{AP} 的差值 $\Delta D = D_{AP} - D_{AP'}$ 进行改正，即得 P 点。

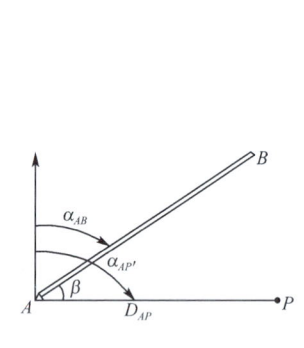

图 9-14　极坐标法测设点位

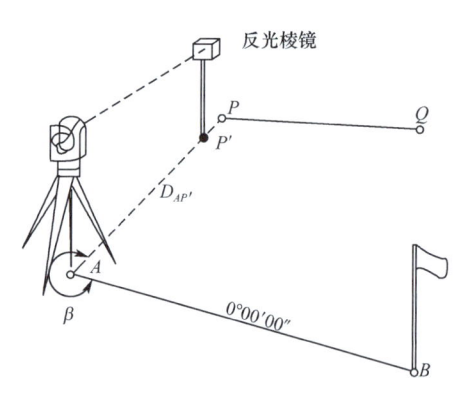

图 9-15　用全站仪按极坐标法测设点位

3. 角度交会法

角度交会法是在两个控制点上分别安置经纬仪，根据相应的水平角测设出相应的方向，根据两个方向交会定出点位的一种方法。此法适用于测设点离控制点较远或量距有困难的情况。

如图 9-16 所示，根据控制点 A、B 和测设点 1、2 的坐标，反算测设数据 β_{A1}、β_{A2}、β_{B1} 和 β_{B2}。将经纬仪安置在 A 点，瞄准 B 点，利用 β_{A1}、β_{A2} 按照盘左盘右分中法，定出 A1、A2 方向线，并在其方向线上的 1、2 两点附近分别打上两个木桩（俗称骑马桩），桩上钉小钉以表示此方向，并用细线拉紧。然后，在 B 点安置经纬仪，同法定出 B1、B2 方向线。根据 A1 和 B1、A2 和 B2 方向线可以分别交出 1、2 两点，即所求待测设点的位置。

当然，也可以利用两台经纬仪分别在 A、B 两个控制点同时设站，测设出方向线后标定出 1、2 两点。

检核时，可以采用丈量实地 1、2 两点之间的水平边长，并与 1、2 两点设计坐标反算出的水平边长进行比较。

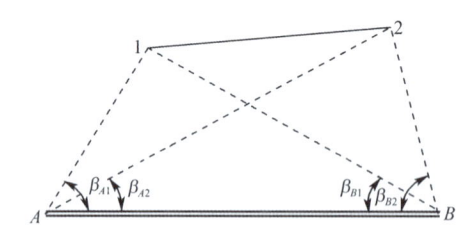

图 9-16　角度交会法测设点位

4. 距离交会法

距离交会法是从两个控制点出发，利用两段已知距离进行交会定点的方法。当建筑场地平坦且便于量距时，用此法较为方便。如图 9-17 所示，A、B 为控制点，1 为待测设点。首先，根据控制点和待测设点的坐标反算出测设数据 D_A 和 D_B，然后用钢尺从 A、B 两点分别测设两段水平距离 D_A 和 D_B，其交点即所求 1 点的位置。

同样，2 点的位置可以由附近的地形点 P、Q 交会出。

检核时，可以实地丈量 1、2 两点之间的水平距离，并与 1、2 两点设计坐标反算出的水平距离进行比较。

5. 十字方向线法

十字方向线法是利用两条互相垂直的方向线相交得出待测设点位的一种方法。如图 9-18 所示，设 A、B、C、D 点所围图形为一个基坑的范围，P 点为该基坑的中心点位，在挖基坑时，P 点会遭到破坏。为了随时恢复 P 点的位置，可以采用十字方向线法重新测设 P 点。

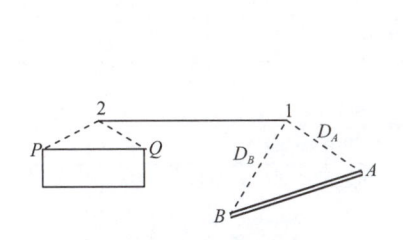

图 9-17　距离交会法测设点位

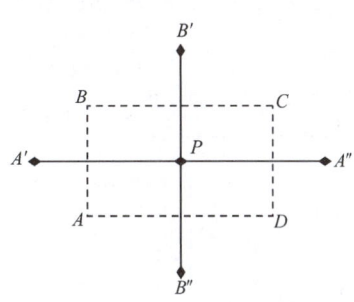

图 9-18　十字方向线法测设点位

首先，在 P 点架设经纬仪，设置两条相互垂直的直线，并分别用两个桩点来固定。当 P 点被破坏后需要恢复时，则利用桩点 $A'A''$ 和 $B'B''$ 拉出两条相互垂直的直线，根据其交点重新定出 P 点。

为了防止由于桩点发生移动而导致 P 点测设误差，可以在每条直线的两端各设置两个桩点，以便能够发现错误。

本章小结

1. 测绘与测设的区别

测绘是研究如何将地表上的地物、地貌测量出来并表示到图纸上的问题。测设是研究如何将图纸上设计的建（构）筑物在地面上标定出来的问题。

2. 测设的基本工作

测设已知水平距离、测设已知水平角和测设已知高程合称为测设的三项基本工作。

3. 水平视线法

在已知水准点与待测设高程点之间安置水准仪，在已知水准点上立水准尺，读出后视数，计算出仪器的视线高程，并根据待测设点的高程计算应读前视数，然后对准应读前视数测设高程标志的方法称为水平视线法。这种方法用于测设某一水平面时，可以减少移动仪器的次数和许多计算工作量。

4. 倾斜视线法

采用倾斜视线法测设坡度线，可以避免测设误差积累，保证中间测设各桩高程标志的精度均匀。采用倾斜视线法,首先在坡度线一个端点上放置好仪器,保证一个脚螺旋位于坡度线上,另两个脚螺旋连线与坡度线垂直,调整位于坡度线上的脚螺旋和微倾螺旋,使望远镜对准坡度线另一端点的水准尺读数等于仪器高,这样就获得一条平行于设计坡度线的倾斜视线,利用它可以测设坡度线上各桩的高程标志。

5. 点的平面位置测设(表 9-1)

表 9-1   点的平面位置测设

方　法	适用条件	需要测设的数据
直角坐标法	施工场地上有主轴线或方格网	Δx、Δy
极坐标法	施工场地上有测量控制点	β、D_{AP} 或 α_{AB}、α_{AP}、D_{AP}
角度交会法	不便于测设距离	β_{A1}、β_{A2}、β_{B1}、β_{B2}
距离交会法	精度要求不高,不便安装仪器,距离不大	D_A、D_B

习　题

9-1　施工测量的主要任务有哪些?

9-2　测设已知水平距离、水平角和高程与测定水平距离、水平角和高程有何区别和联系?

9-3　测设点的平面位置有哪些方法?各适用于什么场合?各需要哪些测设数据?

9-4　欲在地面上测设一段长 49.000 m 的水平距离,所用钢尺的名义长度为 50 m,在标准温度 20 ℃时,其检定长度为 49.994 m,测设时的温度为 13 ℃,所用拉力与检定时的拉力相同,钢尺的膨胀系数为 $1.25×10^{-5}$,概量后测得两点间的高差为 $h=-0.55$ m,试计算在地面上应测设的长度。

9-5　欲在地面上测设一个直角 $\angle AOB$,先按一般测设方法测设出该直角,经检测其角值为 $90°01'36''$,若 $OB=160$ m,为了获得正确的直角,试计算 B 点的调整量并用图例说明其调整方向。

9-6　某建筑场地上有一点 A,其高程为 $H_A=138.416$ m,欲测设高程为 139.000 m 的室内±0 标高,设水准仪在点 A 所立水准尺上的读数为 1.034 m,试说明其测设方法。

9-7　设 A、B 为已知平面控制点,其坐标分别为 $A(156.32\ \text{m}, 576.49\ \text{m})$、$B(208.78\ \text{m}, 482.27\ \text{m})$,欲根据 A、B 两点测设 P 点的位置,P 点设计坐标为 $P(180.00\ \text{m}, 500.00\ \text{m})$。试分别计算用极坐标法、角度交会法和距离交会法测设 P 点的测设数据,并绘出测设略图。

9-8　测设出直角 $\angle BOD'$ 后,用经纬仪精确地检测其角值为 $89°59'30''$,并知 $OD'=150$ m,问 D′点在 D′O 的垂直方向上改动多少距离才能使 $\angle BOD$ 为 90°?

第10章 线路工程测量

> **能力要求**
>
> 能计算线路工程设计放样参数和实施中线测量,并具体地标定在现场上,会测定路线的实际里程及圆曲线主点的测设。

10.1 概 述

线路工程(也称道路工程)是指长宽比很大的工程,包括铁路、公路、供水明渠、输电线路、各种用途的管道工程等。这些工程的主体一般是在地表,但也有在地下的,还有的在空中,如地铁、地下管道、架空索道和架空输电线路等。用发展的眼光看,地下工程会越来越多。在线路工程遇到障碍物时,要采取不同的工程手段来解决,如遇山打隧道,过江河、峡谷架桥梁等。线路工程建设过程中需要进行的测量工作,称为线路工程测量,简称线路测量。

10.1.1 线路测量的任务和内容

线路测量是为各种等级的公路和各种管道设计和施工服务的。它的任务有两方面:一是为线路工程的设计提供地形图和断面图;二是按设计位置要求将线路(公路和管道)敷设于实地。它包括下列各项工作:

(1)收集规划设计区域各种比例尺地形图、平面图和断面图资料,收集沿线水文、地质以及控制点等有关资料。

(2)根据工程要求,利用已有地形图,结合现场勘察,在中、小比例尺图上确定规划路线走向,编制比较方案等初步设计。

(3)根据设计方案在实地标出线路的基本走向,沿着基本走向进行控制测量,包括平面控制测量和高程控制测量。

(4)结合线路工程的需要,沿着基本走向测绘带状地形图或平面图,在指定地点测绘工程点地形图。测图比例尺根据不同工程的实际要求选定。

(5)根据定线设计把线路中心线上的各类点位测设到实地,称为中线测量。中线测量包括线路起止点、转折点、曲线主点和线路中心里程桩、加桩等。

（6）根据工程需要测绘线路断面图和横断面图。测图比例尺则根据工程的实际要求选定。

（7）根据线路工程的详细设计进行施工测量。工程竣工后，对照工程实体测绘竣工平面图和断面图。

10.1.2 线路测量的基本特点

（1）全线性

测量工作贯穿于整个线路工程建设的各个阶段。以公路工程为例，测量工作开始于工程之初，深入于施工的具体点位，公路工程建设过程中时时处处离不开测量工作。

（2）阶段性

阶段性有测量工作反复进行的含义。这种阶段性既是测量技术本身的特点，也是线路设计过程的需要。如图10-1所示的框图体现了阶段性，反映了实地勘察、平面设计、竖向设计（路面设计）与初测、定测、放样各阶段的对应关系。

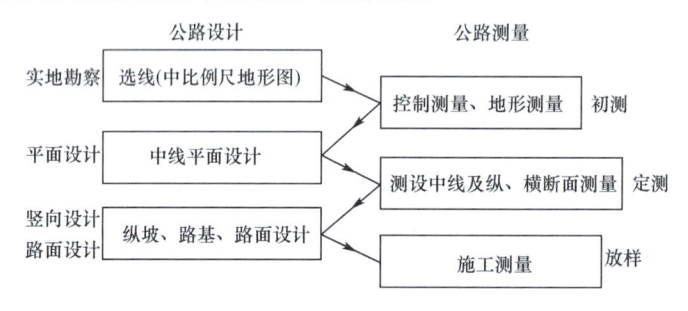

图 10-1　线路设计与测量的关系

（3）渐近性

线路工程从规划设计到施工、竣工经历了一个从粗到精的过程。如图10-2所示，线路工程的完美设计是逐步实现的。完美设计需要勘测与设计的完美结合，设计技术人员懂测量，测量技术人员懂设计，完美结合在线路工程建设的过程中实现。

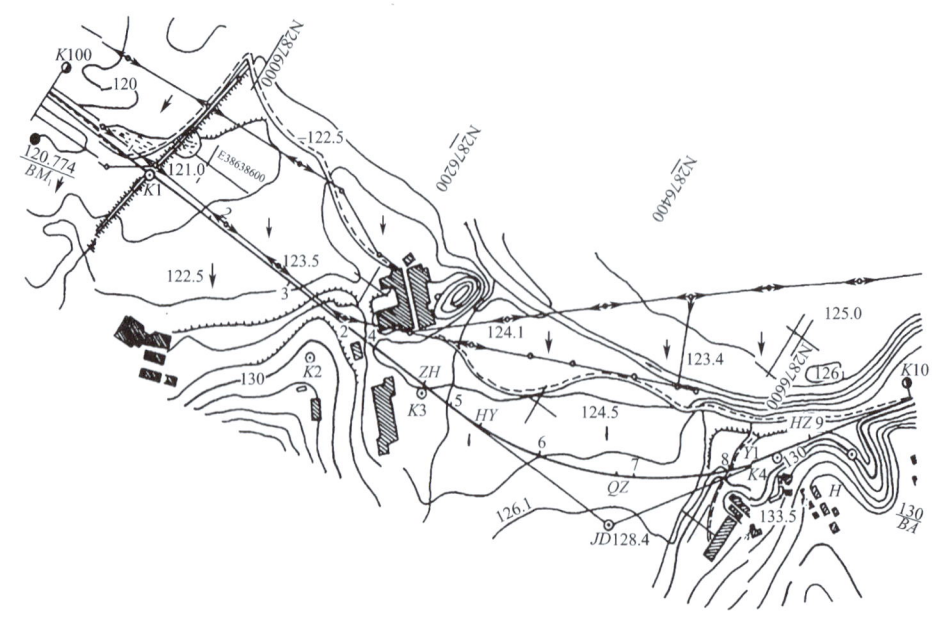

图 10-2　线路中线

10.2 线路测量的基本过程

10.2.1 规划选线阶段

规划选线阶段是线路工程的开始阶段，一般内容包括图上选线、实地勘察和方案论证。

(1) 图上选线

根据建设单位提出的工程建设基本思想，选用合适比例尺(1∶5 000～1∶50 000)的地形图，在图上比较、选取线路方案。现实性好的地形图是规划选线的重要图件，为线路工程初步设计提供地形信息，可以依此测算线路长度、桥梁和涵洞数量、隧道长度等项目，估算选线方案的建设投资费用等。

(2) 实地勘察

根据图上选线的多种方案，进行野外实地视察、踏勘、调查，进一步掌握线路沿途的实际情况，收集沿线的实际资料。特别注意以下信息：有关的控制点；沿途的工程地质情况；规划线路所经过的新建筑物及交叉位置；有关土、石建筑材料的来源。地形图的现实性往往跟不上经济建设的速度，实际地形与地形图可能存在差异。因此，实地勘察获得的实际资料是图上选线的重要补充资料。

(3) 方案论证

根据图上选线和实地勘察的全部资料，结合建设单位的意见进行方案论证，经比较后确定规划线路方案。

10.2.2 勘察设计阶段的测量

勘察设计是在规划路线上进行路线勘测与设计的整个过程，依据公路技术标准的高低和地形复杂的程度，分两阶段设计(初测和定测)和一阶段设计(定测)。

一阶段设计主要是路线方案比较明确、修建任务比较急或技术等级较低的公路采用。

(1) 初测阶段

在确定的规划线路上进行勘测、设计工作。主要技术工作有：控制测量和带状地形图的测绘，为线路工程设计、施工和运营提供完整的控制基准及详细的地形信息。进行图上定线设计，在带状地形图上确定线路中线直线段及其交点位置，标明直线段连接曲线的有关参数。带状地形图上连贯首尾的粗线是定线设计的公路中线的局部(经过编者缩印处理)。$K1$、$K2$ 等是导线点，BM_1 等是水准点，JD 是公路直线段的交点。方格线所注参数是方格的平面直角坐标。例如，N2876600，E38638600，前者表示 x 坐标，后者表示 y 坐标。在 JD 两侧的 ZH、HY、QZ、YH、HZ 表示与直线段相连的曲线主点。

(2) 定测阶段

主要的技术工作内容是将定线设计的公路中线(直线段及曲线)放样于实地，进行线路的纵、横断面测量，线路竖向设计等。

10.2.3　施工阶段的测量

根据施工设计图纸及有关资料,在实地放样线路工程的边桩、边坡及其他的有关点位,指导施工,保证线路工程建设顺利进行。

公路技术设计批准后,进入施工阶段。根据施工要求,测量人员应在不同的施工阶段提供各种测量定位标志,作为施工的依据。施工前和施工中需要恢复中线,测设公路路基边桩和竖曲线等。

10.2.4　竣工运营阶段的监测

对竣工工程,要进行竣工验收,测绘竣工平面图和断面图,为工程运营做准备。在运营阶段,还要监测工程的运营状况,评价工程的安全性。

10.3　公路中线测量

线路工程的中心线由直线和曲线两部分组成(图10-3),中线测量就是通过线路的测设,将线路工程中心线标定在实地上。中线测量主要包括测设中心线起点、终点,各交点(JD)和转点(ZD),量距和钉桩,测量线路各偏角(α),测设圆曲线等。

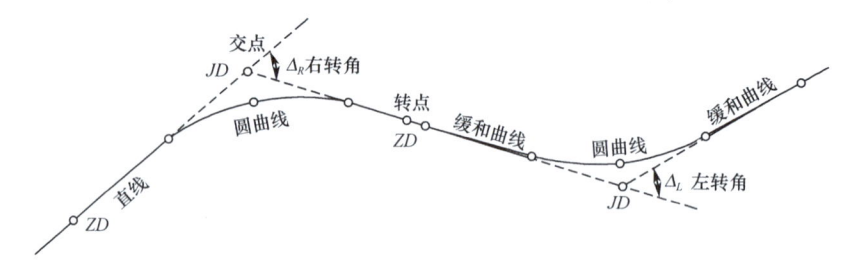

图 10-3　线路工程的中心线

交点也称转角点,是指当路线改变方向时,两相邻直线段延长线的交点,用 JD 来表示,它是中线测量的控制点。当两相邻转点之间距离较长或通视条件较差时,则要在其连线或延长线上增设一点(或数点),以传递方向,此增设点称为转点,用 ZD 表示。直线上一般每隔 200~300 m 应设一转点,在路线与其他道路交叉处以及在路线上需设置桥梁、涵洞等构筑物处也应设置转点。

公路工程中的定线测量可以采用现场标定的方法,即根据已有的技术规范和标准,结合相应的地形、地质等条件,在实地进行反复比较,然后优选直接定出路线交点的位置。这种方法不需要详细测绘地形图,结果比较直观,但是仅适用于等级较低的公路。对于高等级公路或者地形复杂、现场标定有困难的路段,应采用纸上定线的方法,先在现场布设导线点,测绘大比例尺地形图(如 1/1 000 或 1/2 000 地形图),也可利用已有的图纸,然后通过内业在图上定出路线,再在实地进行放样,把交点或转点的位置在实地确定下来。

《公路勘测规范》(JTG C10-2007)规定:各级公路应在地形测量以后,采用纸上定线法,受条件限制或地形、方案比较简单的也可采用现场定线法。

1. 纸上定线法

纸上定线是在带状地形图上确定公路中线及交点位置,标明公路中线直线段连接曲线的有关参数。通常采用的方法有放点穿线法和拨角放线法。

(1)放点穿线法

这种方法是以地形图中的测图控制点(通常为导线点)为依据,利用在地形图中设计的路线与控制点之间的夹角和距离关系,先在实地把路线中线的直线段测设出来,然后将相邻的直线段延长相交,定出交点桩的位置。具体的测设方法如下:

①放点

在实地测设路线中线的直线部分,只需定出直线上的若干个点,就可以确定这条直线的具体位置。如图 10-4 所示,欲采用图上定线的两直线段 $JD_3 \sim JD_4$ 和 $JD_5 \sim JD_4$。测设在实际地面上,只需在实地确定 1、2、3、4、5、6 等临时点的位置即可。确定这些临时点可以采用直线支距法,即以图上控制点为垂足,从图上控制点开始作直线并与控制点间的连线垂直,该直线与设计路线的直线段相交的点,称为支距点,如图 10-4 所示的 1、2、4、6 点。确定临时点也可以采用极坐标法,或在图上选择测图控制点的连线与设计路线直线段的交点,如图 10-4 所示的 5、3 点。为了便于检核,一条直线段上应该选择三个以上的临时点,这些点应选择位于地势较高、通视良好、与测图控制点距离比较近、方便测设的地方。

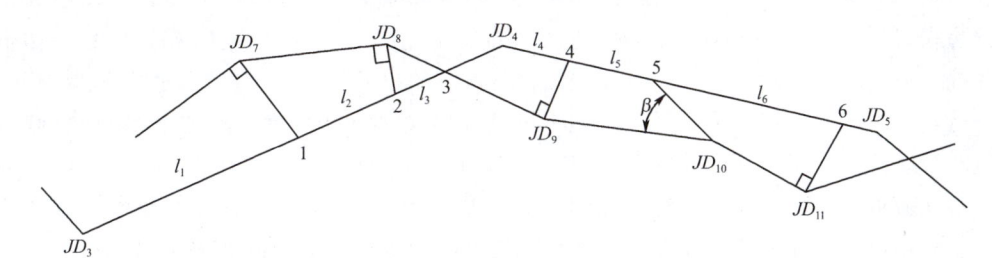

图 10-4 放点
1、2、4、6 点—用支距法;3 点—用导线相交法;5 点—用极坐标法

临时点选定以后,就可以在图上用比例尺和量角器量取放点所需的水平角度和距离,如图 10-4 所示的距离 l_1、l_2、l_3、l_4、l_5、l_6 和角度 β。根据量取的结果绘制放样点示意图,标明点位和放样数据作为放点的依据。如果条件允许可以采用计算机绘制的 CAD 图,应该尽可能在计算机中利用 CAD 解析法计算获取水平角度和距离的数据,减小图上作业的误差,提高内业作业的精度。

放点时,首先在现场找到与图上对应的控制点。临时点如果是支距点,可以采用支距法放样。用方向架定出垂线的方向,再在垂线上用钢尺(或皮尺)量出支距定出点位,确定垂线也可用经纬仪直线分中的方法来定出直角;如果是任意点,可以用极坐标放样的方法。

②穿线

由于测量仪器、测设数据和具体的放点操作都存在误差,图纸上在一条直线段上的各点放点于地面以后,一般均不能准确地位于同一条直线上。因此可以通过穿线,选定一条尽可能多地穿过或靠近临时点的直线。穿线可以采用目估穿线法或经纬仪穿线法进行,如图 10-5 所示。

图 10-5　目估穿线法和经纬仪穿线法

a.目估穿线法。先由两人在合适的位置选择两点 A、B 立花杆,另一人在 AB 的延长线上用目估观测,看直线 AB 是否穿过多数点或位于它们之间的平均位置。如果不满足,就指挥移动 A 点或 B 点的位置,直到达到要求。最后在 A、B 两点或其延长线上打下两个以上的控制桩,称为转点桩 ZD,随即取消临时点,直线就确定在地面上。

b.经纬仪穿线法。首先在 A 点安置仪器,然后瞄准各临时点,并定出大多数临时点所靠近的方向,照准来确定 B 点。或者将仪器安置在直线中部较高的位置,瞄准一端多数临时点靠近或穿过的方向,倒镜后如果视线也能穿过另一侧多数临时点所靠近的方向,就满足要求,在该线上确定 A、B 等点;如果不能靠近或穿过大多数临时点,就应该将仪器在垂直连线的方向上左右移动,再重新观测,直到满足要求。最后取消临时点,同时打下两个以上的转点桩 ZD,作为控制桩。

③交点的测设

由于定位条件和现场情况不同,交点测设方法也需灵活多样,工作中应根据实际情况合理选择测设方法。

当相邻的两条直线段 AB、CD 已经在实地确定以后,就可以通过延长直线段令其相交的方法来定出交点。如图 10-6 所示,先将经纬仪安置在转点 B,盘左瞄准转点 A,倒转望远镜在视线方向上,估计交点(JD)的大致位置并在它的前后打下两个木桩,通常称为骑马桩,同时沿着视线的方向用铅笔在两个桩顶上分别标出 a_1 和 b_1 点。盘右仍瞄准转点 A,倒转望远镜在视线方向上于桩顶定出 a_2 和 b_2 点。分别用直线连接 a_1、a_2 和 b_1、b_2,并取连线的中点钉上小铁钉得到 a 和 b 点。这种用经纬仪的盘左、盘右两个盘位来延长直线段的方法称为正倒镜分中法。同样将仪器安置在 C 点,瞄准 D 点用正倒镜分中的方法定出 c 和 d 点。分别在 a、b 和 c、d 上拉上细线,在两条细线相交的位置打下木桩,同时在细线交叉点的对应位置钉上小铁钉,就得到交点 JD。

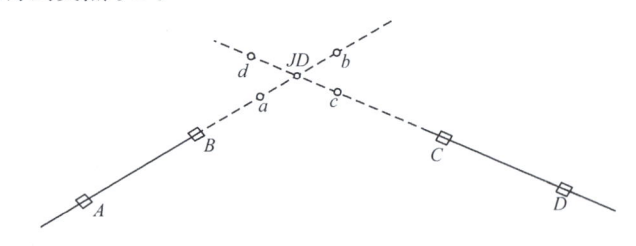

图 10-6　两条直线段 **AB、CD** 在实地确定交点

可根据与已有地物的关系测设交点:如图 10-7 所示,在一些有固定建筑物的地区,可根据设计交点与建筑物的位置在地形图上事先量出交点到建筑物的距离,在现场根据相应的地物,用距离交会法或直角坐标法测设出交点的实际位置。

也可根据导线点的已知坐标和交点的设计坐标测设交点:按导线点的已知坐标和交点的设计坐标,事先算出有关测设数据,按极坐标法、角度交会法或距离交会法测设交点。如图 10-8 所示,根据导线点 A_7、A_8 和交点 JD_{16} 的坐标,计算出 A_8 到 JD_{16} 之间的距离 D,以

及导线点 A_7、A_8 和交点 JD_{16} 之间的夹角 β，然后根据以上数据用极坐标法测设交点 JD_{16}。

图 10-7　与已有地物的关系测设交点　　　　**图 10-8　导线点的已知坐标和交点的设计坐标测设交点**

在一些等级比较低的公路中，如果线路交点没有设计数据，则应由建设主管单位、设计部门和测量部门的主要技术人员一起进行现场勘察，按线路类别的专业技术要求在现场确定。

(2)拨角放线法

这种方法是先在地形图上量算出纸上设计确定路线的交点坐标，然后反算相邻交点之间直线段的长度、坐标方位角和转角。再在现场将测量仪器安置在路线中线的起点或者已经确定的交点上，拨出转角，测设已知直线的水平长度，并依次确定各交点的确切位置。如图 10-9 所示，C_1、C_2、$\cdots$、C_6 为图上原有的控制点，在 C_1 点安置经纬仪瞄准 C_2 点，拨出从图上确定的水平角 β_1，定出第一条方向线，并在该方向线上测设已知的水平距离 s_1，定出交点 JD_1。再将经纬仪安置在 JD_1，瞄准前点 C_1，拨角 β_2，并测设水平距离 s_2，得到交点 JD_2，这样依次可以定出其他交点。水平角 β_1、β_2、$\cdots$、β_5 以及水平距离 s_1、s_2、s_3、$\cdots$、C_6 是通过图上数据反算求得的。

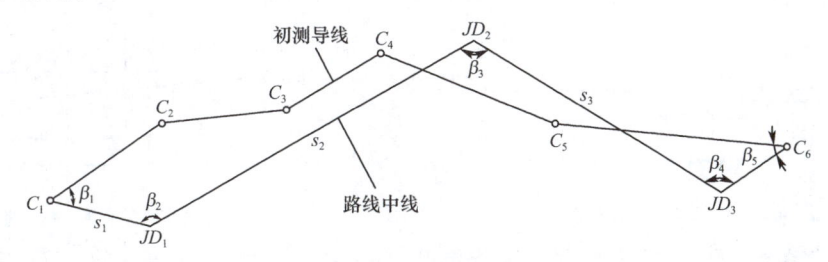

图 10-9　拨角放线法

这种方法的工作效率较高，主要适用于测量转点较少的路线，但是当拨角放线的次数越多，误差累积也越大，或者其中某一个转点出现错误，就会影响该点以后的测量成果。因此要每隔一定的距离就将测设的路线中线和测图控制点连测，以检验拨角放线工作的质量，然后重新以该测图控制点为起点开始放样出以后的各交点。连测时方位角闭合差≤±40′，长度闭合差≤1/1 500，否则应检查出差错的原因并加以纠正。

2. 现场定线法(转点的测设)

转点与相邻的交点应在同一直线上，当两交点间距离较远但尚能通视或已有转点需要加密时，可采用经纬仪直接定线或经纬仪正倒镜分中法测设转点。当相邻两交点互不通视时，可用下述方法测设转点。

(1)在两交点间设转点

当在两交点间设转点时，如图 10-10 所示，JD_5、JD_6 为相邻而互不通视的两个交点，ZD' 为初定转点。为检查 ZD' 是否在两交点的连线上，先将经纬仪安置于目估的转点 ZD' 上，以正倒镜分中延长直线的方法在 JD_6 点附近标出 JD_6'，丈量出 $JD_6-JD_6'=f$，如果 f

超过允许偏离范围,则需将测站 ZD' 横向移动至 ZD 点,移动量 e 可按下式计算

$$e=\frac{a}{a+b}f \qquad (10\text{-}1)$$

式中,a、b 距离可直接丈量或用视距仪测出。测站移动至 ZD 后,按上述方法逐渐趋近,直至符合要求为止。

(2)在两交点延长线上设转点

如图 10-11 所示,当在互不通视的两交点 JD_8、JD_9 的延长线上设立转点 ZD 时,可先将经纬仪安置于目估的转点 ZD' 上,分别用正、倒镜照准 JD_8,并以相同竖盘位置俯视 JD_9,得两点后取其中点得 JD_9'。若 JD_9' 与 JD_9 点重合,或丈量出 $JD_9-JD_9'=f$,偏差值 f 在容许范围之内,即可将 ZD_9' 点作为转点。否则应将测站 ZD' 横向移动至 ZD 点,移动量 e 可按下式计算

$$e=\frac{a}{a-b}f \qquad (10\text{-}2)$$

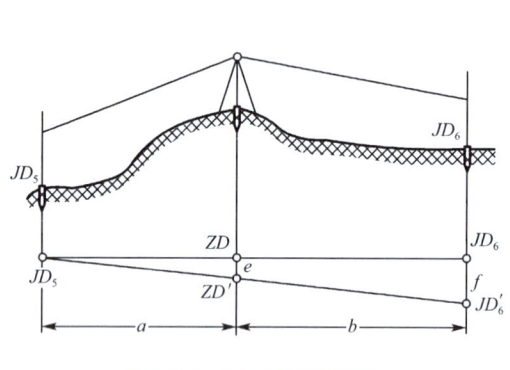

图 10-10　在两交点间设转点

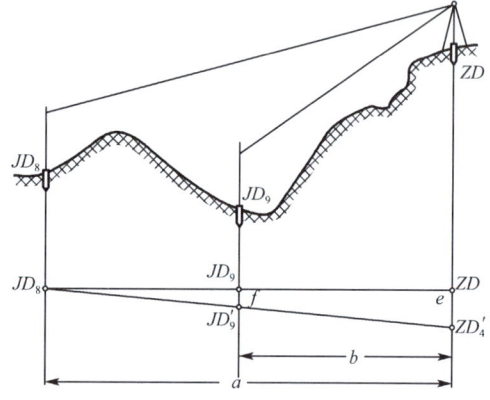

图 10-11　在两交点延长线上设转点

仪器移动至 ZD 后,按上述方法逐渐趋近,直至符合要求,最后将转点 ZD 用木桩标定在地面上。

10.3.2　路线转角的测设

当路线发生转折时,常用平曲线连接,为便于测设曲线,需要测定路线的转角。所谓转角,就是指路线由一个方向偏转至另一方向时,偏转后的方向与原来方向间的夹角,以 α 表示。如图 10-12 所示,偏转后的方向位于原来方向右侧时,称为右转角,如 α_9;偏转后的方向位于原来方向左侧时,称为左转角,如 α_{10}。通常是沿着路线的前进的方向观测右角的,然后经计算得到转角。

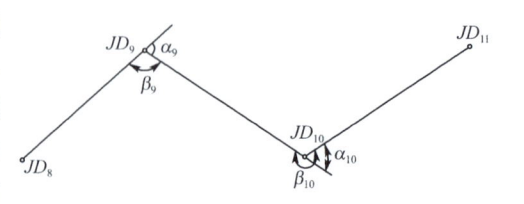

图 10-12　路线右偏角的观测

1. 路线转角的计算

当右角 β 确定后,可通过 β 的数值计算出路线交点处的转角 α,如图 10-12 所示。

当 $\beta_左>180°$ 时,为右转角,有

第10章 线路工程测量

当 $\beta_左 < 180°$ 时,为左转角,有

$$\alpha_右 = \beta_左 - 180°$$

$$\alpha_左 = 180° - \beta_左$$

当 $\beta_右 < 180°$ 时,为右转角,有

$$\alpha_右 = 180° - \beta_右 \tag{10-3}$$

当 $\beta_右 > 180°$ 时,为左转角,有

$$\alpha_左 = \beta_右 - 180° \tag{10-4}$$

2. 路线右角的观测

沿着路线前进的方向,以路线为界,位于路线右侧的水平角,称为右角,如图10-12所示的 β_9 和 β_{10}。中线测量通常采用 DJ6 型经纬仪,用测回法观测一个测回。两个半测回角值的不符值随公路的等级不同而定,对于高速公路、一级公路,两个半测回间应变动度盘位置,半测回限差为 ±20″,取位至 1″;二级及二级以下公路半测回限差为 ±60″,取位至 30″(10″舍去,20″、30″、40″取位 30″,50″进位为 1′)。如果符合要求,则取其平均值作为一测回的观测角值。

3. 分角线方向的标定

公路中线测量要测设平曲线中点桩。为测设平曲线的曲线中点桩,在右侧角测定以后,不需要变动水平度盘位置,即可定出前、后两方向线的夹角的角平分线。

首先计算出分角线方向在水平度盘上的读数。如图10-13所示,a 为测角时后视方向的水平度盘读数,b 为测角时前视方向的水平度盘读数,那么分角方向的水平度盘读数 c 为

$$c = b + \frac{\beta}{2}, \text{而} \ \beta = a - b \tag{10-5}$$

故有

$$c = \frac{a+b}{2} \tag{10-6}$$

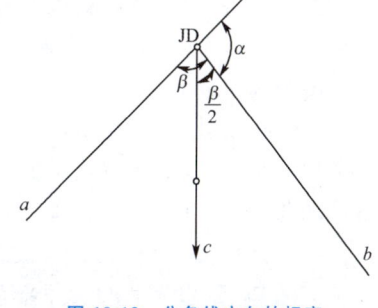

图 10-13 分角线方向的标定

然后,转动经纬仪的照准部,使水平度盘上的读数对准 c,此时望远镜方向即分角线方向。在此方向上钉桩,即道路曲线的中点方向桩。

10.3.3 中线里程桩的测设

1. 里程及里程桩

在路线的交点与转点以及转角测定后,路线中线的大致位置就已经确定,可以进行实地量距。为了准确确定路线的长度,同时满足纵、横断面测量的需要,以及为以后的路线施工放样打下基础,必须由路线的起点开始,每隔一段距离,钉立木桩标志,称为里程桩,表示道路中线上某点到道路起点所经过的水平距离。

里程桩,即钉设在路线中线上注有里程的桩位标志,也称中桩。中桩上应写有桩号。如某中桩距路线起点的水平距离为 3 567.65 m,则桩号为 K3+567.65。

里程桩的设置是在中线丈量的基础上进行的,一般是丈量和设置同时进行。为了便于后续工组找桩,里程桩的一面写桩号,另一面按 1、2、3、…、10 循环编写。

丈量工具视道路等级而定,等级较高的公路用经纬仪定线及钢尺量距;简易公路用目估

标杆定线及皮尺量距。

2. 里程桩的形式

里程桩分为整桩和加桩两种形式,如图 10-14(a)～图 10-14(c)所示。

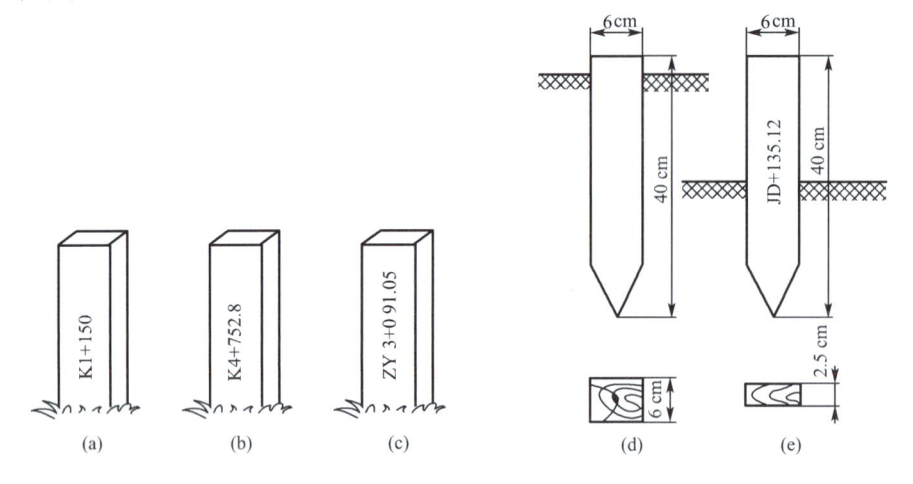

图 10-14 里程桩的形式

(1)整桩

整桩是由路线起点开始,桩号为整数的里程桩,规定每隔 20 m 或 50 m(曲线上根据不同的曲率半径 R,每隔 20 m、10 m 或 5 m)设置一桩。百米桩和千米桩均属于整桩。

(2)加桩

加桩分为下面几种形式:

①地形加桩:沿中线纵、横方向地形显著变化处所设置的里程桩。

②地物加桩:与其他既有公路、铁路、渠道、高压线等交叉处,拆迁建筑物处,占有耕地及经济林的起、终点处,桥梁、涵洞、水管、挡土墙及其他人工结构物处设置的里程桩。

③曲线加桩:是指曲线上设置的主点桩。

④关系加桩:路线上的转点(ZD)桩和交点(JD)桩。

⑤工程地质加桩:地质不良地段的起、终点处以及土质明显变化处加设的里程桩。

3. 里程桩的埋设

里程桩有木质桩和混凝土预制桩等形式。木质桩分为方桩和扁桩。

(1)方桩一般长 40 cm,断面为 6 cm×6 cm。起控制作用的交点桩、转点桩和一些重要的地物加桩(如桥梁、隧道位置桩),以及曲线主点桩,均应采用方桩。一般方桩钉至桩顶露出地面约 2 cm,桩顶钉以中心钉表示点位。如图 10-14(d)所示,在距方桩 20 cm 左右,设置指示桩,上面书写此方桩的名称和桩号。交点桩的指示桩字面朝向交点,曲线主点的指示桩字面朝向圆心。

(2)扁桩一般长 30 cm,断面为 2.5 cm×6 cm。除上述重要位置处钉方桩外,用来标示其余的里程桩,钉扁桩。扁桩应打入地下 15～25 cm,露出地面以上部分 5～15 cm,以便书写桩号,如图 10-14(e)所示。用于中桩的,书写桩号一面应面向路线起点方向。

在书写曲线加桩和关系加桩时,应在桩号之前加写其缩写名称。目前,我国公路测量采用汉语拼音的缩写名称。

10.4 圆曲线主点测设

公路中线由直线、平曲线所组成。当路线由一个方向转到另一个方向时，必须用曲线来连接。圆曲线（又称单曲线）是路线发生转折时最常用的曲线形式，是指具有一定半径的圆弧线。圆曲线的测设工作一般分两步进行，先定出曲线上起控制作用的起点（直圆 ZY）、中点（曲中点 QZ）、终点（圆直点 YZ），如图 10-15 所示，称为圆曲线主点的测设；然后在主点基础上进行加密，定出曲线上其他各点，称为圆曲线细部测设，从而完整地标定出曲线的位置。

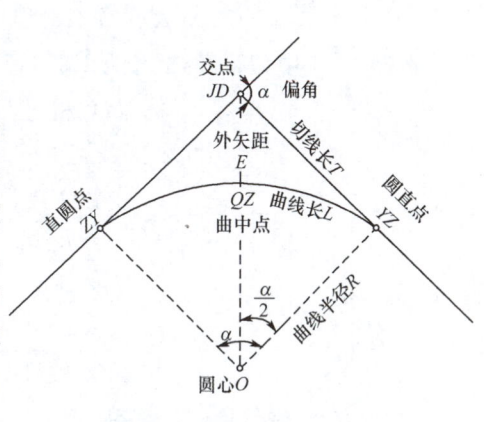

图 10-15 圆曲线主点的测设

10.4.1 圆曲线主点测设元素的计算

在进行圆曲线主点测设之前，应根据实测的路线偏角 α 和设计半径 R（根据公路的等级和地形状况确定）计算出圆曲线的测设元素，即切线长 T、曲线长 L、外矢距 E 和切曲差 D。

$$\left.\begin{aligned} 切线长 \quad & T = R\tan\frac{\alpha}{2} \\ 曲线长 \quad & L = R\alpha\frac{\pi}{180°} \\ 外矢距 \quad & E = R\left(\sec\frac{\alpha}{2} - 1\right) \\ 切曲差 \quad & D = 2T - L \end{aligned}\right\} \tag{10-7}$$

例 10-1 已知 JD_6 的桩号为 K5+178.64，转角为 $\alpha=39°27'$（右偏），设计圆曲线半径为 $R=120$ m，求各测设元素。

解 按式（10-7）可以求得

$$T = 120 \times \tan\frac{39°27'}{2} = 43.03 \text{ m}$$

$$L = 120 \times \frac{2367'}{3437.75'} = 82.62 \text{ m}$$

$$E = 120 \times \left(\sec\frac{39°27'}{2} - 1\right) = 7.48 \text{ m}$$

$$D = 2 \times 43.03 - 82.62 = 3.44 \text{ m}$$

10.4.2 圆曲线主点里程的计算

一般情况下，交点的里程由中线丈量求得，由此可以根据交点的里程桩号及圆曲线测设

元素，推求出圆曲线各主点的里程桩号。其计算公式为

$$\left. \begin{array}{l} 直圆点(ZY)里程 = JD\ 里程 - T \\ 曲中点(QZ)里程 = ZY\ 里程 + L/2 \\ 圆直点(YZ)里程 = QZ\ 里程 + L/2 \end{array} \right\} \quad (10\text{-}8)$$

为了避免计算错误，可用下列公式检核

$$YZ\ 里程 = JD\ 里程 + T - D$$

在例 10-1 中，JD_6 的桩号为 K5+178.64，按式(10-7)可计算出

JD_6 桩号	K5+178.64
$-T$	43.03
ZY 桩号	K5+135.61
$+L/2$	41.31
QZ 桩号	K5+176.92
$+L/2$	41.31
YZ 桩号	K5+218.23

按式(10-8)进行检核计算得

$$YZ\ 桩号 = K5+178.64+43.03-3.44 = K5+218.23$$

两次计算 YZ 桩号的数值相同，证明计算结果无误。

10.4.3 圆曲线主点的测设

1. 测设圆曲线的起点(ZY)与终点(YZ)

将经纬仪安置于交点 JD 桩上，后视相邻的交点或转点方向，顺序定出距离丈量的两直线方向，然后自 JD 点起分别向后、向前沿切线方向量出切线长 T，即得圆曲线的起点和终点。

2. 测设圆曲线的中点(QZ)

保持经纬仪不动，转动望远镜，后视曲线的终点，测设角度分别以路线方向定向，$(180°-\alpha)/2$ 得分角线方向，沿此方向从交点 JD 桩开始，量取外矢距 E，即得圆曲线的中点 QZ。

10.5 圆曲线详细测设

在一般情况下，当地形条件变化较小，且曲线长度不超过 40 m 时，只要测设出曲线的三个主点，即能满足工程设计与施工的要求。但当地形变化复杂、曲线较长或半径较小时，就要在曲线上每隔一定的距离测设一个加桩，以便把曲线的形状和位置详细地表示出来，这就是圆曲线的细部测设。

按照选定的桩距在曲线上测设桩位，通常有两种方法：

(1) 整桩号法

即在圆曲线上公路中线测量中,加桩一般采用整桩号法,将曲线上靠近曲线起点(ZY)的第一个桩的桩号凑成整数桩号,然后按整桩距 l_0 向圆曲线的终点(YZ)连续测设桩位。这样设置的桩均为整桩号。

(2) 整桩距法

从圆曲线的起点(ZY)和终点(YZ)出发,分别以桩距 l_0 连续向圆曲线的中点 QZ 设桩,或从曲线的起点,按桩距 l_0 设桩至终点。

由于地形条件、精度要求和使用仪器的不同,圆曲线细部点的测设主要有以下几种方法。

10.5.1 切线支距法(直角坐标法)

切线支距法是以圆曲线的起点(ZY)或终点(YZ)为坐标原点,通过圆曲线上该点的切线 T 为 X 轴,以过原点的半径方向为 Y 轴,建立直角坐标系,从而测定各加桩点的方法。

1. 测设数据的计算

如图 10-16 所示,曲线上某点 P_i 的坐标可依据曲线起点至该点的弧长 l_i 计算。设曲线的半径为 R, l_i 所对的圆心角为 φ_i,则计算公式为

$$\left. \begin{array}{l} \varphi_i = \dfrac{l_i}{R}\left(\dfrac{180°}{\pi}\right) \\ x_i = R\sin \varphi_i \\ y_i = R(1-\cos \varphi_i) \end{array} \right\} \quad (10\text{-}9)$$

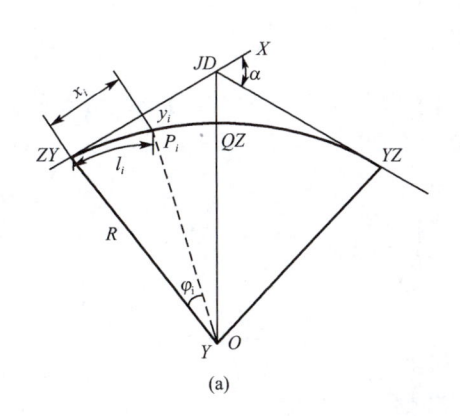

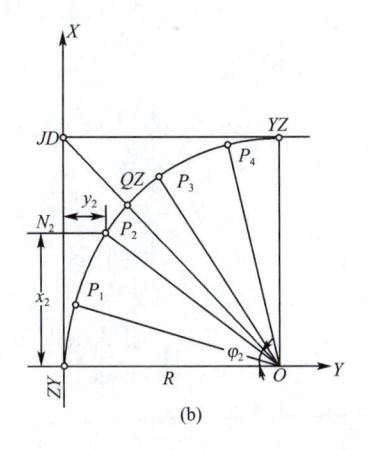

图 10-16 切线支距法

例 10-2 已知 JD 的桩号为 K8+745.72,转角为 $\alpha = 53°25'20''$,设计圆曲线半径为 $R = 50$ m,取整桩距为 $l_0 = 10$ m。根据公式(10-7)计算可知主点测设元素为 $T = 25.16$ m,$L = 46.62$ m,$E = 5.97$ m,$D = 3.70$ m。

解 按公式(10-9)计算可得表 10-1。

为了保证测设的精度,避免 y 值(垂线)过长,一般应自曲线的起点和终点向中点各测设曲线的一半。表 10-1 中就是由 ZY 点和 YZ 点分别向 QZ 点计算的。

表 10-1 圆曲线直角坐标法详细测设参数计算表 m

已知参数	转角:$\alpha=53°25'20''$(右偏) 设计半径:$R=50$ m 交点里程:JD 里程＝K8+745.72 整桩间距:$l_0=10$ m					
主点测设元素	切线长:$T=25.16$ m 曲线长:$L=46.62$ m 外矢距:$E=5.97$ m 切曲差:$D=3.70$ m					
主点里程	ZY 点里程:ZY 里程＝K8+720.56 YZ 点里程:YZ 里程＝K8+767.18 QZ 点里程:QZ 里程＝K8+743.87 JD 点里程:JD 里程＝K8+745.72					
主点名称	桩 号	各桩点至 ZY 或 YZ 点的曲线长	X	Y	各点间弦长	备 注
ZY	K8+720.56	0.00	0.00	0.00	9.42	
	+730	9.44	9.38	0.89	9.98	
	+740	19.44	18.95	3.73	3.87	
QZ	K8+743.87	23.31	22.47	5.33	6.12	
	+750	17.18	16.84	2.92	9.98	
	+760	7.18	7.16	0.51	7.18	
YZ	K8+767.18	0.00	0.00	0.00		

2. 切线支距法测设步骤

测设时,圆曲线以曲中点(QZ)为界分成两部分进行。

(1)根据曲线加桩的详细计算资料,用钢尺从 ZY 点(或 YZ 点)向 JD 方向量取 x_1、x_2、…、x_i 横距,得垂足点 N_1、N_2、…、N_i,用测签做标记。

(2)在各垂足点 N_1、N_2、…、N_i 处,依次用方向架(或经纬仪)定出 ZY 点(或 YZ 点)切线的垂线,分别沿垂线方向量取 y_1、y_2、…、y_i,即得曲线上各加桩点 P_1、P_2、…、P_i。

(3)检验方法:用上述方法测定各桩后,丈量各桩之间的弦长进行校核。如果超过容许范围,应查明原因,予以纠正。

此法适合于地势比较平坦、开阔的地区。使用的仪器、工具简单,而且它所测定的各点位是相互独立的,测量误差不会累积,是一种较精密的方法。测设时要注意垂线 y_i 不宜过长,垂线越长,测设垂线的误差就越大。

10.5.2 偏角法

偏角法放样曲线的实质是极坐标法,它是通过测设偏角(弦切角,切线与通过切点的弦线的夹角)和测设距离(弦长)来测设曲线,也就是弦线和偏角视线交会定点。

1. 测设数据的计算

如图 10-17 所示,以圆曲线起点 ZY 或终点 YZ 作为测站点,计算出测站点到圆曲线上任一待定点 P_i 的弦线与切线 T 之间的弦切角 Δ_i(这里称为偏角)和相邻点间的弦长 c_i 来确定点 P_i 的位置。

偏角计算公式为

$$\left.\begin{array}{l}\Delta_i=\dfrac{\varphi_i}{2}\\[6pt]\Delta_i=\dfrac{l_i}{R}\cdot\dfrac{90°}{\pi}\\[6pt]\delta_i=l_i-c_i=\dfrac{l_i^3}{24R^2}\\[6pt]c_i=2R\sin\dfrac{\varphi_i}{2}\end{array}\right\} \quad (10\text{-}10)$$

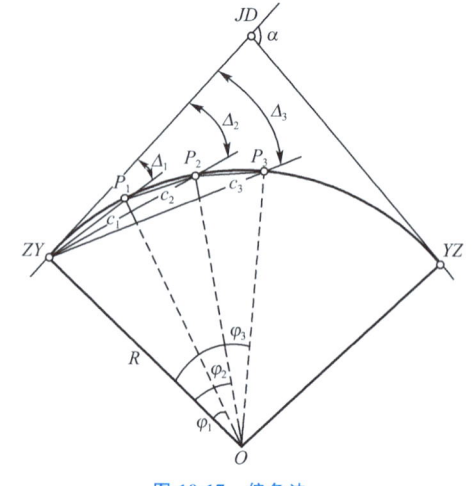

图 10-17 偏角法

式中，δ_i 为弦弧差。

若曲线上第一点 P_1 至曲线起点 ZY 间的弧长为 $l_首$，整桩间弧长为 l_0，则第 i 点 P_i 至 ZY 间的弧长为

$$l_i = l_首 + (i-1)l_0 \tag{10-11}$$

若曲线上最后一点 P_n 至曲线终点 YZ 的弧长为 $l_尾$，则有

$$\left.\begin{array}{r} l_n + l_尾 = l_0 \\ \Delta_终 = \Delta_{YZ} = \dfrac{\alpha}{2} \end{array}\right\} \tag{10-12}$$

式(10-12)可作为偏角计算和圆曲线详细测设时的检核。

2. 偏角法测设步骤

(1) 在 ZY 点安置经纬仪（对中、整平），用盘左瞄准 JD，使水平度盘读数为 $0°00'00''$。
(2) 转动照准部，使水平度盘读数为 Δ_1，从 ZY 点量取弦长 c_1，定出 P_1 点。
(3) 转动照准部，使水平度盘读数为 Δ_i，从 P_{i-1} 点量取弦长 c_i，与此方向交出 P_i 点。

例 10-3 偏角法详细测设圆曲线（注：此题作为实习课测设内容，数据是假设的）。如图 10-18 所示，已知圆曲线的 $R = 200$ m，$\alpha = 15°$，交点 JD 里程为 K10+110.88 m，试按每 10 m 一个整桩号，来阐述该圆曲线的主点及偏角法整桩号详细测设的步骤。

解

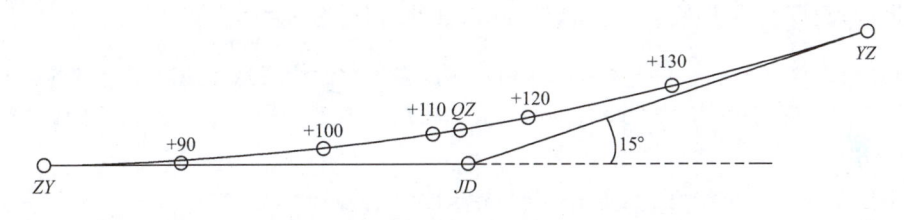

图 10-18 例 10-3 图

(1) 计算

① 主点测设元素计算

$$T = R\tan\frac{\alpha}{2} = 26.33 \text{ m} \quad L = R\alpha\frac{\pi}{180°} = 52.36 \text{ m}$$

$$E = R(\sec\frac{\alpha}{2} - 1) = 1.73 \text{ m} \quad D = 2T - L = 0.3 \text{ m}$$

② 主点里程计算

$$ZY = \text{K10}+84.55 \quad QZ = \text{K10}+110.73$$
$$YZ = \text{K10}+136.91 \quad JD = \text{K10}+110.88（检查）$$

③ 偏角法（整桩号）各桩测设数据，见表 10-2。

表 10-2　　　　　　　　　　　偏角法各桩测设数据表

桩号	曲线长 l_i/m	偏角值 Δ_i/(° ′ ″)	偏角读数/(° ′ ″)	弦长 c_i(长弦法)/m
ZY　K10+84.55	0	0 00 00	0 00 00	0
K10+90	5.45	0 46 50	359 13 10	5.45
K10+100	15.45	2 12 47	357 47 13	15.45
K10+110	25.45	3 38 44	356 21 16	25.43
QZ　K10+110.73	26.18	3 45 00	356 15 00	26.16
K10+120	16.91	2 25 20	2 25 20	16.91
K10+130	6.91	0 59 23	0 59 23	6.91
YZ　K10+136.91	0	0 00 00	0 00 00	0

(2) 测设步骤

① 将经纬仪安置于曲线起点 ZY(或终点 YZ)上,以水平度盘 0°00′00″照准路线的交点 JD。

② 转动照准部,正拨(按顺时针方法)测设 Δ_1(0°46′50″),由测站点沿视线方向量弦长 c_1(5.45 m)钉桩,则得曲线上第一点 P_1(K10+90)的位置。

③ 转动照准部测设 P_2(K10+100)点的偏角 Δ_2(2°12′47″),将钢尺端零点对准 P_1 点,以钢尺读数为 c_2(15.45 m)处交于视线方向,即距离与方向相交,则定出曲线上第二点 P_2,依此类推,定出其他中间各点,并钉以木桩。

④ 最后,测设至曲线终点,照准部转动 $\frac{\alpha}{2}$,视线应恰好通过曲线终点 YZ。P_{n-1} 点(终点前一点)至曲线终点的弦长应为 c_7(6.91 m),测设得出的曲线终点点位与原定终点点位之差,其纵向闭合差不应超过 ±L/1 000(L 为曲线长),横向误差不应超过 ±10 cm,否则应进行检查、改正或重测。

偏角法是一种测设精度高、实用性强、灵活性大的常用方法,它可在曲线上的任意一点或交点 JD 处设站。但由于距离是逐点连续丈量的,前面点的点位误差必然会影响后面测点的精度,点位误差是逐渐累积的。如果曲线较长,为了有效地防止误差累积过大,可分别从曲线起点、终点进行测设,在中点 QZ 处进行校核。

10.5.3　全站仪坐标法

此法适合于用全站仪测设圆曲线的各类地形。仪器可以安置在路线的交点、转点或其他控制点上,而且测设精度高,操作简单方便,在道路工程施工中得到了广泛的应用。

(1) 测设数据计算

如图 10-19 所示,首先根据线路交点 JD,转点 ZD_1、ZD_2 的设计坐标和线路转角,计算出圆曲线两切线 $ZD_1 \rightarrow JD$ 的方位角 θ_1 和 $JD \rightarrow ZD_2$ 的方位角 θ_2,以及分角线 JD 的方位角 θ_3;然后根据 JD 的坐标及方位角 θ_1、θ_2、θ_3 和切线长 T、外矢距 E,按式(10-13)计算圆曲线的主点坐标;最后再根据主点坐标及主点至细部点的方位角和水平距离,按

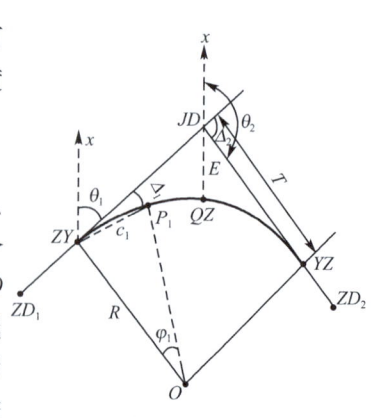

图 10-19　全站仪坐标法测设圆曲线

式(10-14)计算各细部点的坐标。

$$\left.\begin{aligned} x_{ZY} &= x_{JD} + T\cos(\theta_1 \pm 180°) \\ y_{ZY} &= y_{JD} + T\sin(\theta_1 \pm 180°) \\ x_{YZ} &= x_{JD} + T\cos\theta_2 \\ y_{YZ} &= y_{JD} + T\sin\theta_2 \\ x_{QZ} &= x_{JD} + E\cos\theta_3 \\ y_{QZ} &= y_{JD} + E\sin\theta_3 \end{aligned}\right\} \qquad (10\text{-}13)$$

式中,当 $\theta_1 \geqslant 180°$ 时,取"—"号;当 $\theta_1 < 180°$ 时,取"+"号。

$$\left.\begin{aligned} x_{P_i} &= x_{ZY} + c_i\cos\theta_{P_i} \\ y_{P_i} &= y_{ZY} + c_i\sin\theta_{P_i} \end{aligned}\right\} \qquad (10\text{-}14)$$

式中,$\theta_{P_i} = \theta_1 + \Delta_i$。

(2) 测设方法

对于智能型全站仪(如 NTS-660 系列),可以直接将已知点、圆曲线主点和细部点的坐标编辑成文本文件上传到全站仪中,或将全站仪置于放样模式,直接输入测站点、后视点及细部点坐标。测设时,将全站仪安置在线路的交点、转点、主点或其他已知点上,根据测站点、后视点及细部点坐标直接测设细部点的位置。对于非智能型全站仪,测设前需要根据测站点、后视点及细部点坐标反算坐标方位角和水平距离,然后进行细部点测设。

10.6 复曲线测设

复曲线是由两个或两个以上不同半径的同向单圆曲线所组成的曲线。一般多应用在地形比较复杂的山区。在测设时,应该先选定并计算出其中一个重点圆曲线的曲率半径,称为主曲线,其余的曲线称为副曲线。副曲线的曲率半径可以通过主曲线的曲率半径以及测量相关数据求得。复曲线测设方法有切基法和弦基法。这里主要介绍切基法测设复曲线。

如图 10-20 所示,两个不同曲率半径的圆相交,主、副曲线的交点分别为 A、B 点,两曲线相接于公切点 GQ。该点上的切线是两个圆曲线共同的切线,该切线就称为切基线。

首先在交点 A、B 分别安置经纬仪,测出两个圆曲线的转角 α_1、α_2,然后用钢尺进行往返丈量,得到 A、B 两点之间的水平距离 AB,显然它是两个圆曲线的切线长度之和。如果先行选定主曲线的曲率半径 R_1,就可以通过计算得到副曲线的曲率半径 R_2 以及其他测设元素,其具体步骤如下:

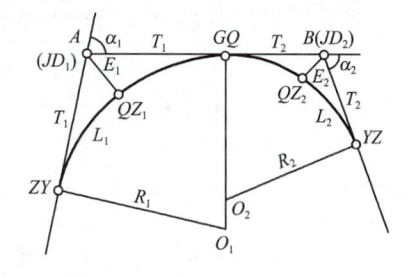

图 10-20 切基线法测设复曲线

(1) 测定主曲线的转角和选定主曲线的曲率半径,按式(10-7)可以计算出主曲线的测设元素切线长 T_1、曲线长 L_1、外矢距 E_1 和切曲差 D_1。

(2) 根据前述测量 AB 的水平距离以及主曲线的切线长 T_1,可以按下式计算副曲线的

切线长 T_2 为

$$T_2 = AB - T_1 \tag{10-15}$$

（3）根据副曲线的转角 α_2 和副曲线的切线长 T_2，可以用下式计算副曲线的曲率半径 R_2 为

$$R_2 = \frac{T_2}{\tan \frac{\alpha_2}{2}} \tag{10-16}$$

（4）根据副曲线的转角 α_2 和副曲线的曲率半径 R_2，按式（10-7）可以分别计算副曲线的测设元素切线长 T_2、曲线长 L_2、外矢距 E_2 和切曲差 D_2。

（5）在完成对应圆曲线主点的测设数据计算后，可以继续计算各对应圆曲线的详细测设数据，计算方法可以选用上节中介绍的任意一种方法。

（6）在测设如图 10-20 所示的复曲线时，首先在交点 A 处架设仪器，沿着直线 AB 的方向逆时针拨出转角 α_1 并倒转望远镜定出指向起点的切线方向，然后在该方向线上测量切线长度 T_1 确定主曲线的起点 ZY；同时从 A 点出发沿公切线 AB 方向向 B 点丈量 T_1，得到 GQ 点；再在 A 点测设主曲线的分角线，在该线方向上丈量外矢距 E_1，得到主曲线的 QZ_1 点。同样在 B 点架设仪器，拨出转角 α_2 指向副曲线终点的切线方向，再丈量水平距离 T_2 得到 YZ 点，同时在 B 点测设的副曲线的分角线方向上丈量外矢距 E_2，得到副曲线的 QZ_2 点。在测设完成复曲线的主点后，应根据上节介绍的圆曲线详细测设的三种方法，从中选择合适的方法进行详细测设。

例 10-4 如图 10-20 所示，如果测得复曲线的转角 $\alpha_1 = 25°18'$，$\alpha_2 = 28°22'$，交点间距 $AB = 210.00$ m，选取主曲线的曲率半径 $R_1 = 550$ m，计算复曲线的测设元素。

解 根据主曲线半径 $R_1 = 550$ m，$\alpha_1 = 25°18'$，可以计算主曲线的测设元素为

$$T_1 = R_1 \tan \frac{\alpha_1}{2} = 123.44 \text{ m} \quad L_1 = R_1 \alpha_1 \frac{\pi}{180°} = 242.86 \text{ m}$$

$$E_1 = R_1 \left(\sec \frac{\alpha_1}{2} - 1\right) = 13.68 \text{ m} \quad D_1 = 2T_1 - L_1 = 4.02 \text{ m}$$

然后计算副曲线的切线长度为

$$T_2 = AB - T_1 = 210.00 - 123.44 = 86.56 \text{ m}$$

接着计算副曲线的曲率半径为

$$R_2 = \frac{T_2}{\tan \frac{\alpha_2}{2}} = \frac{86.56}{\tan \frac{28°22'}{2}} = 342.50 \text{ m}$$

再由副曲线的曲率半径 $R_2 = 342.50$ m 和转角 $\alpha_2 = 28°22'$，计算副曲线的测设元素为

$$T_2 = R_2 \tan \frac{\alpha_2}{2} = 86.56 \text{ m} \quad L_2 = R_2 \alpha_2 \frac{\pi}{180°} = 169.57 \text{ m}$$

$$E_2 = R_2 \left(\sec \frac{\alpha_2}{2} - 1\right) = 10.77 \text{ m} \quad D_2 = 2T_2 - L_2 = 3.55 \text{ m}$$

复曲线测设时，可按圆曲线主点计算和测设的方法，先将主曲线和副曲线的主元素计算出来，然后将仪器分别安置在 A 点和 B 点上进行实地测设，并推算各主点的桩号。

10.7 缓和曲线测设

为了行车更安全、舒适,在一些设计行车速度较快、高等级的公路,其曲线段常要求在曲线和直线之间设置一段半径由无穷大逐渐变化到圆曲线半径的曲线,这种曲线称为缓和曲线。国内外目前基本采用回旋曲线的一部分作为缓和曲线,如图 10-21 所示。带有缓和曲线的圆曲线共由三部分组成,第一缓和曲线段 $ZH \sim HY$、圆曲线段(主曲线段) $HY \sim YH$ 和第二缓和曲线段 $YH \sim HZ$。由此可知,整个曲线共有五个主要点,即

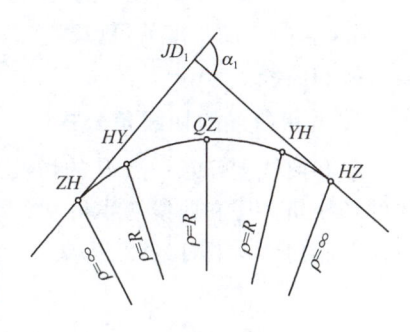

图 10-21 缓和曲线

直缓点(ZH):由直线进入第一缓和曲线的点,即整个曲线的起点。
缓圆点(HY):第一缓和曲线的终点,从这点开始进入主曲线。
曲中点(QZ):整个曲线的中间点。
圆缓点(YH):圆曲线的终点,进入第二缓和曲线的起点。
缓直点(HZ):第二缓和曲线的终点,进入直线段的起点,它也是整个曲线的终点。

10.7.1 缓和曲线的特征及曲线方程

对于某一缓和曲线,我们已知的数据有:
(1)路线的转角 α。
(2)根据公路的等级和地形状况确定的圆曲线半径 R。
(3)缓和曲线的长度,可根据公路的等级和地形情况由表 10-3 查得。
(4)曲线加桩的整桩间距 l_0 和交点 JD 的里程。

表 10-3 公路按等级与地形规定的缓和曲线长度

公路等级	高速公路		一		二		三		四	
地形	平原微丘	山岭重丘	平原微丘	山岭重丘	平原微丘	山岭重丘	平原微丘	山岭重丘	平原微丘	山岭重丘
缓和曲线长度/m	100	70	85	50	70	35	50	25	35	20

1. 缓和曲线的特征和方程

缓和曲线的几何特征是:曲线上任何一点的曲率半径 ρ 与该点到曲线起点的长度 l 成反比,即

$$\rho = \frac{c}{l} \quad (\text{其中 } c = Rl_s) \tag{10-17}$$

式中 l_s——缓和曲线全长;
c——比例参数,我国公路设计规范规定 $c = 0.035v^3$(v 为设计的行车速度,km/h)。

在缓和曲线的起点 $l=0$，则 $\rho=\infty$。在缓和曲线的终点（与圆曲线衔接处），缓和曲线的全长为 l_s，此处缓和曲线的曲率半径 ρ 等于圆曲线的半径，即 $\rho=R$。故式(10-17)可写成

$$\rho l = R l_s = c = 0.035 v^3 \tag{10-18}$$

$$l_s = 0.035 \frac{v^3}{R} \tag{10-19}$$

由式(10-19)可知，设计的行车速度越快，缓和曲线的长度应越长；设计的圆曲线半径越大，则缓和曲线的长度就可以相应缩短一些；而当圆曲线半径 R 达到一定值以后，就可以不设置缓和曲线了。

2. 缓和曲线的切线角公式

缓和曲线上任意一点 P 的切线与曲线起点 ZH 的切线所组成的夹角为 β，β 称为缓和曲线的切线角。缓和曲线切线角 β 实际上等于曲线起点 ZH 至曲线上任一点 P 之间的弧长 l 所对圆心角 β，如图 10-22 所示。

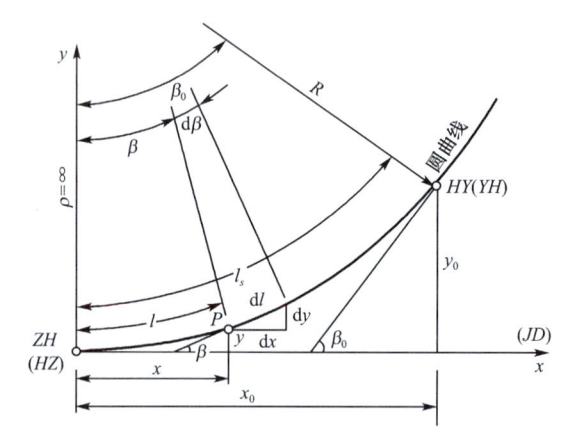

图 10-22　缓和曲线的切线角

在 P 点取一微分弧 $\mathrm{d}l$，它所对应的圆心角为 $\mathrm{d}\beta$，则将式(10-17)代入积分得

$$\beta = \frac{l^2}{2c} = \frac{l^2}{2R l_s} \tag{10-20}$$

当 $l=l_s$ 时，缓和曲线全长 l_s 所对的圆心角称为缓和切线角，以 β_0 表示。

$$\beta_0 = \frac{l_s}{2R} \cdot \frac{180°}{\pi} \tag{10-21}$$

式中　β_0——缓和曲线全长 l_s 所对应的中心角，也称缓和曲线角。

3. 缓和曲线的参数方程

缓和曲线上任一点 P 坐标的计算如图 10-22 所示，以缓和曲线起点 ZH 为原点，以过该点的切线为 x 轴，垂直于切线的方向为 y 轴，则任一点 P 的坐标为

$$\begin{cases} x = l - \dfrac{l^5}{40 R^2 l_s^2} \\ y = \dfrac{l^3}{6 R l_s} - \dfrac{l^7}{336 R^3 l_s^3} \end{cases} \tag{10-22}$$

当 $l=l_s$ 时，即得缓和曲线的终点坐标值

$$\begin{cases} x_0 = l_s - \dfrac{l_s^3}{40R^2} \\ y_0 = \dfrac{l_s^2}{6R} - \dfrac{l_s^4}{336R^3} \end{cases} \tag{10-23}$$

4. 圆曲线的内移值 p 和切线的增长值 q 的计算

在圆曲线和直线之间增设缓和曲线后，整个曲线发生了变化，为了保证缓和曲线和直线相切，圆曲线应均匀地向圆心方向内移一段距离 p，称为圆曲线的内移值。同时切线也应相应地增长 q，称为切线的增长值。

在公路建设中，一般采用圆心不动，圆曲线半径减小 p 值的方法，即使减小后的半径等于所选定的圆曲线半径，也就是插入缓和曲线前的半径为 R+p，插入缓和曲线后的圆曲线半径为 R，增加的缓和曲线的一半弧长位于直线段内，另一半则位于圆曲线段内，如图 10-23 所示。由图推导得，圆曲线内移值 p 为

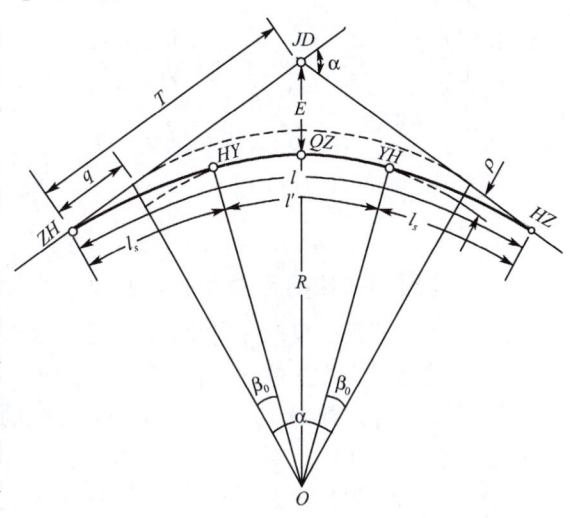

图 10-23 圆曲线的内移值 p 和切线的增长值 q

$$\left. \begin{array}{l} p = y_0 - R(1 - \cos\beta_0) \\ q = x_0 - R\sin\beta_0 \end{array} \right\}$$

$$\left. \begin{array}{l} p = \dfrac{l_s^2}{24R} \\ q = \dfrac{l_s}{2} - \dfrac{l_s^3}{240R^2} \end{array} \right\} \tag{10-24}$$

10.7.2 缓和曲线主点元素的计算及测设

1. 缓和曲线主点元素以及里程的计算

（1）缓和曲线主点元素的计算

在圆曲线增加缓和曲线后，要把圆曲线和缓和曲线作为一个整体考虑，并计算测设元素。

$$\left. \begin{array}{ll} \text{切线长} & T_H = (R+p)\tan\dfrac{\alpha}{2} + q \\ \text{曲线长} & L_H = R(\alpha - 2\beta_0)\dfrac{\pi}{180°} + 2l_s \\ \text{圆曲线长} & L_Y = R(\alpha - 2\beta_0)\dfrac{\pi}{180°} \\ \text{外距} & E_H = (R+p)\sec\dfrac{\alpha}{2} - R \\ \text{切曲差} & D_H = 2T_H - L_H \end{array} \right\} \tag{10-25}$$

圆曲线半径 R 和缓和曲线的长度 l_s 是根据公路的等级和地形状况确定的,路线的转角 α 是实际测量得到的,据此可按上述公式计算所需的测设元素。

(2)缓和曲线主点里程的计算

$$\left.\begin{aligned}
\text{直缓点} \quad & ZH = JD - T_H \\
\text{缓圆点} \quad & HY = ZH + l_s \\
\text{圆缓点} \quad & YH = HY + L_Y \\
\text{缓直点} \quad & HZ = YH + l_s \\
\text{曲中点} \quad & QZ = HZ - \frac{L_H}{2} \\
\text{交点} \quad & JD = QZ + \frac{D_H}{2} \text{(校核)}
\end{aligned}\right\} \quad (10\text{-}26)$$

2. 带有缓和曲线的平曲线主点测设

主点 ZH、HZ 和 QZ 的测设方法,与圆曲线主点测设相同。HY 和 YH 点可按公式计算 x_0、y_0,用切线支距法测设。

【课堂思考】 如图 10-24 所示,设某公路的交点桩号为 K10 + 518.66,右转角 $\alpha = 18°18'36''$,圆曲线半径 $R = 100$ m,缓和曲线长 $l_s = 10$ m,试测设主点桩(作为实习课内容)。

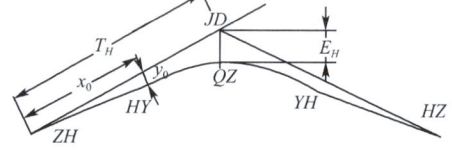

图 10-24 课堂思考题图

10.7.3 缓和曲线的详细测设

和圆曲线的详细测设方法类似,缓和曲线的详细测设方法主要有切线支距法和偏角法(极坐标法)。

1. 切线支距法

如图 10-25 所示,切线支距法是以 ZH 点(或者 HZ 点)为坐标原点,以过该点的切线为 x 轴,过该点的法线(半径)为 y 轴,计算缓和曲线与圆曲线上各点的坐标 (x,y),然后测设曲线。

在计算出曲线上各点的坐标后,就可参照圆曲线的测设方法——切线支距法,进行详细测设,其中缓和曲线部分详细测设方法与主点测设方法相同,亦可根据需要结合在一起进行。

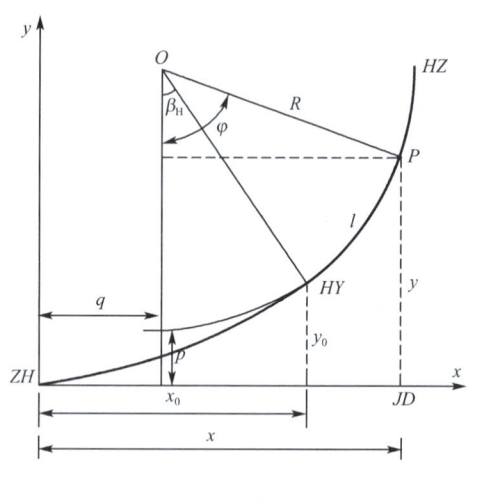

图 10-25 切线支距法

缓和曲线上任一点 P 坐标的计算,以缓和曲线起点 ZH 为坐标原点,以过该点的切线为 x 轴,垂直于切线的方向为 y 轴,则任一点 P 的坐标为

$$\left.\begin{aligned}
x &= l - \frac{l^5}{40R^2 l_s^2} \\
y &= \frac{l^3}{6R l_s} - \frac{l^7}{336 R^3 l_s^3}
\end{aligned}\right\} \quad (10\text{-}27)$$

当 $l=l_s$ 时,即得缓和曲线的终点坐标为

$$\left. \begin{array}{l} x_0 = l_s - \dfrac{l_s^3}{40R^2} \\ y_0 = \dfrac{l_s^2}{6R} - \dfrac{l_s^4}{336R^3} \end{array} \right\} \quad (10\text{-}28)$$

从图 10-25 中可推算出圆曲线上各点的坐标为

$$\left. \begin{array}{l} x = R\sin\varphi + q \\ y = R(1-\cos\varphi) + p \\ \varphi = \dfrac{l}{R} \cdot \dfrac{180°}{\pi} + \beta_0 \end{array} \right\} \quad (10\text{-}29)$$

主点测设过程如下:

(1)在 JD 点安置经纬仪(对中、整平),用盘左瞄准直圆方向,使水平度盘的读数为 $0°00'00''$,在此方向量取 T_H,定出 ZH 点。

(2)从 JD 沿切线方向量取 $T_H - x_0$,然后再从此点沿切线垂直方向量取 y_0,定出 HY 点。

(3)倒转望远镜,转动照准部使水平度盘读数为 α,量取 T_H,定出 HZ 点。

(4)从 JD 沿切线方向量取 $T_H - x_{YH}$,然后再从此点沿切线垂直方向量取 y_{YH},定出 YH 点。

(5)继续转动照准部,使水平度盘读数为 $(\alpha+180°)/2$,量取 E_H,定出 QZ 点。

2. 偏角法(极坐标法)

偏角法的测设方法实际是一种极坐标法,利用一个偏角 δ 和一段距离 c 来确定曲线上某点,如图 10-26 所示。和切线支距法一样,偏角法以缓和曲线的起点 ZH 或终点 HZ 为坐标原点,以过原点的切线为 x 轴,过原点且垂直于 x 轴的方向为 y 轴。曲线上某点 P 至曲线的起点(ZH 点或 HZ 点)的距离为 c_i,P 点和原点的连线与 x 轴之间的夹角为 δ_i。可以通过切线支距法求出点的坐标 $P(x_i, y_i)$ 来计算,即

$$\left. \begin{array}{ll} \text{弦长} & c_i = \sqrt{x_i^2 + y_i^2} \\ \text{偏角} & \delta_i = \arctan\dfrac{y_i}{x_i} \end{array} \right\} \quad (10\text{-}30)$$

图 10-26 偏角法

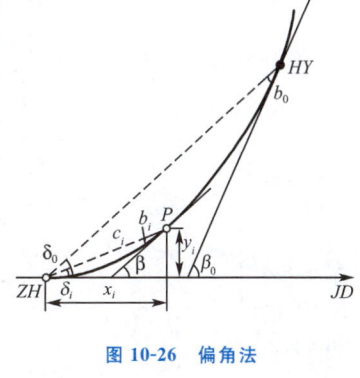

由于弦长 c 是逐步增加的,且距离较大,所以一般可以采用光电测距仪或全站仪进行测设,将仪器安置在 ZH 点或 HZ 点,使水平度盘读数为 $0°00'00''$,照准路线的交点 JD。转动照准部,依次测设 δ_i 角和相应的弦长 c_i,钉桩,即可分别得到曲线上的各点。

例 10-5 某一高速公路设行车速度为 120 km/h,其中某一交点 JD_7 的里程桩号为 K12+617.86,转角为 $\alpha = 8°46'39''$,半径为 $R = 1500$ m,通过计算或查表知道曲线的主元素和里程(表 10-4 上半部分),按整桩距 $l_0 = 40$ m,试用切线支距法和偏角法详细计算整个曲线的数据。

解 计算时,按切线支距法的思想,缓和曲线段任一点 P 的坐标按式(10-27)计算,式中 l 为 P 点至曲线起点(ZH 点)或终点(HZ 点)的曲线长。圆曲线段部分按圆曲线细部测

设法。为了方便测设，避免支距过长，一般将曲线分成两部分，分别向曲线中点 QZ 测设。

(1) 缓和曲线段以 K12+530 为例

用切线支距法计算的数据为

$$x = l - \frac{l^5}{40R^2 l_s^2} = 77.28 - \frac{77.28^5}{40 \times 1\,500^2 \times 100^2} = 77.28 \text{ m}$$

根据式(10-27)，有 $y = \frac{l^3}{6Rl_s} - \frac{l^7}{336R^3 l_s^3}$，但因 $\frac{l^7}{336R^3 l_s^3}$ 与 $\frac{l^3}{6Rl_s}$ 相比很小，可忽略不计，故

$$y = \frac{l^3}{6Rl_s} = \frac{77.28^3}{6 \times 1\,500 \times 100} = 0.51 \text{ m}$$

用偏角法计算的数据为

弦长 $\qquad c = \sqrt{x^2 + y^2} = \sqrt{77.28^2 + 0.51^2} = 77.28 \text{ m}$

偏角 $\qquad \alpha = \arctan \frac{y}{x} = \arctan \frac{0.51}{77.28} = 0°22'41''$

(2) 圆曲线段以 K12+650 为例

用切线支距法计算的数据为

$$\varphi = \left(\frac{l}{R} - \frac{l_s}{2R}\right) \times \frac{180°}{\pi} = \left(\frac{132.51}{1\,500} - \frac{100}{2 \times 1\,500}\right) \times \frac{180°}{\pi} = 3°9'6''$$

$$x = R\sin\varphi + q = 1\,500 \times \sin 3°9'6'' + 50 = 132.47 \text{ m}$$

$$y = R(1 - \cos\varphi) + p = 1\,500 \times (1 - \cos 3°9'6'') + 0.28 = 2.55 \text{ m}$$

用偏角法计算的数据为

弧长 $\qquad c = \sqrt{x^2 + y^2} = \sqrt{132.47^2 + 2.55^2} = 132.49 \text{ m}$

偏角 $\qquad \alpha = \arctan \frac{y}{x} = \arctan \frac{2.55}{132.47} = 1°06'10''$

表 10-4　　　　　　　　　　　缓和曲线详细测设参数计算表

已知参数	转角：$\alpha = 8°46'39''$；设计圆曲线半径：$R = 1\,500$ m；缓和曲线长度：$l_s = 100$ m；交点里程：JD_7 里程 = K12+617.86；整桩间距：$l_0 = 40$ m
特征参数	切线角：$\beta_H = 1°54'39''$；圆曲线内移值：$p = 0.28$ m；切线增长值：$q = 50$ m；曲线全长：$l_H = 329.79$ m；切线长：$T_H = 165.14$ m；外矢距：$E_H = 4.69$ m；切曲差：$D_H = 0.49$ m
主点里程	ZH 点里程：K12+452.72；HY 点里程：K12+552.72；QZ 点里程：K12+617.56；YH 点里程：K12+682.51；HZ 点里程：K12+782.51；JD 点里程：K12+617.86

主点名称	桩号	弧长/m	切线支距法 x/m	切线支距法 y/m	偏角法 δ/(° ′ ″)	偏角法 c/m
ZH	K12+452.72	0.00	0.00	0.00	0 00 00	0.00
	+490	37.28	37.28	0.06	0 05 32	37.28
HY	+530	77.28	77.28	0.51	0 22 41	77.28
	K12+552.72	100.00	99.99	1.11	0 38 10	100.00
QZ	+590	137.28	137.23	2.87	1 11 53	137.26
	K12+617.56	164.84	164.72	4.67	1 37 26	164.79
YH	+650	132.51	132.47	2.55	1 06 10	132.49
	K12+682.51	100.00	99.99	1.11	0 38 10	100.00
	+700	82.51	82.51	0.62	0 25 50	82.51
HZ	+740	42.51	42.51	0.09	0 07 17	42.51
	K12+782.51	0.00	0.00	0.00	0 00 00	0.00

10.8 高速公路测量简介

10.8.1 高速公路概述

1. 高速公路的特点

高速公路是供汽车高速行驶的公路。一般速度达 120 km/h。要求路线顺滑,纵坡较小。路面有 4~6 车道的宽度,中间设分隔带,采用沥青混凝土或水泥混凝土高级路面。在必要处应设坚韧的路栏。为了保证行车安全,应有必要的标志、信号及照明设备。禁止行人和非机动车在路上行驶。与铁路或其他公路相交时完全采用立体交叉。行人跨越则用跨线桥或地道通过。

2. 高速公路和其他公路的主要区别

(1)高速公路是只供汽车行驶的汽车专用公路,一般公路则还允许非机动车及行人使用。

(2)高速公路设有中央分隔带将往返交通完全隔开。

(3)高速公路与任何铁路、公路都是立体交叉的,不存在一般公路上的平面交叉口的横向干扰。

(4)高速公路沿线是封闭的,是控制出入的,且有完善的监测系统、通信系统、安全系统和收费系统等管理和服务设施。

3. 对测设工作的要求

高速公路的建设标准较高,造价为 1~2 000 万元/km,因此,高速公路的测设不能再沿用过去测设低等级公路的方法,而应该采用先进的理论和设备进行测设。

10.8.2 高速公路的选线和形式

1. 高速公路的选线

高速公路是国家公路网的骨架,是高标准的现代化公路,要求线形美观、造型优美。它的线形不仅反映其技术标准的高低,而且直接影响工程的造价和道路的使用、美观,是高速公路设计的关键。

高速公路的布线分为纸上定线、实地选线和详测放线三阶段。必须综合考虑平、纵、横各方面的因素后才能把路线的线位最终确定下来。

在保证公路技术标准的前提下,选线时应注意以下原则:

(1)在工程量增加不太多的情况下,应尽可能地提高公路的技术标准,以提高公路的运行能力及运营效率。

(2)应尽量减少公路对沿线开发区和村镇居民区的干扰,尽可能结合当地村镇的规划发展情况,使高速公路与其工程相协调。

(3)在条件许可的情况下,尽量利用实际地形进行布线,避免高填、深挖,以降低工程造价。

(4)鉴于沿线土地珍贵,应尽量少占好地、平整地,在取、弃土设计时,尽可能地使取、弃土场仍能继续用于其他耕种或建设。

2. 高速公路的形式

(1)高速公路建筑的形式

由于条件和公路的技术特性不同,高速公路建筑的形式不尽相同,一般有四种形式。

①地面式,即修建在地面上的建筑物形式。相对来说它施工面大,修建方便,但占用土地多。

②高架式,即线路架在空中。这种形式多用于山区和人口密集的城市。它具有预制大件安装、少占土地和有利于线形与环境结合协调的优点,但对桥墩和构件安装组合测量要求较高。

③槽式或凹式,这种形式一般是在排水条件许可的地区,如平缓的丘陵区。

④隧道式,这种形式多用于山区或水下,对于方向和高程的贯通测量要求严格。

(2)高速公路平面线形的形式

高速公路的线形设计要平、纵、横面综合设计,除了要考虑沿线的自然环境、社会环境,注意自然景观和地形相协调外,还要满足运动力学、视觉心理学等方面的要求。

一般认为,高速公路平面线形应该是一条连续的曲线线形,最理想的是全部由圆曲线和缓和曲线组成。平、竖曲线最好要一一对应,即要求竖曲线的顶点大致与平曲线的中点相对应,同时平曲线要比竖曲线稍长一些,以便平、竖线形配合良好。但也不可片面强求,应尽量减少大填大挖对环境的破坏,这样将有助于视线诱导,使车辆顺畅行驶,提高行车的安全性,同时减少变挡频繁所产生的噪声和排气对环境的污染。

目前,常见的平面线形组合有下列几种形式:

①基本型,如图10-27(a)所示,它是按直线—缓和曲线—圆曲线—缓和曲线—直线的形式组合而成。

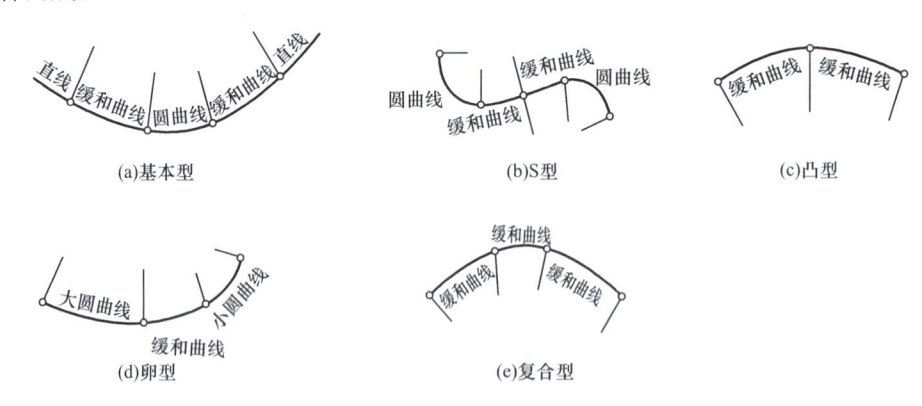

图 10-27 公路平面线形的形式

②S型,如图10-27(b)所示,它是在两个反向曲线之间用缓和曲线连接起来的一种线形。这种曲线在缓和曲线与圆曲线的连接处,曲率变化不完全一致。

③凸型,如图10-27(c)所示,它是把两条缓和曲线在各自半径最小的点上直接相互连接

而成的线形。

④卵型,如图 10-27(d)所示,它是在两个同向圆曲线之间以一条缓和曲线连接,较复杂一些的形式是缓和曲线—大圆曲线—(缓和曲线)—小圆曲线—缓和曲线。大圆半径为小圆半径的 1.5 倍为佳。

⑤复合型,如图 10-27(e)所示,两个或两个以上的同向弯曲的缓和曲线,在它们曲率相等点上连接而成的曲线形,常用于地形受限制的地区。

10.8.3 高速公路对测量的要求

高速公路通过的是一条狭长的带状区,为了满足路线定位、建筑物、构筑物测设及测绘地形图的要求,必须在国家控制点的基础上加密平面控制点和高程控制点。

1. 平面控制测量

高速公路测量中,地物点点位中误差不得超过图上的 0.5～0.6 mm,精度要求很高,为此,路线勘测首级平面控制点位中误差必须小于 0.1 m。目前最理想的平面加密控制测量是 GPS 导线、光电测距导线和 GPS 导线与光电测距导线相结合。

(1)GPS 导线

GPS 导线是在导线点上安置 GPS 接收机,通过接收 GPS 卫星信号,经过数据处理,从而获得该导线点的 WGS-84 大地坐标系,进而换算到 1954 北京坐标系或 1980 国家坐标系完成的。

这种导线点的优点是地物点点位中误差不累积,选点受自然条件限制较少,路线长度和边长无制约,相邻点间不必通视,精度高,速度快,操作简便,全天候观测。但它要求 GPS 导线点处高度角在大于 15°范围内天空没有遮挡物,测站附近没有大功率发射台、输电高压线和变电设施,周围无大面积的反射物等。

(2)光电测距导线

与经纬仪导线原理相同,只是导线点间的距离用电磁波测距仪测量。

光电测距导线的误差主要来源于角度测量,导线尽可能布设成直伸形状,因为直伸导线不受距离测量系统误差的影响。边长尽量增大以减少折角数,可减弱方位角误差的累积。为了保证导线点的精度,首级控制全长不超过 8.5 km,折角数不超过 16 个,测角中误差不超过 $\pm 5''$,方位角闭合差不超过 $\pm 10''\sqrt{n}$(n 为测站数)。

(3)GPS 导线与光电测距导线相结合

这种形式是上述两种导线的综合,以 GPS 导线为高级点,在此基础上再敷设光电测距导线,这样可以发挥两种导线的优点,是一种良好的形式。

2. 高程控制测量

高程控制测量是为了竖向设计的需要,高速公路要求纵断面线形为平缓的二次抛物线,纵断面高程测量最大误差不超过 10 cm,要达到这个要求需沿线路每千米设置一个国家四等水准点,其测量方法有两种:其一是四等水准测量,其二是电磁波测距高程导线测量。

(1)四等水准测量时,要严格按照四等水准测量操作规程进行,使用的仪器要经过有关部门校核。

(2) 一般电磁波测距高程导线全路线长度应在 15 km 内,布置成附合路线,视线长一般不大于 700 m,最长不应大于 1 000 m,视线竖直角不超过±15°,视线高度或视线离开障碍物的距离不得小于 1.5 m。

3. 地形测图

高速公路设计中常需要 1∶2 000、1∶1 000 甚至 1∶500 比例尺的地形图。一般来说,地物点平面位置中误差在图上不得超过 0.6~0.8 mm,等高线高程中误差不得超过 1/3~1 个等高距。

高速公路设计要求地物点间的相对位置准确,以使在图上确定的路线中线与周围的地物相对关系同实地位置一致。

航测图地物点相对关系好,而且信息丰富、形象逼真,是一种良好的成图方法。但是,如果路线不长、地形平坦,要通过航空摄影到像片成图,也是一种麻烦和不经济的做法,采用常规的白纸测图方法仍是可取的途径。

4. 工程施工测量

高速公路平、竖线形复杂,对测量工作提出了较高的要求,特别是高架式和隧道式公路,隧道式公路要求方向和高程准确地贯通,并严格按工程的精度要求实施。高架式公路要求准确地确定桥位和配合安装,因此,要求测量人员应具有较强的专业知识。

本章小结

本章主要介绍公路测量的测设元素的计算和外业工作。外业工作主要是中线测量以及纵、横断面测量。中线测量是把公路的中心线(中线)标定在实地上。其工作包括:测设公路中线各交点(JD)和转点(ZD)、量距和钉桩、测量路线各偏角(α)、测设各种曲线。圆曲线测设包括圆曲线主点的测设和圆曲线细部点的测设,主要方法有切线支距法(直角坐标法)和偏角法。偏角法是一种类似于极坐标的放样方法,它是利用曲线起点(或终点)的切线与某一段弦之间的弦切角 Δ_i(称为偏角)以及弦长 c 确定 P 点位置的一种方法。高速公路的建设标准较高,与其他公路测量有较大的区别。

习 题

10-1 公路工程测量主要包括哪些内容?什么叫作初测和定测?它们的具体任务是什么?

10-2 什么叫作路线的转点?什么叫作路线的交点?它们各有什么作用?

10-3 已知某一路线的交点 JD_5 处右转角 α 为 65°18′42″,其桩号为 K9+387.34,在选线时确定圆曲线半径为 $R=150$ m,试计算圆曲线元素 T、L、E、D,求出三个主点桩号,并简述三个主点的测设步骤。

10-4　为施工而进行的圆曲线加密常用哪几种方法？它们各适合于什么情况？有何优、缺点？

10-5　以习题10-3中的数据为基础，按整桩距 $l_0=10$ m，试用切线支距法和偏角法计算整个曲线数据。

10-6　公路测量在什么情况下需测设缓和曲线？测设时应注意什么问题？

10-7　什么叫作复曲线？如何进行测设？

10-8　在道路施工中，已知某一路线的交点桩 JD_7 处右转角 α 为 $44°18'42''$，其桩号为 K12+124.23，设计半径为 $R=250$ m，拟用缓和曲线长为 70 m，试计算曲线元素 T_H、L_Y、L_H、E_H、D_H，并求出五个主点桩号，简述五个主点的测设步骤。

10-9　根据习题10-8的数据，每隔 10 m 设一加桩，用切线支距法和偏角法计算各点的详细测设数据。

10-10　高速公路和普通公路有什么区别？它的平面控制和高程控制各有什么特点？

第 11 章 路线纵、横断面测量

能力要求

通过学习具有描述纵、横断面测量的内容，能进行基平、中平、跨沟谷测量及成果处理，会横断面测量，具有纵、横断面图的绘制的能力。

路线中线完成之后，还必须进行路线纵、横断面测量。纵断面测量也称为路线水准测量，它是把路线上各里程桩（中桩）的地面高程测出来，绘制成中线纵断面图，供路线纵坡设计、计算中桩填挖尺寸之用，以解决路线在竖直面上的位置问题。横断面测量就是测定中线两侧垂直于中线方向地面变坡点间的距离和高差，并绘成横断面图，供路基、边坡、特殊构造物的设计、土石方计算和施工放样之用。

通常路线测量可分两步进行：首先沿路线方向设置若干水准点，建立高程控制，称为基平测量；然后根据各水准点的高程，分段进行中桩水准测量，称为中平测量。基平测量一般按四等水准的精度要求，中平测量只做单程观测，可按普通水准精度要求。

路线测量的工作步骤遵循测量的基本原则，应该按"先基平后中平"的程序工作。路线纵断面测量又称为"中线水准测量"，沿路中线测定各中桩上的地面高程，并绘制路线纵断面图，表示路线中线位置的地形起伏状态。

11.1 基平测量

11.1.1 路线水准点设置

水准点是路线高程测量的控制点，在勘测阶段、施工阶段甚至长期都要使用，应选在地基稳固、易于引测以及施工时不易遭破坏的地方。

水准点分永久性和临时性两种。

永久性水准点布设密度应视工程需要而定，在路线起点和终点、大桥两端、隧道，以及需要长期观测高程的重点工程附近均应布设。永久性水准点要埋设标识，也可设在永久性建筑物上或用金属标志嵌在基岩上。

临时性水准点布设密度应视地形复杂程度和工程需要而定。在重丘陵和山区,每隔0.5~1 km设置一个,在平原和微丘陵地区,每隔1~2 km埋设一个。此外,在中、小桥梁和涵洞以及停车场等工程集中的地段均应设点。

水准点位置:一般距中线50~100 m,在固定且稳定的物体上引测,并填写水准点一览表。

水准点一览表由四部分组成,格式如下:

序号　　　　　水准点编号　　　　　高程　　　　　位置说明

11.1.2　基平测量方法

基平测量时,应将起始水准点与附近国家水准点进行连测,以获得绝对高程。在沿线水准测量中,也应尽可能与附近国家水准点连测,以便获得更多的检核条件。若路线附近没有国家水准点或引测有困难时,可参考地形图上量得的一个高程,作为起始水准点的假定高程。

水准点的高程测量,一般采用一台水准仪在水准点间做往返观测,也可使用两台水准仪按四等水准精度的要求做单程观测。其方法如下:

(1) 一台水准仪往返。

(2) 两台同测(前后不能用同一水准尺)不能用二次仪高法。

(3) 一台水准仪二次仪高法。

高差容许闭合差: $f_{h容许}=\pm 30\sqrt{L}$ 或 $\pm 8\sqrt{n}$ (mm),L 以 km 为单位;大桥两端、隧道进出口: $f_{h容许}=\pm 20\sqrt{L}$ 或 $\pm 6\sqrt{n}$ (mm),L 以 km 为单位。若 $f_h \leqslant f_{h容许}$,高差取平均值。

11.2　中平测量

路线中线高程测量也称为中平测量,中平测量一般是以相邻的两个水准点为一测段,从一个水准点出发,逐点测定各中桩的地面高程,附合到下一个水准点上,构成一条附合水准路线。

中平测量记录要求与限差:

水准点(三位小数)、中间点(两位小数)、转点(三位小数)

中平测量限差: $\leqslant \pm 50\sqrt{L}$ (mm)。

11.2.1　中平测量方法

在进行测量时,将水准仪置于测站上,首先读取后、前两转点(TP)的尺上读数,再读取两转点间所有中桩地面点的尺上读数,这些中桩点称为中间点,中间点的立尺由后视点立尺人员来完成。

由于转点起传递高程的作用,因此转点尺应立在尺垫、稳固的桩顶或坚石上,尺上读数至 mm,视线长一般不应超过 120 m。中间点尺上读数至 cm(高速公路测设规定读至 mm),要求尺子立在紧靠桩边的地面上。

当路线跨越河流时,还需测出河床断面、洪水位和常水位高程,并注明年、月,以便为桥梁设计提供资料。

1. 中平测量的实施

如图 11-1 所示，水准仪置于 I 站，后视水准点 BM₁，前视转点 TP₁，将读数记入表 11-1 中"后视""前视"栏内，然后观测 BM₁ 与 TP₁ 间的各个中桩，将后视点 BM₁ 上的水准尺依次立于 0+000、0+050、……、0+140 等各中桩地面上，将读数分别记入"中视"栏。

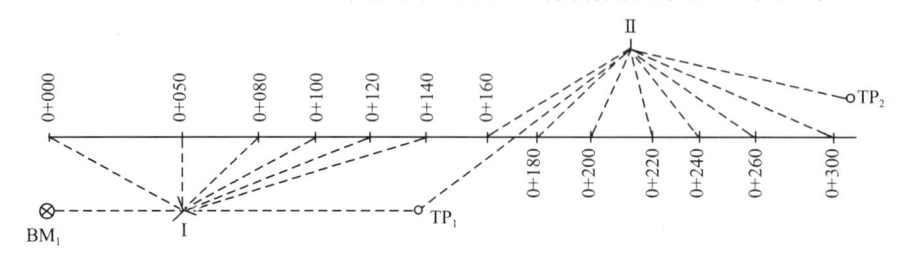

图 11-1　中平测量

表 11-1　　　　　　　　　　路线纵断面测量记录

测点	水准尺读数/m 后视	水准尺读数/m 中视	水准尺读数/m 前视	视线高程/m	高程/m	备注
BM₁	2.292			24.710	22.418	
0+000		1.62			23.09	
+050		1.93			22.78	
+080		1.02			23.69	
+100		0.64			24.07	
+120		0.93			23.78	
+140		0.18			24.53	
TP₁	2.201		1.105	25.806	23.605	
+160		0.47			25.34	基平 BM₂ 高程 31.646 m
+180		0.74			25.07	
+200		1.33			24.48	
+220		1.02			24.79	
+240		0.93			24.88	
+260		1.43			24.38	
+300		1.67			24.14	
TP₂	2.743		1.266	27.283	24.540	
…	…	…	…	…	…	
K1+260						
BM₂			0.632		31.627	

检核：$f_{h容} = \pm 50\sqrt{1.26} = \pm 56$ mm

$f_h = 31.627 - 31.646 = -0.019$ m $= -19$ mm

$H_{BM_1} - H_{BM_2} = 31.627 - 22.418 = 9.209$ m

$\sum a - \sum b = (2.292 + 2.201 + 2.743 + \cdots) - (1.105 + 1.266 + \cdots + 0.632) = 9.209$ m

仪器搬至 II 站，后视转点 TP₁，前视转点 TP₂，然后观测各中桩地面点。用同法继续向前观测，直至附合到水准点 BM₂，完成一测段的观测工作。

每一站的各项计算依次按下列公式进行：

(1) 视线高程＝后视点高程＋后视读数

(2) 转点高程＝视线高程－前视读数

（3）中桩高程＝视线高程－中视读数

各站记录后应立即计算各点高程，直至下一个水准点为止，并计算高差闭合差 f_h，若 $f_h \leqslant f_{h容} = \pm 50\sqrt{L}$ (mm)，则符合要求，不进行高差闭合差的调整，即以原计算的各中桩点地面高程作为绘制纵断面图的数据。否则，应予重测。

2. 跨越沟谷中平测量（图 11-2）

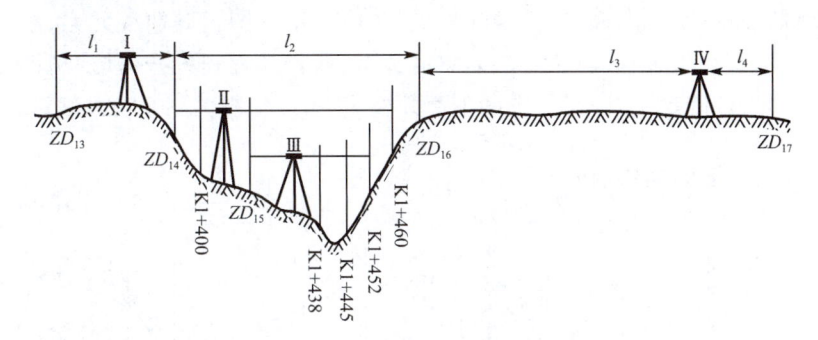

图 11-2　跨越沟谷中平测量

跨越沟谷中平测量采用以下方法进行：

(1)沟内、沟外分开测法

沟内、沟外分开测量时，沟内、沟外记录需断开，另做记录。

(2)接尺法

个别中桩不便测量时可采用接尺的方法进行观测。在接尺法测量时，接尺要加说明，以利于计算和检查。

11.2.2　全站仪进行中平测量

1. 中平测量方法

在安置全站仪后，将置仪点的地面高程 H、仪器高 i、棱镜高 l 直接输入全站仪，在中桩放样完成的同时，就可直接从全站仪的显示屏中读取中桩点的高程。高程测量的数据也可存入仪器，并在需要时调入计算机处理。

2. 施测中的注意事项

(1)应合理选择全站仪安置点。

(2)安置全站仪只需整平，不需要对中和量取仪器高。

(3)对在一个测站上观测不到的中桩点，可适当移动仪器位置。

(4)转点的设置：应尽量使仪器至转点和至后视已知高程控制点的距离大致相等。

11.3　绘制纵断面图与施工量计算

纵断面图表示了中线上地面的高低起伏情况，可在其上进行纵坡设计，它是路线设计和施工中的重要资料。

纵断面图是以中桩的里程为横坐标，以中桩的高程为纵坐标绘制而成的。常用的里程比例尺有1:2 000、1:1 000,为了明显地表示地面起伏,一般取高程比例尺为里程比例尺的10倍或20倍。例如,里程比例尺用1:2 000,则高程比例尺取1:200或1:100。纵断面图一般自左至右绘制在透明毫米方格纸的背面,这样可防止用橡皮修改时把方格擦掉。

如图11-3所示为道路纵断面图,图的上半部,从左至右绘有贯穿全图的两条线。细折线表示中线方向的地面线,是根据中平测量的中桩地面高程绘制的;粗折线表示纵坡设计线。此外,上部还注有水准点编号、高程和位置;竖曲线示意图及其曲线元素;桥梁的类型、孔径、跨数、长度、里程桩号和设计水位;涵洞的类型、孔径和里程桩号;其他道路、铁路交叉点的位置、里程桩号和有关说明等。图的下部几栏表格,注记有关测量及纵坡设计的资料。

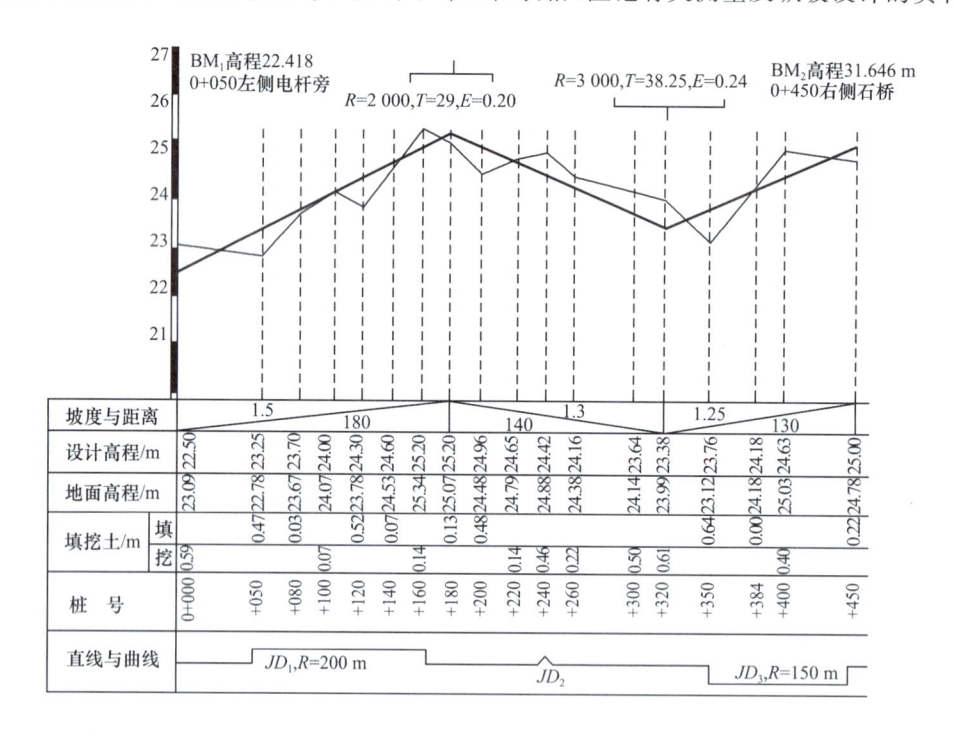

图 11-3 道路纵断面图

(1)在图纸左面自下而上填写直线与曲线、桩号、填挖土、地面高程、设计高程、坡度与距离栏。上部纵断面图上的高程按规定的比例尺注记,首先要确定起始高程(如图中0+000桩号的地面高程)在图上的位置,且参考其他中桩的地面高程,使绘出的地面线处在图纸上适当位置。

(2)在上部地面线部分进行纵坡设计。设计时要考虑施工时土石方工程量最小、填挖方尽量平衡及小于限制坡度等道路有关技术规定。

(3)在直线与曲线一栏中,应按里程桩号标明路线的直线部分和曲线部分。曲线部分用直角折线表示,上凸表示路线右偏,下凹表示路线左偏,并注明交点编号及其桩号和曲线半径,在不设曲线的交点位置,用锐角折线表示。

(4)在桩号一栏中,自左至右按规定的里程比例尺注上中桩的桩号。

(5)在填挖土一栏内,按下式进行施工量的计算:

$$某点的施工量=该点地面高程-该点设计高程$$

(6)在地面高程一栏中,注上对应于各中桩桩号的地面高程,并在纵断面图上按各中桩的地面高程依次点出其相应的位置,用细直线连接各相邻点位,即得中线方向的地面线。

(7)在设计高程一栏内,分别填写相应中桩的设计路基高程。某点的设计高程按下式计算:

$$设计高程 = 起点高程 + 设计坡度 \times 起点至该点的平距$$

(8)在坡度与距离一栏内,分别用斜线或水平线表示设计坡度的方向,线上方注记坡度数值(以百分比表示),下方注记坡长,水平线表示平坡。不同的坡段以竖线分开。某段的设计坡度值按下式计算:

$$设计坡度 = (终点设计高程 - 起点设计高程)/平距$$

例 11-1 0+000 桩号的设计高程为 22.50 m,设计坡度为 +1.5%(上坡),则桩号 0+120 的设计高程为

$$22.50 + 1.5 \times 120 \div 100 = 24.30 \text{ m}$$

式中求得的施工量,正号为挖土深度,负号为填土高度。地面线与设计线的交点称为不填不挖的"零点",零点也给以桩号,可由图上直接量得,以供施工放样时使用。

11.4 路线横断面测量

路线横断面测量的主要任务是在各中线桩处测定垂直于中线方向地面起伏,绘制横断面图,供路基、边坡、特殊构造物设计、土石方计算和施工放样之用。横断面测量的宽度,应根据中桩填挖高度、边坡大小以及有关工程的特殊要求而定,一般自中线两侧各测 10~30 m。高差和距离一般准确到 0.05~0.1 m 即可满足工程要求,故横断面测量多采用简易工具和方法,以提高效率。

11.4.1 横断面方向的测定

1. 直线段横断面方向的测定

直线段横断面方向一般采用方向架测定。方向架如图11-4所示,将方向架置于桩点上,以其中一方向对准路线前方(或后方)某一中桩,则另一方向即横断面的施测方向。

2. 圆曲线段横断面方向的测定

圆曲线段横断面方向为过桩点指向圆心的半径方向。如图 11-5 所示,当欲测定横断面的加桩 1 与前、后桩点的间距不等时,可在方向架上安装一个能转向的定向杆 EF 来施测。首先将方向架安置在 ZY(或 YZ)点,用 AB 杆瞄准切线方向,则与其垂直的 CD 杆方向即是过 ZY(或 YZ)点的横断面方向;转动定向杆 EF 瞄准加桩 1,并固紧其位置。然后搬方向架于加桩 1,以 CD 杆瞄准 ZY(或 YZ)点,则定向杆 EF 方向即加桩 1 的横断面方向。若在横断面方向立一标杆,并以 CD 杆瞄准它,则 AB 杆方向即切线方向。可用上述测定加桩 1 横断面方向的方法来测定加桩 2、3 点等的横断面方向。

图 11-4 方向架

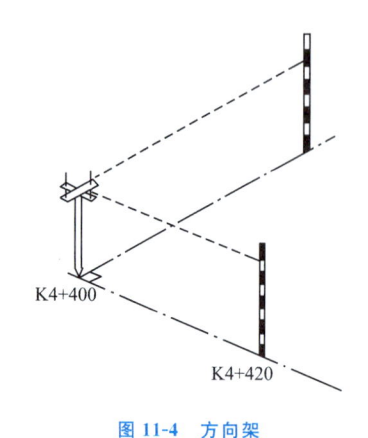

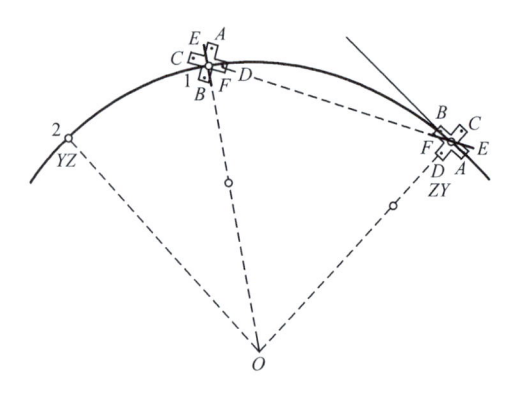

图 11-5 圆曲线段横断面方向的测定

3. 缓和曲线段横断面方向的测定

缓和曲线上任一点的横断面方向,就是该点切线的垂直方向。

(1) 方向盘法

如图 11-6 所示,设缓和曲线上任何一点 D,按缓和曲线偏角公式计算得前视点 B 的偏角为 θ_1。在 D 点安置方向盘,使方向盘上的指针指向 $90°-\theta_1$,用指针照准 B 点,则方向盘上 $0°\sim180°$ 方向即 D 桩横断面方向线。若要求较高精度的放样测量,则可用经纬仪代替方向盘对点拨角方向,或用解析法定向。

(2) 坐标放样法

坐标放样法是先根据路线性质计算中桩横断面方向上点位的坐标,采用全站仪或测距仪进行放样测定的方法。如图 11-7 所示,线元(直线或曲线)上任一点 P,坐标为 (x_P, y_P),P 点的切线方位角为 α_{aP},计算断面方位角 α_i 及断面上任一点坐标 $Q(x_Q, y_Q)$。

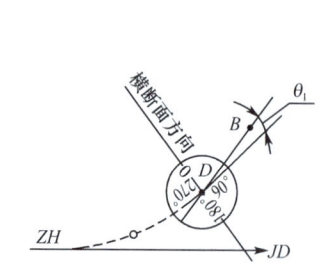

图 11-6 方向盘法测定缓和曲线段横断面方向

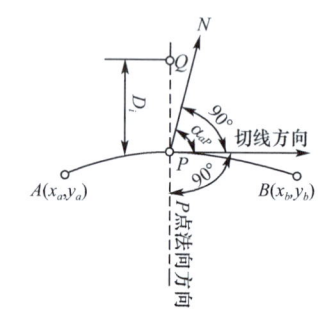

图 11-7 坐标放样法测定缓和曲线段横断面方向

据推算得

$$\left. \begin{aligned} \alpha_i &= \alpha_{aP} \pm \frac{\pi}{2} \\ x_Q &= x_P + D_i \cos\left(\alpha_{aP} \pm \frac{\pi}{2}\right) \\ y_Q &= y_P + D_i \sin\left(\alpha_{aP} \pm \frac{\pi}{2}\right) \end{aligned} \right\} \quad (11\text{-}1)$$

式中,$\alpha_i = \alpha_{aP} \pm \frac{\pi}{2}$,取在 P 点中线左侧为负,右侧为正。

11.4.2 横断面的测量方法

(1) 标杆皮尺法

如图11-8所示,在中桩K3+200处,1、2……为其横断面方向上的变坡点。施测时,将标杆立于中桩点,皮尺靠中桩点地面拉平至1,读取平距8.1 m,皮尺截于标杆上的数值即高差0.6 m。同法可测出1~2、2~3……间的平距和高差,直至所需宽度。此法简便,但精度较低,适用于量山区等级较低的公路。

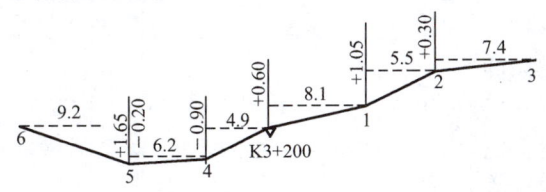

图 11-8 标杆皮尺法测横断面

标杆皮尺法测横断面记录见表11-2,表中按路线前进方向分左侧和右侧,分数中分母表示测段水平距离,分子表示测段两端点的高差。高差为正号表示升坡,为负号表示降坡。

表 11-2　　　　　　　　　　　标杆皮尺法测横断面记录

左侧/m				桩号	右侧/m			
$\frac{+1.80}{6.1}$	$\frac{+0.65}{5.2}$	$\frac{-0.50}{3.3}$	$\frac{-1.95}{6.9}$	K3+400	$\frac{+1.05}{4.2}$	$\frac{+2.15}{6.7}$	$\frac{+0.95}{7.3}$	$\frac{+0.50}{2.1}$
$\frac{+1.65}{9.2}$	$\frac{-0.20}{6.2}$	$\frac{-0.90}{4.9}$		K3+200	$\frac{+0.60}{8.1}$	$\frac{+1.05}{5.5}$	$\frac{+0.30}{7.4}$	

(2) 水准仪皮尺法

当横断面精度要求较高,横断面方向高差变化不大时,多采用水准仪皮尺法。如图11-9所示,水准仪安置后,以中桩地面为后视点,以中桩两侧横断面方向变坡点为前视点,水准尺读数至cm,用皮尺分别量出各立尺点到中桩的平距。水准仪皮尺法测横断面记录见表11-3。

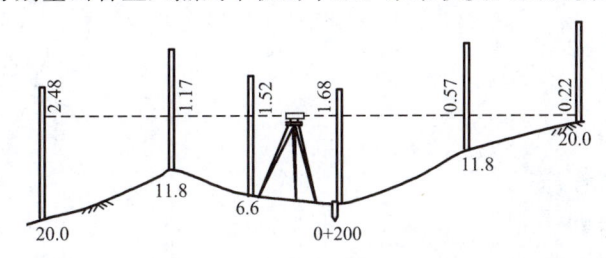

图 11-9 水准仪皮尺法测横断面

实测时,若仪器安置得当,一站可同时施测若干横断面。

表 11-3　　　　　　　　　　　水准仪皮尺法测横断面记录

前视读数(左侧) 距离/m			后视读数/m 桩号	前视读数(右侧) 距离/m	
$\frac{2.48}{20.0}$	$\frac{1.17}{11.8}$	$\frac{1.52}{6.6}$	$\frac{1.68}{0+200}$	$\frac{0.57}{11.8}$	$\frac{0.22}{20.0}$

(3) 全站仪法

用全站仪测量横断面适用于高等级公路及各种不同地形的高精度测量。施测时,可将全站仪安置在通视良好的高处,可建站测量,也可任意点测量。建站测量可直接测定各横断面点的三维坐标,仪器自动记录,数据传输到计算机由专业软件处理成图。任意点无建站测量时,可用全站仪的应用测量程序功能如对边测量,测定各变坡点的相对平距与高差,进行人工记录和绘图。

11.4.3 横断面图的绘制及路基设计

1. 横断面图的绘制

横断面图绘制的工作量较大,为了提高工作效率,便于现场核对,往往采取在现场边测边绘的方法,也可以采取现场记录,室内绘图,再到现场核对的方法。

和纵断面图一样,横断面图也是绘制在毫米方格纸上。为了计算面积时较简便,横断面图的距离和高差采用相同的比例尺,通常为1:100或1:200。

绘图时,先在适当的位置标出中桩,注明桩号。然后由中桩开始,分左、右两侧按距离和高程逐一展绘各坡度变化点,用直线把相邻点连接起来,即绘出横断面的地面线,然后适当地标注有关的地物或数据等,如图11-10所示。

2. 路基设计

路基设计在横断面图上,按纵断面图上的中桩设计高程以及道路设计路基宽、边沟尺寸、边坡坡度等数据,在横断面上绘制路基设计断面图。具体做法一般是先将设计的道路横断面按相同的比例尺做成模片(透明胶片),然后将其覆盖在对应的横断面图上,按模片绘制成路基断面线,这项工作俗称为"戴帽子"。路基断面的形式主要有全填式、半填半挖式、全挖式三种类型,如图11-11所示。

路堤边坡、土质边坡一般采用1:1.5,填石边坡则可放陡,如1:0.5、1:0.75等,挖方边坡一般采用1:0.5、1:0.75、1:1等。边沟一般采用梯形断面,内侧边坡一般采用1:1～1:1.5,外侧边坡与路堑边坡相同,边沟的深度与底宽一般不应小于0.4 m,高速公路、一级公路边沟断面应大一些,其深度与底宽可采用0.8～1.0 m。

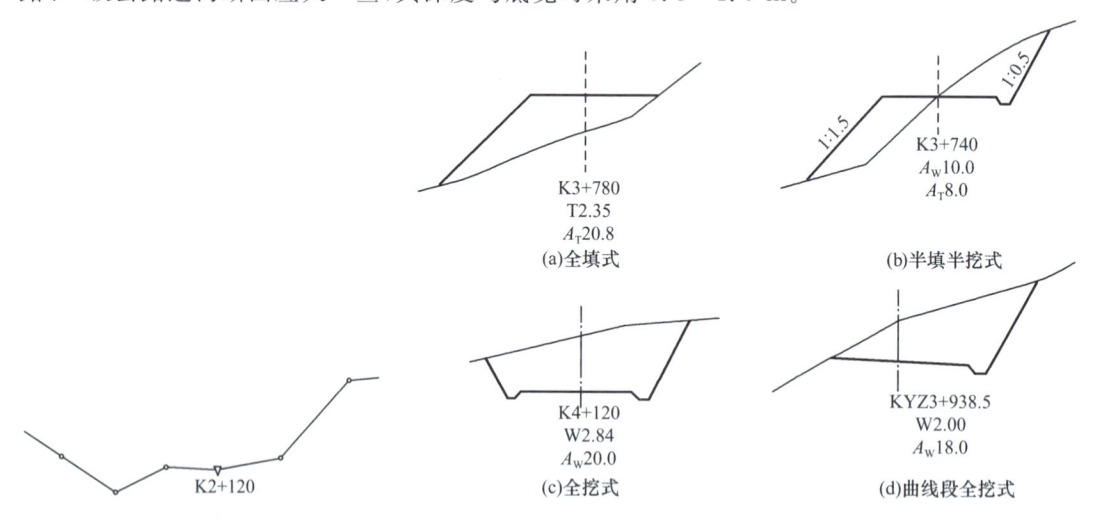

图 11-10 横断面图的绘制

图 11-11 路基断面的形式

为了行车安全,曲线段外侧要高于内侧,称为超高。此外,汽车行驶在曲线段所占的宽度要比直线段大一些,因此曲线段不仅要超高,而且要加宽。

11.4.4 横断面面积计算

在横断面图绘制完成后,按路线纵断面设计(路基设计表)的填挖高度及路基标准横断面设计要求,进行各个横断面设计,也称"横断面戴帽"。路基填挖的断面积即横断面图中各断面路基设计线与地面线所包围的面积,有填方面积、挖方面积,应分别计算。横断面面积计算方法有多种,常见的有以下两种:

1. 积距法

如图 11-12 所示半挖半填断面,按单位宽度 b(通常用 1 m 或 2 m),把横断面分成若干个梯形与三角形条块,每条块近似面积等于其平均高度 h_i(或 t_i)乘以宽度 b,则断面面积为各条块面积之和,即

$$A_{挖} = h_1 \cdot b + h_2 \cdot b + \cdots + h_n \cdot b = b \sum h_i \qquad (11\text{-}2)$$

$$A_{填} = t_1 \cdot b + t_2 \cdot b + \cdots + t_n \cdot b = b \sum t_i \qquad (11\text{-}3)$$

通常横断面图是绘制在厘米方格纸上,一般按厘米格间距 1 cm 为单位宽度,如果绘制图比例为 1：M,则 $b = \dfrac{M}{100}(\text{m})$,相应量取平均高度总和(积距)为 $\dfrac{M}{100}\sum h_i$ 或者 $\dfrac{M}{100}\sum t_i$,一般用"卡规"量取。对于挖方断面中的边沟,可单独计算,再加到挖方面积中。

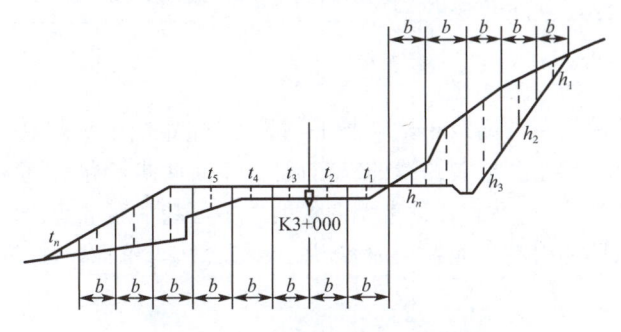

图 11-12 积距法计算面积示意图

2. 解析法

如图 11-13 所示,现代公路设计多采用计算机软件进行,其横断面面积计算一般采用解析法,先算得设计线与地面线围成面积的各转点坐标,按顺时针方向编号,则断面积可按下式算得

$$A = \frac{1}{2}\sum_{i=1}^{n}(x_i y_{i+1} - x_{i+1} y_i) \qquad (11\text{-}4)$$

式中　A——断面积;
　　　x_i, y_i——断面转点相应坐标。

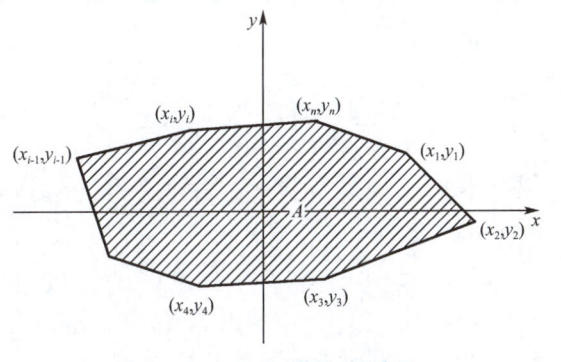

图 11-13 解析法计算面积示意图

11.4.5　土石方量计算

土石方量的计算一般采用"平均断面法",即以相邻两断面面积的平均值乘以两桩号之差计算出体积,然后累加相邻断面间的体积,得出总的土石方量。设相邻的两断面面积分别为 A_1 和 A_2,相邻两断面的间距(桩号差)为 D,则填方或挖方的体积 V 为

$$V = \frac{A_1 + A_2}{2} D \qquad (11\text{-}5)$$

表 11-4 为某一道路桩号 K5+000~K5+100 的土石方量计算结果。

表 11-4　　　　　　　　　　　土石方量计算表

桩号	断面面积/m² 填方	断面面积/m² 挖方	平均断面面积/m² 填方	平均断面面积/m² 挖方	间距/m	土石方量/m³ 填方	土石方量/m³ 挖方	备注
+000	41.36	—	31.17	—	20.0	623.40	—	
+020	20.98	—						
+040	11.36	8.60	16.17	4.30	20.0	323.40	86.00	
+055	4.60	36.88	7.98	22.74	15.0	119.70	341.10	
+060	—	48.53	2.30	42.70	5.0	11.50	213.50	
+080	—	37.36	—	42.94	20.0	—	858.80	
			2.80	33.56	20.0	56.00	671.20	
K5+100	5.60	29.75						
Σ						1 134.00	2 170.60	

本章小结

本章主要介绍公路线路的路线中平与基平测量方法；路线中平与基平测量结果的整理与计算；全站仪进行中平测量；绘制路线的纵断面图；横断面测量方法；绘制横断面图。学生学习本章时应注意多做练习，熟悉各种类型曲线的中平与基平测量及计算方法，学习时可结合课间实习完成一段路的所有外业勘测内容，加深对课堂学习知识的理解。

习　题

11-1　横断面测量是测定_____。

11-2　纵断面图是根据_____和_____绘制的。

11-3　中平测量遇到跨沟谷时，通常采用沟内、沟外_____的方法，以提高测量的精度。

11-4　已知后视 A 点高程为 55.621 m，A 尺读数为 1.358，前视点 B 尺读数为 0.976，其视线高为_____，B 点高程等于_____。

11-5　路线纵断面测量有哪些内容？

11-6　在纵断面图上，哪些资料是由测量工作提供的？

11-7　试述纵断面测量的任务和步骤。

11-8　中平测量跨越沟谷时，采用什么措施来提高测量速度和保证测量精度？

11-9　横断面施测方法有哪几种？

11-10　中平测量与一般水准测量有何不同？中平测量的中视读数与前视读数有何区别？

11-11　横断面测量的任务是什么？

第 12 章
道路施工测量

能力要求

通过学习本章,了解道路施工测量,掌握路线中线的恢复测量、竖曲线和施工控制桩的测设及路基边桩与边坡的测设。

道路施工测量(放样):研究将设计图纸中的各项元素按照规定的精度准确测设于实地,作为施工的依据,是将地形图或平面图上的构造物的设计位置和形状按规定的精度在实地上标定出来的工作,方便施工。

道路施工测量的任务:复测、加密水准点、恢复公路中线的位置、测设施工控制桩、路基边坡桩和路面施工的放样、公路桥涵放样、隧道放样。

12.1.1　路线中线的恢复测量

道路施工测量主要是恢复中线、测设竖曲线和测设施工控制桩及路基边桩。由于从路线勘测到开始施工要经过很长一段时间,在此期间有部分桩点会丢失或移位,为了保证线路中线位置准确可靠,施工前应根据原来定线条件复核,将丢失的桩点恢复并校正好。其方法和中线测量相同。

12.1.2　施工控制桩的测设

在施工中,中桩要被挖掉,为了在施工中控制中线位置,就要选择在施工中不易受到破坏且便于引用和易于保存桩位的地方,测设施工控制桩。下面介绍两种测设方法。

1. 平行线法

平行线法是在路基以外测设两排平行于中线的施工控制桩,如图 12-1 所示。此法多用在地势平坦、直线段较长的路段。为了施工方便,控制桩的间距一般取 20 m。

2. 延长线法

延长线法是在道路转折处的中线延长线上以及曲线中点(QZ)至交点(JD)的延长线上打下施工控制桩,如图 12-2 所示。延长线法多用在地势起伏较大、直线段较短的山区公路,

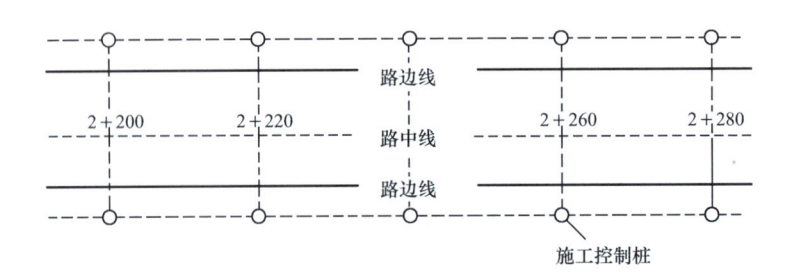

图 12-1 平行线法定施工控制桩

主要是为了控制 JD 的位置,故应量出控制桩到 JD 的距离。

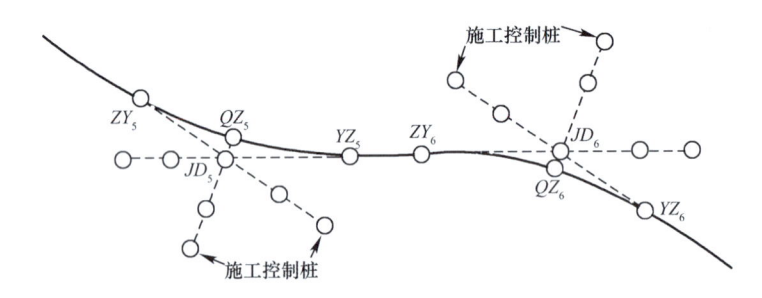

图 12-2 延长线法定施工控制桩

12.1.3 路基边桩与边坡的测设

1. 路基边桩的测设

测设路基边桩就是在地面上将每一个横断面的路基边坡线与地面的交点,用木桩标定出来。边桩的位置由两侧边桩至中桩的平距来确定。常用的边桩测设方法如下:

(1)图解法

图解法就是直接在横断面图上量取中桩至边桩的平距,然后在实地用钢尺沿横断面方向将边桩丈量并标定出来。在填挖方不大时,使用此法较多。

(2)解析法

解析法就是根据路基填挖高度、边坡率、路基宽度和横断面地形情况,先计算出路基中心桩至边桩的距离,然后在实地沿横断面方向按距离将边桩放出来。具体方法按下述两种情况进行:

①平坦地段的边桩测设

如图 12-3 所示为填土路堤,坡脚桩至中桩的距离 D 应为

$$D = B/2 + mH \tag{12-1}$$

如图 12-4 所示为挖方路堑,坡顶桩至中桩的距离 D 为

$$D = B/2 + s + mH \tag{12-2}$$

两式中 B——路基宽度;

m——边坡率;

H——填挖高度;

s——路堑边沟顶宽。

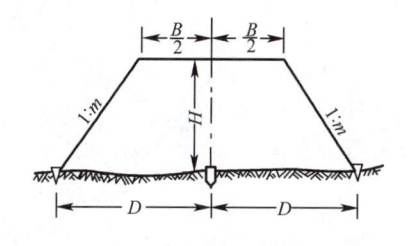

图 12-3　填土路堤

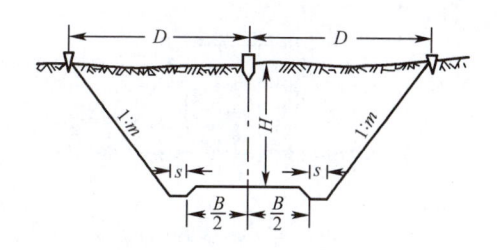

图 12-4　挖方路堑

以上是断面位于直线段时求算 D 值的方法。当断面位于弯道上有加宽时,按上述方法求出 D 值后,还应在加宽一侧的 D 值中加上加宽值。

沿横断面方向放出求得的坡脚(或坡顶)至中桩的距离,定出路基边桩。

②倾斜地段的边桩测设

在倾斜地段,边桩至中桩的平距随着地面坡度的变化而变化。如图 12-5 所示,路基坡脚桩至中桩的距离 $D_\text{上}$、$D_\text{下}$ 分别为

$$\left.\begin{array}{l} D_\text{上}=B/2+m(H-h_\text{上}) \\ D_\text{下}=B/2+m(H+h_\text{下}) \end{array}\right\} \quad (12\text{-}3)$$

如图 12-6 所示,路堑坡顶至中桩的距离 $D_\text{上}$、$D_\text{下}$ 分别为

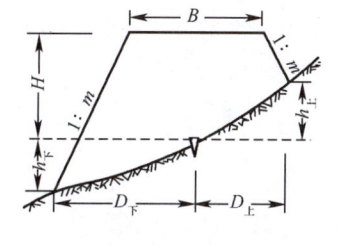

$$\left.\begin{array}{l} D_\text{上}=B/2+s+m(H+h_\text{上}) \\ D_\text{下}=B/2+s+m(H-h_\text{下}) \end{array}\right\} \quad (12\text{-}4)$$

图 12-5　斜坡上路堤

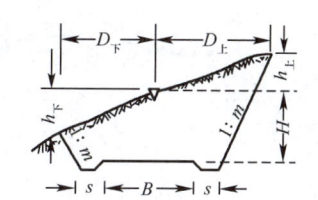

图 12-6　斜坡上路堑

两式中 $D_\text{上}$、$D_\text{下}$ 分别为上、下侧坡脚(或坡顶)至中桩的距离。其中 B、s 和 m 为已知,故 $D_\text{上}$、$D_\text{下}$ 随 $h_\text{上}$、$h_\text{下}$ 变化而变化。因为边桩未定,所以 $h_\text{上}$、$h_\text{下}$ 均为未知数。实际工作中,采用"逐点趋近法",在现场边测边标定。如果结合图解法,则更为简便。

2.路基边坡的测设

在测设出边桩后,为了保证填、挖的边坡达到设计要求,还应把设计边坡在实地标定出来,以方便施工。

(1)用竹竿、绳索测设边坡

如图 12-7 所示,O 为中桩,A、B 为边桩,C、D 两点间距离为路基宽度 B。测设时在 C、D 处竖立竹竿,其高度等于中桩填土高度 H,将 H 处 C'、D' 用绳索连接,同时用绳索将 C'、D' 连接到边桩 A、B 上。

当路堤填土不高时,可一次挂线。当路堤填土较高时,可分层挂线,如图 12-8 所示。

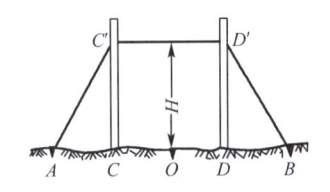

图 12-7　用竹竿、绳索测设边坡

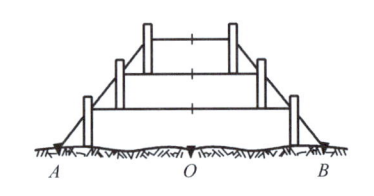

图 12-8　分层挂线测设边坡

(2)用边坡样板测设边坡

施工前按照设计边坡制作好边坡样板,施工时,按照边坡样板进行测设。

①用活动边坡尺测设边坡

将活动边坡的斜边贴近边坡,当水准器气泡居中时,边坡尺的斜边所指示的坡度正好为设计边坡坡度,可依此来指示与检核路堤的填筑,或检核路堑的开挖。

②用固定边坡样板测设边坡

在开挖路堑时,于坡顶桩外侧按设计坡度设立固定样板,施工时可随时指示并检核开挖和修整情况。

12.1.4　竖曲线的测设

在线路的纵坡变更处,为了满足视距的要求和行车的平稳,在竖直面内用圆曲线将两段纵坡连接起来,这种曲线称为竖曲线。如图 12-9 所示为凸形竖曲线和凹形竖曲线。

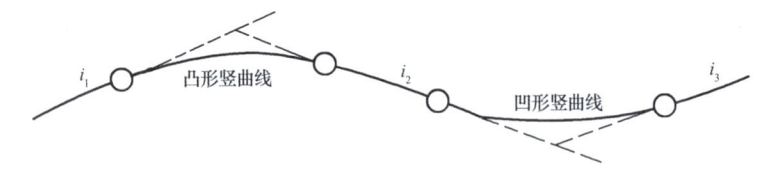

图 12-9　凸形竖曲线和凹形竖曲线

测设竖曲线时,根据路线纵断面图设计中所设计的竖曲线半径 R 和相邻坡道的坡度 i_1、i_2,计算测设数据。如图 12-10 所示,竖曲线测设元素的计算可用平曲线的计算公式,即

$$T = R\tan\frac{\alpha}{2}$$

$$L = R\frac{\alpha}{\rho}$$

$$E = R(\sec\frac{\alpha}{2} - 1)$$

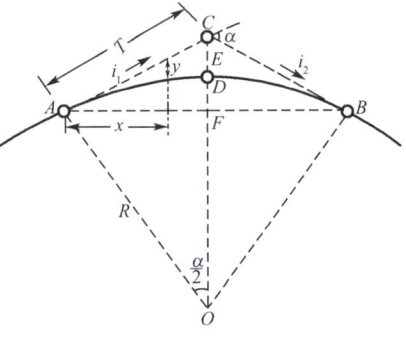

图 12-10　竖曲线测设元素

由于竖曲线的坡度转折角 α 很小,计算公式可简化,即

$$\alpha/\rho = (i_1 - i_2)$$

$$\tan\frac{\alpha}{2} \approx \frac{\alpha}{2\rho}$$

因此竖曲线切线长度 T 为

$$T=\frac{1}{2}R|i_1-i_2| \qquad (12-5)$$

竖曲线长度 L 为

$$L=R|i_1-i_2| \qquad (12-6)$$

对于 E 值也可按下面的近似公式计算。

因为 $DF \approx CD = E$, $\triangle AOF \backsim \triangle CAF$, 则

$$R : AF = AC : CF = AC : 2E$$

因此

$$E=\frac{AC \cdot AF}{2R}$$

又因为 $AF \approx AC = T$, 得

$$E=T^2/2R \qquad (12-7)$$

同理,可导出竖曲线中间各点按直角坐标法测设的纵距(标高改正值)计算式为

$$y_i = x_i^2/2R \qquad (12-8)$$

式中,y_i 值在凹形竖曲线中为正号,在凸形竖曲线中为负号。

例 12-1 设 $i_1 = -1.114\%$、$i_2 = +0.154\%$ 的凹形曲线,变坡点的桩号为 K2+670,高程为 48.60 m,欲设置 R=5 000 m 的竖曲线,求各测设元素及起、终点的桩号和高程,曲线上每 10 m 间隔里程桩的高程改正数和设计高程。

解 按上述公式,可求得

$$L=R|i_1-i_2|=63.4 \text{ m}$$

$$T=\frac{R}{2}|i_1-i_2|=31.7 \text{ m}$$

$$E=\frac{T^2}{2R}=0.10 \text{ m}$$

则

起点桩号 = K2+670-31.7 = K2+638.3

终点桩号 = K2+(638.3+63.4) = K2+701.7

起点坡道高程 = 48.6+31.7×1.114% = 48.95 m

终点坡道高程 = 48.6+31.7×0.154% = 48.65 m

然后按 R=5 000 m 和相应的桩距,即可求得竖曲线上各桩的高程改正数,计算结果见表 12-1。

表 12-1　　　　　　　　　竖曲线各桩高程计算表

桩号	至起、终点距离 x_i	高程改正数 y_i	坡道高程 H_i	竖曲线高程 H_i	备 注
K2+638.3	0.0	0.0	48.95	48.95	竖曲线起点
+650	11.7	0.01	48.82	48.83	$i_1=-1.114\%$
+660	21.7	0.05	48.71	48.76	变坡点
+670	31.7	0.10	48.60	48.70	
+680	21.7	0.05	48.62	48.67	$i_2=+0.154\%$
+690	11.7	0.01	48.63	48.64	竖曲线终点
+701.7	0.0	0.0	48.65	48.65	

竖曲线起、终点的测设方法与圆曲线相同,而竖曲线上辅点的测设,实质上是在曲线范围内的里程桩上测出竖曲线的高程。因此实际工作中,测设竖曲线多与测设路面高程桩一起进行,测设时只需把已算出的各点坡道高程再加上(凹型竖曲线)或减去(凸形竖曲线)相应点,即可得到竖曲线高程。

本章小结

本章介绍了道路施工测量(放样)、路线中线的恢复测量、竖曲线的测设和施工控制桩的测设及路基边桩与边坡的测设。

习 题

12-1 施工控制桩的测设方法有哪些?

12-2 如何进行路基边桩与边坡的测设?

12-3 简述竖曲线的测设原理。

第 13 章 桥梁施工测量

能力要求

通过学习本章,能实施桥梁平面控制测量和高程控制测量;桥梁中线和控制桩的测设;会桥梁墩台定位测量及桥梁架设施工测量。

13.1 桥梁和涵洞施工测量概述

测量工作在桥梁工程建设中起着非常重要的作用。桥梁是线路重要的组成部分之一,当线路跨越河流或山谷时需架设桥梁,拟设置桥梁之前,应先测绘河流两岸的地形图,测定桥轴线的长度及桥位处的河床断面,桥位处的河流比降,为桥梁方案选择及结构设计提供必要的数据。施工时,将桥梁墩台的位置在实地放样到位,也需进行测设。桥梁工程竣工后,还要编制竣工图,供验收、维修、加固之用。在营运阶段要定期进行变形观测,以确保桥梁构造物的安全使用。所以说,在桥梁的勘测、设计、施工、竣工及养护维修的各个阶段都离不开测量技术。

桥梁大小按多孔跨径总长 L 或单孔跨径 L_k 分为五种形式,见表 13-1。

表 13-1　　　　　　　　　　　桥梁分类

桥梁分类	多孔跨径总长 L/m	单孔跨径 L_k/m
特大桥	$L > 1\ 000$	$Lk > 150$
大　桥	$100 \leqslant L \leqslant 1\ 000$	$40 \leqslant Lk \leqslant 150$
中　桥	$30 < L < 100$	$20 \leqslant Lk < 40$
小　桥	$8 \leqslant L \leqslant 30$	$5 \leqslant Lk < 20$
涵　洞	—	$Lk < 5$

桥梁和涵洞施工测量的主要内容包括平面控制测量、高程控制测量、墩台定位测量和墩台基础及其顶部测设。

桥梁施工项目应建立桥梁施工专用控制网。对于跨越宽度小于 500 m 的桥梁，也可利用勘测阶段所布设的等级控制点，但必须经过复测，并满足桥梁控制网的等级和精度要求。桥梁施工控制网等级的选择，应根据桥梁的结构和设计要求合理确定，并符合表 13-2 的规定。

下面按小型桥梁、大中型桥梁分别介绍桥梁施工测量的主要内容。

表 13-2　　　　　　　　　　桥梁施工控制网等级

桥长 L/m	跨越的宽度 l/m	平面控制网的等级	高程控制网的等级
$L > 5\,000$	$l > 1\,000$	二等或三等	二等
$2\,000 \leq L \leq 5\,000$	$500 \leq l \leq 1\,000$	三等或四等	三等
$500 < L < 2\,000$	$200 < l < 500$	四等或一级	四等
$L \leq 500$	$l \leq 200$	一级	四等或五等

注：L 为桥的总长。

13.2　小型桥梁施工测量

小型桥梁跨度较小，工期不长，一般选在枯水季节进行施工，下面介绍干涸河床小型桥梁的定位和基础施工测量。

13.2.1　桥梁中线和控制桩的测设

如图 13-1 所示，先根据桥位桩号在路中线上准确地测设出桥梁墩台的中心桩 B、C、D、E，并同时在河道两岸测设桥位控制桩 K_1、K_2、K_3、K_4；然后分别在 B、C、D、E 点上安置经纬仪，在与中线垂直方向上测设墩台控制桩 b_1、b_2、b_3、b_4，每侧至少有两个控制桩。量距要用经检定的钢尺，并应加温度、尺长、高差改正。丈量精度应高于 1/5 000，以保证上部结构安装时能正确就位。用光电测距仪代替钢尺量距则更为方便。

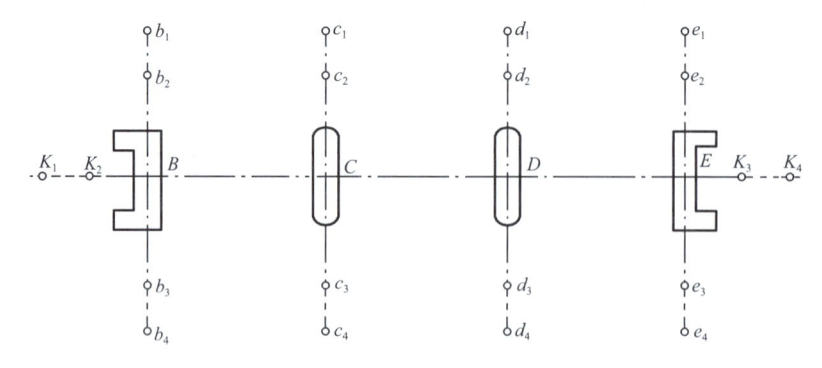

图 13-1　小型桥梁施工控制桩

13.2.2 基础施工测量

基坑开挖前,首先应根据桥梁墩台的中心线定出基坑开挖边界线,基坑上口尺寸则是根据坑深、坡度、土质情况和施工方法确定的。基坑挖到一定深度后,应根据水准点高程在坑壁测设距基坑底设计面为一定高差处(如 1 m)的水平桩,作为控制挖深及基础施工中掌握高程的依据。

基础完工后,应根据上述的桥位控制桩和墩台控制桩用经纬仪在基础面上测设出墩台中心及相互垂直的纵、横轴线,根据纵、横轴线即可测设桥梁墩台砌筑的外轮廓线,并弹出墨线,作为砌筑桥梁墩台的依据。

13.2.3 墩台顶部的施工测量

墩台砌筑至一定高度时,应根据水准点,在墩身、台身每侧测设一条距顶部为一定高差的水准点(如 1 m),以控制砌筑高度。墩帽、台帽施工时,应根据水准点用水准仪控制其高程(误差应在 ±10 mm 之内),根据中线桩用经纬仪控制两个方向的中线位置(偏差在 ±10 mm 之内)。墩台间距(跨度)要用钢尺检查,精度应高于 1/5 000。

13.2.4 上部结构的安装测量

上部结构安装前,应对墩台上支座钢垫板位置重新校对一次,并在 T 型梁两端弹出中心线。

13.3 大中型桥梁施工测量

建造大中型桥梁时河道宽阔,桥墩在河水中建造,且墩台较高,基础较深,墩间跨距大,梁部结构复杂,对桥轴线测设、墩台定位精度要求较高,所以需要在施工前布设平面控制网和高程控制网,用较精密的方法进行墩台定位和梁部结构架设。

13.3.1 桥梁平面控制测量

1. 建立桥位控制网

桥梁平面控制网网形一般为包含桥轴线的双三角形和具有对角线的四边形或双四边形。如果桥梁有引桥,则平面控制网还应向两岸延伸。观测平面控制网中所有的角度,边长测量则可视实地情况而定,但至少需要测定两条边长。最后计算各平面控制点(包括两个轴线点)的坐标。大型桥梁的平面控制网也可以用 GPS 测量技术布设。

图 13-2 所示为常用的两种桥梁三角网图形,其中图 13-2(a)为大地四边形,图 13-2(b)为双三角形,图中 AB 为桥轴线,双线为实测边长的基线。桥梁三角网的布设,除满足三角测量本身的要求外,还要求三角点选在不被水淹、不受施工干扰的地方;桥轴线应与基线一端连接,成为三角网的一边;同时要求两岸中线上的 A、B 三角点选在与桥台相距不远处,便于桥台放样;基线应选在岸上平坦开阔处,并尽可能与桥轴线相垂直,基线长度宜大于桥轴线长度的 0.7 倍。中型桥梁三角网的主要技术要求见表 13-3。

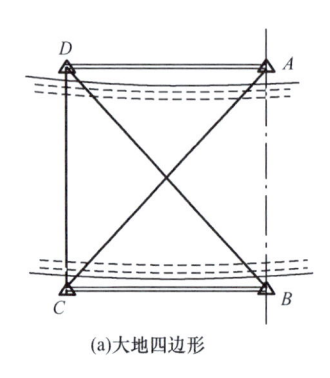

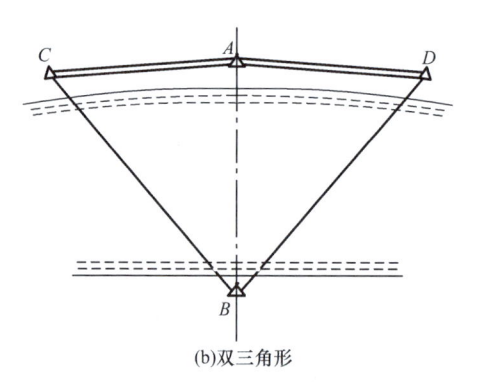

(a)大地四边形　　　　　　　　(b)双三角形

图 13-2　常用的两种桥梁三角网图形

表 13-3　中型桥梁三角网的主要技术要求

桥轴线长/m	测角中误差/″	基线相对中误差	桥轴线相对中误差	三角形最大闭合差/″
30～100	±20	1∶10 000	1∶5 000	±60

2. 基线测量和水平角观测

基线测量可采用检定过的钢尺或光电测距仪施测,基线相对中误差应小于 1/100 000。水平角观测一般用 DJ2 或 DJ6 型光学经纬仪,观测两个测回。

13.3.2　高程控制测量

在桥址两岸布设一系列基本水准点和施工水准点,用精密水准测量连测,组成桥梁高程控制网。从河的一岸测到另一岸时,因为过河距离较长,用水准仪在水准尺上读数困难,而且前、后视距相差悬殊,水准仪误差(视准轴不平行于水准管轴)、地球曲率及大气折射的影响都会增加,所以应采用过河水准测量或光电测距三角高程测量的方法。

1. 过河水准测量

在桥梁施工阶段,为了在两岸建立可靠而统一的高程系统,需要将高程由河的一岸传递到另一岸。由于过河视线较长,使得照准水准尺读数精度太低,而且因前、后视距相差悬殊,而使水准仪误差、地球曲率及大气折射的影响都会增加,这时可采用过河水准测量的方法解决。

(1)过河水准地点选择

过河水准测量应尽量选在桥渡附近河宽较窄、土质坚实、便于设站的河段,尽可能有较高的视线高度,水准尺与仪器点应尽量等高。

两岸测站点和立尺点可布成如图 13-3 所示的"Z"字形图形或类似图形。图中Ⅰ、Ⅱ为测站点,A、B 为立尺点,要求ⅠA＝ⅡB,且ⅠA、ⅡB 均不得小于 10 m。图中各点应用大木桩牢固打入土中,其顶端钉上铁帽钉供安置水准尺用。

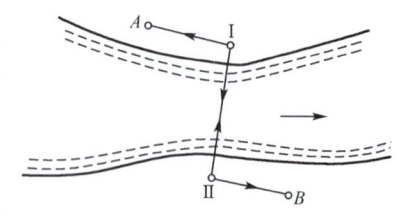

图 13-3　过河水准测量的测站点和立尺点

(2)过河水准测量的方法

当视线长度(河宽)在 200 m 以内时,可用直接读尺法,每测回观测方法如下:先在 A 与Ⅰ的中间等距处安置水准仪,用同一水准尺按水准测量方法,测定 A、Ⅰ两点的高差 $h_{AⅠ}$;接着搬仪器于Ⅰ点,精密整平仪器,瞄准本岸A点上的近水准尺,按中丝读取水准尺基、辅分划各一次;将仪器瞄准对岸Ⅱ点上的远水准尺,按中丝读取水准尺基、辅分划各两次,同时用胶布将调焦螺旋固定(确保不受触动);接着立即过河,将仪器搬到对岸Ⅱ点上,A点上水准尺移到Ⅰ点安置,精密整平后,先瞄准对岸Ⅰ点上的远水准尺,按上述相反顺序操作与读数;最后将仪器安置在Ⅱ、B中间等距处,用同一水准尺按水准测量方法,测定Ⅱ、B两点的高差$h_{ⅡB}$。则一测回高差为

$$h_{AB} = (h'_{AB} - h'_{BA})/2$$

式中
$$h'_{AB} = h_{AⅡ} + h_{ⅡB}, h'_{BA} = -(h_{ⅠB} + h_{AⅠ})$$

按国家三、四等水准测量规范规定,过河水准测量一般应施测两个测回,测回间高差互差:三等不大于±8 mm,四等不大于±16 mm,取其平均值作为最后成果。

跨河水准测量的观测时间最好选在风力微弱、气温变化较小的阴天进行;晴天观测时,应在日出后1 h开始至9时30分,下午自15时起至日落前1 h止。

当河面较宽(河宽300~500 m)、水准仪读数有困难时,此时可采用微动觇板法,将特制的可活动觇板装在水准尺上(图13-4),由观测者指挥上、下移动觇板,直至觇板红白分界线与十字丝中横丝重合,由立尺者直接读取并记录水准尺读数。其观测程序和计算方法同上述。

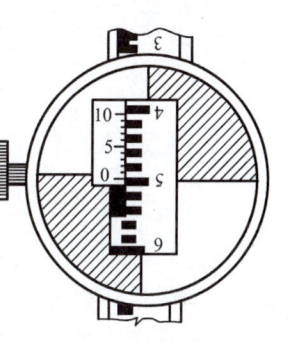

图13-4　特制觇板

2. 光电测距三角高程测量

如果有电子全站仪,则可以用光电测距三角高程测量的方法。在河的两岸布置A、B两个临时水准点,在A点安置全站仪,量取仪器高;在B点安置棱镜,量取棱镜高。全站仪照准棱镜中心,测得垂直角和斜距,计算A、B点间的高差。

由于距离较长且穿过水面,高差测定会受到地球曲率和大气折射的影响,但是大气结构在短时间内不会突变,因此可以采用对向观测的方法,这样能有效地抵消地球曲率和大气折射的影响。对向观测的方法是在A点观测完毕,将全站仪与棱镜位置对调,用同样的方法再进行一次测量,取对向观测高差的平均值作为A、B两点间的高差。

13.3.3　桥轴线纵断面测量

1. 桥轴线纵断面图

桥轴线纵断面测量就是测量桥轴线方向地表的起伏状态,根据其测量结果绘制成的纵断面图,称为桥轴线纵断面图。桥梁设计时,需要根据桥轴线纵断面图来决定桥梁的孔径和布置墩台的位置。

2. 测设方案设计

桥轴线纵断面的测绘范围根据设计的需要而定,一般情况下应测至两岸线路路基设计标高以上。如果河的两岸陡峭或者有河堤,则应测至陡岸边或堤的顶部。如果河的两岸为浅滩漫流,则岸上的测绘范围以能满足设计包括引桥在内的桥梁孔跨、导流建筑物和桥头引道的需要为原则。当地质条件复杂且地面横坡陡于1∶4时,为了更好地反映地面状况供设

计时参考,尚需在上、下游适当位置处加测辅助纵断面。

3. 岸上测量方法

岸上部分与路线纵断面测量方法相同。

4. 水下测量方法

水下部分测点的位置及其高程都是用间接方法测求的。

(1)测点高程的测定是先测出水面高程(水位)和水深,然后由水面高程减去水深,以求河底的高程。

(2)纵断面上测点的平面位置和水深是同时测定的。

(3)纵断面上测点的平面位置的测定,根据河宽及地形条件,可采用断面索法、交会法或单点法。

13.3.4 河流比降测量

1. 河流比降

河流比降也称为水面坡度,它等于同一瞬间两处水面高程之差与两处的距离之比。沿水流方向的比降称为纵比降,垂直于水流方向的比降称为横比降。

河流比降直接受水位高低、水流深浅及河流宽度的影响。为了满足桥梁设计的需要,一般要在桥轴线处分别在不同水位条件下进行河流比降测量。

2. 测设方案

如图13-5所示,在桥轴线处布设断面AB,在上、下游分别布设断面CD和EF。断面间的距离视河流比降大小而定,比降小时距离大些,而比降大时则距离小些。在中小河流上,断面间距为20~80 m,在较大的河流上,断面间距不应小于规范要求间距。

根据相邻断面间水位的高差h及其距离D,可以用下式求出河流比降i,即

$$i = \frac{h}{D}$$

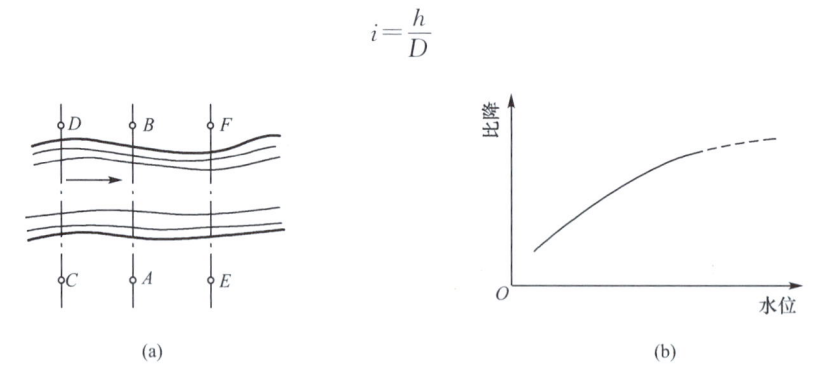

(a)

(b)

图13-5 河流比降测量

13.3.5 桥梁墩台定位测量

桥梁施工测量中,主要的工作是准确地测设出桥梁墩台的中心位置,即所谓的墩台中心定位,简称墩台定位。墩台定位必须满足一定的精度要求,特别是对预制桥梁更是如此。

桥梁墩台定位测量是桥梁施工测量中的关键性工作。水中桥墩基础施工定位,采用方向交会法,这是由于水中桥墩基础一般采用浮运法施工,目标处于浮动中的不稳定状态,在

其上无法使测量仪器稳定。在已稳固的墩台基础上定位时,可以采用方向交会法、距离交会法或极坐标法。同样,桥梁上层结构的施工放样也可以采用这些方法。

1. 方向交会法测设桥墩位置

桥位控制桩间距算出后,按设计尺寸分别自 A、B 两点量出相应的距离,即可测设出两岸桥台的位置。至于水中桥墩的中心位置,因直接量距困难,可用方向交会法测设。如图 13-6 所示,首先必须计算出交会的角度 α_i、β_i,然后进行桥墩中心 P_i 的测设。

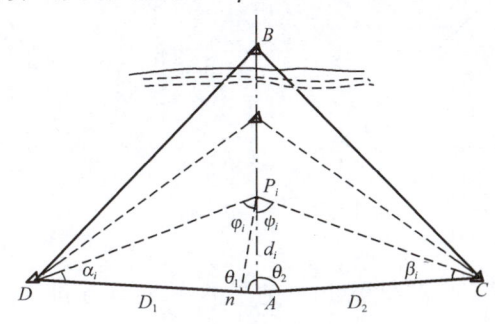

图 13-6 方向交会法测设桥墩位置

(1)计算交会的角度

设 d_i 为 i 号桥墩中心 P_i 至桥轴线控制点 A 的距离,设计中基线 D_1、D_2 及角度 θ_1、θ_2 均已知。交会的角度 α_i、β_i 可按下述方法算出。

经桥墩中心 P_i 向基线 AD 作辅助垂线 $P_i n$,则在直角三角形 DnP_i 中有

$$\tan \alpha_i = \frac{P_i n}{Dn} = \frac{d_i \sin \theta_1}{D_1 - d_i \cos \theta_1}$$

得

同理得

$$\left.\begin{array}{l} \alpha_i = \arctan \dfrac{d_i \sin \theta_1}{D_1 - d_i \cos \theta_1} \\ \beta_i = \arctan \dfrac{d_i \sin \theta_2}{D_2 - d_i \cos \theta_2} \end{array}\right\} \quad (13\text{-}1)$$

为了检核 α_i、β_i,可参照求算 α_i、β_i 的方法,计算 φ_i 及 ψ_i,即

$$\left.\begin{array}{l} \varphi_i = \arctan \dfrac{D_1 \sin \theta_1}{d_i - D_1 \cos \theta_1} \\ \psi_i = \arctan \dfrac{D_2 \sin \theta_2}{d_i - D_2 \cos \theta_2} \end{array}\right\} \quad (13\text{-}2)$$

则计算检核式为

$$\alpha_i + \varphi_i + \theta_1 = 180°, \beta_i + \psi_i + \theta_2 = 180° \quad (13\text{-}3)$$

(2)施测方法

如图 13-7 所示,在 C、D、A 三站各安置一台经纬仪。安置于 A 站的仪器瞄准 B 点,标出桥轴线方向,安置于 C、D 两站的仪器,均后视 A 点,以正倒镜分中法测设 α_i、β_i,在桥墩处的测设人员分别标定出由 A、C、D 三站测设的方向线。由于测量误差的影响,由 A、C、D 三站测设的方向线不会交于一点,而构成一个误差三角形。若误差三角形在桥轴线上的边长不大于规定数值(放样墩底为 2.5 cm,放样墩顶为 1.5 cm),则取 C、D 两站测设方向线交点 P'_i 在桥轴线上的投影 P_i 作为放样的墩位中心。

理论与实践证明,交会精度与交会角 γ 有关。如图 13-8 所示,当 γ 角在 $90°\sim110°$ 范围

内时,交会精度最高。因此,在选择基线和布网时应尽可能使 γ 角在 80°～130°之间,但不得小于 30°或大于 150°。

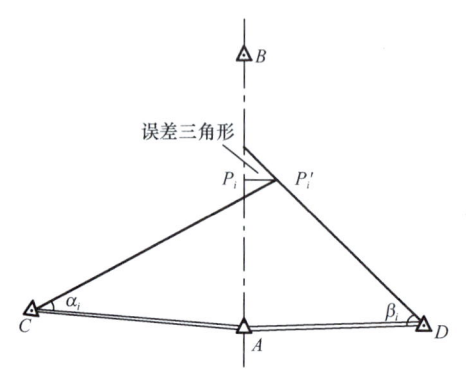

图 13-7　误差三角形

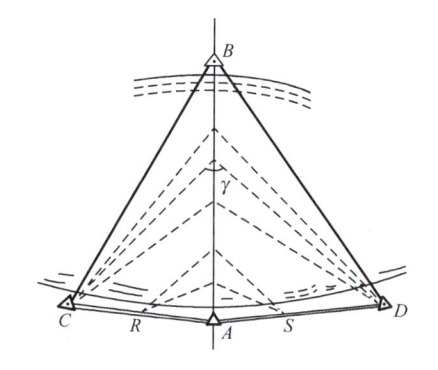

图 13-8　交会精度与交会角 γ 的关系

在桥墩施工中,角度交会需经常进行,为了准确、迅速地进行交会,可在取得 P_i 点位置后,将通过 P_i 点的交会方向线延长到彼岸设立标志。标志设好后,应进行检核。这样,交会墩位中心时,可直接瞄准彼岸标志进行交会,而不需要拨角。若桥墩砌高后阻碍视线,则可将标志移设到墩身上。

2. 极坐标法

在使用全站仪并在被测设的点位上可以安置棱镜的条件下,用极坐标法放样桥墩中心位置,更为精确和方便。对于极坐标法,原则上可以将仪器安置于任意控制点上,按计算的放样数据——角度和距离测设点位。但是,若是测设桥墩中心位置,最好是将仪器安置于桥轴线点 A 或 B 上,照准另一轴线点作为定向,然后指挥棱镜安置在该方向上,测设桥墩的距离,即可测定桥墩中心位置 P_i 点。

13.3.6　墩台纵、横轴线测设

墩台纵、横轴线是确定墩台方向的依据,也是墩台施工中细部放样的依据。墩台纵、横轴线测设如图 13-9 所示。直线桥各个墩台的纵轴线与桥轴线重合,可根据桥轴线控制桩测设;直线桥的横轴线不一定与纵轴线垂直,两者夹角根据设计文件确定,可将经纬仪安置于墩台中心,后视桥轴线控制桩定向,测设规定的角度得到墩台横轴线方向。

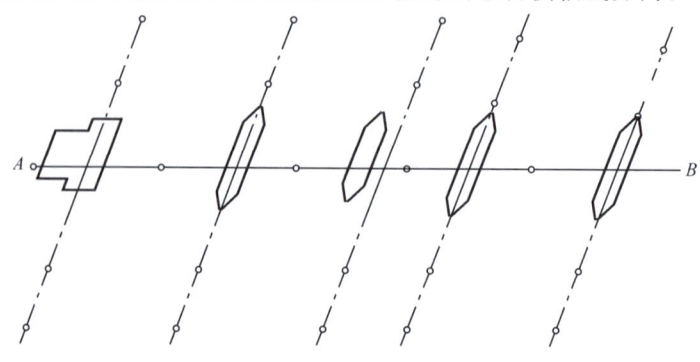

图 13-9　墩台纵横轴线测设

13.3.7 基础施工测量

1. 明挖基础施工测量(图 13-10)

在墩台位置处挖出一个基坑,将坑底平整后,再灌注基础及墩身。根据已经测设出的墩台中心位置、纵、横轴线及基坑的长度和宽度,测设出基坑的边界线。

在开挖基坑时,如果坑壁需要有一定的坡度,则应根据基坑深度及坑壁坡度测设出开挖边界线。边坡桩至墩台轴线的距离 D 依下式计算

$$D = \frac{b}{2} + hm \tag{13-4}$$

式中　b——坑底的长度或宽度;
　　　h——坑底与地面的高差;
　　　m——坑壁坡度系数的分母。

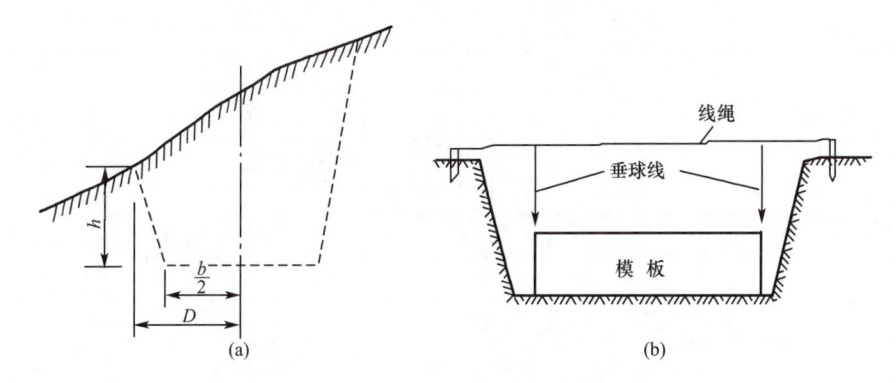

图 13-10　明挖基础施工测量

基坑上口尺寸应根据坑深、坡度、地质情况和施工方法而定。基坑挖到一定深度后,根据水准点高程在坑壁测设距基坑底设计面有一定高差(如 1 m)的水平桩,作为控制挖深及基础施工中控制高程的依据。基础完工后,应根据上述的桥位控制桩和墩台控制桩用经纬仪在基础面上测设出墩台中心及其相互垂直的纵、横轴线。根据纵、横轴线即可放样墩台砌筑的外轮廓线,并弹出墨线,作为砌筑墩台的依据。

2. 桩基础施工测量(图 13-11)

桩基础:在基础的下部打入基桩,在桩群的上部灌注承台,使桩和承台连成一体,再在承台以上修筑墩身。

基桩位置的放样:以墩台纵、横轴线为坐标轴,按设计位置用直角坐标法测设。在基桩施工完成以后,承台修筑以前,应再次测定其位置,以作为竣工资料。

明挖基础的基础部分、桩基的承台以及墩身的施工放样,都是先根据护桩测设出墩台的纵、横轴线,再根据轴线设立模板——即在模板上标出中线位置,使模板中线与桥墩的纵、横轴线对齐,即为其应有的位置。

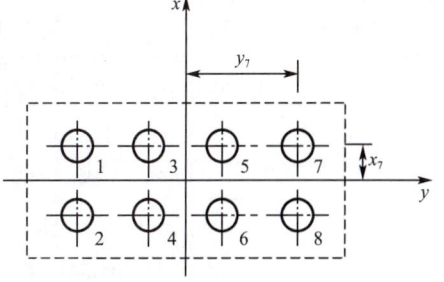

图 13-11　桩基础施工测量

墩台施工中的高程放样,通常都在墩台附近设立一个施工水准点,根据这个水准点以水

准测量方法测设各部分的设计高程。当在基础底部及墩台的上部,由于高差过大,难以用水准尺直接传递高程时,可用悬挂钢尺的办法传递高程。

桥梁基础施工测量的偏差,不应超过表 13-4 的规定。

表 13-4　　　　　　　　　　桥梁基础施工测量的允许偏差

类　别	测量内容		测量允许偏差/mm
灌注桩	基础桩桩位		40
	排架桩桩位	顺桥纵轴线方向	20
		垂直桥纵轴线方向	40
沉桩	群桩桩位	中间桩	$d/5$ 且 ≤100
		外缘桩	$d/10$
	排架桩桩位	顺桥纵轴线方向	16
		垂直桥纵轴线方向	20
沉井	顶面中心、底面中心	一般	$h/125$
		浮式	$h/125+100$
垫层	轴线位置		20
	顶面高程		$-8\sim0$

注:① d 为桩径,单位为 mm;
　　② h 为沉井高度,单位为 mm。

桥梁下部构造施工测量的偏差,不应超过表 13-5 的规定。

表 13-5　　　　　　　　　桥梁下部构造施工测量的允许偏差

类别	测量内容		测量允许偏差/mm
承台	轴线位置		6
	顶面高程		±8
墩台身	轴线位置		4
	顶面高程		±4
墩台帽或盖梁	轴线位置		4
	支座位置		2
	支座处顶面高程	简支梁	±4
		连续梁	±2

桥梁上部构造施工测量的偏差,不应超过表 13-6 的规定。

表 13-6　　　　　　　　　桥梁上部构造施工测量的允许偏差

类　别	测量内容		测量允许偏差/mm
梁、板安装	支座中心位置	梁	±2
		板	±4
	梁、板顶面纵向高程		±2
悬臂梁安装	轴线位置	跨距小于或等于 100 m	±4
		跨距大于 100 m	±L/25 000
	顶面高程	跨距小于或等于 100 m	±8
		跨距大于 100 m	±L/12 500
		相邻节段高差	±4

续表

类　别	测量内容		测量允许偏差/mm
主拱圈安装	轴线横向位置	跨距小于或等于60 m	±4
		跨距大于60 m	±L/15 000
	拱圈高程	跨距小于或等于60 m	±8
		跨距大于60 m	±L/7 500
腹拱安装	轴线横向位置		±4
	起拱线高程		±8
	相邻块件高差		±2
钢筋混凝土索塔	塔柱底水平位置		±4
	倾斜度		±H/7 500,且≤12
	系梁高程		±4
钢梁安装	钢梁中线位置		±4
	墩台处梁底高程		±4
	固定支座顺桥向位置		±8

注：① L 为跨径,单位为 mm;
　　② H 为索塔高度,单位为 mm。

13.3.8　桥梁架设施工测量

桥梁架设是桥梁施工的最后一道工序。桥梁梁部结构比较复杂,要求对墩台方向、距离和高程用较高的精度测定,作为桥梁架设的依据。

墩台施工时,对其中心点位、中线方向、垂直方向以及墩顶高程都做了精密测定,但当时是以各个墩台为单元进行的。桥梁架设时需要将相邻墩台联系起来,考虑其相关精度,要求中心点间的方向、距离和高差符合设计要求。

桥梁中心线方向测定,在直线部分采用准直法,用经纬仪正倒镜观测,在墩台上刻划出方向线。如果跨距较大(>100 m),应逐墩观测左、右角。在曲线部分,则采用偏角法。

相邻桥墩中心点之间距离用光电测距仪观测,适当调整使中心点里程与设计里程完全一致。在中心标板上刻划里程线,与已刻划的方向线正交形成十字交线,表示墩台中心。

墩台顶面高程用精密水准测定,构成水准线路,附合到两岸基本水准点上。

大跨度钢桁架或连续梁采用悬臂或半悬臂安装架设。安装前,应在横梁顶部和底部的中点做出标志,桥梁架设时,用来测量钢梁中心线与桥梁中心线的偏差值。

在梁的安装过程中,应不断地测量以保证钢梁始终在正确的平面位置上,高程(立面)位置应符合设计的大节点挠度和整跨拱度的要求。如果梁的拼装是两端悬臂在跨中合拢,则合拢前的测量重点应放在两端悬臂的相对关系上,如中心线方向偏差、最近节点高程差和距离差要符合设计和施工的要求。

全桥架通后,做一次方向、距离和高程的全面测量,其成果可作为钢梁整体纵、横移动和起落调整的施工依据,称为全桥贯通测量。

13.4 桥梁竣工测量

墩台施工完成以后桥梁架设以前,应进行墩台竣工测量。对于隐蔽在竣工后无法测绘的工程,如桥梁墩台的基础等,必须在施工过程中随时测绘和记录,作为竣工资料的一部分。桥梁架设完成后还要对全桥进行全面测量。

1. 桥梁竣工测量的目的

(1)测定建成后墩台的实际情况。
(2)检查是否符合设计要求。
(3)为桥梁架设提供依据。
(4)为运营期间桥梁监测提供基本资料。

2. 桥梁竣工测量的内容

(1)测定墩台中心和纵、横轴线及跨距。
(2)丈量墩台各部尺寸。
(3)测定墩帽和支撑垫石的高程。
(4)测定桥中线和纵、横坡度。
(5)根据测量结果编绘墩台中心距表、墩顶水准点和垫石高程表、墩台竣工平面图、桥梁竣工平面图等。
(6)如果运营期间要对墩台进行变形观测,则应对两岸水准点及各墩顶的水准标志以不低于二等水准测量的精度连测。

13.5 涵洞施工测量简介

涵洞施工测量(图 13-12)首先放出涵洞的轴线位置,即根据设计图纸上涵洞的里程,放出涵洞轴线与路线中线的交点,并根据涵洞轴线与路线中线的夹角,放出涵洞的轴线方向。

放样直线上的涵洞时,依据涵洞的里程,自附近测设的里程桩沿路线方向量出相应的距离,即得涵洞轴线与路线中线的交点。

如果涵洞位于曲线上,则采用曲线测设的方法定出涵洞与路线中线的交点。依地形条件,涵洞轴线与路线有正交的,也有斜交的,将经纬仪安置在涵洞轴线与路线中线的交点处,测设出已知的夹角,即得涵洞轴线的方向。

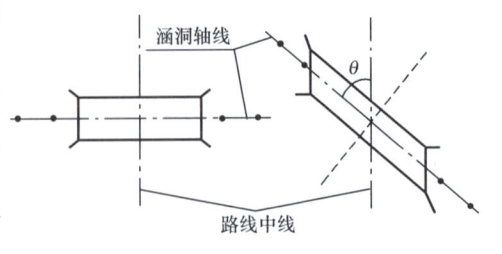

图 13-12 涵洞施工测量

本章小结

本章介绍了桥梁平面控制和高程控制测量、桥梁中线和控制桩的测设、桥梁墩台定位测量的方法(方向交会法及极坐标法)及桥梁架设施工测量。

习 题

13-1 单圆曲线计算:设路线自 A 点经 B 点至 C 点,B 点处右偏角 $\alpha_右$ 为 $28°28'00''$,JD 桩号为 K4+332.76,欲设置半径为 200 m 的圆曲线,计算圆曲线诸元素 T、L、E、D,并计算圆曲线各主点的桩号。

13-2 缓和曲线的计算:路线自 A 点经 B 点至 C 点,B 点处偏角 $\alpha_右$ 为 $19°28'00''$,拟设置半径为 300 m 的圆曲线,在圆曲线两端各用一长度为 60 m 的缓和曲线连接,求 β_0、x_0、y_0、P、q、T_H、L_H、E_H、D_H,并计算缓和曲线各主点的桩号(JD 里程桩号为 K3+737.55)。

13-3 根据表 13-7 所列各转角点里程桩桩号、偏角和圆曲线半径,整理直线、曲线与转角一览表($\alpha_{01}=84°15'$)。

表 13-7　　　　　　　　　　直线、曲线与转角一览表

转角点	转角点里程桩桩号	偏角 左	偏角 右	曲线元素/m R	T	L	E	D
JD_0	0+000.00							
JD_1	0+316.04		16°50′	500				
JD_2	0+662.12		5°18′	800				
JD_3	1+442.32		10°49′	1 200				
JD_4	1+792.93		14°07′	1 000				
JD_5	2+131.80	26°41′		300				
JD_6	0+346.82							
Σ								

13-4 如图 13-13 所示桥梁三角网,AC、AD 为基线,AB 为桥轴线,求桥轴线长度 AB,并根据设计桥墩离 A 点的轴线长度 d_2 与 d_3,计算用角度交会法进行定位时的交会角 a_2、a_2'、a_3、a_3',以及校核角 γ_2、γ_2'、γ_3、γ_3'。

已知:$D=171.860$ m,$D'=187.322$ m,$K=1/20\ 000$,$a=53°33'03''$,$a'=38°23'25''$,$b=40°55'36''$,$b'=42°15'06''$,$c=86°31'06''$,$c'=89°21'42''$,$d_2=70.450$ m,$d_3=120$ m。

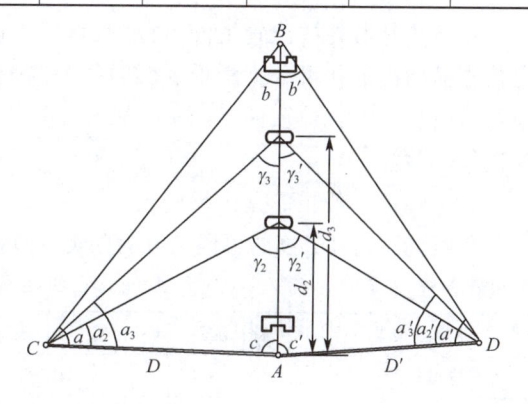

图 13-13 习题 13-4 图

第 14 章
隧道施工测量

能力要求

通过学习能实施隧道平面控制和高程控制测量；能根据设计参数计算洞内中线点的设计坐标和高程等测设数据，能进行隧道施工测量；会竖井联系测量与贯通测量。

14.1 隧道工程测量概述

14.1.1 公路隧道

位于地表以下，一个方向的尺寸远大于另两个方向的尺寸，两端起联通作用的人工建筑物称为地道。横截面较小时称为坑道，横截面较大时称为隧道。

1. 隧道类型

隧道按其所处的位置不同可分为山岭隧道、水下隧道（河底和海底）以及城市隧道等；隧道按其横断面形状可分为圆形、椭圆形、马蹄形、眼睛形（孪生形）等；隧道按其用途可分为交通隧道（包括公路隧道、铁路隧道、城市隧道、人行隧道等）和运输隧道（包括输水隧道、输气隧道、输液隧道等）。

公路隧道一般指的是山岭隧道。

公路隧道按其长度的不同又分为四类，即特长隧道、长隧道、中隧道和短隧道，见表14-1。

表14-1　　　　　　　　　　　公路隧道的分类

公路隧道等级	特长隧道	长隧道	中隧道	短隧道
直线隧道长度/m	$L>3\ 000$	$3\ 000 \geqslant L>1\ 000$	$1\ 000 \geqslant L>500$	$L \leqslant 500$
曲线隧道长度/m	$L>1\ 500$	$1\ 500 \geqslant L \geqslant 500$	$500 > L \geqslant 250$	$L<250$

注：隧道长度指进出口洞门端墙之间的水平距离，即两端墙墙面与路面的交线同路面中线交点间的距离。

2. 隧道组成与结构

隧道由主体建筑物和附属建筑物组成。主体建筑物包括洞身衬砌和洞门,附属建筑物包括通风、照明、防排水和安全设施等。

3. 隧道设计阶段

一般情况下,特长隧道和对路线有控制作用的长隧道,以及地形、地质状况比较复杂的隧道,在勘测设计上采用两阶段设计,隧道的测量工作也包括初测和定测两个阶段。

(1)初测的主要任务和要求

初测的主要任务是根据隧道选线的初步结果,在选定的隧道线位走廊带进行控制测量、地形测量、纵断面测量,为地质填图和隧道的深入研究和设计提供点位参数、地形图条件及技术说明。

初测的基本要求是:

①布设控制点,进行控制测量。隧道控制测量必须与路线控制测量进行衔接,为路线与隧道形成系统一致的整体提供基准保证。

②按隧道选定方案进行带状地形图测量。带宽一般为200～400 m(视具体需要可加宽)。

③按隧道中线地面走向测量纵断面图。用于测量纵断面图的里程桩(包括地形加桩)应预先测设在隧道中线上。

(2)定测的主要任务

根据批准的初步设计文件确定隧道洞口位置,测定隧道洞口上面的隧道路线,进行洞外控制测量。

14.1.2 隧道施工测量

1. 隧道施工测量的任务

隧道施工测量的任务是保证隧道各施工洞口相向开挖能够正确贯通,并使各个建筑物按照设计位置和尺寸修建,不得侵入限界。其中保证隧道横向贯通精度是隧道施工测量的关键。隧道的开挖如图14-1所示。

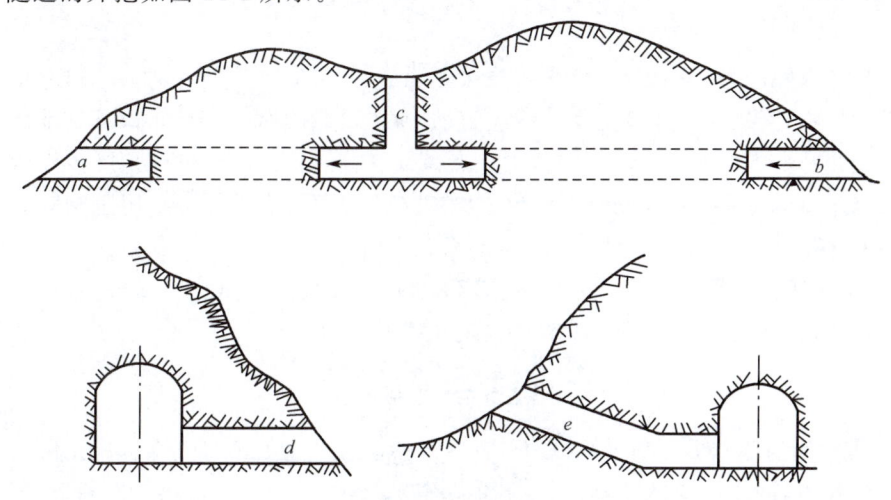

图 14-1　隧道的开挖

a、b、d—平峒;c—竖井;e—斜井

2. 隧道施工测量的内容

隧道施工测量包括施工前洞外控制测量、施工中洞内测量及竣工测量。施工中洞内测量又包括洞内控制测量、施工中线测量、高程测量、断面测量及衬砌施工放样测量等。

(1)地面(洞外)控制测量：在地面上建立平面和高程控制网。

(2)联系测量：将地面上的坐标、方向和高程传到地下，建立地面地下统一坐标系统。

(3)地下控制测量：包括地下平面与高程控制测量。

(4)隧道施工测量：根据隧道设计进行放样，指导开挖及衬砌的中线和高程测量。

3. 隧道测量工作的作用

(1)在地下标定出地下工程建筑物的设计中心线和高程，为开挖、衬砌和施工指定方向和位置。

(2)保证在两个相向开挖面的掘进中，施工中线在平面和高程上按设计的要求正确贯通，保证开挖不超过规定的界线，保证所有建筑物在贯通前能正确地修建。

(3)保证设备的正确安装。

(4)为设计和管理部门提供竣工测量资料等。

贯通误差应符合《公路勘测规范》(JTG C10-2007)的要求。

14.2 地面控制测量

14.2.1 平面控制测量

隧道工程平面控制测量的主要任务是测定各洞口控制点的平面位置，以便根据洞口控制点将设计方向导向地下，指引隧道开挖，并能按规定的精度进行贯通。因此，平面控制网中应包括隧道的洞口控制点。通常，平面控制测量有以下几种方法。

1. 直接定线法

对于长度较短的直线隧道，可以采用直接定线法。如图 14-2 所示，A、D 两点是设计的直线隧道洞口点，直接定线法就是把直线隧道的中线方向在地面标定出来，即在地面测设出位于 AD 直线方向上的 B、C 两点，作为洞口点 A、D 向洞内引测中线方向时的定向点。

在 A 点安置经纬仪，根据概略方位角定出 B' 点。搬经纬仪到 B' 点，用正倒镜分中法延长直线到 C' 点。搬经纬仪至 C' 点，同法再延长直线到 D 点近旁的 D' 点。在延长直线的同时，用经纬仪视距法或用测距仪测定 AB'、$B'C'$ 和 $C'D'$ 的长度，量出 $D'D$ 的长度。计算 C 点的位移量，按比例关系算出 C 点偏离中线的距离 CC' 为

$$CC' = \frac{AC'}{AD'} \cdot DD'$$

在 C' 点沿垂直于 $C'D'$ 方向量取 $C'C$，定出 C 点。安置经纬仪于 C 点，用正倒镜分中法延长 DC 至 B 点，同法继续延长至 A 点。如果不与 A 点重合，则进行第二次趋近，直至 B、C 两点正确位于 AD 方向上为止。B、C 两点即可作为隧道掘进方向的定向点，A、B、C、D 的

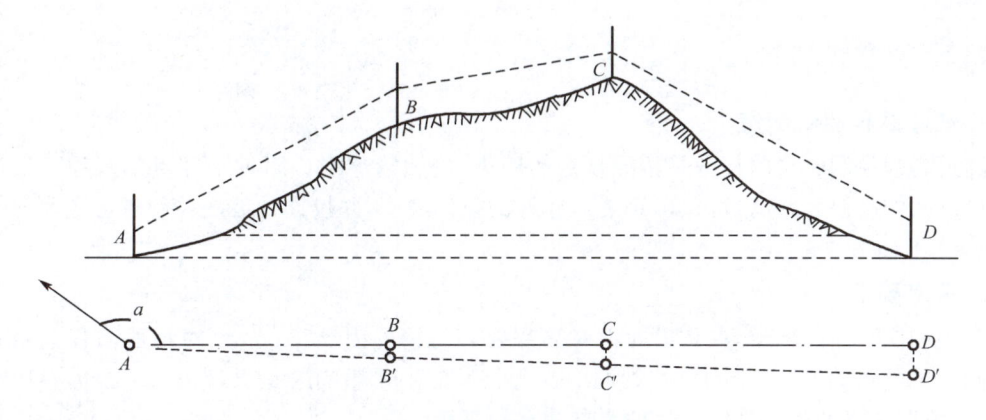

图 14-2　直接定线法地面控制

分段距离用测距仪测定,测距的相对误差不应大于 1∶5 000。

2. 导线测量法

连接两隧道口布设一条导线或大致平行的两条导线,导线的转折角用 DJ2 型光学经纬仪观测,距离用光电测距仪测定,相对误差不大于 1∶10 000。经洞口两点坐标的反算,可求得两点连线方向的距离和方位角,据此可以计算掘进方向。

3. 三角网法

对于隧道较长、地形复杂的山岭地区,地面平面控制网一般布置成三角网形式,如图 14-3 所示。测定三角网的全部角度和若干条边长,或全部边长,使之成为边角网。三角网的点位精度比导线高,有利于控制隧道贯通的横向误差。

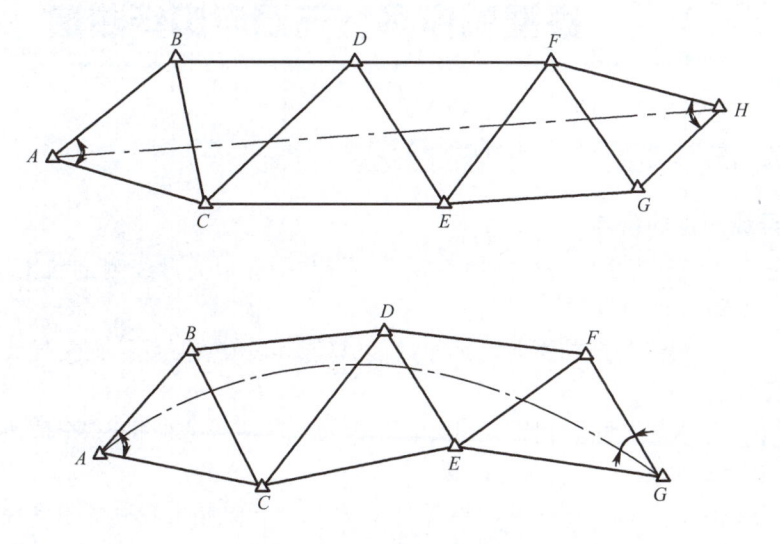

图 14-3　三角网法地面控制

4. GPS 法

用全球定位系统 GPS 技术做地面平面控制点时,只需要布设洞口控制点和定向点且相互通视,以便施工定向之用。不同洞口之间的点不需要通视,与国家控制点或城市控制点之间的连测也不需要通视。因此,地面控制点的布设灵活方便,且定位精度目前已优于常规控制方法。

14.2.2 高程控制测量

1. 隧道高程控制测量

隧道高程控制测量的任务是按照规定的精度,施测隧道洞口附近水准点的高程。根据两洞口点间的高差和距离,可以确定隧道底面的设计坡度,并按设计坡度控制隧道底面开挖的高程。

2. 精度要求

一次相向贯通的隧道,在贯通面上对高程要求的精度为±25 mm。对地面高程控制测量分配的影响值为±18 mm,分配到洞内高程控制的测量影响值是±17 mm。根据上述精度要求,按照路线的长度确定必要的水准测量的等级。

地面水准测量等级选定及技术要求,符合水准测量规范要求。

3. 水准路线方案设计

水准路线应选择在连接两端洞口最平坦和最短的地段,以期达到设站少、观测快、精度高的要求。水准路线应尽量直接经过辅助坑道附近,以减少连测工作。每一洞口埋设的水准点应不少于两个。两个水准点间的高差,以能安置一次水准仪即可连测为宜,两端洞口之间的距离大于 1 km 时,应在中间增设临时水准点,水准点间距以不大于 1 km 为宜。洞外高程控制通常采用三、四等水准测量方法,往返观测或组成闭合水准路线进行施测。水准点应埋设在坚实、稳定和避开施工干扰之处。

14.3 隧道洞内导线与洞内中线测量

14.3.1 洞内导线测量

1. 地下导线测量的特点

这种在隧道施工过程中所进行的地下导线测量与一般地面导线测量相比较,具有以下特点:

(1)地下导线随隧道的开挖而向前延伸,所以只能逐段设支导线。而支导线采用重复观测的方法进行检核。

(2)导线在地下开挖的坑道内敷设,因此其导线形状(直伸或曲折)完全取决于坑道的形状,导线点选择余地小。

(3)地下导线是先敷设精度较低的施工导线,然后再敷设精度较高的基本控制导线。

2. 地下导线的布设

布设地下导线时应考虑到贯通时所需的精度要求,另外还应考虑到导线点的位置,以保证在隧道内能以必要的精度放样。在隧道建设中,导线一般采用分级布设。

(1)施工导线

在开挖面向前推进时,用以进行放样且指导开挖的导线测量,施工导线的边长一般为 25~50 m。

(2)基本控制导线

当掘进长度达 100～300 m 以后,为了检查隧道的方向是否与设计相符合,并提高导线精度,选择一部分施工导线点布设边长较长、精度较高的基本控制导线,基本控制导线的边长一般为 50～100 m。

(3)主要导线

当隧道掘进大于 2 km 时,可选择一部分基本控制导线点敷设主要导线,主要导线的边长一般为 150～800 m(用测距仪测边)。导线布设方案参考图 14-4 和图 14-5。

隧道工程建设中,导线点大多埋设在顶板上,测角、量距与地面大不相同。巷道中的导线等级与地面也不同,其导线等级符合规范要求。

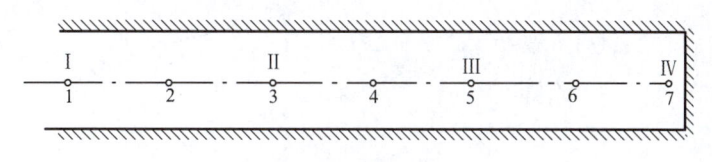

1、2、3、4、5、6、7－基本控制导线点
Ⅰ、Ⅱ、Ⅲ、Ⅳ－主要导线点

图 14-4　直线隧道导线布设

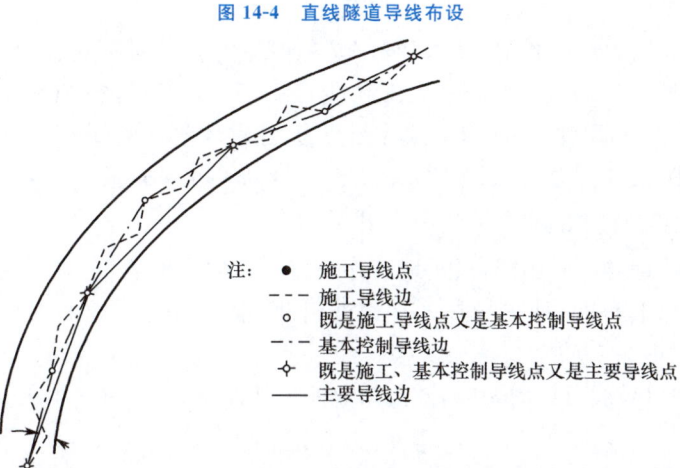

注：● 施工导线点
－－－ 施工导线边
○ 既是施工导线点又是基本控制导线点
－·－ 基本控制导线边
✦ 既是施工、基本控制导线点又是主要导线点
── 主要导线边

图 14-5　曲线隧道导线布设

在隧道施工中,一般只敷设施工导线与基本控制导线。当隧道过长时才考虑布设主要导线。

在直线隧道中,检核测量可只进行角度观测;在曲线隧道中,还需检核边长。在有条件时,尽量构成闭合导线。同时,由于地下导线的边长较短,仪器对中误差及目标偏心误差对测角精度影响较大,因此,应根据施测导线等级,增加对中次数(具体要求参阅有关规定)。井下导线边长丈量可用钢尺或测距仪进行。

3. 地下导线的外业

(1)选点

隧道中的导线点要选在坚固的地板或顶板上,应便于观测,易于安置仪器,通视较好;边长要大致相等,不小于 20 m。

(2) 测角

隧道中的导线点如果在顶板上，就需点下对中（又称镜上对中），要求经纬仪有镜上中心。地下导线一般用测回法、复测法，观测时要严格进行对中，瞄准目标或垂球线上的标志。

(3) 量边

量边一般悬空丈量。在水平巷道内丈量水平距离时，将望远镜放水平瞄准目标或垂球线，在视丝与垂球线的交点处做标志（大头针和小钉）。距离超过一尺段，中间要加分点。如果是倾斜巷道，又是点下对中，还要测出竖直角 δ，如图 14-6 所示。

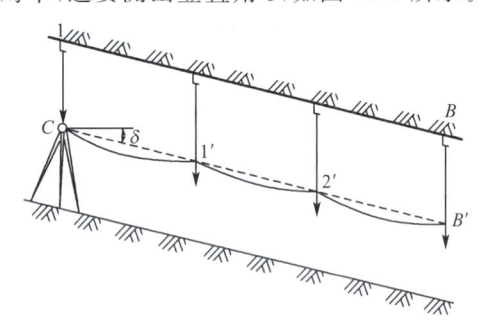

图 14-6 巷道内丈量距离

用基本控制导线丈量边长时，用弹簧秤施一标准拉力，并且测记温度。每尺段串尺三次，互差不得大于 ±3 mm。要往返丈量导线边长，经改正后，往返丈量的较差不超过 1/6 000；施工导线可不用弹簧秤，但必须控制拉力，往返较差不超过 1/2 000。

若用光电测距仪测量边长，既方便，又快速，大大提高了工作效率。

4. 地下导线测量的内业

导线测量的计算与地面相同，只是地下导线随隧道掘进而敷设，在贯通前难以闭合，也难以附合到已知点上，是一种支导线的形式。因此，根据对支导线的误差分析，得到如下结论：

(1) 测角误差对导线点位的影响，随测站数的增加而增大，故尽量增长导线边，以减少测站数。

(2) 量边的偶然误差影响较小，系统误差影响大。

(3) 测角误差直接影响导线的横向误差，对隧道贯通影响较大；测边误差影响纵向误差。

14.3.2 隧道的中线测设

在全断面掘进的隧道中，常用中线给出隧道的掘进方向。如图 14-7 所示，Ⅰ、Ⅱ 为导线点，A 为设计的中线点。已知其设计坐标和中线的坐标方位角，根据 Ⅰ、Ⅱ 点的坐标，可反算得到 $\beta_Ⅱ$、D 和 β_A。在 Ⅱ 点上安置仪器，测设 $\beta_Ⅱ$ 角和丈量距离 D，便得 A 点的实际位置。在 A 点（底板或顶板）上埋设标志并安置仪器，后视 Ⅱ 点，拨 β_A 角，则得中线方向。

如果 A 点离掘进工作面较远，则在工作面附近建立新的中线 D'，A 与 D' 之间不应大于 100 m。在工作面附近，用正倒镜分中法设立临时中线点 D、E、F（图 14-8），都埋设在顶板上。D、E、F 之间的距离不宜小于 5 m。在三点上悬挂垂球线，一人在后可以向前指出掘进的方向，标定在工作面上。

第14章　隧道施工测量

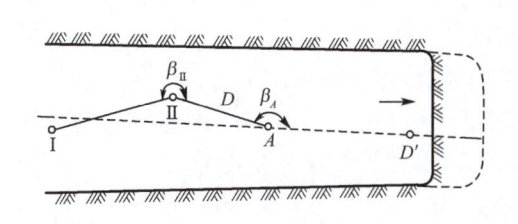

图 14-7　测设隧道中线

图 14-8　顶板上的临时中线点

当继续向前掘进时,导线也随之向前延伸,同时用导线测设中线点,检查和修正掘进方向。

14.4　隧道洞内水准测量

14.4.1　地下高程控制测量

1. 水准测量等级

地下水准测量分两级布设,其技术要求符合规范要求。

Ⅰ级水准路线作为地下首级控制,从地下导入高程的起始水准点开始,沿主要隧道布设,可将永久导线点作为水准点,并且每三个一组,便于检查水准点是否变动。

Ⅱ级水准点以Ⅰ级水准点作为起始点,均为临时水准点,可用Ⅱ级导线点作为水准点。Ⅰ、Ⅱ级水准点在很多情况下都是支水准路线,必须往返观测进行检核。若有条件尽量闭合或附合。

2. 测设方法

当隧道坡度小于8°时,多采用水准测量,建立高程控制;当隧道坡度大于8°时,采用三角高程测量,比较方便。

(1) 水准测量

测量方法与地面基本相同。若水准点在顶板上,用1.5 m的水准尺倒立于点下,如图14-8所示,高差的计算与地面相同,只是读数的符号不同而已。

高差计算公式为

$$h = \pm a - (\pm b) \tag{14-1}$$

式中,后、前视读数的符号,在点下为负,在点上为正。

(2) 三角高程测量

地下三角高程测量与地面三角高程测量相同。计算高差时,i和l的符号以点上和点下不同而异。

高差计算公式为

$$h = L\sin\delta \pm i \pm l \tag{14-2}$$

式中　L——仪器横轴中心至视准点间的倾斜距离;

δ——竖直角,仰角为正,俯角为负;
i——横轴中心至点的垂直距离,点上为正,点下为负;
l——觇标高,测点至视准点的垂直距离,点上为负,点下为正。

三角高程测量要往返观测,两次高差之差不超过$\pm(10+0.3l_0)$ mm,l_0为两点间的水平距离。三角高程测量在可能的条件下要闭合或附合,其闭合差计算公式为

$$f_h = \pm 30\sqrt{L} \tag{14-3}$$

式中 L——平距,以百米计。

14.4.2 腰线的标定

在隧(巷)道掘进过程中,首先要给出掘进的方向,即隧道的中线;同时要给出掘进的坡度,称为腰线。这样才能保证隧道按设计要求掘进。

在隧道掘进过程中,要给出掘进的坡度。一般用腰线法放样坡度和各部位的高程。

1. 用经纬仪标定腰线

在标定中线的同时标定腰线。如图14-9所示,在A点安置经纬仪,量仪高i,仪器视线高程$H=H_A+i$,在A点的腰线高程设为H_A+l,则两者之差为

$$k=(H_A+i)-(H_A+l)=i-l \tag{14-4}$$

当经纬仪所测的倾角为设计隧道的倾角δ时,瞄准中线上D、E、F三点所挂的垂球线,从视点1、2、3向下量k,即得腰线点$1'$、$2'$、$3'$。

在隧道掘进过程中,标志隧道坡度的腰线点并不设在中线上,往往标志在隧道的边帮上。

如图14-10所示,仪器安置在A点,在AD中线上倾角为δ;若B点与D点等高,AB线的倾角为δ',并不是δ,通常称δ'为伪倾角。δ'与δ之间的关系可按下式求出

$$\tan\delta = \frac{h}{AD'}$$

$$\tan\delta' = \frac{h}{AB'} = \frac{AD'\tan\delta}{AB'} = \cos\beta\tan\delta \tag{14-5}$$

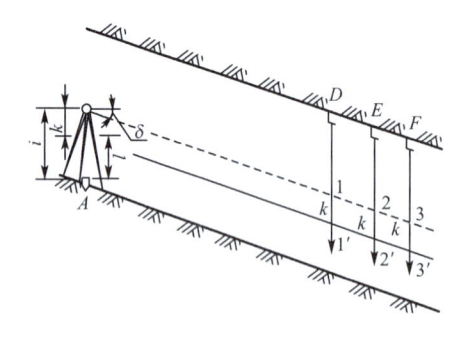

图14-9 用经纬仪标定腰线

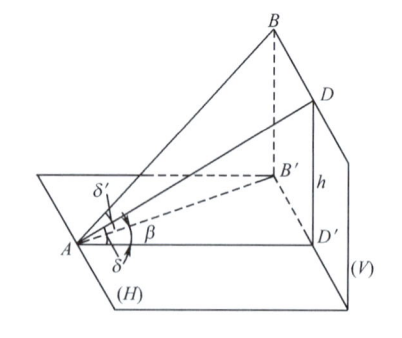

图14-10 量测隧道倾角

可根据现场观测的β角和设计的δ计算出δ',之后就可标定帮上的腰线点。如图14-11所示,在A点安置经纬仪,观测1、2两点与中线的夹角β_1和β_2,计算δ_1'、δ_2',并以δ_1'、δ_2'的倾角分别瞄准1、2两点,从视线向上或向下量取k,即腰线点的位置。

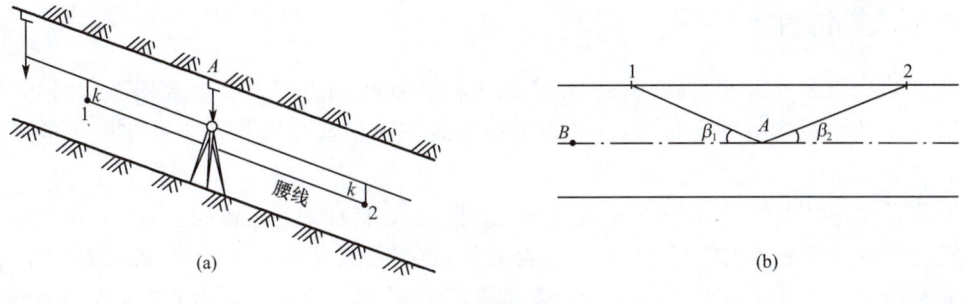

图 14-11　腰线放样

2. 用水准仪标定腰线

当隧道坡度在 8°以下时,可用水准仪测设腰线。

如图 14-12 所示,A 点高程 H_A 为已知,且已知 B 点的设计高程 $H_{设}$,设坡度为 i,在中线上量出 1 点距 B 点距离 l_1 和 1、2、3 点之间的距离 l_0。则可按下式计算 1、2、3 点的设计高程

$$\left.\begin{array}{l} H_1 = H + l_1 i + l_0 \\ H_2 = H_1 + l_0 i \\ H_3 = H_2 + l_0 i \end{array}\right\} \tag{14-6}$$

安置水准仪后视 A 点,读数 a,则仪器高程为

$$H_{仪} = H_A - a \tag{14-7}$$

分别瞄准 1、2、3 点边墙上相应位置的水准尺,使读数分别为

$$\left.\begin{array}{l} b_1 = H_1 - H_{仪} \\ b_2 = H_2 - H_{仪} \\ b_3 = H_3 - H_{仪} \end{array}\right\} \tag{14-8}$$

尺底即腰线点的位置。可在边墙上标志 1、2、3 点,三点的连线即腰线。

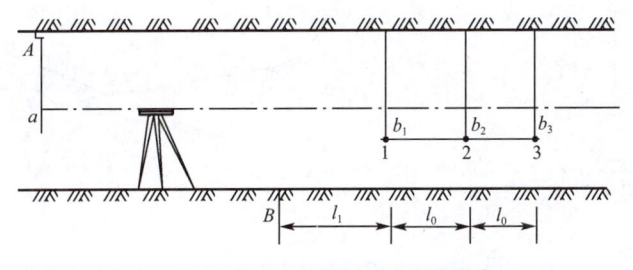

图 14-12　用水准仪标定腰线

14.5　竖井联系测量

在长隧道施工中,常用竖井在隧道中间增加掘进工作面,从多向同时掘进,可以缩短贯通段的长度,提高施工进度。为保证隧道的正确贯通,必须将地面控制网中的坐标和高程,通过竖井传递到地下,这些工作称为竖井联系测量。

14.5.1 竖井定向

竖井定向就是通过竖井将地面控制点的坐标和直线的方位角传递到地下,井口附近地面上导线点的坐标和边的方位角,将作为地下导线测量的起始数据。竖井定向一般采用连接三角形法。

在竖井中悬挂两根细钢丝,为了减小钢丝的振幅,将挂在钢丝下边的重锤浸在液体中以获得阻尼。阻尼用的液体黏度要合适。液体黏度大,重锤会滞留在某个位置,液体黏度小,重锤振幅衰减缓慢。当钢丝静止时,钢丝上的各点平面坐标相同,据此推算地下控制点的坐标。

如图 14-13(a)所示,A、B 为地面控制点,其坐标是已知的,C、D 为地下控制点。为求 C、D 两点的坐标,在竖井上方 O_1,O_2 处悬挂两条细钢丝,由于悬挂细钢丝点 O_1,O_2 不能安置仪器,因此选定井上、井下的连接点 B 和 C。这样在井上、井下组成了以 O_1O_2 为公用边的三角形△O_1O_2B 和△O_1O_2C。一般把这样的三角形称为连接三角形。如图 14-13(b)所示,便是井上、井下连接三角形的平面投影。

由图 14-13(b)可知,当已知 A,B 两点的坐标时,即可推算出 AB 边的方位角。若再测出地面上的△O_1O_2B 中的∠$O_1BO_2 = \alpha$ 和三条边长 a,b,c 及连接角∠$ABO_1 = \delta$,便可用三角形的边角关系和导线测量计算的方法,计算出 O_1,O_2 两点的平面坐标及其连线的方位角。在井下,根据已求得的 O_1,O_2 点的坐标和 O_1O_2 边的方位角,测得△O_1O_2C 中的∠$O_1CO_2 = \alpha'$ 和三边长 a',b',c',在 C 点测出∠$O_2CD = \delta'$,即可求得井下控制点 C 及 D 的平面坐标及 CD 边的方位角。

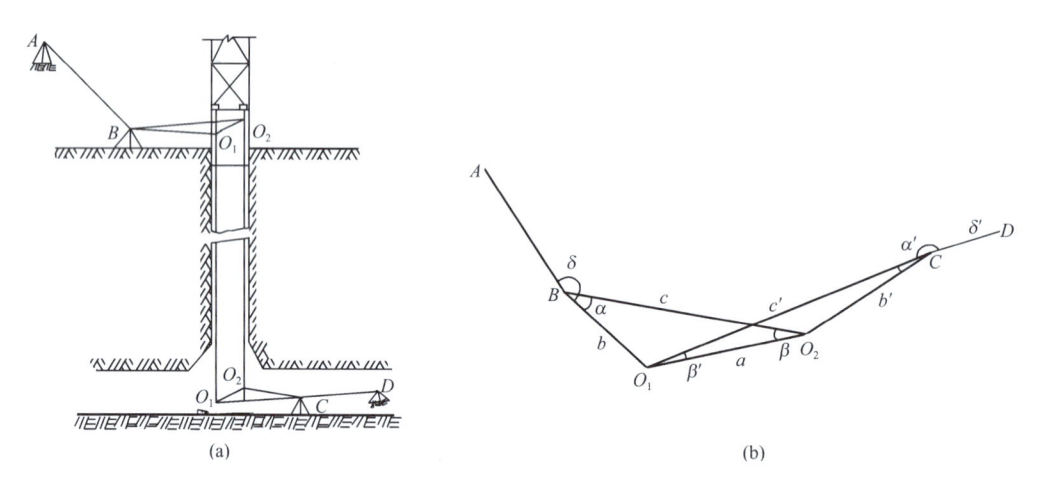

(a)

(b)

图 14-13 竖井定向联系测量及连接三角形

洞内导线取得起始点 C 的坐标及起始边 CD 的方位角以后,即可向隧道开挖方向延伸,测设隧道中线点位。

为保证测量精度,在选择井上 B 点和井下 C 点时,应满足下列要求:

(1)CD 边和 AB 边的长度应尽量大于 20 m。

(2)点 B 和点 C 应尽可能在 O_1O_2 延长线上,即角度 β(∠BO_2O_1),α,β'(∠CO_1O_2),α' 不应大于 $2°$,以构成最有利三角形,称为延伸三角形。

(3)点 C 和点 B 应适当地靠近垂球线,使 b/a 及 b'/a 一般不超过 1.5。

14.5.2 高程联系测量

高程联系测量的任务是把地面的高程系统经竖井传递到井下高程的起始点。导入高程的方法有钢尺导入法、钢丝导入法、测长器导入法及光电测距仪导入法,在此仅介绍钢尺导入法。

如图14-14所示,在竖井地面洞口搭支撑架,将长钢尺悬挂在支撑架上并自由伸入洞内,钢尺下面悬挂一定质量的垂球。待钢尺稳定时,开始测量。假设在离洞口不远处的水准点 A 上立尺,在水准点和洞口之间架设水准仪,分别在水准尺和钢尺上读取中丝读数为 a,b。同时,在地下洞口和地下水准点 B 之间架设水准仪,在钢尺和水准尺上读数分别为 c,d。这时,地下水准点 B 与地面水准点 A 之间的高差为

$$h_{AB} = (a-b)+(c-d) = (a-d)-(b-c) \quad (14\text{-}9)$$

式中,$(b-c)$ 为井上、井下视线间钢尺的名义长度,实际计算中一般须加上尺长改正、温度改正、拉力改正和钢尺自重改正四项的总和 $\sum \Delta l$,即

$$\begin{aligned} h_{AB} &= (a-d)-\left[(b-c)+\sum \Delta l\right] \\ &= (a-d)-(b-c)-\sum \Delta l \end{aligned} \quad (14\text{-}10)$$

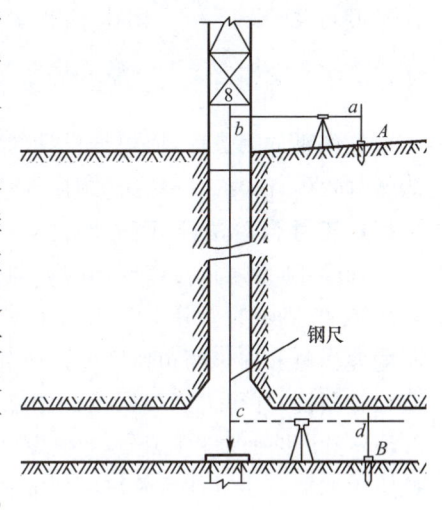

图 14-14 导入高程

这样,根据地面水准点的高程,可以计算地下水准点的高程为

$$H_B = H_A + h_{AB}$$

导入高程需独立进行两次(第二次需移动钢尺,改变仪器高度),加入各项改正数后,前后两次导入高程之差一般不应超过 5 mm。

14.6 隧道开挖断面测量

14.6.1 隧道横断面

1. 隧道净空

隧道净空是指隧道内轮廓线所包围的空间,包括公路隧道建筑限界、通风及其他功能所需要的断面积。断面形状和大小应根据结构设计力求得到最经济值。净空所包括的其他断面中,有通风机或通风管道、照明灯具及其他设备、监控设备和运营管理设备、电缆沟或电缆桥架、防灾设备等断面,以及富余量和施工允许误差等。

2. 隧道建筑限界

隧道建筑限界是指为了保证在隧道中的安全行车,在一定的宽度、高度空间范围内任何部件不得侵入的界限。在公路隧道规范中,对隧道的建筑限界有明确的规定。公路隧道的

建筑限界,横向包括行车道、侧向宽度(含路缘带、余宽)以及人行道、检修道等;顶角宽度的规定是保证正常行驶的车辆顶角不会跑到限界外面去;竖向包括 4 m 的起拱线、人行道或检修道高度等。

14.6.2 掘进中隧道断面的测量

每次断面掘进前,应根据设计的断面类型和尺寸放样出断面。常用的方法有五寸台阶法(断面支距法)、大样法、三角高程法和激光断面仪法等。

1. 五寸台阶法(断面支距法)

如图 14-15 所示,根据中线及拱顶外线高程,从上而下每 0.5 m(拱部和曲线地段)和 1.0 m(直墙地段)向中线左右量出两侧的横向支距(量测支距时,应考虑隧道中心与路线中心的偏移值和施工的预留宽度),所有支距端点的连线即断面开挖的轮廓线,用以指导开挖及检查断面,并作为安装拱架的依据。遇有仰拱的隧道,仰拱断面应由中线起向左右每隔 0.5 m 量出路面高程向下的开挖深度。此种方法最常用,适用于全断面开挖或上下导坑开挖施工的隧道。五寸台阶法的作业程序如图 14-16 所示。

图 14-15 五寸台阶法

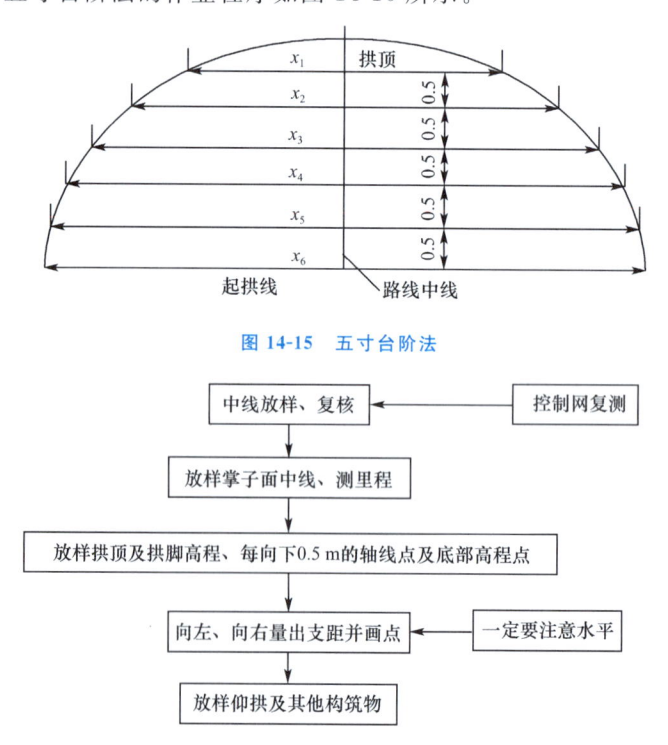

图 14-16 五寸台阶法的作业程序

2. 大样法(直接测量法或以内模为参照物法)

对于一种类型尺寸的开挖断面,提前在地面上放出大样(1∶1),用木板或金属条做出大样,测量时放出拱顶中点及两侧起拱点的位置,往上套上大样,在周边画点即可,此种方法是用于全断面开挖或上下导坑开挖及预留核心土的施工的隧道。

在二次衬砌立模后,以内模为参照物,从内模量至围岩壁的数据 l 加上内净空 R_1 即断面数据,如图 14-17 所示。

3. 三角高程法(直角坐标)

如图 14-18 所示，将仪器置于里程处的中线上，一次放样出掌子面的各个轮廓线。此方法特点是：速度快，要求的条件高；计算量大，放样前要提前计算出所有须放样点的数据；对掌子面的平整度有较高要求，对于有激光导向及免棱镜的仪器尤为方便，但受掌子面平整度精度影响较大。

$$x = l \tan \alpha \tag{14-11}$$

$$y = \frac{l}{\cos \alpha} \tan \beta + 经纬仪标高 - 开挖断面底板标高 \tag{14-12}$$

式中　x——断面水平方向坐标；
　　　y——断面竖直方向坐标；
　　　l——经纬仪与棱镜的距离；
　　　α——水平夹角；
　　　β——竖直角。

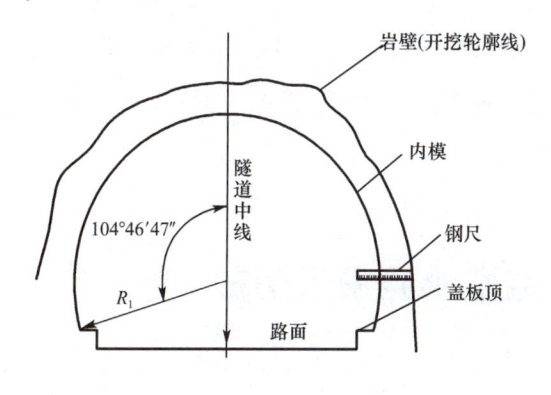

图 14-17　以内模为参照物法

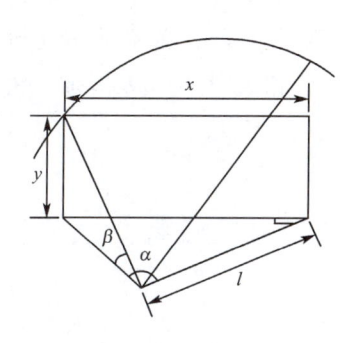

图 14-18　直角坐标

4. 激光断面仪法

激光断面仪法的测量原理为极坐标法。如图 14-19 所示，以水平方向为起算方向，按一定间距(角度或距离)依次——测定仪器旋转中心与实际开挖轮廓线的交点之间的矢径(或距离)、矢径与水平方向的夹角，将这些矢径端点依次相连即可获得实际开挖的轮廓线。

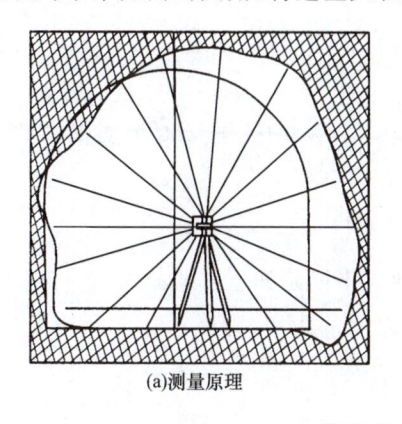

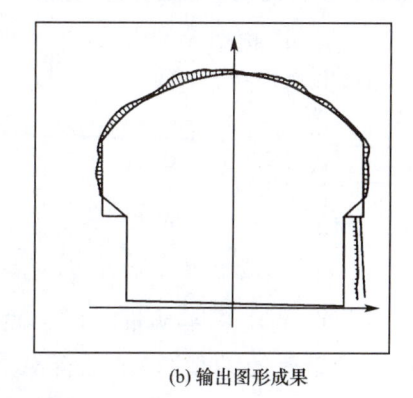

(a)测量原理　　　　　　　　(b)输出图形成果

图 14-19　激光断面仪法

现在，免棱镜技术仪器较为普遍，这样就可以采用一些仪器自带或别的软件来直接测量断面，给施工分析提供科学准确的数据。

14.6.3 隧道衬砌位置控制

1. 两侧衬砌放样

以中线点和水准点为依据，控制其平面位置和高程。

放样建筑物的部位分别有边墙角、边墙基础、边墙身线、起拱线等位置。拱顶内沿、拱脚、边墙脚等设计高程均应用水准仪放出，并加以标注。

边墙衬砌的施工放样，若为直墙式衬砌，从校准的中线按规定尺寸放出支距，即可安装模板；若为曲墙式衬砌，则从中线按计算好的支距安设带有曲面的模板，并加以支撑固定，即可开始衬砌施工。

2. 拱部衬砌放样

拱部衬砌的放样是将拱架安装在正确的空间位置上，拱架定位并固定好后，即可铺设模板、灌注混凝土等。在灌注混凝土衬砌施工过程中，应经常检查拱架、模板的位置和稳定性。若位移变形值超限，则应及时加以纠正。

14.7 隧道贯通误差测量

在隧道施工中，往往采用两个或两个以上的相向或相同的掘进工作面分段掘进，使其按设计的要求在预定的地点彼此接通，称为隧道贯通。由于施工中的各项测量工作都存在误差，从而使贯通产生偏差。贯通误差在隧道中线方向的投影长度称为纵向贯通误差（简称纵向误差），在横向即垂直于中线方向的投影长度称为横向贯通误差（简称横向误差），在高程方向上的投影长度称为高程贯通误差（简称高程误差）。纵向误差只对贯通在距离上有影响，高程误差对坡度有影响，横向误差对隧道质量有影响（通常称该方向为重要方向）。不同的工程对贯通误差有不同的要求。

隧道贯通后，应进行实际误差的测定，以检查其是否超限，必要时还要做一些调整。贯通后的实际误差用以下方法测定。

1. 中线延伸法

隧道贯通后把两个不同掘进面各自引测的地下中线延伸至贯通面，并各钉一临时桩，如图 14-20(a)所示的 A、B 两点，丈量出 A、B 两点之间的距离，即隧道的实际横向贯通误差。A、B 两临时桩的里程之差，即隧道的实际纵向贯通误差。

2. 求坐标法

隧道贯通后，两不同的掘进面共同设一临时桩点，由两个掘进面方向各自对该临时点进行测角、量边,如图 14-20(b)所示。然后计算临时桩点的坐标。其坐标 x 的差值即隧道的实际横向贯通误差,其坐标 y 的差值即隧道的实际纵向贯通误差。贯通后的高程贯通误差,可按水准测量的方法,测定同一临时点的高程,由高差闭合差求得。

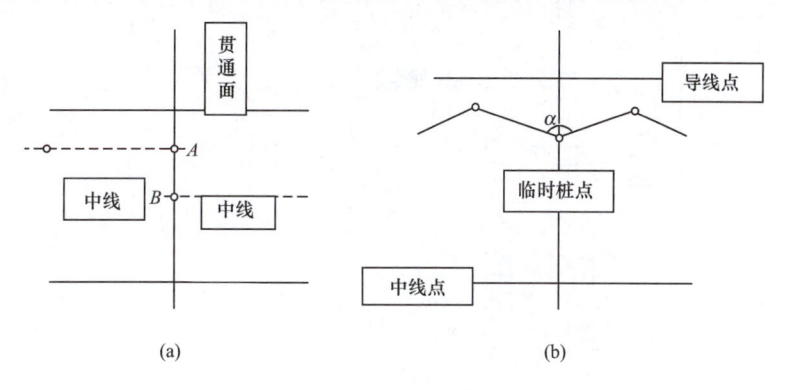

图 14-20　隧道贯通误差的测量

14.8　隧道竣工测量

隧道工程竣工后,为了检查工程是否符合设计要求,并为设备安装和运营管理提供基础信息,需要进行竣工测量,绘制竣工图。由于隧道工程是在地下,因此隧道竣工测量具有独特之处。

验收时检测隧道中心线。在隧道直线段每隔 50 m、曲线段每隔 20 m 检测一点。地下永久性水准点至少设置两个,长隧道中每千米设置一个。

隧道竣工时,还要进行纵断面测量和横断面测量。纵断面应沿中线方向测定底板和拱顶高程,每隔 10~20 m 测一点,绘出竣工纵断面图,在图上套绘设计坡度线进行比较。直线隧道每隔 10 m、曲线隧道每隔 5 m 测一个横断面。横断面测量可以用直角坐标法或极坐标法。如图 14-21(a)所示,用直角坐标法测量隧道竣工横断面。测量时,是以横断面的中垂线为纵轴,以起拱线为横轴,量出起拱线至拱顶的纵距 x_i 和中垂线至各点的横距 y_i,还要量出起拱线至底板中心的高度 x' 等,依此绘制竣工横断面图。如图 14-21(b)所示,用极坐标法测量竣工横断面。用一个有 0°~360°刻度的圆盘,将圆盘上 0°~180°刻度线的连线方向放在横断面中垂线位置上,圆盘中心的高程从底板中心高程量出。用长杆挑一皮尺零端指着断面上某一点,量取至圆盘中心的长度,并在圆盘上读出角度,即可确定点位。在一个横断面上测定若干特征点,就能据此绘出竣工横断面图。

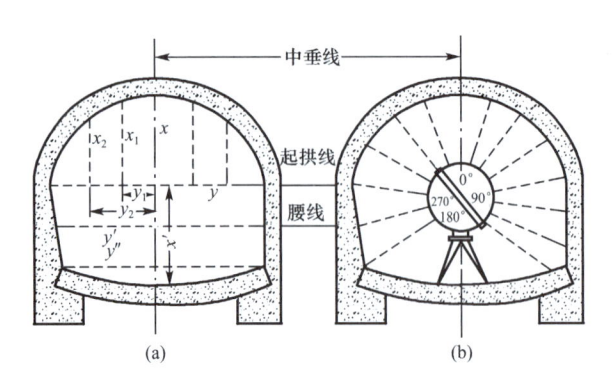

图 14-21 隧道竣工横断面测量

14.9 竣工总平面图的绘制

14.9.1 竣工测量

道路工程建设由于多方面的原因,在施工过程中进行设计变更是经常发生的,使部分道路的位置及平面形状发生改变,与原设计总平面图的布置不一致。为反映道路工程的实际状况,为将来工程交付使用后进行检修、改建或扩建等提供实际资料,在工程竣工后应进行竣工测量并绘制竣工总平面图。

道路竣工测量包括以下两个方面:

(1)测量路线的起始点、转点、曲线起始点、曲线元素、交叉点坐标,挡土墙、桥梁、隧道等构筑物的位置和高程。

(2)测量地下管线的转点、起点和终点的坐标,测量检查井的位置和井盖、井底、槽、井内敷设物和管顶等的高程,并附注管道和检查井的编号、名称、管径、管材、间距、坡度和流向等。

14.9.2 竣工总平面图的绘制

竣工总平面图绘制的依据有以下两个方面:

(1)设计总平面图、系统工程平面图、纵横断面图及设计变更资料。
(2)施工放样资料、施工检查测量及竣工实测资料。

绘制前先将设计总平面图作为底图绘出,同时还应精确绘出坐标方格网、水准点位置。竣工总平面图的绘制最好在施工期间编制,施工测量人员按照设计总平面图的坐标数据将建筑物、构筑物测设到地面上。竣工时还要测量验收建筑物、构筑物位置的坐标数据,将竣工测量的数据展绘到总平面图底图上,当建筑物、构筑物竣工测量数据与原总平面图设计数据不一致时,以竣工测量数据为准绘制竣工总平面图。竣工总平面图的比例尺一般采用1∶1 000,局部可采用1∶500。当地上和地下所有建筑物、构筑物绘在一张竣工总平面图上显得线条拥挤和不清晰时,可以采用分类编图,如综合竣工总平面图、交通运输竣工总平面图、管线竣工总平面图等。竣工总平面图绘制完成后要经过一定的整饰,并由设计、施工单位技术负责人审核签字。

本章小结

本章介绍了隧道工程平面控制测量的主要任务;平面和高程控制测量的方法;隧道施工测量,隧道掘进的方向、里程和高程测设数据的计算与测设;同时学习竖井联系测量;道路工程在工程竣工后应进行竣工测量并绘制竣工总平面图;竣工总平面图绘制的依据有以下两个方面:设计总平面图、系统工程平面图、纵横断面图及设计变更资料,施工放样资料、施工检查测量及竣工实测资料。并以竣工测量数据为准绘制竣工总平面图。

习　题

14-1　洞口掘进方向标定方法有哪些?

14-2　洞内中线和腰线的测设方法有哪些?

14-3　简述如何实施洞内施工导线和水准测量。

14-4　如何进行竖井施工测量?

第 15 章 管道工程测量

能力要求

通过本章学习能掌握管道测量的基本方法,能实施管道工程测量。

管道工程是工业与民用建筑中的重要组成部分。有给水管道、排水管道、煤气管道、热力管通和电缆、输油管道等。管道工程测量的任务是:在设计前为管道工程设计提供地形图和断面图;在施工时按设计的平面位置和高程将管道位置测设于实地。

管道勘测设计,首先应分析原有地形图、管道平面图和断面图,并结合现场勘查,在图纸上选定拟建管道的主点(起点、终点、转点)位置;然后进行管道中线测设和纵、横断面图测量,为管道设计提供资料。施工时需进行管道施工测量。竣工后要进行竣工测量,作为维修管理的依据。由于管道大多敷设于地下,且纵横交错,因此必须严格按设计位置测设并按规定校核。

管道工程的特点是种类繁多,纵横交错,上下穿插,分布面广。管道工程测量的精度要求取决于工程性质、所在位置和施工方法等因素。

15.1 管道工程测量概述

管道工程测量是为各种管道的设计和施工服务的。它的任务有两个方面:一是为管道工程的设计提供地形图和断面图;二是按设计要求将管道位置标定于实地。

管道工程测量的内容:

(1)收集规划设计区域的已有地形图以及原有管道平面图和断面图等资料。
(2)现场踏勘,进行纸上定线和规划。
(3)带状地形图的测绘。
(4)管道中线测量。
(5)纵、横断面图测量。

(6)管道施工测量。
(7)管道竣工测量。

《工程测量标准》(GB 50026—2020)规定,铁路、公路、架空索道、架空送电线路、各种自流和压力管线的线路测量,应实行勘测、设计、施工(建设)单位的三结合,选定技术先进、经济合理的线路。线路的测量,一般分为踏勘选线和定测两个阶段。踏勘选线阶段是协同设计部门进行现场踏勘,确定线路方案,必要时应进行草测或实测带状地形图。定测阶段是在主测方案确定后,按选定的线路或根据设计坐标等数据在实地定线、测角、量距、设置曲线及断面测量等。在地形简单、方案选定的情况下,也可一次进行测量。

15.1.1 踏勘选线

渠道或管道选线的任务就是要在地面上选定渠道或管道的合理路线,标定渠道或管道中心线的位置。渠线或管线的选择直接关系到工程效益和修建费用的大小,因此,必须全面分析,认真研究各方面的问题,才能合理地确定渠道或管道中线的位置并给出定位的数据,即渠道或管道的起点、转向点及终点的坐标和高程。渠线或管线的选择一般应考虑以下几个因素:

(1)渠线或管线尽量短而直,避开障碍物,以减少工程量和水流损失。
(2)渠道应尽量选在稍高的地方,以便实现自流灌、排水。
(3)选线位置的土质要好,坡度要适宜,以防渗漏、淤塞、冲刷和坍塌。
(4)线路选择要避免经过大填方和大挖方及修建建筑物的地段,渠线选择要尽量利用现有沟渠。

对于渠道选线,不但要考虑开挖和填筑的土、石方量和所需修建的附属建筑物要少,而且要求中小型渠道的布置与土地规划相结合,做到田、渠、林、路协调布置,为采用先进农业技术和农田园田化创造条件,同时还要考虑渠道沿线有较好的地质条件,少占良田,以减少修建费用。具体选线时除考虑其选线要求外,应依渠道的不同按一定的步骤进行。对于灌区面积大、渠线较长的渠道,一般应经过实地查勘、室内选线、外业选线等步骤;对于灌区面积较小、渠线不长的渠道,可以根据已有资料和选线要求直接在实地查勘选线。

对于管道选线来讲,由于管道工程种类较多(主要有给水、排水、煤气、热力、输油和工业管道等),分布较广,而且纵横交错,因此,为了合理地敷设各种管道,满足工业生产和人民生活的需要,应当经过现场详细踏勘和周密调查,然后在地形图上进行规划设计,其方法和步骤与渠道基本相同。

1. 实地查勘

查勘前最好先在地形图(比例尺一般为1∶10 000~1∶100 000)上初选几条比较方案,然后依次对所经地带进行实地查勘,了解和搜集有关资料(如土壤、地质、水文、施工条件等),并对所选路线中某些控制性的点(如渠首、沿线沟谷、跨河点等)进行简单测量,了解其相对位置和高程,以便分析比较。

2. 室内选线

在室内进行图上选线,即在适合的地形图上选定渠道或管道中心线的平面位置,并在图上标出渠道或管道转点到附近明显地物点的距离和方向(由图上量得)。如果该地区没有适用的地形图,则应根据查勘时确定的渠道或管道线路,测绘沿线宽为 100~200 m 的带状地形图,其比例尺一般为 1∶5 000 或 1∶10 000。

另外,在山区及丘陵地区选择渠线时,为了确保渠道的稳定,应力求挖方。因此,环山渠道应先在图上根据等高线和渠道纵坡初选渠线,并结合选线的其他要求对此线路做必要修改,定出图上的渠线位置。

3. 外业选线

将室内选线的结果转移到实地上,标出渠道或管道的起点、转点和终点。外业选线还要根据现场的实际情况,对图上所定渠线或管线做进一步研究和补充修改,使之完善。实地选线时,一般应借助仪器选定各转点的位置。对于平原地区的渠线或管线应尽可能选成直线,如遇转弯,则在转处打下木桩。在丘陵山区选线时,为了较快地进行选线,可用经纬仪按视距法测出有关渠段或转点间的距离和高差。由于视距法的精度不高,对于较长的渠线或管线,为避免高程误差累积过大,最好每隔 2~3 km 与已知水准点校核一次。如果选线精度要求高,则用水准仪测定有关点的高程,探测渠线或管线位置。

渠道或管道中线选定后,应在渠道或管道的起点、各转点和终点用大木桩或水泥桩在地面上标定出来,并绘略图注明桩点与附近固定地物的相互位置和距离,以便寻找。

15.1.2 水准点的布设与施测

为了保证全线高程测量的精度和纵断面测量的需要,在渠道或管道选线的同时,应沿渠线或管线附近每隔 1~2 km 在施工范围以外布设一些水准点,并组成附合或闭合水准路线,当路线不长(15 km 以内)时,也可组成往返观测的支水准路线。水准点的高程一般用四等水准测量的方法施测(大型渠道或管道工程有的采用三等水准测量)。

测量工作必须采用城市或厂区的同一坐标和高程系统,严格按设计要求进行,并要做到"步步有校核",这样才能保证施工质量。

15.2 管道中线测量

管道的起点、终点和转点统称为管道的主点,主点的位置和管道方向是设计时确定的。管道中线测量的任务就是根据选线所定的起点、转点和终点,通过量距、测角把渠道或管道中心线的平面位置在地面上用一系列的木桩标定出来。

15.2.1 主点测设数据的准备和测设方法

主点的位置是设计时确定的,主点测设数据根据测设方法的不同而不同,采用何种测设方法,应根据实际情况和精度要求而定。根据管线的起点、转点和终点的设计坐标及附近地面已有控制点或固定地物点的坐标,可用解析法或图解法求出测设数据,然后进行定线测量。

1. 解析法

当管道规划设计图上已给出主点坐标(或在图上求出主点的坐标),而且主点附近有控制点时,可以用解析法求测设数据。如图 15-1 所示,A、B、C 为管道主点,1、2、3、4 为控制点。根据控制点坐标和管道主点的坐标,按坐标反算计算公式即可得到测设数据。

2. 图解法

图解法就是在规划设计图上直接量取测设所需数据。如图 15-2 所示,A、B 为原有管道检修井位置,1、2、3 点是设计管道的主点。欲在地面上测设出 1、2、3 点,可根据比例尺在图上直接量出 d_1、d_2、d_3、d_4 和 d_5,即得测设数据。

主点测设的方法有直角坐标法、极坐标法、距离交会法和角度交会法等。

主点测设完毕必须进行检核,检核方法通常用钢尺丈量两相邻主点间的水平距离,看其是否与设计长度相符。

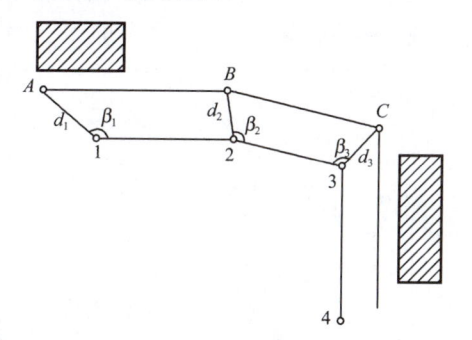

图 15-1　解析法计算测设数据 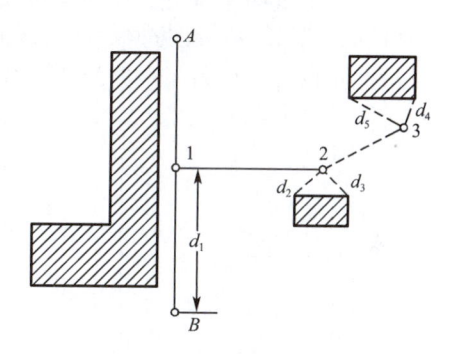　　　　图 15-2　图解法计算测设数据

15.2.2　中桩的测设

为了测定管道长度和测绘纵、横断面图,从管道起点开始,沿管道中心线在地面上设置整桩和加桩,这项工作称为中桩测设。从管道起点开始,按规定每隔某一整数设一桩,这个桩叫整桩。

距离丈量一般用皮尺或测绳沿中线丈量(用经纬仪或花杆目视定直线),为了便于计算路线长度和绘制纵断面图,沿路线方向每隔 100 m、50 m 或 20 m 钉一木桩,以距起点的里程进行编号,称为里程桩(整数)。如起点(渠道是以其引水或分水建筑物的中心为起点,而管道由于种类不同,其起点也不同,排水管道一般以下游出水口为起点;给水管道以水源作为起点;煤气、热力管道以煤气站、锅炉房作为起点;电力、电信管道以电源作为起点等)的桩号为 0+000,若每隔 100 m 打一木桩,则以后各桩的桩号为 0+100、0+200……。"+"号前的数字为千米数,"+"号后的数字是米数,例如,1+500 表示该桩离渠道或管道起点 1 km 加 500 m。在两整数里程桩间如遇重要地物和计划修建工程建筑物(如渠道中的涵洞、跌水等)以及地面坡度变化较大的地方,都要增钉木桩,称为加桩,其桩号也以里程编号。如图 15-3 所示的 1+185、1+223 及 1+266 为路线跨过小沟边及沟底的加桩。

里程桩和加桩通称中心线桩(简称中心桩),将桩号用红漆书写在木桩一侧,面向起点打入土中,为了防止以后测量时漏测加桩,还应在木桩的另一侧依次书写序号。

在距离丈量中为避免出现差错,一般需用皮尺丈量两次,当精度要求不高时可用皮尺或测绳丈量一次,再在观测偏角时用视距法进行检核。

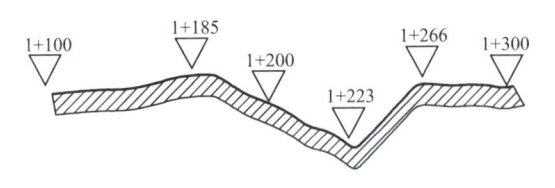

图 15-3　路线跨沟时的中桩设置图

15.2.3　转向角测量

管道转变方向时，转变后的方向与原方向之间的夹角称为转向角。测角和测设曲线，距离丈量到转点，渠道或管道从一直线方向转向另一直线方向，此时，将经纬仪安置在转点，测出前一直线的延长线与改变方向后的直线间的夹角 I，称为偏角，在延长线左的为左偏角，在延长线右的为右偏角，因此测出的 I 角应注明左或右。如图 15-4 所示 IP_1 处为右偏角，即 $I_右=23°20'$。根据规范要求：

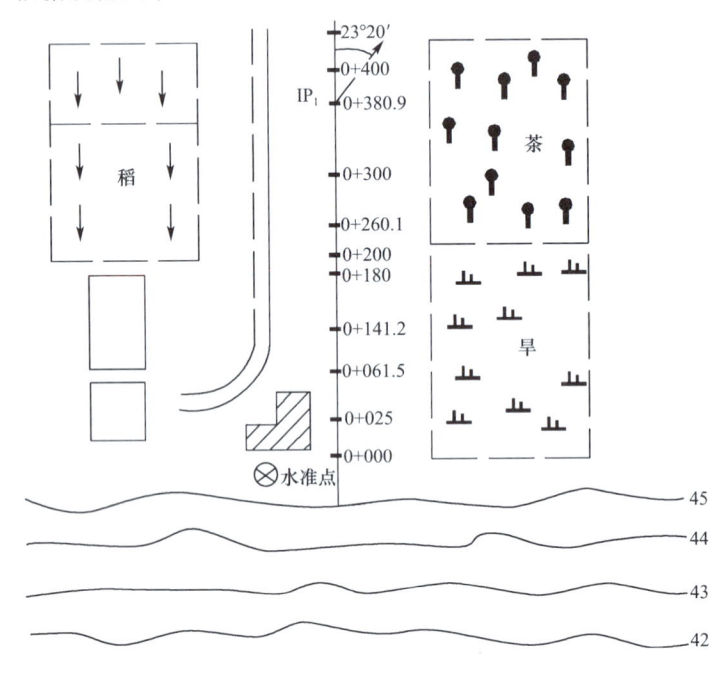

图 15-4　渠道测量草图

当 $I<6°$ 时，不测设曲线；当 $I=6°\sim12°$ 及 $I>12°$，且曲线长度 $L<100$ m 时，只测设曲线的三个主点桩；在 $I>12°$，同时曲线长度 $L>100$m 时，需要测设曲线细部。在量距的同时，还要在现场绘出草图，如图 15-4 所示。

如图 15-4 所示，直线表示渠道或管道中心线，直线上的黑点表示里程桩和加桩的位置，IP_1（桩号为 0+380.9）为转点，在该点处偏角 $I_右=23°20'$，即渠道或管道中线在该点处改变方向右转 $23°20'$。但在绘图时改变后的渠线或管线仍按直线方向绘出，仅在转点用箭头表示渠线或管线的转折方向（此处为右偏，箭头画在直线右边），并注明偏角角值。对于管道来讲，转向角要满足定型弯头的转向角要求，例如，给水铸铁管弯头的转向角有 $90°$、$45°$、$22.5°$ 等类型。至于渠道或管道两侧的地形，则可根据目测勾绘。

中线测量完成后，对于大型渠道一般应绘出渠道测量路线平面图，在图上绘出渠道走向、各弯道上的圆曲线桩点等,并将桩号和曲线的主要元素数值(I、L 和曲线半径 R、切线长 T)注在图中的相应位置上。

15.3 纵断面测量

渠道或管道纵断面测量的任务,是测出中心线上各里程桩和加桩的地面高程,了解纵向地面高低的情况,并绘出纵断面图,其工作包括外业和内业。

15.3.1 水准点的布设

为了满足纵断面测量和施工需要,应沿管道方向布设一定密度的水准点。通常 1~2 km 设置一个永久性水准点,300~500 m 设置一个临时水准点。水准点可设在稳固的建(构)筑物上以红漆标绘,也可埋设混凝土标桩或木桩。

水准测量的任务是测量各水准点的高程,精度要求根据管道设计要求而定。

15.3.2 纵断面水准测量

渠道或管道纵断面水准测量是以沿线测设的三、四等水准点为依据,按五等水准测量的要求从一个水准点开始引测,测出一段渠线上各中心桩的地面高程后,附合到下一个水准点进行校核,其闭合差不得超过 $50\text{ mm}\sqrt{L}$(L 为管道长度,以 km 为单位)。

如图 15-5 所示,从 BM_1(高程为 76.605 m)引测高程,依次对 0+000、0+100 进行观测,由于这些桩相距不远,按渠道或管道测量的精度要求,在一个测站上读取后视读数后,可连续观测几个前视点(水准尺距仪器最远不得超过 150 m),然后转至下一站继续观测。这样计算高程时采用"视线高法"较为方便。

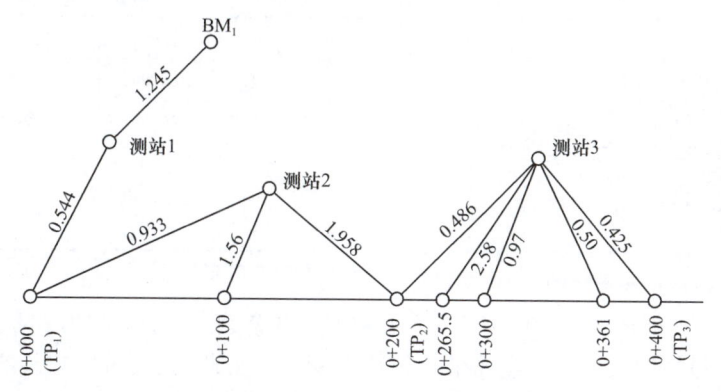

图 15-5 纵断面水准测量示意图

其观测、记录及计算步骤如下:
(1)读取后视读数,并算出视线高程

$$视线高程 = 后视点高程 + 后视读数 \qquad (15\text{-}1)$$

在测站 1 上后视点 BM_1,读数为 1.245,则视线高程为

$$76.605+1.245=77.850 \text{ m}$$

(2)观测前视点并分别记录前视读数

由于在一个测站上前视要观测好几个桩点,其中仅有一个点是起着传递高程作用的转点,而其余各点只需读出前视读数就能得出高程,为区别于转点,称为中间点。中间点上的前视读数精确到 cm 即可,而转点上的观测精度将影响到以后各点,要求读至 mm,同时还应注意仪器到两转点的前、后视距离大致相等(差值不大于 20 m)。用中心桩作为转点,要置尺垫于桩一侧的地面,将水准尺立在尺垫上,若尺垫与地面高差小于 2 cm,则可代替地面高程。观测中间点时,可将水准尺立于紧靠中心桩旁的地面,直接测算出地面高程。

(3)计算测点高程

$$\text{测点高程}=\text{视线高程}-\text{前视读数} \qquad (15\text{-}2)$$

例如,表 15-1 中,0+000 为转点,它的高程=77.850-0.544(测站 1 的视线高程-前视读数)=77.306 m,凑整成 77.31 m 为该桩的地面高程。0+100 为中间点,其地面高程为测站 2 的视线高程减前视读数,$H=78.239-1.56=76.679$ m,凑整为 76.68 m。

表 15-1 纵断面水准测量记录手簿

测站	测点	后视读数/m	视线高程/m	前视读数/m 中间点	前视读数/m 转点	高程/m	备注
1	BM₁	1.245	77.850			76.605	已知高程
	0+000(TP₁)	0.933	78.239		0.544	77.31	
2	0+100			1.56		76.68	
	0+200(TP₂)	0.486	76.767		1.958	76.281	
3	0+265.5			2.58		74.19	
	0+300			0.97		75.80	
	0+361			0.50		76.27	
	0+400(TP₃)				0.425	76.342	
…	…	…	…	…	…	…	
7	0+800(TP₆)	0.848	75.790		1.121	74.942	
	BM₂				1.324	74.466	已知高程为 74.451 m
计算校核		∑:8.896 −)11.035 −2.139			$I=11.035$ −)76.605 −2.139	74.466	

(4)计算校核和观测校核

当经过数站(如表 15-1 中为 7 站)观测后,附合到另一水准点 BM₂(高程已知,为 74.451 m),以检核这段渠线测量成果是否符合要求。为此,先要按下式检查各测点的高程计算是否有误,即

$$\sum \text{后视读数} - \sum \text{转点前视读数} = \text{BM}_2 \text{ 高程} - \text{BM}_1 \text{ 高程} \qquad (15\text{-}3)$$

例如,表 15-1 中 $\sum_{后} - \sum_{前(转点)}$ 与终点高程(计算值)-起点高程均为-2.139 m,说明计算无误。

但 BM₂ 的已知高程为 74.451 m,而测得的高程是 74.466 m,则此段渠线的纵断面测量

误差为 74.466－74.451＝＋15 mm,此段共设 7 个测站,允许误差为 $\pm 10\sqrt{7}=\pm 26$ mm,观测误差小于允许误差,成果符合要求。由于各桩点的地面高程在绘制纵断面图时仅需精确至 cm,其高程闭合差可不进行调整。

15.3.3 纵断面图的绘制

纵断面图一般绘在毫米方格纸上,以水平距离为横轴,其比例尺通常情况下取 1∶1 000～1∶10 000,依渠道或管道大小而定;高程为纵轴,为了能明显地表示出地面起伏情况,其比例尺比距离比例尺大 10～50 倍,可取 1∶50～1∶500,依地形类别而定。

渠道纵断面图如图 15-6 所示,其水平距离比例尺为 1∶5 000,高程比例尺为 1∶100,由于各桩点的地面高程一般都很大,为了节省纸张和便于阅读,图上的高程可不从零开始,而从一合适的数值(如 72 m)起绘。根据各桩点的里程和高程,在图上标出相应地面点的位置,依次连接各点绘出地面线。再根据设计的渠道或管道起点高程和渠道或管道比降绘出渠底或管底设计线。

某管道纵断面图

比例尺　距离　1∶5 000
　　　　高程　1∶100

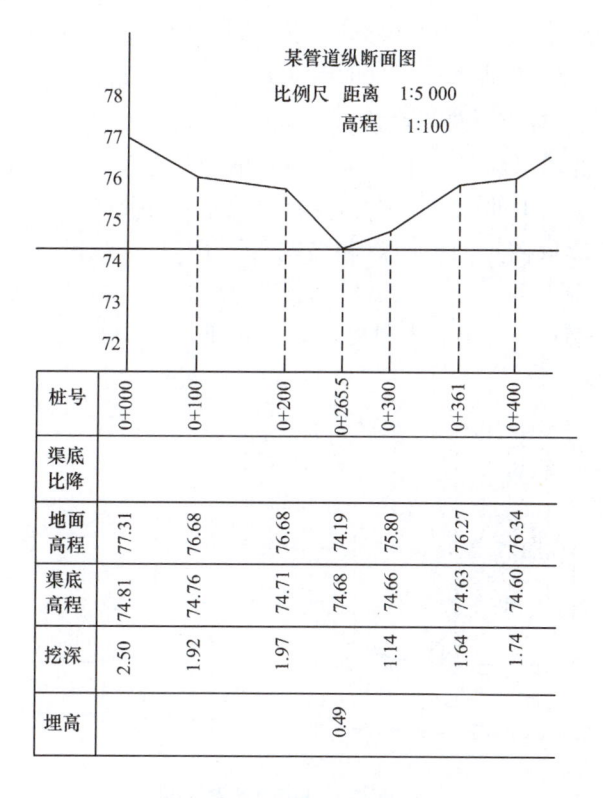

桩号	0+000	0+100	0+200	0+265.5	0+300	0+361	0+400
渠底比降							
地面高程	77.31	76.68	76.68	74.19	75.80	76.27	76.34
渠底高程	74.81	74.76	74.71	74.68	74.66	74.63	74.60
挖深	2.50	1.92	1.97		1.14	1.64	1.74
埋高				0.49			

图 15-6　渠道纵断面图

至于各桩点的渠底或管底设计高程,则是根据起点(0＋000)的渠底或管底设计高程、渠道或管道比降和离起点的距离计算求得,注在图下"渠底高程或管底高程"一行的相应点处,然后根据各桩点的地面高程和渠底或管底高程,即可算出各点的挖深或填高数,分别填在图中相应位置。

15.4 横断面测量

横断面测量的任务是测出各中心桩处垂直于渠线方向或管线方向的地面高低情况,并绘出横断面图。其工作分为外业和内业。

进行横断面测量时,以中心桩为起点测出横断面方向上地面坡度变化点间的距离和高差。测量的宽度随渠道大小而定,也与挖(或填)的深度有关,较大的渠道或管道、挖方或填方大的地段应该宽一些,一般以能在横断面图上套绘出设计横断面为准,并留有余地。其施测的步骤如下:

1. 确定横断面方向

在中心桩上根据渠道或管道中心线方向,用木制的十字直角器或其他简便方法即可定出垂直于中线的方向,此方向即该桩点处的横断面方向。

2. 测出坡度变化点间的距离和高差

测量时以中心桩为零起算点,面向渠道或管道下游分为左、右侧。对于较大的渠道或管道可采用经纬仪视距法或水准仪测高配合量距(或视距法)进行测量。较小的渠道或管道可用皮尺拉平配合测杆读取两点间的距离和高差(图 15-7),读数时,一般取位至 0.1 m,按表 15-2 的格式做好记录。如 0+100 桩号左侧第 1 点的记录,表示该点距中心桩 3.0 m,低 0.5 m;第二点表示它与第一点的水平距离是 2.9 m,低于第一点 0.3 m;第二点以后坡度无变化,与上一段的坡度一致,注明"同坡"。

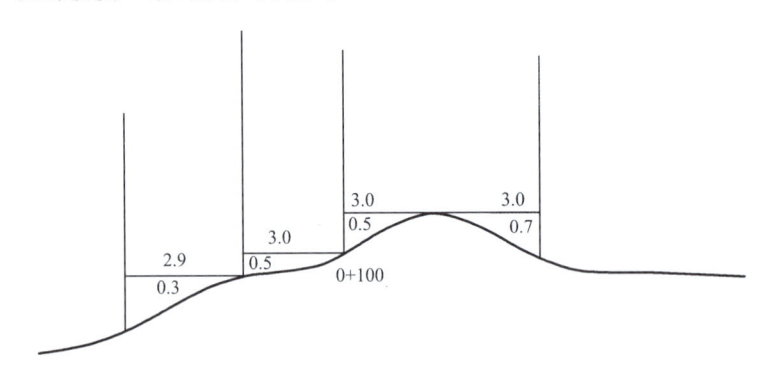

图 15-7 横断面测量

表 15-2 横断面测量手册

高差距离	左侧		中心桩高程	右侧		高差距离
同坡	$\dfrac{-0.3}{2.9}$	$\dfrac{-0.5}{3.0}$	$\dfrac{0+000}{77.37}$	$\dfrac{+0.5}{3.0}$	$\dfrac{-0.7}{3.0}$	同坡
同坡	$\dfrac{-0.3}{2.9}$	$\dfrac{-0.5}{3.0}$	$\dfrac{0+100}{76.64}$	$\dfrac{+0.5}{3.0}$	$\dfrac{-0.7}{3.0}$	平

3. 横断面图的绘制

横断面图仍以水平距离为横轴、高差为纵轴绘制在方格纸上。为了计算方便,纵、横轴比例尺应一致,一般取 1∶100 或 1∶200,小型渠道或管道也可采用 1∶50。绘图时,首先在方格纸适当位置定出中心桩点,如图 15-8 所示的 0+100 点,由表 15-2 可知,由该点向左侧按比例量取 3.0 m,再由此向下(高差为正时向上)量取 0.5 m,即得左侧第 1 点,同时绘出其他各点,用实线连接各点的地面线,即 0+100 桩号的横断面图。

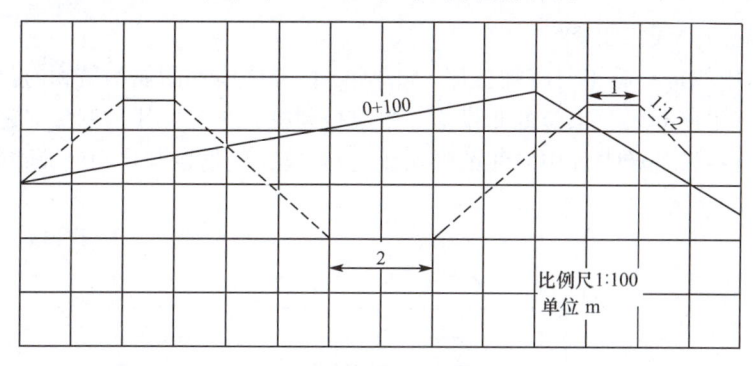

图 15-8 渠道横断面

以中心桩为坐标原点,平距为横坐标,高差为纵坐标,把图画在透明毫米方格纸上,平距和高差的比例尺应相同。

15.5 管道施工测量

在现代城镇和工业企业中敷设给水、排水、燃气、热力、输电、输油等各种管道的越来越多。为了合理地敷设各种管道,首先进行规划设计,确定管道中线主点的位置并给出定位的数据,即管道的起点、转点及终点的坐标、高程。然后将图纸上所设计的中线测设于实地,作为施工的依据。管道施工测量的主要任务是根据工程进度的要求向施工人员随时提供中线方向和标高位置。

15.5.1 准备工作

1. 收集和熟悉管道的设计图纸

收集和熟悉管道的设计图纸,了解管道的性质和敷设方法对施工的要求,以及管道与其他建筑物的相互关系。认真核对设计图纸,了解精度要求和工程进度安排等。深入施工现场,熟悉地形,找出各桩点的位置。

2. 校核中线

若设计阶段在地面上标定的中线位置就是施工时所需要的中线位置,且各桩点完好,则仅需校核一次,不重新测设。若有部分桩点丢损或施工的中线位置有所变动,则应根据设计资料重新恢复旧点或按改线资料测设新点。

3. 加密水准点

为了在施工过程中便于引测高程,应根据设计阶段布设的水准点,于沿线附近每隔约 150 m 增设临时水准点。

15.5.2 地下管道施工测量

1. 地下管道放线

(1)测设施工中线控制桩

由于管道中线桩在施工时将被挖掉,为了便于恢复中线和附属构筑物的位置,应在不受施工干扰、便于引测和保存点位处测设施工中线控制桩。施工中线控制桩的位置,一般是测设在管道起、终点及各转点处中心线的延长线上,附属构筑物控制桩则测设在管道中线的垂直线上,如图 15-9 所示。

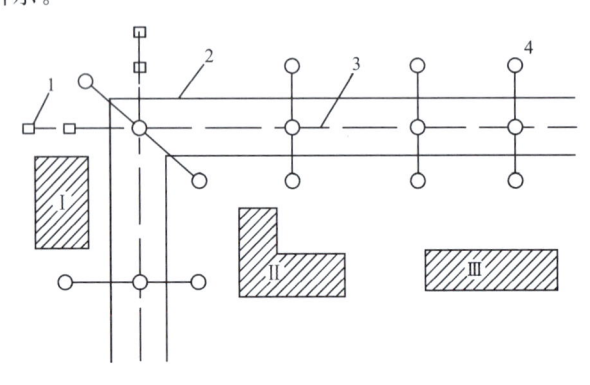

图 15-9 测设施工中线控制桩
1—控制桩;2—槽边线;3—中心线;4—构筑物位置控制桩

(2)槽口放线

管道中线控制桩定出后,就可按设计的开槽宽度,在地面上钉上边桩,沿开挖边线撒出灰线,以作为开挖的界线,如图 15-10(a)所示。

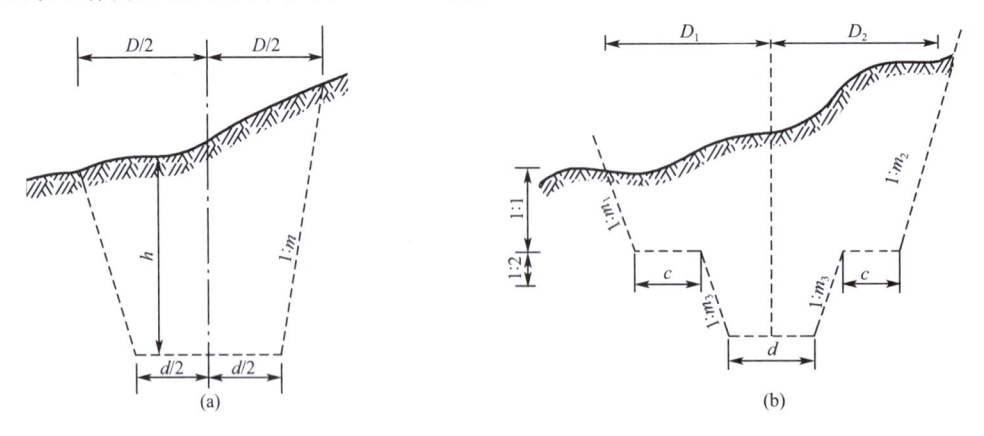

图 15-10 槽口放线

槽口开挖宽度,视管径大小、埋设深度以及土质情况确定。当地表横断面上坡度比较平缓,槽口开挖宽度可用下列公式计算

$$D = d + 2mh \tag{15-4}$$

式中　　d——槽底宽度；

　　　　h——中线上的挖土深度；

　　　　m——管槽放坡系数。

当地表横断面坡度较陡时，如图 15-10(b)所示，中线两侧槽中宽度不等，半槽口开挖宽度按下式计算

$$D_1 = d/2 + m_1 h_1 + m_3 h_3 + c \tag{15-5}$$

$$D_2 = d/2 + m_2 h_2 + m_3 h_3 + c \tag{15-6}$$

若埋设深度较浅，土质坚实，管槽可垂直开挖。

2. 地下管道施工测量

管道的埋设要按照设计的管道中线和坡度进行，因此在施工前要测设施工测量标志。

(1) 龙门板法

龙门板由坡度板和高程板组成，如图 15-11 所示。沿中线每隔 10～20 m 以及检查井处应设置龙门板。中线测设时，根据中线控制桩，用经纬仪将管道中线投测到坡度板上，并钉小钉标定其位置，此钉叫作中线钉。各龙门板中线钉的连线标明了管道的中线方向。在连线上挂垂球，可将中线位置投测到管槽内，以控制管道中线。为了控制管槽开挖深度，应根据附近的水准点，用水准仪测出各坡度板顶的高程。根据管道设计的坡度，计算该处管道的设计高程，则坡度板顶与管道设计高程之差就是从坡度板顶向下开挖的深度，统称下反数。下反数往往不是一个整数，并且各坡度板的下反数都不一致，施工、检查很不方便。为使下反数成为一个整数 C，必须计算出每一坡度板顶向上或向下量的调整数 $\&$。其公式为

$$\& = C - (H_1 - H_2) \tag{15-7}$$

式中　　H_1——坡度板顶高程；

　　　　H_2——管底设计高程。

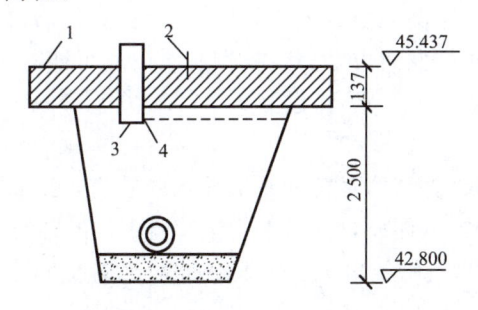

图 15-11　0+000 处管道高程施工测量
1—坡度板；2—中线钉；3—高程板；4—坡度钉

根据计算出的调整数 $\&$，用一块适当长度的木板，在上面画两条平行线，其间隔等于 $\&$。在一条线上钉一无头钉(称为坡度钉)，将另一条线与坡度板顶面对齐(要考虑 $\&$ 的正负以确定坡度钉高于或低于坡度板顶面)，然后将木板钉牢在坡度板上，这块木板称高程板。在上面标注：管道里程桩号、坡度钉标高、下反数、坡度钉至基础面的高差、坡度钉至槽底的高差。相邻坡度钉的连线与设计管底的坡度平行，且相差为选定的下反数 C。利用这条线来控制管道坡度和高程，便可随时检查槽底是否挖到设计高程。如果挖深超过设计高程，绝不允许回填土，只能加厚垫层。现举例说明坡度钉设置的方法。见表 15-3，先将水准仪测

出的各坡度板顶高程列入第5栏内。根据第2栏、第3栏计算出各坡度板处的管底设计高程,列入第4栏内。如0+000板顶高程为42.800 m,坡度-3‰,0+000至0+010之间距离为10 m,则0+010的管底设计高程为

$$42.800+10i=42.800-0.030=42.770 \text{ m}$$

用同样方法,可以计算出其他各处管底设计高程。第6栏为坡度板顶高程减去管底设计高程,例如0+000处为

$$H_1-H_2=45.437-42.800=2.637 \text{ m}$$

其余类推。为了施工检查方便,选定下反数C为2.500 m,列在第7栏内。第8栏是每个坡度板顶向下量(负数)或向上量(正数)的调整数,如0+000调整数为

$$\&=2.500-2.637=-0.137 \text{ m}$$

表15-3 坡度钉测设手簿

桩号	距离/m	设计坡度 i	管底设计高程 H_2/m	板顶高程 H_1/m	H_1-H_2	选定下反数 C/m	调整数/m	坡度钉高程/m
1	2	3	4	5	6	7	8	9
0+000			45.437	42.800	2.637		-0.137	45.300
0+010	10		45.383	42.770	2.613		-0.113	45.270
0+020	10		45.364	42.740	2.624		-0.124	45.240
0+030	10	-3‰	45.315	42.710	2.605	2.500	-0.105	45.210
0+040	10		45.310	42.680	2.630		-0.130	45.180
0+050	10		45.246	42.650	2.596		-0.096	45.150
0+060	10		45.268	42.620	2.648		-0.148	45.120

如图15-11所示就是0+000处管道高程施工测量。

高程板上的坡度钉是控制高程的标志,所以在坡度钉钉好后,应重新进行水准测量,检查是否有误。施工中容易碰到龙门板,尤其在雨后,龙门板可能有下沉现象,因此还要定期进行检查。

(2)平行轴腰桩法

当现场条件不便采用龙门板时,对精度要求较低的管道,可用本法测设施工控制标志。开工之前,在管道中线一侧或两侧设置一排平行于管道中线的轴线桩,桩位应落在开挖槽边线以外,如图15-12所示。平行轴线离管道中线距离为d,各桩间距以10~20 m为宜,各检查井位也相应地在平行线上设桩。

为了控制管底高程,在槽沟坡上打一排与平行轴线桩相对应的桩,这排桩称为腰桩,如图15-12所示。先选定腰桩到管底的下反数h为某一整数,并通过管底设计高程计算出各腰桩的高程,然后再用水准仪测设各腰桩,并用小钉标出腰桩的高程位置。施工时只需用水准尺量取小钉到槽底的距离,与下反数h进行比较,便可检查是否挖到管底设计高程。此时各桩小钉的连线与设计坡度平行,并且小钉的高程与管底设计高程之差为一常数h。

15.5.2 架空管道施工测量

架空管道主点的测设与地下管道相同。架空管道支架的基础开挖测量工作和基础模板的定位,与厂房柱子基础的测设相同。架空管道安装测量与厂房构件安装测量基本相同。

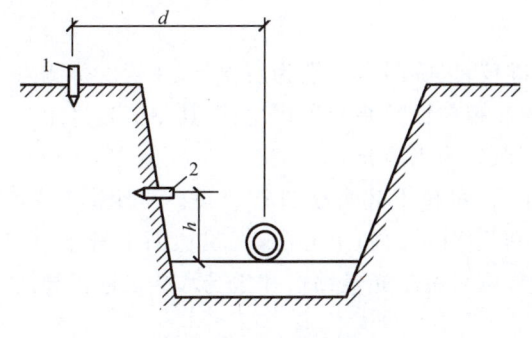

图 15-12 平行轴腰桩法
1—平行轴线桩；2—腰桩

每个支架的中心桩在开挖基础时均被挖掉，为此必须将其位置引测到互为垂直方向的四个定位桩上。根据定位桩就可确定开挖边线，进行基础施工。

15.5.3 顶管施工测量

当地下管道需要穿越铁路、公路或重要建筑物时，为了保证正常的交通运输和避免重要的建筑物拆迁，往往不允许从地表开挖沟槽，此时常采用顶管施工方法。这种方法是在管道一端或两端事先挖好工作坑，在坑内安装导轨，将管筒放在导轨上，用顶镐将管筒沿中线方向顶入土中，然后将管内的土方挖出来。因此，顶管施工测量主要是控制好顶管的中线方向和高程。

为了控制顶管的位置，施工前必须做好工作坑内顶管测量的准备工作。例如，设置顶管中线控制桩，用经纬仪将中线分别投测到前、后坑壁上，并用木桩 A、B 或打钉做标志，如图 15-13 所示；同时在坑内设置临时水准点并进行导轨的定位和安装测量等。准备工作结束后，便可进行施工，转入顶管过程中的中线测量和高程测量。

1. 中线测量

如图 15-13 所示，在进行顶管中线测量时，通过两坑壁顶管中线控制桩拉紧一条细线，线上挂两个垂球，垂球的连线即管道中线的控制方向。这时在管道内前端，用水准器放平一中线木尺，木尺长度等于或略小于管径，读数刻划以中央为零点向两端增加。如果两垂球连线通过木尺零点，则表明顶管在中线上；如果左右误差超过 1.5 cm，则需要进行中线校正。

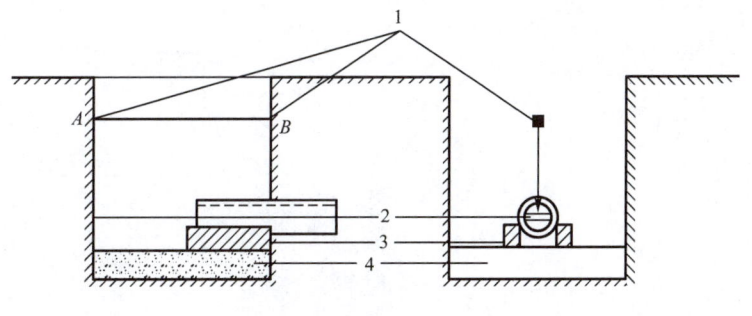

图 15-13
1—中线控制桩；2—木尺；3—导轨；4—垫尺

2. 高程测量

在工作坑内安置水准仪，以临时水准点为后视点，在管内待测点上竖一根小于管径的标尺为前视点，将所测得的高程与设计高程进行比较，其差值超过 1 cm 时，就需要进行校正。

在顶管过程中，为了保证施工质量，每顶进 0.5 m 就需要进行一次中线测量和高程测量。距离小于 50 m 的顶管，可按上述方法进行测设。当距离较长时，应分段施工，可每隔 100 m 设置一个工作坑，采用对顶的施工方法，在贯通面上管子错口不得超过 3 cm。若有条件，在顶管施工过程中，可采用激光经纬仪和激光水准仪进行导向，以提高施工进度，保证施工质量。

本章小结

本章以管道测量为例，介绍管道等线路测量的基本方法；管道中线测量的主要任务；设置里程桩的意义；渠道的纵断面测量；渠道的横断面测量；纵断面图与横断面图的绘制；管道施工测量。

习 题

15-1 名词解释：里程桩、加桩、纵断面图、横断面图。

15-2 说明渠道纵断面水准测量方法。

15-3 渠道纵断面图如何绘制？

15-4 简述横断面方向的确定方法。

15-5 试述管道中线的测设过程。

15-6 试述顶管施工中所进行的测量工作。

参考文献

1. 张正禄.工程测量学[M].2版.武汉:武汉大学出版社,2020
2. 臧立娟,王凤艳.测量学[M].武汉:武汉大学出版社,2018
3 梁彦兰.测量学[M].北京:机械工业出版社,2017
4. 王天佐.建筑工程测量[M].北京:清华大学出版社,2020
5. 郭玉社.房地产测绘[M].3版.北京:机械工业出版社,2018

附 录

附录一 测量常用的计量单位

在测量中，常见有长度、面积和角度三种计量单位。

1. 长度单位
国际通用长度单位为 m(米)，我国规定采用米制。
$$1 \text{ m} = 100 \text{ cm} = 1000 \text{ mm}$$
$$1000 \text{ m} = 1 \text{ km}$$

2. 面积单位
面积单位为 m^2(平方米)，大面积用 km^2(平方千米)。

3. 角度单位
测量上常用的角度单位有三种：60 进位制的度、100 进位制的新度和弧度。

(1) 60 进位制的度
$$1 \text{ 圆周角} = 360°(\text{度})$$
$$1°(\text{度}) = 60'(\text{分})$$
$$1'(\text{分}) = 60''(\text{秒})$$

(2) 100 进位制的新度
$$1 \text{ 圆周角} = 400 \text{ g}(\text{新度})$$
$$1 \text{ g}(\text{新度}) = 100 \text{ c}(\text{新分})$$
$$1 \text{ c}(\text{新分}) = 100 \text{ cc}(\text{新秒})$$

(3) 弧度

角度按弧度计算等于弧长与半径之比。与半径相等的一段弧长所对的圆心角作为度量角度的单位，称为 1 弧度，用 ρ 表示。按度分秒表示的弧度为
$$1 \text{ 圆周角} = 2\pi\rho(\text{弧度}) = 360°(\text{度})$$
$$1(\text{弧度}) = 360°/2\pi = 57.3°(\text{度})$$

$$1(弧度)=180/\pi \times 60'=3438'(分)$$
$$1(弧度)=180/\pi \times 60 \times 60''=206265''(秒)$$

附录二　计算中数字的凑整规则

测量计算过程中,一般都存在数值取位的凑整问题。由于数值取位的取舍而引起的误差称为凑整误差。为了尽量减弱凑整误差对测量成果的影响,避免凑整误差的累积,在计算中通常采用如下凑整规则:

若以保留数字的末位为单位,当其后被舍去的部分大于0.5时,则末位进1;当其后被舍去的部分小于0.5时,则末位不变;当其后被舍去的部分等于0.5时,则末位凑成偶数,即末位为奇数时进1,为偶数或零时末位不变(五前单进双不进)。

例如:将下列数据取舍到小数点后三位。

3.14159→3.142

3.51329→3.513

9.75050→9.750

4.51350→4.514

2.854500→2.854

1.258501→1.258

上述的凑整规则对于被舍去的部分恰好等于五时凑成偶数的方法作了规定,其他情况与一般计算中的"四舍五入"规则基本相同。